다리 위에서 니체를 만나다

일러두기

- 단행본은 《 》, 단행본의 한 장은 ' ', 논문, 수필, 기타 예술 작품은 〈 〉으로 표기해 구분했다.
- 맞춤법과 띄어쓰기는 한글 맞춤법과 외래어 표기법을 따랐다.

다리 위에서

니체를 만나다

Of Bridges

사람과 예술, 문화의 연결고리
다리에 관하여

토머스 해리슨 지음 | 임상훈 옮김

목차

Of Bridges

들어가는 말

다리를 다룬 책들은 많다. 다리의 테크놀로지, 다리와 관련된 전설, 문학과 예술에서 다리가 어떻게 재현되는지 다루는 훌륭한 책들이 있다. 하지만 우리가 이 구조물을 어떻게 경험하는지 짚어 보는 책은 드물다. 다리를 만들거나 건널 때 우리는 다리에 대해 어떤 생각을 하는가? 어떤 것은 다리이고 어떤 것은 아니라고 생각하는 이유는 무엇일까?

어디를 둘러봐도 우리는 이어져 있다. 가족이나 개인의 경력, 여행하는 길과 연결되어 있다. 21세기에 들어 연결망은 더 넓어져서 사람들은 끝없는 네트워크와 관심사에 접속된 듯하다. 한편으로 이런 상황은 상호작용 및 협력 민주주의를 발전시킬 유례없는 기회를 보여준다. 다른 한편으로는 통제가 힘든 개방성 때문에 더 많은 경계와 깊이 숨을 장소에 대한 요구도 생긴다. 우리는 연결되면 될수록 접근을 불안해할 수밖에 없는 존재이기 때문이다. 연결을 약속했지만 그렇지 못한 것도 많다. 바깥의 모든 다리와 함께, 주관성이라는 내부 세계에서 사람들은 어떤 연결점을 구축하는가? 다리는 이 시대의 중요한 주제지만 아직 다리가 무엇인지, 그리고 무엇이어야 하는지 충분히 생각해보지 않았다.

어떤 측면에서 다리는 탁월하고 천사의 선물 같은 발명품이다. 많은 문학 작품에서 이 같은 묘사를 찾아볼 수 있다. 노벨상 수상 작가 이보 안드리치는 이렇게 썼다. "자비롭고 온화한 알라신이 세상을 처음 만드셨을 때, 대지는 부드러웠고 정교한 장식이 새겨진 접시처럼 평평했다. 인간에게 주어진 선물을 부러워하던 악마는 이런 모습마저 마음에 들지 않았다. 신이 인간에게 처음 건네줄 때 대지는 굽지 않은 점토처럼 부드럽고 축축한 상태를 유지했고, 악마는 살금살금 다가가 손톱으로 땅의 표면에 아주 깊은 상처를 냈다." 악마의 파괴 행위가 신의 땅에 협곡과 강, 균열을 남겼다. 신은 천사들을 내려보내 갈라진 틈새에 날개를 펼쳐 인간이 건너갈 수 있도록 하며 조화롭게 살아가게 했다. "그래서 사람들은 신의 천사에게 다리를 놓는 법을 배웠다. 그러므로 다리를 놓는 것은 샘 다음으로 가장 큰 축복이다. 따라서 가장 큰 죄는 다리를 훼손하는 것이다."[1] 다리는 악마의 파괴를 바로잡는 신의 선물이었다.

하지만 다른 관점에서 보면, 자연에는 건널 수 없는 강과 오를 수 없는 산이 존재해야 하는 충분한 이유가 있기에, 자연의 섭리를 거슬러 인간의 소망에 영합하려는 악마의 힘이나 그 사이를 이으려고 한다고도 말할 수 있다. 시인 존 밀턴John Milton에 따르면, 사람들은 이렇게 낙원을 잃었다. 밀턴에 의하면 한때 인간 세상은 마치 목걸이처럼 천국에 매달려 있었고 세상은 천국에 의지하며 행복했다. 하지만 사탄이 단번에 완벽함을 바꾸어놓았다. 사탄은 다리를 만들어 혼돈의 어둠을 뚫고 지옥에서 지상으로 오는 길을 찾아냈다. 다리를 통해 사탄의 자식인 죄와 죽음을 세상으로 보냈다. 이들은 최초의 '이민자'로서 인간의 삶에 경쟁과 불화, 오만과 충

족되지 않는 욕망을 일으켰다. 편협한 사람이었던 밀턴은《실낙원^{Paradise}

^{Lost}》에서 다리에 관해 좋은 이야기는 하지 않았고, 오히려 다리를 향한 혐오를 확장해 자신이 살던 시대에 다리를 만드는 사람까지 공격했다. 그는 다름 아닌 로마 교황이었던 폰티펙스 막시무스^{Pontifex maximus}(로마 국가 사제단의 최고 사제를 가리키는 말, 원래 '다리를 만드는 장인'이라는 의미)로, 당시 로마 교황청과 영국과의 관계에서 상당한 골칫거리였던 인물이다. 하지만 밀턴 이전에도 이미 수백 년에 걸쳐 유럽의 미천한 가톨릭교도조차 위험한 산길에 놓인 다리를 '악마의 다리'라고 부르는 데 익숙해 있었다. 당시 기괴한 외형에 무너질 것 같은 다리는 실제로도 부자연스럽고 뽐내는 듯하며 위험해 보였기 때문이다.

따라서 어떤 관점에서 보느냐에 따라 다리는 천사가 만든 것일 수도 있고, 악마의 작업일 수도 있다. 물리적 다리나 관념의 다리도 마찬가지다. 아마도 눈으로 볼 수 있었던 최초의 다리는 흐르는 시내 위에 걸쳐놓은 통나무였을 것이다. 통나무를 건너 인간들은 더 많은 식량을 찾으러 돌아다닐 수 있었을 것이다. 나무가 아닌 돌로 다리를 만들면서부터 영원하고 지대한 영향을 미친 결과가 생겨났다. 기네스북에 따르면, 사람들이 지금도 이용하는 가장 오래된 다리는 기원전 850년경, 내가 태어난 튀르키예 이즈미르에 만들어진 퐁 데 카라반^{Pont des Caravans}(카라반 다리라는 의미)이라고 한다.《일리아드》와《오디세이》를 썼던 호메로스가 어릴 적 건넜다는 이야기도 있다. 1856년 12월 20일에 이 장소를 찾았던 소설가 허먼 멜빌^{Herman Melville}이 일기에 기록했듯, 거의 3000년 동안 다리 위로 '끊임없는 낙타, 말, 노새와 당나귀의 행렬'이 이어졌다. 서쪽으로 가는 상인들에게 고대부터 가장 길고 중요한 무역로의 종단점이 바로 이 다리였다. 그

무역로는 아시리안 루트^Assyrian Route라고 불렸는데, 페르시아 제국의 수도 수사^Susa에서 출발하여 몇백 년 동안 이즈미르라고 불리던 스미르나 항구 도시까지 이어지는, 무려 2,500킬로미터에 달하는 길이었다. 아시리안 루트에서 지중해를 왕복하던 배까지 교역 물품을 전달하려면 마지막의 작은 장애물을 극복해야 했다. 스미르나 외곽의 별로 넓지 않은 멜레스강이었다. 그래서 평평한 돌로 아치 형태의 카라반 다리가 만들어졌고, 지금까지 존재한다.

이 다리는 정말 중요했다. 인간이 길과 배라는 수단만 이용해서 여행하던 때에 두 거대한 지질학적 덩어리, 육지와 바다 사이에 연결고리가 생겼으니 말이다. 기원전 850년 이후 수천 년에 걸쳐 이 다리의 사회·경제적 중요성은 기하급수적으로 커졌다. 지금은 이즈미르 바로 북쪽에 있는 거대한 현수교 세 개 위로 차량 38만 대가 매일 유럽과 아시아 대륙 사이를 오간다.

관념의 다리가 눈에 잘 띄지 않는다고 해서 중요하지 않은 것은 아니다. 몇몇 다리는 종교적 다리로, 신자들을 눈에 보이는 창조물 너머의 영역과 연결해주며, 연결은 숭배와 의식을 통해 유지된다. 첫 장 '신의 위대한 다리 짓기'는 미국 원주민의 무지개부터 중국과 일본의 전설에서 별자리를 잇는 새들의 다리에 이르기까지 신이 만든 여러 형태의 다리를 살펴본다. 독자들을 상상의 세계로 이끄는 문학의 다리도 있다. 이 책에는 이런 다리가 많이 등장하는데, 특히 5장 '언어의 다리'에서 시와 산문에 나타나는 다리를 다룬다. 문학에서 다리라는 표현이 의도적이거나 최근에 사용된 것일수록 더 멀리 있는 단어들을 은유적 관계로 묶는다('은유'라는 말도 원래는 한 가지를 다른 자리로 옮기는 것을 의미한다). 이 과정에서 이중 언어를 사용하는 작가들이 등장했으며 8장 '바다의 다리와 자아'에서 별도로 다룬 것처럼, 여기서 아드리아해(이탈리아와 발칸반도 사이의 바다)라는 다문화 공간은 단순하고 솔직한 자아 표현이 근본적으로 지적 협상이라는 문제 전체를 회피했음을 보여준다.

음악의 다리는 문학의 다리와 일반적으로 비슷한 영역에서 공동체의 유대를 만들고 강화하는 역할을 한다. 3장 '음악의 다리'에서는 블루스를 중심으로 음악이 젠더, 인종과 대륙을 넘나드는 사례를 살펴본다. 이 장은 음악을 '듣기'라는 일반 현상학 안에 자리매김하며 시작한다. 청각은 부재자를 가까이 끌어당기고 육체가 목소리를 통해 주체성을 기록하도록 만든다. 이 책에는 윤리적·정서적·철학적으로 변형된 다리에 대한 여러 가지 논의가 등장한다.

결국 물리적 다리와 관념적 다리의 구분은 신의 다리나 악마의 다리만큼 불확실하다. 상업이나 전쟁을 위한 다리가 플라톤이나 칸트의 글보다 인간의 사고에 더 결정적인 영향을 미쳤다. 로마의 거대한 돌다리는 군대뿐 아니라 세계의 수도(카푸트 문디)였던 로마의 이데올로기를 유럽 전역으로 퍼져나가게 했다. 4장 '다리의 형제와 적들'과 8장 '바다의 다리와 자아'에서는 문화 접촉의 사회·역사적 조건이 어느 정도까지 집단적 위치에서 비롯되며 그 위치를 위협하는지 살펴본다. 여기에서 논의하는 경쟁과 공유의 장場은 최근 유고슬라비아 전쟁은 물론 상당히 오랜 기간에 걸쳐 오스만 제국과 기독교 이웃들 사이에 불화가 있었던 발칸반도 지역이다. 9장 '다리-단절'에서는 2차 세계 대전 시기에 어떻게 다리들이 파괴되어 냉전의 장벽이 세워졌는지 이야기한다. 그 후, 최근 수세적이긴 하나 여전히 영향력을 강화하고 있는 유럽연합의 다른 경쟁국들과 다리를 놓으려는 노력을 다룬다. 이 엄청난 규모의 다리들은 물질적인 동시에 상징적 의미를 담고 있다. 사실 모든 다리는 물질적인 것은 물론 상징적인 목적을 보여준다.

여기서 한 걸음 더 나아가 문화 자체를 수천 개의 연결 구조물로 구성된 다리라고 말할 수 있다. 철학자 프리드리히 니체는 인간의 삶이 '심연을 가로지르는 밧줄'이라 표현한 적이 있다. 한쪽 끝에는 개발되지 않은 자연이 있고, 다른 한편으로는 인간이라는 종이 '자연이 이런 모습이었으면' 하고 바라는 자연이 있다. 문화의 소산인 동시에 문화의 설계자이기도 한 인간은 여러 갈래로 팽팽하게 꼰 밧줄 자체이자 밧줄을 통해 사이를 가로지르는 통로나 다름없다. 우리는 이 외줄 타기를 선택하지 않았다. 물론 사람은 위태롭게 매달려 있기보다 고정되고 견고한 곳을 원한다. 하지만 선택권이 없다. 존재의 핵심에 연결되어 있고, 혼자 힘으로 작동할 수 없는 우리는 다리-존재의 행위자들이다. 다만 우리는 이 연결을 어떻게 가장 잘 이용할지만 선택할 수 있을 따름이다. 다리는 얼마나 좁거나 넓어야 할까? 다리는 몇 개나 지어야 할까? 어떤 방향으로 내야 할까? 이들이 우리가 마주하게 될 어려운 질문, 즉 '당나귀의 다리^{donkey's bridge}'다. 중세의 사상가들은 어떤 문제에 필요한 중요한 수단을 이렇게 불렀다고 한다(지금은 기억하게 만드는 장치 정도의 의미로 쓰인다). 다리-건너기는 우리가 지금 서 있는 다리를 어떻게 해석하는지에 달려있다. 2장 '다리 위에서 살아가기'에서는 다리라는 이행 지점을 도움과 피난처를 찾는 일시 체류자들 사이의 정서적 유대를 낳는 최종 거주지로 살펴본다.

예술사가 존 러스킨^{John Ruskin}은 '밀턴이나 단테를 읽듯이 건물을 읽는' 기술을 개발해야 한다고 조언한 적이 있다.[2] 그는 이 읽기 방식 모델을

《베네치아의 돌The Stones of Venice, 1853》이라는 책으로 남겨, 이후 두 세대에 걸쳐 독자들이 아이디어를 형태로 인식하도록 만들었다. 러스킨 시대 이후 다리에 관련해 더는 훌륭한 해석을 본 적이 없어 불만이라면 1909년에 나온 짧은 에세이가 새로운 출발점을 제시해 줄 수도 있다. 철학자 게오르크 지멜Georg Simmel이 쓴 〈다리와 문Bridge and Door, 1909〉으로, 다리라는 형태에 대한 해석이다. 이 에세이는 다리의 물질적 구조라는 형식적 특성을 넘어 역사적 결정 요소, 문화적 연관성, 상징적 함의까지 쉽게 확장될 수 있는 건축적 이해 모델을 정교한 개념적·상징적·은유적 구도 속에서 제시한다.

지멜에 따르면 다리, 길, 문, 창, 벽에는 공통점이 있는데, 모두 공간을 연결하는 동시에 분리한다는 점이다. 하지만 이 구조물들의 정서적·지적 영향은 다르다. 뚜렷한 실존 효과가 있기 때문이다. 문은 역동적이며 극적인 장벽을 제시한다. 안쪽으로, 그리고 바깥쪽으로의 움직임을 허용한다. 벽은 그렇지 않다. 하지만 지멜에 따르면 여닫을 수 있다는 사실로 인해 문은 '단순하고 획일적인 벽보다 더 강한 폐쇄감'을 만들어낸다. 시적으로 풀자면 "벽은 말이 없지만, 문은 말을 한다"라고 할 수도 있을 것이다. 문밖으로 나갈 때 우리는 잠재적으로 무한한 방향을 수용하면서 한계를 극복하기 위한 자유를 활성화한다. 어디로 갈지 선택하는 것은 우리의 몫이다. 이와 달리 다리 위에 한 발을 내딛는 순간 우리는 오로지 한 방향으로 갈 수밖에 없다. 이 다리-움직임은 반대 방향으로도 가능하지만, "문으로 들어가고 문에서 나오는 의도와는 완전히 다르다."[3]

문의 내부-외부 구분은 창의 구분과 또 다르다. 창은 안쪽 공간에서 바깥쪽 공간으로만, 다시 말해 한 방향으로만 열린다. 창은 내다보기 위해

서이지 들여다보기 위해 존재하는 것이 아니다. 그런 이유로 창에 커튼을 다는 경우가 흔하다(네덜란드는 잘 알려진 예외이다. 네덜란드에서 커튼이 없는 창은 숨길 것이 없다는 표시이기도 하고, '피핑 톰^{Peeping Tom}', 즉 훔쳐보는 사람이 없다는 표시이기도 하다). 창을 넘는 것은 시선밖에 없다는 점에서, 창은 '문이 가진 심오하면서도 가장 중요한 의미'가 결여되어 있다(68).

길은 창이나 문보다 넓은 공간을 더 뚜렷하게 연결한다. 훗날의 동물 인식 연구에 관해 알지 못했던 지멜은 인간만이 길을 만들 수 있는 능력이 있다고 믿었다. 지멜에 따르면 동물은 인간보다 더 먼 거리를 규칙적으로, 그리고 "흔히 가장 기발하면서도 어려운 방식으로" 오가지만, 출발 지점과 도착 지점이 언제나 별개로 분리되어 있다. 그러나 원시인들은 두 장소 사이에 길을 만드는 급진적이고 대단히 상징적인 업적을 달성했다. 이들은 발원지와 목적지를 하나로 묶은 것이다. 여기서 그들이 하는 다른 많은 일과 마찬가지로 원시인들은 '분리하지 않고는 연합할 수 없는' 생물임을 보여준다(66, 69). 심지어 두 장소를 분리해 생각하더라도 우리는 그것을 상상을 통해 결합한다.

지형 분리의 극복은 다리에서 절정에 달한다. 길과 달리 다리는 간접적인 공간 분리를 극복할 뿐 아니라, 물이나 협곡처럼 역동적이고 극적인 자연의 갈라진 틈마저 극복한다. 다리는 창이나 문, 길보다 훨씬 상상력이 풍부하고 독창적이며 인위적인 동시에 추상적인 건축물이기 때문에 종종 그림처럼, 심지어는 초현실적으로 보인다. 다리는 실용성을 넘어 개념적·미적 효과도 연출한다. 다리는 합일이라는 개념에 가시적 형식을 부여하며, 인간이 자연을 보완하고 있음을 강조한다. 다리는 '집이 그 밑에 숨겨진 땅이나 지반과 맺고 있는 관계보다 다리가 하나로 연결한 강둑이 맺고 있는 관계가 덜 무계획적'이라는 사실을 보여준다. 길은 원래부터 출발지와 도착지는 물론 그 사이 전체 공간과도 동일체다. 하지만 다리는 눈에 확 띄는 특성으로 인해 강 건너편을 '완전히 정신적 종류의 단일성'으로 끌어들이고 '움직임을 하나의 견고한 창조물로 응집'시킨다(67, 69). 창, 문, 길, 벽은 연결된 느낌을 만들지 않는다. 다리는 인간의 조립 작업을 연상하게 한다.

몇몇 대담한 필치로 지멜의 에세이는 다리라는 건축 구조의 현상학을 추적한다. 이로써 다리가 인간의 인지에 미치는 상징적 효과에 동조되어 더 많은 함의를 탐구하게 만든다. 이후 우리는 독특한 이야기 중 하나인 허먼 멜빌의 《필경사 바틀비Bartleby, the Scrivener》에서처럼 벽의 표상적 효과를 알아볼 수 있게 된다. 필경사, 지금은 없어진 직업이니 그냥 직원이라고 칭해야 할지도 모르는 바틀비는 월스트리트에서 일하고 있다. 그는 창 맞은편 건물 벽을 응시하며 하루의 대부분을 보낸다. 심지어 벽처럼 행동하기도 한다. 자신을 고용한 변호사가 어떤 업무를 해달라고 요청할 때마다 그는 "저는 하지 않는 쪽을 택하겠습니다"라고 대답한다. 이 장소에 오기 전 바틀비는 배달 불능 우편취급소에서 일했다. 거기서는 무슨 일을 했을까? 지금은 세상을 떠난 사람들에게 온 편지에 "죄송하지만 ○○ 씨는 사망했습니다…"라는 답장을 쓰는 일이었다. 따라서 바틀비는 송신자와 수신자를 갈라놓는 벽 주위에서 일하고 있었다. 멜빌의 이야기 끝에 바틀비는 죽은 채 발견되는데, 그 장소는 당시 뉴욕시 법무부의 별명이던 '무덤The Tomb'의 벽 아래였다. 벽과 정의를 다투는 기관을 연관시키는 이 결론은 벽이라는 수사학이 어떻게 정치적 논의로 흘러 들어가는지 이해하게 한다. 정치학자 웬디 브라운은 《장벽의 나라Walled States》에서 시민들이 어떻게 이웃과 자신을 스스로 차단하면서 자신의 국가가 위대하다는 환상이나 현실을 만드는지에 관해 이야기한 적이 있다.

정치, 심리, 문학 담론 모두 벽뿐 아니라, 침실, 복도, 지하실, 다락 등의 상징도 흔히 이용한다. 프란츠 카프카는 창에 관심이 많았는데, 특히 창의 일반적 기능인 바깥 전망보다는 감시 기능에 주목했다. 카프카의 창은 인간 주체를 감시 대상으로 전환한다. 창은 거리를 걸어가는 등장인물을 추적하는 일종의 포털이다.

이 예들이 보여주듯이 건축 구조물의 의미는 개념적, 문화적으로 어떻게 전개되고 받아들여지느냐와 밀접한 관계가 있다. 지멜의 다리-형태에 대한 지리공간적 설명을 듣다 보면 그런 형식에 대한 사회적·역사적·지적인 이야기들도 읽어보고 싶어진다. 바로 그 지점에서 형식은 형상figure이 되고, 문학, 회화, 철학의 재현 혹은 표상으로 자라나 담론의 확산을 거쳐 신화나 전설로 자리 잡는다. 벽은 침묵을 지키는데 문은 말을 한다면, 다리는 벽과 문보다 더 큰 소리로 이야기한다. 다리는 더 쉽게 상징화될 수 있다.

문화유산학 교수 알베르토 카사니가 쓴, 제목도 적절한《다리의 형상 Figure del ponte, 2014》에서는 다리라는 연결고리가 상징 혹은 형상이 되어 다리에 대한 심도 있는 연구의 토대를 제공한다.[4] 하지만 이 연결, 혹은 전환은 거의 자동으로 이루어진다. 눈에 보이는 것보다 더 많은 점을 드러내는 순간, 다리라는 형식은 일종의 상징이나 형상이 된다. 다리는 언제나 그러기 마련이다. 예를 들어 2014년 크림반도를 병합한 블라디미르 푸틴은 다리를 놓아 반도를 러시아에 연결했다. 이상적인 다리는 상호 연결, 다시 말해 동등한 유대를 의미하지만, 푸틴의 다리는 그 형태를 왜곡한다. 이 다리는 크림반도를 이웃 나라의 속국으로 만드는 사이비 다리, 혹은 다리 흉내에 지나지 않는다. 다시 말해 다리는 호혜 관계뿐 아니라 공격, 침습, 약탈의 의도로도 사용될 수 있다. 9장 '다리-단절'에서도 살펴보겠지만, 어떤 다리는 심지어 벽 같은 역할도 한다.

상징적 함의를 담고 있는 역사적 다리는 수없이 많다. 예를 들어 금문교Golden Gate Bridge의 목적은 샌프란시스코만을 오가는 선박 교통량을 완화하는 것이었다. 하지만 조금 더 심오하면서 극적인 금문교의 효과는 대륙 끝에서 미국 문명이 테크놀로지와 자연을 하나로 묶었다는 상징적 선언이었다. 본의 아니게 이 다리는 자살 명소가 되었다. 이제는 연상 작용을 떨쳐버리기 힘들 지경이다. 망망대해 앞에 선 인간의 왜소함이라는 숭고한 모순을 보여주는 효과도 있다. 6장 '교수대로서의 다리'와 이 책의 첫 장은 피안의 세계에 대한 다리-접점을 다루고 있다. 피안의 세계는 물론 어둠의 세계일 수도 있고, 상상 속에서 빛나는 세계일 수도 있다.

다리에는 인간이 손으로 지은 그 어떤 것보다 많은 이야기가 담겨 있다. 모든 다리에는 하나 이상의 이야깃거리가 있다. 그리스의 아르타 다리에는 거센 물살을 버텨낼 수 있도록 토대에 사람을 산 채로 묻었다는 이야기가 전해진다. 이탈리아 제노바의 모란디 다리는 완공 당시(1967년) 수백만 명에 달하는 이탈리아 사람들이 리구리아주 고속도로를 이용할 수 있게 만들어 준 대단한 기술 집약체라 여겨졌지만, 지어진 지 채 50년도 안 되어 무너지면서 40여 명의 목숨을 앗아갔다. 이 사건은 두 가지 널리 퍼진 통념을 확대 재생산했다. 하나는 다리, 특히 대담한 기술로 지어진 다리는 대단히 위험할 수 있다는 것이었고, 다른 하나는 이탈리아 공공기관은 단 한 곳도 빠짐없이 직무 태만에 빠져 있다는 것이었다. 이와 같이 다리에는 이야기만 있는 것이 아니라 역사도 있기 마련이다.

이런 연상을 통해 다리는 초월, 위험 같은 추상의 구체적인 부분 집합으로 간주되기도 한다. 하나의 통념으로서 '다리'는 사유와 언어의 상징이 된다. "벽이 아니라 다리를 지어라!Build bridges, not walls!" 앞선 세대들은 이와 다른 교훈을 주려고 했다. "다리를 불태워버리지 마라!Don't burn your bridges!"(돌이킬 수 없는 일을 저지르지 말라는 뜻)라든가 "다리에 도착하면 건너겠다We'll cross that bridge when we get to it"(일을 닥치면 걱정하자는 뜻), 혹은 "다리 밑의 물이다That is water under the bridge"(이미 지난 일은 어쩔 수 없다는 뜻) 같은 속담들로 말이다.[5] 이 표현의 개념적 가정은 명확하다. 다리는 전환과 협력, 효율적이고 신속한 조정, 개방성과 상호성을 보여준다. 문학과 예술에서 나타나는 다리-개념은 더 확장되고 정교해서 알아보기 힘들다. 다리-같은 연결과 그저 단순한 접촉이나 상호작용을 명확하게 구분하지 못하는 경우다.

이렇게 고차원적이고 조금 더 예리한 수준에서, 물리적인 다리와 유사한 현상은 도덕적 헌신, 정서적 유대, 상상력과 지적인 관계를 통해 구성된다. 이들은 이론적, 윤리적 믿음으로 묶여 있다. 물론 어떤 면에서 세상의 모든 것은 다리다. 수로도 그렇고 비행하는 하늘도 그렇다. 하지만 여기엔 조건이 있다. 우리가 다리라고 해석해야 한다는 것이다. 하늘에 걸쳐있는 길을 파편적이고 국한적으로 접근하면 다리라고 해석할 수 없다. 한 나라의 하늘이 지구상 다른 곳으로까지 이어져 있다고 이해하려면 다리-사유가 필요하다. 다리-사유란 개념·문화·역사의 경계를 적극적으로 건너는 것을 의미하기도 한다. 사유는 다른 나라에 기반을 만들 때 다리 역할을 한다. 기술과 사회 제도도 마찬가지다. 이들은 다른 착륙 지점에 도착하면서 기능을 수정한다. 어떤 다리는 누구도 건널 수 없는 것처럼 어디로도 이어지지 않는다. 현실적이고 감정적인 목표는 절대 목적지에 도달하지 못한다. 아마도 처음부터 목적지를 제대로 생각하지 않았기 때문일 것이다.

이들이 앞으로 여러 장에 걸쳐 살펴볼 다리의 특성이다. 물론 다리들은 다양하고 특정한 역사적 사례를 통해 지어졌고, 많은 예술-비평 해석의 대상이 되어 왔다. 이제 나머지 장에서 다루지 못한 몇몇 특성과 원칙을 언급하며 서문을 마무리할까 한다.

다리는 '분리'라는 분류 속에서 형태를 갖춘다. 이들은 지질학적 혹은 지리문화적 경계를 전제하고 있으며, 어떤 다리는 국가 간의 경계를 넘어서기도 한다. 과테말라와 멕시코 사이에 있는 수키테강 다리가 한 예다. 물론 지금의 정치 상황에서는 다리보다 뗏목을 통해 이 강을 건너는 편이 더 쉽겠지만 말이다. 남한과 북한 사이에 놓인 한강 어귀의 다리도 마찬가지다. 누구도 감히 건널 엄두도 내지 못한다는 점이 조금은 다르다.

다리는 물이든 공기든 간에 경계를 나누려는 요소의 역학에 대응하거나 저항 혹은 극복한다. 다리는 결합되었지만 이질적으로 남아 있는 영토들을 묶는다. 다리는 제한적인 상호작용만 허용한다. 다리는 해안과 해안에 연결된 사람들 사이의 차이를 없애지 않는다. 어떠한 혼합체도 만들지 않고 하나로 묶인 쌍을 만들 뿐이다. 이는 함께-존재한다는 중요한 경험을 낳는다.

관계를 구축하면서 다리 그 자체는 모인 차이점들을 초월한다. 그래서 다리는 세 번째 공간 혹은 관계다. 우리가 경계가 있는 것들 사이를 오가는 통로다. 다리는 눈에 띄지 않게 연결된 장소들의 경계를 주목하게 한다. 철학자 마르틴 하이데거는 이 문제의 몇 가지 측면을 철학계에서 상당한 주목을 받았던 〈짓기·거주하기·사고하기$^{\text{Building · Dwelling · Thinking}}$〉라는 논문에서 다루었고, 분석 심리학자 로즈메리 고든 역시 관심이 많았다.[6] 다리-연결 자체는 사유 영역에서 중요한 문제다.

다리는 견고해야 한다. 가상 세계, 유동적 세계, 디지털 세계의 연결처럼 일시적이거나 불안정해서는 안 된다. 다리를 건널 때 우리는 물 위를 미끄러지거나 징검다리처럼 한 걸음씩 내딛지 않는다. 다리의 지지대나 교각은 강바닥에 깊숙이 박아야 한다. 물의 흐름은 다리를 지탱해주지 않는다. 로마가 5년 혹은 10년마다 주요 특징을 바꾼다고 상상해보라. 사람들이 다시 찾을 수 있는 고정된 건축 형태가 남아 있지 않다면 말이다. 오늘 여기 있도록 만들었지만 내일이면 사라지는 것을 기반으로 해서는 지을 수 있는 게 없다. 백 년 전 시인 폴 발레리는 정신적 불연속성이라는 새로운 도전에 경악을 금치 못하며, "중단, 비일관성, 놀라움은 우리 삶의 평범한 조건"이라고 말했다.[7] 지루함이라는 토양은 결국 확장된 집중력을 요구하며 지속적인 연결을 만드는 경향이 있다. 발레리보다 2천 년 앞서 롱기누스는 "다른 것들과 질서 정연하게 연결되어 튼튼한 구조를 만드는 모든 것은 위대하다"라는 말을 남겼다. 로마나 볼로냐 같은 도시에서 살기 위해서는 최소한 과거와 다리가 놓여있어야 한다. 다시 말하면, 과거를 잊지 않게 하는 구조물이 있어야 한다. 물론 영구적이지 않은 다리도 있다. 수납교(수납이 가능한 다리), 도개교(들어 올릴 수 있는 다리), 불에 탄 다리 등이다. 우리는 하나의 기준을 통해 이들이 다리인지 아닌지 판정한다. 두 공간 사이에 만드는 길이 그 공간에 대한 이해를 수반하느냐의 여부가 바로 그 기준이다.

다리는 우리를 다른 곳으로 인도한다. 그러면서도 출발한 지점에서부터 우리를 떼어놓지 않는다. 다리는 우리가 돌아갈 수 있는 장소에서부터 어떤 장소에 접근하게 한다(다시 한번 말하자면 원칙적으로 그렇다는 말이지, 늘 그렇지는 않다. 예를 들어 베네치아 탄식의 다리는 감옥으로 가는 다리인데, 보통 은 죽지 않고서는 이 다리를 다시 건너지 못한다). 다리는 여러 길로 갈 수 있는 포털이 아니며, 출구도, 리좀rhizome도, 네트워크도, 인터페이스도 아니다. 우리가 경험하는 많은 현상들이 다리를 놓을 수는 있지만, 다리가 많을 수록 다리-경험은 더 적게 남을 수밖에 없다. 초연결 세계는 일종의 미로 에 지나지 않기 때문이다.

다리에 한 걸음을 내딛는 것은 부분적으로 불분명하게 남아 있는 목적 지를 따라가는 것이다. 그렇다 해도 희미하게 빛나는 목표는 움직임을 재 촉한다. 우리는 어떤 목적의식을 가지고 다리를 건넌다. 도로 여행은 즉 흥적으로 하는 경향이 있다. 바다 항해는 아예 개방적이다. 다리의 끝은 신호를 보내듯 우리를 유혹한다. 마치 하나의 상징과 같다. 불완전해 보이 는 현재의 상태, 우리를 애초에 다리로 몰아넣은 현재의 상태를 넘어 분 명해 보이는 무언가에 숨은 내용을 가리키는 상징 같다. 다리는 그저 하 나의 상징에 그치지 않는다. 다리는 단순한 상징이 아니라 상징 중의 상징 이자 숨겨진 의미가 있는 장소에 닿는 수단이다.

다리 위에서 우리는 익숙한 곳에서 낯선 곳으로 나아간다. 그 설정 자 체도 기이하다. 기묘한 통행의 비-장소no-place(건축에서 건물을 위한 공간이 아니라, 사람의 움직임을 위해 만들어 놓은 공간), 틈새 공간, 관계와 공통점-갖 기의 공간. 다리로의 이동은 우리에게 완전히 다른 조건에 익숙해지라고 도전장을 던진다. 창조적 글쓰기도 마찬가지다. 우리에게 친숙하고 사실적인 지식에서 새로운 이해로 우리를 데려가니 말이다. 읽기는 이 움직임을 전도하여 낯선 것에서 평범한 것을 발견하게 한다. 3장 '음악의 다리'에서 설명한 과정처럼 우리의 귀에 와닿는 소리와 목적을 듣고 이를 해석할 때도 비슷한 일이 벌어진다. 앞으로, 또 뒤로 움직이면서 듣고 읽고 쓰는 공간은 사유의 공간이다. 우리는 또한 상상하고, 회상하고, 미래를 결정할 때도 그 공간 속을 움직인다.

다리를 건너다 보면 다리-사건이 생겨나기도 한다. 집단 효과를 낳는 사건은 세계사적 사건이다. 우리 삶에서 일어나는 대부분은 미시사적^{microhistorical}인 사건이다. 실연, 가족의 죽음, 새로운 나라로 이민, 직업 변화 같은 위기가 그렇다. 이렇게 중요한 사건은 하나의 삶-형식을 다른 삶-형식으로 만든다. 그렇다고 해서 새로운 주체의 장이 이전의 장을 대체하지는 않는다. 다만 이전 장에 결합할 뿐이다. 경험이 가리키던 저쪽을 자신의 경험으로 받아들이는 순간, 그 경험은 다리-사건이 된다.

깊은 영향을 미치는 다리-사건은 합쳐진 요소들을 과거와 같은 상태로 남겨두지 않는다. 그래서 다리-사건은 양방향 교차점이다. 마치 파올로 델레 모나슈의 〈기억과 망각 사이^{Between Memory and Oblivion}〉 같다. 이 조각은 육지와 바다의 경계에서 망각 때문에 부분적으로 봉해진 과거를 기억이 되살리기라도 하는 듯 양방향을 응시하고 있다(사진 0.1). 다리는 이렇게 이중적인 움직임을 제공하는 구조물이다. 그러나 같은 강물에 두 번 들어가는 사람이 없듯이, 한 걸음 물러나 다시 올라선 땅도 그전에 떠났던 땅과는 다르다. 한때는 단순해 보였던 상황이 이제는 복잡해 보인다.

다리는 중재하지만, 중재 조건을 정하지는 않는다. 그래서 다리는 차이를 협상해야 하는 복잡한 문제를 제기한다.《월든^{Walden}》의 작가 헨리 데이

사진 0.1 〈기억과 망각 사이〉, 파올로 델레 모나슈, 2004. 청동 285×90×70cm. 작가 제공.

비드 소로 ^{Henry David Thoreau}는 1853년 1월 16일 일기에 이렇게 썼다. "나의 친구는 나의 경쟁자다. 우리는 각각 강 반대편에 살고 있다."⁸ 소로는 친구를 경쟁자로 이야기한 걸까? 아니면 경쟁자를 친구라고 말한 걸까? 어떤 쪽으로든 해석이 가능할 것 같다. 이 관계의 긴장은 해소되지 않은 상태이니 말이다. 니체 역시 이런 문제를 경험한 후 다음과 같이 기록했다.

살면서 너무나 가까워 우리의 우정을 가로막는 것은 아무것도 없다고 느껴질 때가 있었다. 그저 작은 다리만이 우리를 갈라놓고 있었다. 그대가 막 거기에 발을 올려놓는 순간 나는 물었다. "그 다리를 건너 내게 올 거야?" 그 말을 듣자 그대는 더는 다리를 건너고 싶지 않았다. 내가 다시 물었을 때 그대는 침묵을 지켰다. 바로 그때 이후로 산과 급류는 물론, 우리를 갈라놓고 떼놓는 모든 것들이 우리 사이에 자리 잡았다. 우리는 함께이고 싶었으나 그럴 수 없었다. 그대가 그 작은 다리를 생각할 때면 말문이 막히고 흐느껴 울며, 불가사의하게 여긴다.[9]

청년 시절 비슷한 경험으로 환멸을 겪었던 헝가리 작가 루카치 죄르지는 경쟁자-친구 사이에 만들어진 다리의 특성이 그들의 행동 조건을 제약하지 않는지 궁금했다. 그는 다음과 같이 썼다. 윤리학은 "우리를 나누는 다리다. 우리가 그 위를 오가며 서로를 대면하지 않고 언제나 우리 자신에게 되돌아오는 다리다."[10] 윤리학이 다른 사람을 위해 행동하는 경향을 제시한다는 점을 생각하면 루카치의 걱정은 직관적이지 않을 수 있다. 하지만 윤리학은 규범의 학문이기도 해서 굳어진 채 도그마가 되어 인간의 상호작용에 특정 방식을 명령하기도 한다. 그 원칙은 가장 복잡하고 특이한 경험을 바탕으로 강조되는 것으로 악명이 높아 어느 원리를 따라야 할지 확실치 않을 때는 우리를 곤경에 빠뜨린다. 따라서 다리로 이어놓은 차이는 없어지지 않는다. 사실 몇몇은 강화되기도 한다. 차이에 대한 해결책은 다리 자체가 가능하게 해주는 교환 기능으로 보장될 수도 있고, 좌절될 수도 있다.

여기까지가 내가 이제껏 한 연구에서 뽑아낸 아직 살을 붙이지 않은 생각들이다. 구체적 사례들을 통해 더 많은 아이디어가 등장할 것이다. 다리로 인해 생긴 기회와 도전은 다리가 만들어지기 전의 지배 원리를 초월하기 때문이다. 다리는 새로운 해결 방안을 제시하는 동시에 새로운 문제를 만들어낸다.

1장

신의 위대한
다리 짓기

당신을 내던져야만 잡을 수 있는 것이라면,

그저 기술과 무의미한 이득에 지나지 않는다.

그러나 갑자기 공을 잡을 수 있다면,

한 영원한 친구가

당신의 중심에, 정확하게

솜씨 있게 팔을 휘둘러 던져, 신의 위대한 다리 짓기에서나 볼 수 있는

그 유려한 곡선을 그리며 날아오는 그 공을,

그럴 때 공을 잡을 수 있는 것은 미덕이라 할 수 있다.

라이너 마리아 릴케, 〈당신이 던진 것을 당신이 잡을 수 있다면〉

무지개 연인들

다리라는 초월의 공간, 다리가 닿는 머나먼 곳에서 시작해 보자. 하늘에 있는 다리, 지상과 천국을 연결하는 다리는 상상 혹은 이상적인 통일성을 제시한다. 또한 다리는 눈에 보이지 않는 것들을 참조하여 눈에 보이는 사건을 설명하며, 생생하게 겪은 주요 사건들에 종교적 의미를 부여하려는, 인간의 가장 오래된 경향을 드러내기도 한다. 하지만 과학적으로 입증되기 전까지 통일성이란 전치되거나 투사된 이상에 불과하다. 천상의 다리는 희귀하고 순간적인 결합에 미약하고 흐릿한 형태를 부여한다. 마치 무지개나 별처럼 섬세하게 세공한 듯한 질감을 느끼게 한다. 일부는 신화와 종교로 귀결된다.

　창공이라고도 불렸던 이 특별한 하늘의 다리는 일시적으로만 존재했다. 일 년에 단 하루, 칠월칠석날 불멸의 연인들이 만날 수 있도록 만든 다리이기 때문이다. 타나바타스메(직녀성)는 하늘의 큰 강 은하수 왼쪽에 살고, 그녀의 남편 히코보시(견우성)는 오른쪽에 살고 있다. 칠월칠석에 큰 강을 건널 수 없을 정도로 비가 많이 오지만 않으면, 까치와 까마귀가 날개를 펼쳐 은하수를 건너는 다리를 만들어 한쪽 신이 다리를 건너 상대방과 함께 하룻밤을 보낼 수 있다. 최소한 해가 바뀌기 전까지는 비슷한 기회조차 없다. 어떨 때는 하늘이 맑지 않아 3, 4년을 기다려야 할 수도 있다.

이날만을 기다리는 부부에겐 너무 슬픈 일이다. "숱한 세월을 손을 맞잡고 얼굴을 맞대고 있을지라도 우리의 지극한 사랑은 끝나지 않을 겁니다(대체 하늘은 왜 우리를 군이 갈라놓아야 했을까?)."[1] 정말 왜 그래야 했을까?

하늘의 별자리 신을 소재로 한 이 시는 760년 이전 일본에서 쓰였고, 그보다 2천 년은 더 오래된 중국 설화에 바탕을 두고 있다. 이 시는 소설가 라프카디오 헌이 영어로 옮겨 전해졌는데, 그는 수 세기 동안 이 부부의 특별한 만남을 기리는 비슷한 시들을 무수히 많은 사람들이 써왔다고 덧붙였다. '지극한 사랑이 결코 끝나지 않을 것'이라면, 왜 하늘은 이들을 군이 갈라놓으려 했을까? 결혼은 눈감아 주었으면서 말이다. 시에서 암시하는 대답에서는 큰 위안을 찾을 수 없다. 마치 아이들에게 들려주는 그럴듯한 교훈 같은 것에 지나지 않기 때문이다. 이를테면 세상일이 어떠해야 하며, 특히 경제적 책임과 자식으로서의 도리는 절대로 저버리면 안 되는데, 부부의 사랑이 규범을 어겼다는 식이다. 비밀을 풀려면 둘이 사랑에 빠진 맥락을 알아야 한다. 헌의 번역을 요약하면 다음과 같다.

어느 날 위대한 하늘 신의 사랑스러운 딸 타나바타는 아버지의 옷을 만들기 위해 천을 짜던 중에 소를 끌고 집 앞을 지나가는 비천하지만 잘생긴 농부와 사랑에 빠졌다. 아버지는 측은한 마음에 둘의 신분 차이를 눈감아 주었고, 히코보시를 남편으로 삼겠다는 타나바타의 소원을 들어주었다. 모든 일은 술술 풀리는 듯했다. 그러나 "결혼한 부부는 금슬이 너무 좋았던 나머지 하늘의 신으로서 해야 할 의무를 다하지 않았다. 옷 짜는 소리는 들을 수 없었고, 소는 주인을 잃고 방황하며 하늘의 평원을 돌아다녔다." 사태를 바로잡기 위해 하늘 아버지는 둘을 갈라놓고 은하수 맞은편에 따로 살라는 명령을 내렸다. 그 후 일 년에 한 번 '하늘의 새들이 몸통과 날개로 강 위에 다리를 만들 때, 다리 위로 연인들이 만날 수 있을 때' 만남을 허락했다. 이 명령으로 한 해 동안 특별한 날을 제외하고는 각자 해야 할 일에 전념할 수 있었다. 아무리 오랫동안 이 별자리 연인들이 만나지 못하더라도 "이들의 사랑은 절대로 사그라지지 않고 영원한 젊음으로 남아 인내심으로 지속된다. 이들은 한 번의 실수도 없이 매일같이 맡은 의무를 다한다. 다음 칠월칠석 밤에 만날 수 있기를 바라는 마음으로 행복해하면서."[2]

이 전설을 아름답다고 찬양하는 단가短歌도 많아서 헌은 시 몇 편을 영어로 옮기기도 했다. 책 결론에서 시흥에 취해 본인이 19세기 후반 낭만주의 작가임을 부지불식간에 드러내고 있다.

투명한 밤의 침묵 속에서, 달이 떠오르기 전 별이 빛나는 하늘에서 마법 같은 옛 이야기가 내게 내려와 과학이라는 괴물 같은 사실과 우주라는 막대한 공포를 잊게 만든다. 그러면 나는 은하수를 더는 수백만 개의 별이 심연을 힘없이 밝히고 경외심을 주는 우주의 고리로 보지 않게 된다… 하늘은 아주 가까이 있고 따뜻하고 인간적으로 느껴지며, 내 주변의 침묵은 변함

없고 불멸의 사랑이라는 꿈으로 가득 차다. 영원히 갈구하고 영원히 젊으

며, 신들의 아버지의 이해로는 영원히 납득하지 못할 그런 사랑 말이다.[3]

이 우화는 신의 질서와 육체적 에로스 사이의 갈등이라는 주제를 갖고

있지만, 차갑고 고요한 우주 공간을 의인화한다. 인간이 하늘에서 별과

은하수를 알아보게 되면서 인간의 행동에 초월적인 공간, 즉 그것을 측정

할 수 있는 하나의 '극極' 혹은 차원이 된 것이다. 초자연적 차원 자체가

연인들이 각자 의무에 따라 떨어져 살 수밖에 없는 지구상의 삶처럼 보

인다. 새들이 놓는 다리는 헌신의 표현이며, 생명체들이 함께 모이는 군집

본능에 대한 오마주다. 몸짓과 날갯짓으로 연결된 유대감은 연약하기에

더 매혹적이다. 영원히 나뉘어야 한다는 걸 인정하면서도 분열 속에 함께

존재하기 때문이다. 일 년에 한 번뿐인 새들의 공조라는 신성한 예외성은

가치를 더해서 보통 때라면 신에게 용납될 수 없는 위반이었을 행동마저

용서하게 한다. 하늘에 있는 다리는 지상 생명체의 결합에서 그치는 게

아니라, 헌신, 자제, 인내를 통해 얻은 고립으로부터의 유예를 상징한다.

바꿀 수 없는 상황에 대한 일시 보상인 셈이다.

다른 하늘 다리도 이 새들이 일 년에 한 번 만드는 다리만큼이나 연약

하고 또 일시적 접촉을 존중하는 다리들이다. 아주 드물게 나타나는 무지

개는 흔히 인간과 신의 영역을 잇는 연결고리로 여겨졌다. 물, 공기, 빛으

로 이루어진 작은 물방울이 무지개를 만들려면 새가 다리를 만드는 것만

큼 많은 조건이 필요하다. 이 희소함보다 더 주목받는 무지개의 특성은 일

시성이다. 다양한 문화권에서 무지개는 땅과 하늘 사이를 잇는 기적의 연

결점을 만든다. 13세기 북유럽 신화를 묶은 《산문 에다Prose Edda》에서 하

이라는 왕은 변장한 왕 길피에게 무지개는 하늘의 신들이 지상 세계에 내려오기 위해 만든 다리라고 설명한다. 세 가지 색으로 이루어진 무지개는 강도가 매우 단단하며 "다른 구조물보다 훨씬 더 많은 기술을 동원해서 만든다"라고 한다.[4] 이 북유럽의 무지개다리를 신의 다리라고 부르는 곳도 있다. 천둥의 신 토르를 제외한 모든 신은 매일 말을 타고 이 다리를 건넌다. 신의 다리는 '빛나는 길', 혹은 '천국으로 가는 흔들리는 길'이라고도 해서, 하늘에서 일어나는 '빛나고' '흔들리는' 현상이 일어나는 곳을 은하수라고 생각하는 학자들도 있다. 위대한 연인 타나바타와 히코보시가 여행하던 그 길이다.[5] 19세기 후반 무지개를 통해 신의 영역으로 갈 수 있다는 상상은 바그너의 악극 〈니벨룽의 반지Das Rheingold〉를 통해 널리 퍼졌다. 이 악극에서는 최고신 보탄(오딘에 해당하는 게르만 신)이 동료 신들을 이끌고 발할라Valhalla라는 새롭게 만든 집으로 향하는 장면이 나온다. 많은 그림을 보면 이 신들의 위대한 성은 무지개다리를 통해 세계와 연결되어 있다(그림 1.1). 바그너의 시나리오는 '살해당한 자들의 전당'이라는 의미의 발홀이라는 북유럽 신화를 바탕으로 한다. 북유럽 신화에 따르면 전투 중 사망한 용감한 전사들은 하늘을 나는 반인반신의 여전사 발키리의 인도를 받아 발홀로 가서 이들의 연인이 된다. 발홀에서 영웅들은 최후의 전투 라그나로크를 준비한다. 세상 전체를 파괴하고 새로운 우주의 시작을 알리는 전쟁이다.

모든 다리 중 보기에 가장 연약해 보이는 무지개는 일종의 발산emanation이다. 다시 말해 의미와 에너지의 신비한 전달이다. 고대 그리스인들은 날개 달린 이리스 여신이 신들이 인간에게 보내는 메시지들을 실어 나르며 이 형형색색의 아치를 이용한다고 생각했다. 이리스는 그리스인들에게 보

그림 1.1 〈발할라〉, 막스 브뤼크너, 1896. 리하르트 바그너의 <니벨룽의 반지> 중 '신들의 황혼'의 무대 그림, 종이 위에 석판 인쇄 23×28cm.

조적 혹은 대안적인 메신저였다. 대표적인 전달자는 헤르메스로, 이 신의 이름에서 '해석학hermeneutics'이라는 말이 만들어졌다. 해석학이란 문화·역사적으로 배치되어 있는 대상들을 해석해야 할 기호와 엮으며, 이해의 행위를 가로지르는 지적 연결에 대한 연구를 가리킨다.[6] 노아 이야기에서는 하늘을 열어 신의 뜻을 보여주던 무지개가 재앙 해소의 상징으로 등장한다. 노아의 무지개는 신과 지상의 생물 간의 새로운 협정을 의미한다. 우연이 아닌 방식으로 무지개는 홍수를 일으켜 모든 것을 파괴해버린 절대자가 육신을 가진 생물에게 이전과는 다른 권위를 보여주겠다고 선언하는 수단이다(창세기: 9:13~17). 무지개는 형이상학적 이해, 일시적인 협정이며, 일반적으로 약속을 지키지 않았을 때의 규칙을 강조하는 보잘것없는 약속이다. 무지개는 등장과 접촉을 의미한다. 깨달음을 가져다주는 무지개는 반대편에 있는 둑을 볼 수 있게 한다.

초자연적인 바위 다리

취약한 느낌을 주는 무지개 이야기들에서 유사한 공감대가 생겨날 수 있다. 미대륙에서 무지개다리는 육신을 가진 생명과 영생하는 존재 사이의 약속이 북유럽 신화에서처럼 언제라도 무너질 수 있다는 것을 보여준다. 무지개다리 중 하나는 반려동물을 위한 온라인 묘지(www.rainbowsbridge.com)로, 수수료만 내면 반려인은 동물을 위한 가상의 무덤뿐만 아니라 죽은 반려동물이 영원히 거주할 계절까지 선택할 수 있다.

세계에서 가장 긴 자연 아치인 유타주 레인보우 브리지는 1910년 백인 이주자들이 국립기념물로 지정하기 전까지 신학적으로 중요한 의미가 있던 장소였다(사진 1.2). 미국 원주민이 관광객들의 공격에서 다리를 지키려던 이유는 무지개다리가 그들이 홀리 피플이라 불렀던 신적 존재와 인간이 만나는 신성한 장소라고 생각했기 때문이다. 하지만 이들은 연방 정부가 1966년 글렌 캐니언 댐을 지어 이 계곡에 살던 홀리 피플을 몰아내는 것까지는 막지 못했다. 나바호 부족과 다른 네 원주민 부족들은 그저 근처 무지개다리에 다가가거나 아래로 지나지 말라는 안내문을 붙이는 것 정도만 할 수 있었다. 형이상학적인 의미에서 보기에도 사람이 무지개 아래로 지나다니는 것은 부자연스러워 보였고, 특히 나바호 부족에게 이 다리는 지하세계의 영혼에 접근할 수 있는 지점이었기 때문이다. 미국 원주민들은 또한 다리로 가는 오래된 길로도 사람들이 걸어 다니지 못하게

사진 1.2 레인보우 브리지, 미국 유타주.

만드는 허가도 얻어냈다. 그래서 이제 무지개다리의 영혼들은 사람들의 움직임에 더는 제약받지 않게 되었다.[7] 몇 마일 떨어진 내추럴 브리지는 호피 부족이 '출현의 장소'라고 부르는 아치 바위가 하나 더 있다. 호피 부족은 이 다리를 선조들이 처음 세상에 도착한 문이라고 생각한다.[8]

칼 W. 루커트 교수가 쓴 구전 역사책에는 유타주의 레인보우 브리지, 혹은 나바호 부족의 록 아치에 관한 여러 이야기가 수록되어 있다. 이 이야기들에 따르면 나바호 부족이 1863년쯤 킷 카슨의 군대를 피해 이곳에 처음 도착해서 아치를 보고 바로 무지개를 떠올렸다. 이들은 아치를 '레인보우 퍼슨'이라고 여겼다. 레인보우 퍼슨은 일종의 육신을 가진 신, 혹은 이곳에서 약간 북쪽에 있는 나바호산이나 아니면 아치가 있는 장소에서 태어나 나바호 부족을 미군으로부터 보호해주는 한 쌍의 영혼이 합쳐진 존재를 가리키는 말이었다. 주술사 플로이드 래프터에 따르면 이 두 영혼이 아버지 태양으로 돌아갈 때 이 무지개다리를 이용했다고 한다. 나바호 부족의 또 다른 주술사는 자신이 무지개 여행을 하다가 록 아치에 내려앉은 적이 있다고 이야기한다.[9]

이번에는 미국 원주민 신화에서 영감을 받았다는 주술사가 아니라 진짜 가수singer 이야기를 해보자. 체로키 부족의 피가 섞인 이 가수 역시 노래를 만들다가 몇 번 주술사와 마찬가지로 하늘을 날아다닌 경험이 있다고 한다. 노래 중 몇 곡은 1970년 7월 20일 '하와이 레인보우 브리지'라는 이름이 붙은 콘서트에서 공연되기도 했다. 하와이의 신들 역시 무지개를 타고 지상으로 내려온다고 한다.[10] 지미 헨드릭스Jimi Hendrix의 마지막 공연 중 하나였던 하와이 공연에서는 하와이 사람들이 내세로 가는 입구라고 믿는 곳 바로 옆에 무대를 세웠다. 그곳은 하우스 오브 더 선이라는 이름의 화산으로 마우이 부족의 섬에서 반신半神들이 사는 장소였다. 레인보우 브리지 콘서트는 한 뉴에이지 명상 컬트 집단이 후원했는데, 이들은 유기 생명체가 주변의 무기적 환경과 적극적으로 상호작용한다는 가이아 가설Gaia hypothesis(지구가 한 생명체의 세포처럼 모두 연결되어 있다는 가설)의 영적 함의를 탐구하는 집단이었다. 헨드릭스는 비범한 상상력으로 육체-종교적인 무지개에 대한 여러 이야기를 자신의 음악에 흡수시켜 정교하게 다듬었다. 〈액시스 볼드 애즈 러브Axis Bold as Love, 1967〉에서 무지개의 일곱 색은 인간 감정으로 의인화되어 "당신 같은 무지개에 나의 삶을 바치지 못하게 만든다." 여기서 액시스Axis, 다시 말해 '축'이라는 단어는 '실제 세계와 영적 세계를 잇는 다리를 놓는 전지적이고 신비한 존재'를 가리킨

OF BRIDGES

다.[11] 헨드릭스는 다리를 오가며 여러 천사를 보았다고 한다. 그는 1969년 우드스톡에서 함께 연주했던 밴드를 '집시 선 앤 레인보우'라고 불렀다. 밴드 멤버들은 레인보우였고, 헨드릭스는 떠돌아다니는 태양이라는 말이다.

우리는 루커트가 수집한 무지개 여행 이야기를 통해 헨드릭스가 무슨 말을 하려고 했는지 어렴풋이 짐작할 수 있다. 어떤 이야기에서, 두 인간 여성이 방황하다가 우연히 물의 신이 있는 장소에 도달했다. 신은 이들을 자신들의 장소에 들이려 들지 않았고 무지개를 태워 집으로 돌려보냈다. 무지개를 타고 내린 곳은 나바호산 근처였는데 이들은 거기서 돌이 되어 앞서 말한 록 아치가 되었다. 다른 이야기를 보자. 곰 인간과 큰 뱀 인간이 대륙의 동쪽 끝으로 여행하다가 어떤 산에 도착했는데, 산의 양쪽 옆에는 물이 위로 흐르고 있었다. 꼭대기까지 올라가자 산 정상은 구름으로 바뀌며 물을 모아 세상 모든 비의 원천이 되었다. 구름에 오른 곰 인간과 큰 뱀 인간은 무지개를 타고 집으로 돌아왔다. 이 무지개 역시 이들이 지상에 닿은 지점에서 단단한 돌이 되었다.[12] 이처럼 무지개는 여행을 가능하게 하고 인간과 신을 연결하지만, 어느 지점에서는 돌이 된다. 거기에서 우리가 알고 있는 세상은 끝난다. 그 너머는 알 수 없다.

레인보우 브리지 근처에는 레인보우 캐니언이 있다. 오래전 인간과 신이 여러 동물 인간들과 함께 조화롭게 살았던 '헤드 오브 더 어스'(나바호산을 부르는 다른 이름) 부근이다. 결국은 신, 홀리 피플은 그곳을 떠나기로 했다. 몇몇은 계곡의 강한 바람이 부는 동굴로 들어갔고, 나머지는 거대한 일괴암一塊巖으로 들어가 계곡의 신성한 땅을 감시하고 지키는 역할을 했다. 하지만 이 신들조차 어느 날 갑자기 레인보우 브리지가 무너져 내리는 것을

36

막지는 못했다. 북유럽 신화의 불타는 무지개다리처럼 레인보우 브리지는 무너지면서 신을 믿는 독실한 인간과 그렇지 않은 인간 모두에게 피할 수 없는 재난의 비를 내렸다. 이 재난이 어떤 것이었는지 알 수는 없다 (북유럽 신화의 라그나로크에 대해서도 마찬가지로 우리는 모른다). 하지만 화가 바실리 칸딘스키^{Wassily Kandinsy}의 눈에는 이 재난이 정신과 육체 간의 우주적 전투로 보였나 보다. 그는 이 충돌을 논문 〈예술에서의 정신적인 것에 대하여〉와 그림 〈컴포지션 IV〉으로 표현했다. 우뚝 선 칸딘스키의 말들 아래, 전투의 창 가운데, 나바호산만큼 높은 봉우리 근처에서 무지개는 잃어버린 신의 약속을 상징하는 듯 수평선으로 물러나고 있다.

시라트, 시나바드, 그리고 폰티펙스 막시무스

무지개는 물질세계와 비물질세계를 잇는 가시적 연결고리 중 하나다. 일본의 건국 설화에는 또 다른 연결고리 이야기가 있다. 8세기에 쓰인 《단고후도키^{丹後風土記}》에 따르면 하늘은 원래 아마노하시다테^{天橋立}라는 다리로 땅과 연결되어 있어서 신들은 이 다리를 통해 하늘과 지상을 마음대로 오갈 수 있었다. 하루는 모든 사람이 잠들어 아무도 보지 않을 때 이 다리가 바다로 무너져 내렸다. 지질학적으로는 현재 교토 서쪽에 3킬로미터에 달하는 지협^{地峽}이 되어 기막힌 장관을 이루고 있다(사진 1.3). 신계와 인간계를 갈라놓는 공간에 관심이 많은 일본 건축가들은 신사^{神社} 초입에 아치형 다리를 지어 신들의 영역으로 신도를 끌어들이고 있다. 이 다리를 건너면 사람의 영혼이 정화된다고 한다.

츠키오카 요시토시^{月岡芳年}가 그림으로 그려 남긴 붉게 옻칠된 신쿄^{神橋}

사진 1.3 아마노하시다테, 일본 미야즈시.

는 세 신령의 무덤으로 가는 길이다(그림 1.4). '야마스가^{山菅}의 뱀다리'라
고도 알려진 이 다리는 766년 한 신령이 승려에게 밟고 강을 건너라고 던
진 뱀 두 마리가 굳어져 만들어졌다는 전설이 있다. 요시토시 그림의 다
리는 사실 1636년 이 그림에도 등장하는 당시 쇼군인 도쿠가와 이에미츠
德川家光가 지은 것이다. 수백 년 동안 이 다리는 귀족, 사무라이, 궁정 사람
들을 제외하고는 다닐 수 없었다.

여러 종교에서 구원받을 사람들에게 지옥의 고통 위에 놓인 다리를 조
심하라고 경고한다. 사후에 모든 영혼이 내세에 가기 위해 건너야 하는
다리다. 아라비아어로 시라트(길)라고 불리는 다리는 머리보다 가늘고 검
의 날보다 날카롭다. 의로운 사람들은 "눈 깜짝할 사이에 다리를 건너고,
번개처럼, 강한 바람처럼, 빠른 말이나 암낙타처럼 빠른 사람도 있다. 하
지만 그렇지 않은 사람들은 지옥에 떨어질 것이다."[13] 이슬람의 다리는 시

그림 1.4 〈니코 신교에 서 있는 도쿠가와 이에미츠와 아이 나오타카〉, 츠키오카 요시토시, 1878.

나바드(연결고리)라는 조로아스터교의 다리 이미지에서 유래되었는데, 이 다리는 곧장 다른 세계로 인도한다. 이 세상에서의 시간이 끝에 다다르면 다리에서 기다리고 있던 천사들이 지나가는 모든 영혼을 멈춰 세워 이승에서 했던 행동을 엄중하게 심문하고 이들에게 어울리는 목적지를 판정한다.

기독교가 지배했던 중세 시대에는 불 위를 건너가는 다리 그림을 많이 볼 수 있다. 지상을 떠나는 영혼은 다리를 통해 최후의 안식처까지 도달하게 된다. 죄를 지은 자들에게는 좁고 미끄러운 길이고, 의로운 자들에게는 넓고 안전한 길이다. 이런 다리는 성 그레고리오의 대화, 성 베드로,

성 알베리코, 텐데일의 계시, 조시무스의 이야기, 게르만족과 켈트족의 전설에서부터, 18세기 〈라이크-웨이크 만가〉라는 노래에서 묘사된 지옥으로 가는 다리 브리고드레드(두려움의 다리라는 의미)까지 이어진다.[14] 놀라울 정도로 상세한 1300년대의 이탈리아 프레스코화에는 최후의 심판 장면에 다리를 그려 넣기도 했다(그림 1.5). 그림의 다리는 아래 계단의 폭은 넓지만 위로 올라갈수록 급격하게 좁아진다. "선택된 영혼은 천사들의 도움을 받아 다리를 건널 수 있다. 다른 자들은 물살로 가차 없이 떨어진다. 강 아래쪽엔 악마들이 기다리고 있다."[15] 북유럽 신화에서 이승을 떠나는 사람들은 갈라브루라는 '번쩍이는 황금으로 지붕을 덮은' 다리를 걸어가야 한다. 이 다리는 다른 다리처럼 지옥 위를 건너는 다리가 아니라 지옥으로 가는 다리다. 하지만 북유럽 신화의 지옥은 의롭지 못한 자들이라 해서 처벌하지 않는다. 지옥은 질병이나 노령으로 인한 자연사 같은 수치스러운 방식으로 죽음을 맞이한 겁 많고 소심한 사람들을 위한 장소이기 때문이다.

유명한 신화적 전통의 맥락에서조차, 강력한 제도의 지원을 받고 있었음에도 불구하고 이 세상과 내세를 갈라놓은 가장 인상적인 다리는 순전히 개념적 차원의 다리들이었다. 이 다리는 가톨릭 교회의 주교인 폰티펙스 막시무스가 내주는 연결 통로다. 로마의 수십 개에 달하는 기념비에 새겨져 있는 이 명칭은 교회가 타락한 육체에게 내려주는 영원한 구원에 이르는 영적 통로를 암시한다. 폰티펙스에서 pons는 '다리'이고 facere는 '만든다'는 의미이므로, 이 단어는 다리를 만든다는 의미다. pontifex, pontefice 혹은 pontiff 모두 다리를 만드는 사람인데, 여기에 '장인'이라는 의미의 막시무스를 붙여 폰티펙스 막시무스는 '다리 제작의 장인'으

그림 1.5 〈최후의 심판〉, 산타 마리아, 피아노, 로레토 아프루티노, 14세기 말.

로 천국으로 가는 다리를 만드는 자라는 의미다. 초대 교황 베드로가 천
국의 문을 지키고 있는 자라면 그 뒤를 이은 교황들은 거기에 도달할 수
있는 구조물을 만드는 셈이다.

　로마 교회의 지도자들이 만든 거대한 다리는 하늘의 어떤 다리보다 견
고하고 엄청난 힘을 가지고 있었다. 이 다리는 베드로의 반석 위에 세워
졌을 뿐 아니라, 로마 제국 정치 기관들의 지원까지 받고 있었기 때문이
다. 심지어 기독교인들이 존재하기 전에도 '폰티펙스 막시무스'는 이미 존
재했다. 그는 최고 사제로서 로마의 모든 종교 의식, 법률, 전통을 해석하
고 감독하는 임무를 맡은 고위 성직자 위원회 로마 콜레기움^{Roman Collegium}
을 이끌었다. 국가 사제단인 이 콜레기움 폰티피쿰^{Collegium Pontificum}의 기능

은 로마 신들의 권리와 인간의 의무 사이를 중재하고 생명에 관한 두 가지 요구를 연결하는 것이었으며, 때때로 교리를 선언하거나 '교황의 직위를 수행하는 것'이었다.

콜레기움 폰티피쿰이라는 이름에 다리라는 의미의 어근 'pons'가 있어서인지, 이 콜레기움 구성원들은 물 위에 자리 잡은 신성한 통로, 실제 다리의 유지·보수를 감독하기도 했는데, 그중에서 티베르강 위의 추앙되던 수블리키우스 다리가 가장 중요했다.[16] 율리우스 카이사르는 기원전 63년 이 콜레기움의 공식 우두머리가 되었다. 그러면서 폰티펙스 막시무스라는 칭호가 전통적으로 국가의 최고 권위자인 현직 로마 황제에게 적용되기 시작했다. 4세기 말 그라티아누스 황제는 이 칭호를 마다했는데, 아마 그가 기독교인이기도 하고 폰티펙스라는 말이 자신보다는 종교 사제들에게 좀 더 잘 어울린다고 생각해서 그랬을 것이다.[17] 그 시점에서 이미 폰티펙스는 영적 지도자나 주교에 사용되고 있었고, 폰티펙스 막시무스라는 칭호는 그중에서 가장 으뜸 주교, 다시 말해 교황을 일컫는 말이었기 때문이다. 그것이 바로 평화를 사랑하는 나사렛 유대인의 신앙이 로마 제국을 정복한 방식이었다. 로마의 국교가 된 기독교는 세계의 수도인 '카푸트 문디caput mundi' 정책을 도입해 외부 신앙도 기존 전통 속에 흡수하며 정치 제도 속에 유일신 신앙을 유지했다.

예수가 탄생하기 훨씬 이전 로마 콜레기움에서 다리의 유지·보수가 얼마나 중요한지에 대한 논쟁이 있었다. 일례로, 초기의 교황 중 한 사람은 자신의 직함이 다리를 유지시키는 평범한 임무와 전혀 상관없이, 오히려 모든 것을 할 수 있거나 인간 잠재력(posse '가진다' + facere '한다' = pontifex)의 한계를 설정하는 능력을 가리킨다고 주장했다.[18] 그의 주장을 지지하는 사람은 많지 않았다. 오늘날 오히려 설득력 있게 들리는 말은 pons라는 어근의 기원이다. 유지·보수해야 할 로마 다리들이 지어지기 전 pons라는 단어는 '길, 도로, 가로, 통로'를 의미했다. 《아메리칸 헤리티지 인도-유럽어 어근 사전》에 따르면 'pontifex'는 '길을 준비하는 자'라는 의미다. 이런 설명은 레온 바티스타 알베르티나 안드레아 팔라디오 같은 르네상스 시대 건축가들이 제시했던 견해와 잘 어울린다. 이들은 이탈리아 중부의 도로 건설이 필연적으로 다리 건설과 동의어일 수밖에 없다면서 다리를 도로의 연장으로 간주한다. 이는 다리가 도로의 방향을 가리키는 고정점을 정하기 때문이고, 도로와 다리가 없다면 경계 없이 인구가 희박한 나라라고 모호하게 정의되기 때문이다.[19]

pons의 어원은 베다 산스크리트어 pánthāh로, 그리스어 pontos(바다)라는 라틴어 줄기의 동족을 만들어냈다. 하지만 그리스인들은 다리를 짓지 않았다. 필요하면 그저 바다를 건넜을 따름이다. 따라서 pánthāh가 어떻게 낱말이 되었는가의 문제는 pontifex 기능의 가장 오래된 출처를 찾아 보아야 한다. 이 단어는 한 지점에서 다른 지점으로 가는 통로뿐 아니라 고난, 불확실성, 위험, 그리고 예측 불가능성이라는 특징을 지니는 통로에 붙이는 이름이기도 하다.[20] 1944년 도냐 루이사 쿠마라스와미가 《리그베다》 같은 아시아 문헌들 사이의 유사어를 연구하면서 이 말이 내포하는 함축적 의미를 제시했다. pontifex와 베다 pathikrt의 관계를 주제로 한 최근 연구들은 폰티펙스(여기서에는 종교 지도자)가 걸어 지나갈 수 있도록 만든 길을 "희생 제의에 참여하려는 신들이 걸었거나, 혹은 그와 반대로 희생물이 걸어갔다"라거나, 신의 관심을 얻기 위해 인간들이 제의적祭儀的으로 걸었다고 시사한다.[21] 기독교 시대에 이르러서는 다리를 놓는 일이 분명히 가톨릭 교황의 임무가 되었다. 종교개혁가 마르틴 루터가 타당성에 대해 논란을 불러일으키기도 했던, 전능하신 하느님께 가는 기독교 최고 사제가 만든 길은 로마 교회의 가르침을 통해서만 지날 수 있는 위험으로 가득한 길이었다.

지하세계, 들고 나기

물론 루터가 가톨릭 교회에 반대한 이유에는 천국에 도달하는 길에 대한 의견 차이보다 더 많은 문제가 있었는데, 이는 '폰티펙스'의 다른 함축적인 의미와도 관련이 있다. 루터가 비판한 더 큰 목표는 교황청의 과도한 '독단적 언설pontification'이었다. 그가 보기에 바티칸은 정치 기능과 종교 기능 사이에 다리를 놓고 있었다(pontificaiton이 '다리 놓기' 정도의 의미인데, 지금은 '독단적 언설'이라는 의미로 사용되므로, 교황청이 독단적으로 종교를 정치에 사용하고 있었던 역사를 읽을 수 있다). 이는 로마 제국의 정치 제도와 수 세기 전 교황권이 처음부터 성취했던 기독교 강령의 융합이라는 결과를 낳았다. 1077년 하인리히 4세가 교황의 권위에 무릎을 꿇었던 카노사의 굴욕 이래 로마 교회의 세속적이며 종교적인 주장은 항상 정치 주체들, 그중에서도 특히 로마의 경쟁자들에게 중요한 관심사였다.

이 다리는 교황들이 만든 역사적인 다리였으며, 교황에게 로마뿐 아니라 로마 제국 서부 지역 전체에 권한을 부여한 콘스탄티누스 대제의 공여라고 알려진 영향력 있는(그러나 위조된) 제국 법령으로 공식화되었다. 심지어 교황당원으로서 겉으로나마 교황을 지지하던 시인 단테조차도 1302년 교황 보니파키우스 8세가 교황 칙령을 통해 "모든 인간이 교황

Pontiff 의 지배를 받는 것은 구원을 위해 절대적으로 필요하다"라고 선언하자 종교적 권위 팽창에 반대했다. 복음서에 따르면 이 칙령은 "교회와 그 권력은 두 개의 칼이다. 즉 영적인 칼과 지상의 칼이다"라며 "진리를 우리의 증인으로 삼아 지상의 권력을 확립하고 그것이 선하지 않다면 심판을 내리는 것이 영적 권력이다"라고 선언했다.[22] 모든 길은 로마로 통하며 교황들의 다리는 길을 트고 보강한 것이다. 이 다리들은 종교와 정치 사이의 유대를 가능하게 만들었을 뿐 아니라, 서유럽 전역에 걸쳐 로마의 중심적이고 제국적인 정신적·실제적 지배를 재확인해 주었다. 교황이 있는 곳이 바로 로마다^{Ubi papa, ibi Roma}. 교황의 영향력이 확대되는 곳이면 어디든 로마의 권력이 닿았다.

단테가 보니파키우스의 다리를 어떻게 생각하고 있었는지는 1312년에서 1313년 사이에 발표한 《제정론^{De Monarchia}》을 통해 교황의 세속적 야망을 공격한 데서 충분히 짐작할 수 있다. 사실 단테는 이미 《신곡》에서 1300년 성년^{聖年}(교황이 처음 선포한 희년^{禧年, Jubilee}, 희년은 성경에서 안식년을 일곱 번 지나, 50년마다 돌아오는 해를 가리킨다)에 맞춰 교황 보니파키우스가 주창한, 바티칸으로 향하는 다리 위의 양방향 통행 행사를 지옥으로 가는 죄인들의 두 줄 행렬에 비유하면서 악의 없어 보이는 직유로 이미 함축적인 공격을 한 적이 있다.

맨 아래를 따라 벌거벗은 죄인들이 움직였다.
하나는 가운데 있는 우리 쪽으로, 다른 하나는 우리를 마주하며.
게다가, 우리와 함께 움직였지만, 더 빨리…

성년^{聖年}에, 로마인들이

많은 군중에 직면하여, 사람들에게 다리를 건너게 하는

계획을 고안했듯이.

눈을 가진 사람이라면 모두 한쪽으로 갔다.

성^城을 보며 성 베드로 성당으로,

그리고 다른 쪽에는 산을 마주한 자들이 있었다.[23]

　이 내용은 《신곡》의 어떤 부분보다 '다리'라는 단어와 그 동의어가 자주 등장하는 제8환 사기^{詐欺} 지옥, '지옥 편' 칸토 18에 등장한다. 성년^{聖年}에 많은 사람이 매우 당혹스러웠던 사건은 로마 순례자들에게 죄에 대한 대사면, 다시 말해 지옥에서의 속죄를 포함해 원래는 받아야 했을 모든 처벌에 대해 완전한 면죄부를 준 것이었다. 단테는 개신교를 믿는 개혁가는 아니었지만, 이 면죄부가 정치·경제적인 야심에 이용되지 않나 하는 의구심이 들었다. 그는 구원받기 위해 로마로 몰려드는 신자들과 지옥의 죄인들을 비교하며 교황의 위대한 성년을 회의적인 시선으로 바라본다. 게다가 보니파키우스 같은 지도자는 세계의 수도라는 제국주의적 의도를 가지고 종교의 다리를 세속적으로 이용하고 있다고 심한 비판을 퍼붓는다. 단테는 바로 다음 칸토에서 이 시몬주의를 추구하는 교황이 가게 될 지옥에 당도한다. 보니파키우스는 다른 영성 상품 판매자들과 함께 머리부터 파묻힐 것이다. 이미 이 도랑에 살고 있던 교황 니콜라오 3세는 보니파키우스와 만난 지 얼마 되지도 않아(보니파키우스는 1203년 선종한다) '행위가 더 추악한' 사람이 같은 땅에 처박히게 될 것이라고 선언한다. 그는 바로 폰티펙스 막스무스 클레멘스 5세로, 교황의 정치 권력을 프랑스 아비뇽까지 뻗어 1309년 종교 수도를 아비뇽으로 옮기고 왕들과 간통을 저질렀던 사람이다(지옥 편, 19.79~114).

기독교가 로마를 정복하기 전에 육체적 존재에서 영원한 구원으로 가는 통로는 일부 교황들이 나중에 만들었던 것처럼 쭉 뻗어 있는 길도 아니었고, 사후 세계 역시 그리 쉽게 접근할 수 없었다. 고대 로마와 그리스인들은 산 자와 죽은 자 사이의 공간이 넓고 광활해서 건너기가 거의 불가능한 강으로 나뉘어 있다고 생각했다. 특정한 신학적 고백, 정확한 숭배의 '길', 경로, 방법도 여기에서 그곳까지 안전한 여정을 보장할 수 없었고, 둘 사이에는 어떤 상호작용이나 소통도 허용되지 않았다. 두 다른 존재는 강으로 분리되어 있지만 다리를 놓을 수 없었다. 이승의 존재에게 스틱스강Styx은 절대적으로 건널 수 없는 경계이다 보니 올림포스 신들은 엄숙한 맹세를 할 때마다 스틱스강의 이름을 댈 정도였다. 고대 시인 베르길리우스Virgil는 그 강을 '되돌아갈 수 없는' 강이라고 불렀다. 건너갈 수는 있지만 다시 돌아올 수는 없기 때문이다. 스틱스강과 그 지류인 아케론강, 코키투스강, 플레게톤강, 레테강 등은 뱃사공 카론이 노를 젓는 배로만 건널 수 있었고, 카론이 판단하기에 적합한 사람만이 건널 수 있었다. 배를 타면 당신이 노를 젓고 그는 방향타를 잡는다. 안타까운 일이지만 단테가 아케론강 둑에 도착하는 순간, 카론은 죽지 않고 살아 심장이 벌떡거리는 육신이 저승으로 몰래 넘어가려 한다는 사실을 알게 되었다. 그는 맹렬한 분노를 터뜨리며 사기꾼을 용서하지 않으려 했다.

고전적인 지하세계는 인간이 만든 구조물의 침입을 용납하지 않았다. 지하세계를 둘러싼 건널 수 없는 물은 죽은 영혼이 지상에 돌아가지 못하게 막아 죽은 자들의 무시무시한 침략으로부터 산 자들을 보호했다. 이런 이유에서인지 모르겠지만 이탈리아 도시들은 일반적으로 강 건너편에 묘지를 두고 있다.[24]

T. S. 엘리엇은 〈황무지The Waste Land〉에서 단테의 '지옥 편'을 암시하며 많은 시적 자유를 얻는다. 그는 런던을 지하세계로 상정하고 런던 브리지를 건너오는 죽은 자들의 무리를 상상한다.

유령의 도시,

어느 겨울 새벽 매연과 뒤섞인 짙은 안개 밑

많은 사람이 런던 브리지 위를 흘러갔다.

죽음이 이렇게 많은 망자를 풀어놓을 줄은 몰랐다.[25]

물론 이 망자들은 런던의 금융가로 향하는 무감각한 사무원들을 가리킨다. 이 미장센이 단테를 암시하며 시인의 교양을 과시하고 있지만, 죽은 군중이 도시의 주요 다리를 건너는 묘사는 그다지 어울리지 않는다. 차라리 이 생기 없는 영혼들이 런던 브리지의 반대편, 세인트 메리 울노스 교회 앞 광장에서 잉글랜드 은행 방향으로 떼를 지어 비틀거리며 걸어가는 모습을 그리는 편이 더 나았을 것이다.

스틱스강은 오직 한쪽으로만 건널 수 있고 다른 쪽 통행은 아예 금지되어 있었기 때문에 신화 속 영웅 중에서도 가장 신에 가까운 자만이 대단한 일을 해낼 수 있었다. 헤라클레스는 아케론강을 건너 머리가 많은 개 케르베로스를 잡았고, 오르페우스는 에우리디케를 되찾기 위해 강을 건너갔다. 테세우스와 피리토우스는 지하세계의 여왕이 된 페르세포네를 납치하는 임무를 위해 배에 올랐다. 모든 생존 모험가들은 죽은 자를 다시 삶으로 데려오는 일이 불가능하다는 사실을 확인하는 데만 성공할 수 있었다. 카타바시스, 다시 말해 망자들의 세계로 내려가는 일은 두 영역 사이의 소통 불가능한 분리에 대한 특별한 예외로 남아 있다.

북유럽, 이슬람, 조로아스터의 지하세계로 가는 다리가 삶에서부터 편리한 출구를 보장하려는 목적이라면, 고대 그리스·로마 시대에 그런 다리가 없었던 것은 양방향 구조물을 통한 사자의 귀환이라는 위험을 사전에 차단하기 위해서였다. 스틱스강을 가로지르는 중국의 나하교奈河橋는 문제 해결 방법을 제시한다. 죽은 자들은 망각을 위해 특별히 제조한 국을 마신 후 저승의 10법정을 떠난다. 이후 나하교를 건너 다른 해안으로 가다가 거품이 이는 급류에 던져지는데 망자들은 4대륙을 향해 떠밀려 가면서 인간, 동물, 새, 물고기 또는 곤충으로 다시 태어난다(그림 1.6).[26]

그러나 지하까지 내려간 최고 영웅들은 그들의 문화가 지키려던 물질적·정신적 영역의 경계를 넘은 셈이다. 조언을 얻는 네키아라는 의식을 통해 오디세우스와 아이네이아스는 그리스 로마 신화의 지옥 하데스에 도착해 자신보다 먼저 온 사람들과 소통했다. 이 소통 채널을 확보함으로써 그들은 지식 자체의 다리를 놓는(연결) 작업을 활성화하면서, 지상에서의 삶을 더 넓은 존재론적 맥락으로 이해할 수 있었다. 삶과 죽음 사이에 놓여 있는 심연을 사람들은 종교, 신화, 철학, 의식儀式과 같은 수단으로 연결하려 했다. 고대인들은 시, 그림, 조각뿐 아니라 자연의 신비한 현상을 이해하기 위해 강신술降神術을 이용하거나 점을 치고, 의학이나 과학을 발달시켜가며 알려진 세계와 알려지지 않은 세계를 연결했다. 이 과정에서 존재론적으로 구별된 영역 사이에 상호작용이 일어났다. 이 상호작

그림 1.6 〈나하교〉, 앙리 도레, 《중국 민간 신앙 연구》, 7권, 2부, 298.

용은 이미 신과 인간은 같은 모습이라는 신인동형론神人同形論에 의해 증명되었다. 이교도의 신들은 인간 안에 존재하거나 인간과 더불어 살았고, 그들의 소망은 신탁과 예언자들을 통해 인간에게 통역되거나 무지개를 매개로 전달되었다. 아니면 비유럽 문화권의 애니미즘이나 샤머니즘 전통에서는 직접 전달되기도 했다.

보이는 다리가 있든 없든 아이네이아스, 오디세우스, 길가메시는 저승으로 건너갔다가 돌아와 산 자들에게 알려주었다. 단테도 이 위대한 영웅중 한 자리를 차지했다. T. S. 엘리엇이 상상력을 발휘해 런던 브리지의 좀비 같은 존재들에게 적용한 구절도 바로 단테가 썼던 구절이다. "죽음이 이렇게 많은 망자를 풀어놓을 줄은 몰랐다." 단테는 아케론 강둑에서 지옥에 들어가려고 기다리다가 거기에 모인 엄청난 수의 영혼에 압도되어 이 말을 읊조린다. 하지만 죽은 이 무리는 배를 타고 하데스까지 가지 않을 것이다. 천국은 물론 지옥에도 못 간 채 지하세계 경계 밖에 있는 림보에서 영원히 머물러야 하기 때문이다. 이들은 살아생전 천국이나 지옥 중 어느 곳에도 발을 들일 만한 도덕적 용기가 부족했기 때문이다. 이들은 처음부터 제대로 태어나지 않았기에 제대로 죽지도 못할 것이다. 엘리엇은 런던 브리지를 통과하는 이들의 행렬을 묘사하면서 정신의 마비를 무시하고 다리를 건너는 것도 대수롭지 않게 여긴다.

십자가와 지옥의 다리

단테의 지옥, 연옥, 천국 여행은 베르길리우스의 《아이네이드Aeneid》나 호메로스의 《오디세이Odyssey》에 나오는 어떤 여행보다 조언을 위한 긴 여정이다. 그의 여행은 저 너머 세계에 대한 지식을 내세와 공유하기를 열망한다. 단테는 카론과 함께 아케론강을 건넌 후 아이네아스나 오디세우스가 아니라 카타바시스 최고의 선구자, 저주받지 않고 죽지도 않은 지옥의 이방인, 예수 그리스도를 떠올린다. '그리스도의 황천 강하降下', 혹은 '지옥의 정복'이라 불리는 여정(출처가 의심스러우나, 1215년 교리로 받아들여짐)에서 예수는 그리스도를 알지 못하거나 그의 기쁜 소식을 듣지 못한 채 죽어 버린 선한 이교도들을 구하기 위해 지하세계로 내려가는 것으로 묘사된다. 그러므로 예수의 죽음과 부활 사이의 여정은 그만의 유월절Passover(이집트 탈출을 기념하는 축제일, 여기서는 지옥 탈출이란 의미)로, 삶에서 죽음,

그리고 죽음에서 영생으로 이어지는 다리를 만드는 과정이었다.

단테의 안내자 베르길리우스는 지하세계의 문에 들어서자마자 그리스도의 황천 강하를 언급한다. 베르길리우스는 이미 지옥에서 그 영향을 직접 목격한 적이 있다. 그는 칸토 12장에서 이 사건을 상세히 설명하며, 우주적인 규모의 지진이 난 후 예수가 왔다고 한다. 단테의 글이 나왔을 무렵 이 책을 읽었던 독자라면 이 부분을 읽으며 예수가 십자가에 못 박힐 때 예루살렘의 높은 신전이 갈라지고 무덤에서 영혼이 쏟아져 나와 거룩한 도시를 에워쌌다는 이야기(마태복음 27:51)를 떠올렸을 것이다. 무덤이 갈라지는 것은 일종의 시적 문자화poetic literalization인데, 이 카타바시스의 행위자, 다시 말해 예수 그리스도는 단지 겉으로만 죽은 듯 보이며, 잠깐의 깊은 하강 후에 다시 살아나 영원으로 상승하기 때문이다.

이교도인 베르길리우스는 이 전 세계적인 지진이 일어난 이유는 이해하지 못했지만, 지진의 종교적 중요성은 충분히 인정한다.

··· 이 가파르고 악취를 풍기는 골짜기 모든 곳이

그렇게 떨려서, 나는 우주가

사랑을 느낀다고 생각했다 (어떤 사람은 그렇게 해서 세상이

여러 번 혼돈으로 바뀌었다고 믿는다)

지옥 편, 12.40~43

혼돈chaos은 사랑에 의해 생겨난다는 베르길리우스의 이교적 관념(엠페도클레스의 교리)은 자신과 베르길리우스가 소요逍遙하고 있는 무질서한 지옥의 풍경마저 형이상학적 사랑이라는 더 높은 의도에 의해 지배된다고

보는 기독교인 단테에 의해 바뀐다. 사실, 지옥문 위에는 이렇게 쓰여 있다. "이 지하세계조차도 '태초의 사랑'에 의해 창조되었다"(지옥 편, 3,6). '지옥편'이 진행되면서 사랑의 지진이 지옥의 파괴에 미친 영향은 명확하게 드러난다.

나중의 논의에 따르면, 예수가 십자가에 못 박히면서 일어난 지진은 일상적으로 거짓을 처벌하는 지옥의 모든 다리를 파괴했다고 한다. 이는 시적으로 적절한 표현이다. 거짓은 사실 인간의 다리를 파괴하면서도 겉으로는 다리를 만드는 척하기 때문이다. 이렇듯 사람들을 오해하게 만드는 다리의 파괴는 그 약속이 거짓임을 명백히 드러내는 것이다. 그리스도의 죽음이 초래한 다리 파괴의 힘이 얼마나 강력한지는 단테가 지하세계의 다섯 번째 도랑에 도달했을 때 명확히 드러난다. 칸토 21에 해당하는 이곳에서 단테는 자신과 베르길리우스가 건너야 할 다리가 무너져 내렸다는 사실을 알게 된다. 이 배경은 단테에게 개인적 의미가 있다. 사실 그는 지금 자신이 피렌체에서 추방된 것과 같은 범죄로 기소된 사람들을 처벌하는 지옥의 장소에 도달하고 있다. 바로 공직자의 부패, 공금 횡령이다. 도랑을 가로지르는 다리가 없어졌으니 여행 중인 단테는 그를 비난하는 사람들이 단테가 가야 한다고 믿었던 장소에서 영원히 벗어나지 못할 위험이 있다. 여기서 위험한 인상을 강화하기 위해 작가 단테는 여행 중인 자신 앞에 지옥의 어느 곳에서보다 아슬아슬한 위험을 배치하고, 악마들은 무심코 그를 계속 붙잡는다. '지옥 편'에서도 이례적으로 긴 이 에피소드는 단테와 베르길리우스를 굉장히 연약한 존재로 묘사한다.

사실 이 칸토는 두 사람에게서 보기 드문 여유로운 상태로 시작한다. 산등성이 위를 거닐면서 이들은 저자가 《신곡》과 무관하다고 주장하는 것들을 주제로 자유롭게 이야기하며 다리 사이를 쉽사리 오간다.

> 우리는 다리와 다리를 건넜다.
> 이 희곡에서는 노래하지 않는 것들을 이야기하며.
> 말리볼제Malebolge의 다음 구렁과
> 거기서 하염없이 우는 자들을 보며 걸음을 멈추었던 것은
> 그 꼭대기에 도달했을 때였다.
>
> 지옥 편, 21.1~5

　여유로운 느낌은 단지 설정일 뿐이다. 단테가 주제에서 벗어난 이야기를 했다는 발언은 단테 자신이 현재 상황과 무관하다고 믿고 있지만, 사실은 그렇지 않다는 것을 보이는 장난스러운 방식이다. 그와 베르길리우스가 한 길에서 다른 길로 가기 전에 마왕 말라코다는 다리가 무너졌다는 소식을 전하며 기독교적 원인을 암시한다.

> 우리에게 그는 말했다: "가봐야 소용없다,
> 이 계곡에서 훨씬 더 멀리. 여섯 번째 다리가,
> 저 밑바닥에 있는 다리가, 산산이 조각났기 때문이다.
> …
> 어제 이 시간부터 다섯 시간 더 지났을 때가
> 다리가 무너진 지 천이백 하고도
> 육십육 년이 되던 때였다."
>
> 지옥 편, 21.106~114

악마는 말그대로 악마같이 정확한 기억력을 갖고 있다. 그날은 예수가 십자가에 못 박힌 지 1266년 하고도 하루 뒤였다. 그래서 학자들은 단테의 지옥 여행이 1300년 4월 9일 토요일 오전 7시였다고 추측할 수 있었다. 그러나 악마의 정확성은 앞으로 나아가지는 않는다. 그는 단테와 베르길리우스에게 앞에 무너진 다리 너머 온전한 다리가 하나 더 있다고 믿게 한다. 하지만 이들이 건널 수 있다고 생각했던 지점에 도달했을 때, 다리는 없었다. 단테가 악마에게 가장 큰 위협을 받는 바로 이 지점에서, 사라진 다리는 그의 앞길을 가로막는 위험을 암시한다. 이 막힌 다리를 통해 지옥은 방문객에게 '구원의 길을 차단'하려는 극적인 시도를 한다.[27]

칸토 21~24에서 길을 걸으며 단테가 얼마나 어려움을 겪는지는 마찬가지로 발을 딛기 좋지 않았던 장소와 비교해 보면 더 명확해진다. 칸토 12에도 고르지 못한 지형이 있었는데, 그 역시 구세주의 죽음 때문이었다. 이로 인해 단테가 지나가기 힘든 풍경을 창의적으로 이용했다는 점이 중요하다. 절벽에서 괴물 미노타우로스에게 위협을 받은 그는, 역시 예수가 십자가에 못박히면서 일어난 돌무더기 산사태를 따라 절벽에서 뛰어내린다. 단테의 탈출에 대해서는 다음과 같이 긍정적으로 암시한다: 그리스도가 일으킨 통행로 파괴는 다른 길을 열었다: "바위가 산산조각이 나면서/위에 있던 사람들을 위한 길을 내주었다"(지옥 편, 12.8~9).

기독교 신학에 따르면 예수의 죽음은 세계 역사에서 그리고 영혼의 여정에서 절대적 단절을 나타낸다. 단테가 칸토 12와 말리볼제에서 마주한 무너진 길은 구세주의 십자가에 못 박힘이라는 사건에서 직접 비롯되며, 이 사건 없이는 영혼이 구원에 이를 수 있는 길은 없다. 이 사건은 인간이 영생에 이를 수 있는 이제까지 공인된 모든 길을 산산조각내면서, 완전히 다른 유형의 횡단이나 다리가 필요하다고 선언한다. 그것이 바로 십자가의 길이며, 이전에 상상할 수 있었던 어떤 길보다 성격상 더 험난한 길이다. 달리 말하면 단테는 무너진 다리를 건너야만 앞으로 나아갈 수 있다. 예수의 순교가 낳은 산사태는 단테에게 안전한 곳으로 미끄러질 수 있는 수단을 주었으니 말이다. 나중에 말리볼제의 여섯 번째 도랑(지옥 편, 21~24)에서 무너진 다리를 마주친 순례자 역시 비슷한 행동을 한다. 그는 사기꾼들의 돌 부스러기를 딛고 도랑 밖으로 기어오른다(지옥 편, 23.133~38). 사기꾼-다리의 잔해는 사다리가 되어준다(마치 칸토 34. 76 이하에서 단테가 신의 지지를 받아 지옥을 빠져나갈 때 사탄의 육신을 이용했던 것처럼).

인간과 하나님 사이를 잇는 다리인 그리스도의 삶과 죽음은 이 세상 존재의 실제 원리와 영생으로 가는 다른 원리들 사이의 존재론적 간극을 보여준다. 십자가는 이 간극을 잇는 유일한 다리다. 이 다리 위에서, 다시 말해 믿음과 신앙 위에서 단테는 자신의 힘든 길을 가야 한다. 죽음으로 이어질지 모르는 다리를 통해 건너야 한다. 물질주의적이고 궤변을 일삼고 이기적인 다리의 잔해는 영혼의 초월을 위한 기반이다.

다리를 파괴하고 재창조하는 십자가의 길이라는 상징을 잘 알고 있는 단테는 도랑의 위험을 피하기 전에 마주한 하나의 이미지에 주목한다. 그것은 바로 앞에 놓인 길에 고정되어 놓여있는 십자가에 못 박혀 몸부림치는 사람이라는 충격적인 광경이다. 희생자는 예수님이 십자가에 못 박힌 데 가장 직접적인 책임이 있는 사람으로, 사후세계를 믿지 않았던 예수 시대 유대교 종파인 사두개파^{Sadducees} 대제사장 가야파^{Caiaphas}이다. 예수가 못 박히기 전날 밤에 그의 백성에게 예수를 죽이지 않으면 자신들이 목숨을 잃을 위험이 있다고 알려준 사람이 바로 가야파였다. 그의 논지에 주목하라. 예수가 죽어 마땅하다는 것이 아니라 자신들을 지키기 위해서, 다시 말해 기존 신앙을 지키기 위해서는 예수의 처형이 사실상 불가피하다는 것이다(도스토옙스키의 《인간 본성에 대한 대심문관》에서도 다시 등장하는 논리다). 18년 동안 가야바는 산헤드린이라고 불리는 유대 최고 재판소 의장이었다. 요한복음 11장 49~50절에서 예수와 관련된 일을 서술할 때 그의 직위를 가리키는 그리스 용어는 아르키에레우스(신권의 정점이라는 의미)였고, 불가타 라틴어 성경에서는 폰티펙스였으며, 마태복음에서는 프린켑스 사케르도툼(사제 중 우두머리라는 의미)였다.

단테는 이 폰티펙스의 지옥 형벌을 구세주와는 대조되는 방식으로 묘사한다.

"당신이 보는 저 처형된 자는

바리새인들에게 한 민족을 위해서는

한 사람이 순교해야 하는 편이 낫다고 충고한 사람이다.

벌거벗은 채로 길 건너편에 늘어져 있다,

보다시피, 그는 분명 무게를 느껴야 할 것이다

그를 짓밟고 지나가는 모든 사람의 무게를."

지옥 편, 23. 115~120

가야파는 이 지옥의 도랑을 지나는 모든 위선자가 그의 피 흘리는 육신을 밟고 지나가도록 수평으로 누워 십자가에 못 박혀 있다(그림 1.9). 그의 십자가는 다리 역할을 하지만, 위선자들의 편의주의적인 도덕을 위한 거짓 다리 역할이다. 이런 점에서 그것은 그리스도의 수직 형태의 무너진 다리 십자가와는 정반대다. 가야파의 십자가형은 구세주의 십자가의 희화화다(그리고 실제로 그의 가르침은 역효과를 낳았다. 그리스도는 죽음으로써 더 많은 신도를 얻었으니). 정직하지 않은 사람은 편의주의로 행동해야겠다는 유혹을 느낄 수도 있지만, 구원을 바라는 사람이라면 그런 유혹을 외면해야 한다. 십자가가 일으킨 지진은 좀 더 근본적인 횡단을 옹호한다.

영원한 구원으로 가는 길은 바로 그 십자가의 보호 아래, 즉 기독교 신앙의 무너진 길을 따라 이루어져야 한다. 가야파 이야기는 어떤 실제적인 다리(절차, 방법, 방법)도 지구상의 존재를 영생과 연결할 수 없다는 사실을 상기하는 역할을 한다. 둘 사이에는 사랑과 상실에 대한 용서를 통한 역설적 횡단만이 있을 수 있다. 이는 십자가 위의 인간-하나님으로 형상화될 수 있다. 지옥에 있는 모든 편법적이고 위선적인 다리들의 붕괴는 영원한 삶으로 가는 또 다른 다리를 눈에 띄도록 만드는데, 다리는 '가상의 hypothetical'(가야파의 십자가처럼 우리 발아래에 놓인 것으로 상정된) 다리라기보다 '초테제적인 metathetical'(주어진 것을 넘어 상정된) 다리다. 이것이 예수 형상이 길이라는 수단으로서 나타나는 의미다. "나는 길이요, 진리요, 생명이니, 나로 말미암지 않고는 아버지께로 올 자가 없느니라"(요한복음 14:6).

구제를 베푸는 십자가 다리 이미지는 네 가지 간단한 예로 요약될 수 있는 비판적인 기독교 문서들에 잘 표현되어 있다. 시리아인 성 에브렘은 '우리 주에 관한 설교'에서 "우리 주님은 죽음에 짓밟히셨고, 죽음 너머의 길을 걸으셨다… 영혼이 죽음의 장소에서 삶의 장소로 건너갈 수 있도록 죽음에 십자가를 매달아 주신 분을 찬양하라"라고 썼다. 나눔-합침의 십자가는 요한행록 99절에 이미 길로서 제시되었다: "이 십자가(말뚝)는… 말씀에 의해 분리된 모든 것을 고정해 놓은 것이다." 사도 바울로에 따르

면 이 십자가의 역설적인 의미는 유대인과 이방인들에게 극복할 수 없
는 지적 문제를 제기했다. "유대인은 표식을 요구하고 그리스인은 지혜를
찾지만 우리는 십자가에 못 박힌 그리스도를 설파한다. 이는 유대인에게
는 걸림돌이 되고 이방인에게 어리석음이 된다"(고린도전서 1:22~23). 몇 세
기 후 시에나의 성녀 카타리나는 이 십자가의 길에 대해 오랫동안 성찰했
다. 영원하신 아버지는 이 성자에게 "나는 내 말씀의 다리를 만들었다. 나
의 유일한 아들로 만든 다리다"라고 말씀하셨다. 그러곤 이렇게 덧붙였다.
"너희들, 나의 자녀들아, 아담의 죄와 불복종으로 길이 끊겼다는 것을 알
아야 한다. 이 다리는 하늘에서 땅으로 닿아 내가 인간과 하나가 될 수 있
는 다리다. 내가 새로운 다리를 만든 것은 무너진 길을 고치기 위해 필요
한 조치였다."[28]

블레이크의 지옥의 다리

윌리엄 블레이크[William Blake]는 단테가 '지옥 편' 칸토 18에서 24까지 다리
를 집중적으로 논의하는 데 주목하고, 1824년부터 1827년 사이 《신곡》
의 삽화를 그리면서 다리의 모티프를 중시했다. 실제로 그는 지옥의 8환
사기 지옥을 시각적으로 묘사하면서 다리들에 관한 시각적 에세이를 썼
다. 그러나 블레이크의 지옥 다리들은 무너지지 않았다. 이 다리들은 단
테가 원했던 것보다 더 견고하고 좁다.

〈악마에게 쫓기는 유혹자들[The Seducers Chased by Devils]〉은 두 자연암으로 된
다리가 아치를 드리운 호수에서 뚜쟁이와 유혹자들이 벌 받는 풍경을 보
여준다(그림 1.7). 물이라는 아이디어는 어디에서 온 걸까? 단테의 글에서

는 찾아볼 수 없었다. 아마 블레이크는 단테가 열 개 도랑이 있는 말리볼 제 지형을 성 주변에 동심원을 그리며 서로 연결된 해자와 같다(지옥 편, 18.1~39)라고 표현한 직유에서 착안한 것으로 보인다. 그림에서 블레이크 는 가운데에 있는 거대한 두 바위 다리를 강조하는데, 이 다리는 물에 빠 진 절망적인 죄인들에게 유일한 탈출 수단으로서, 단단한 바위를 붙잡고 숨 쉴 기회를 주는 것으로 보인다. 하늘을 나는 악마는 죄인들을 이 길에 서 쫓아내고 있다.

블레이크가 칸토 22에서 펄펄 끓는 역청^{瀝青} 호수에서 불타는 사기꾼들 의 모습을 그린 삽화에도 비슷한 배경이 등장한다. 〈단테와 베르길리우스 와 함께 풀장 옆에 있는 악마들^{The Devils, with Dante and Virgil, by the Side of the Pool}〉 은 단테가 묘사한 죄인들을 마치 개구리처럼 부분적으로 물에 잠긴 채

그림 1.7 〈악마에게 쫓기는 유혹자들〉, 윌리엄 블레이크, 1824~1827. 《블레이크의 단테: 신곡 삽 화》, 그림 32.

강둑에 누워 있는 모습으로 그린다(지옥 편, 22. 26~29). 블레이크는 물이 있는 장면에 자연적인 교량 네 개를 추가한다(그림 1.8). 호수에서 멀리 떨어진 수평선에서까지 불길이 치솟는다. 아마도 죄지은 자들에게 탈출의 꿈을 암시했을 수도 있는 다리는 구부러져 도망치는 자들을 다시 처벌의 장소로 돌려보낸다. 어디로도 갈 수 없는 다리는 도망자들의 운명을 여기에 가두어 버린다.

〈가야파가 함께 한 위선자들The Hypocrites with Caiaphas〉에서 벗어날 수 없는 이 함정은 더 상징적이다. 두껍고 척박한 다리는 누가 보아도 이전 다리들보다 더 웅장하고, 대제사장의 처벌 현장과 위쪽 하늘을 날고 있는 영혼들의 공간을 구분하고 있다. 프레임 아래로 망토와 두건이라는 겸손을 가장한 옷을 입은 많은 사람이 줄지어 서 있고, 첫 번째 위선자가 가야파가

그림 1.8 〈단테와 베르길리우스와 함께 풀장 옆에 있는 악마들〉, 윌리엄 블레이크, 1824~1827, 《블레이크의 단테》, 그림 40.

누워 있는 십자가형 길의 짧은 축을 밟는다(그림 1.9). 가야파 위에 있는 돌다리는 다리 아래 고통과 위쪽 활발한 움직임의 무대 사이의 존재론적 차이를 강조하고 있다. 이 다리 역시 관심 영역을 연결하지 못한다. 이 다리는 구역을 분리하는 역할만 한다.

다리가 이처럼 빠져나올 수 없는 덫 역할을 하는 이유는 블레이크 자신이 가야파를 '죽음의 사제/죄와, 슬픔과 처벌의 사제'로 이해하기 때문이다.[29] 이 바리새파 대제사장은 블레이크가 생각한 '자연 종교'를 대표하는 사람이었다. 그가 생각하기에 용서를 구하기보다는 어떻게 하면 더 많이 처벌할 수 있을까 골몰하는 것이 자연 종교의 특징이었다. 알버트 S. 로는 가야파에 대해 "계시와 상상력의 인간인 예수와는 대조적인 자연인의 전형이다. 그런 까닭에 그는 구원에 대한 어떠한 희망도 없이 이 세상

그림 1.9 〈가야파가 함께 한 위선자들〉, 윌리엄 블레이크, 1824~1827, 《블레이크의 단테》, 그림 44.

에 묶여있고 불가피하게 잔인한 고문의 희생물이 된다"라고 말한다.[30] 블레이크는 상상력에 대해 종교, 예술, 시가 마땅히 그래야 하듯 자유롭게 경계를 넘나드는 능력이라고 생각했다. 지옥의 다리는 이와 반대로 치명적이면서 무겁고 기능을 다하지 못하는 가야파의 편법적인 사고방식을 나타내며, 방향을 바꾸어 폐쇄적 고리를 만들며 사람들을 그 속에 영원히 가둔다. 다리들은 조직화된 자연 종교라는 거짓 약속을 강조한다. 이 다리에서 한 걸음만 더 내디디면 자연 종교에 도달할 수 있다.

블레이크의 지옥은 자기 폐쇄적이어서 그리스도와 상상력의 세계를 연결하는 기능과는 대조된다. 블레이크는 사실 단테의 《신곡》 전체가 처벌에 대한 갈증으로 인해 훼손된 것이 아닌가, 다시 말해 어떤 결과를 부여하려는 의지로 인해 좋은 쪽으로 상승하기보다는 나쁜 쪽으로 압도된 것이 아닌지 의심했다.[31] '지옥 편', 18~24의 삽화는 제도적 종교가 다리를 짓는 데 오히려 방해된다는 시각을 보여준다. 블레이크의 가장 표현성 강한 두 다리는 바로 이 문제가 되는 부동성不動性, 즉 움직일 수 없음을 강화한다. 〈다리 밑의 악마들The Devils under the Bridge〉은 부패 공무원들을 다루는 '지옥 편' 칸토 21번을 그리고 있고, 〈질병의 구덩이The Pit of Disease〉는 칸토 29와 30의 화폐 위조범들을 상상하며 그렸다. 두 삽화 모두 죄가 죄인들을 탈출하지 못하도록 가둔다는 생각을 드러낸다. 블레이크는 이 죄인들을 돌로 만들어 어디에도 가지 못하도록 다리 속에 파묻어 버렸다.

첫 번째 삽화(그림 1.10)에서 가장 가파른 아치는 완전히 사람의 육신과 육신의 조각으로 만들어졌다. 이 절단된 팔다리와 영혼들이 종교적 타성이라는 바위투성이 풍경을 만든다. 인간의 상상력이 이 머리, 발, 그리고 귀를 훨씬 더 잘 이용할 수 있었음을 암시한다. 사이비 다리 아래 물에서

그림 1.10 〈다리 밑의 악마들〉, 윌리엄 블레이크, 1824~1827, 《블레이크의 단테》, 그림 34.

힘없이 헤엄치는 영혼들은 악마의 고문을 받고 있다.

〈질병의 구덩이, 화폐 위조범들The Pit of Disease, The Falsifiers〉(그림 1.11)에서는 형태가 무너지고 산산조각이 난, 거의 생명이 빠져나간 듯한 인간 형체로 아치의 기초를 쌓고 있다. 치솟는 악취 때문에 코를 막은 단테와 베르길리우스 아래에 연금술사 두 명이 한쪽 아치 구멍에서 등을 맞대 몸을 지탱하고 있는데, 연금술사의 몸 아래에는 비늘이 생겨 물고기처럼 변하고 있다. 그들은 마법을 통해 자신들이 추구하던 변화를 이루지 못하고, 끊임없이 부스럼 딱지를 긁어 그것으로 폐허의 다리를 만들도록 강요당하고 있다(지옥 편, 29. 73~84). 그 뒤로 보이는 어두운 아치들은 움직임이 없는 인간 영혼들에게 더 확실한 무덤이 될 것이다. 신의 다리-짓기는 그들에게 들리지 않았다. 이 장을 시작했던 릴케의 시가 시사하듯이 죄인들은

그림 1.11 〈질병의 구덩이. 화폐 위조범들〉, 윌리엄 블레이크, 1824~1827, 《블레이크의 단테》, 그림 58.

'그저 단순한 기술에 불과하고 무의미한 이득'이나 추구하면서 자신들이 스스로에게 던진 것 외에는 아무것도 붙잡지 못했다.

헤르만 브로흐의 더는 존재하지 않는 것과 아직은 존재하지 않는 것

단테 이후에 영생을 향한 참과 거짓의 다리라는 주제를 놓고 독창적인 생각을 하던 작가는 블레이크만이 아니다. 블레이크의 작품 한 세기 후에 헤르만 브로흐의 장편 소설 《베르길리우스의 죽음The Death of Virgil, 1945》이 출간되었다. 단테의 가이드 베르길리우스에 대한 흥미에서 시작되었던 이 소설은 《신곡》과 더불어 반드시 읽어야 할 책이다.

한나 아렌트나 조지 스타이너 같은 고급 독자들에겐 의심의 여지가 없는 걸작이지만, 다른 독자들이 보기에는 '유럽 정전正典 중 가장 읽기 힘든 유력한 후보'로 꼽히는 이 책은 베르길리우스가 임종하며 쏟아 놓은 길고 긴 독백이다.[32] 죽음을 앞둔 그는 삶과 죽음 사이에 놓인 거대한 공간을 받아들이며, 공간을 제대로 다루지 못했다는 이유로 자신이 쓴 위대한 세속적 서사시 《아이네이드》를 불태우고 싶다는 바람을 피력한다. 아렌트는 '이 죽어가는 시인의 말은 더는 존재하지 않는 것과 아직 존재하지 않는 것 사이 텅 빈 심연을 가로지르는 일종의 다리'라고 썼다.[33] '더는 존재하지 않는 것'은 베르길리우스의 죽음과 더불어 고대 로마 시대의 종말을 가리킨다. '아직은 존재하지 않는 것'은 그의 죽음 이후의 미래, 그리고 무엇보다 중요한, 유럽이 기독교를 받아들이는 문화적 전환이다. 기원전 19년에 사망한 베르길리우스는 그 정점에 서 있다. 아렌트는 브로흐의 철학적 명상이 로마와 기독교 사이에 놓인 간극에 소급적인 다리를 놓는다고 믿는다. 아렌트는 이 소설이 프루스트의 잃어버린 것들(마르셀 프루스트의 《잃어버린 시간을 찾아서》를 이야기하고 있다)에 대한 서사敍事와 그 후 카프카에서 나타나는 문학적 복잡성 사이에 양식적stylistic 다리를 놓고 있다고도 본다. 어쨌든 가장 중요한 것은, 베르길리우스의 길고 긴 성찰은 인간 존재를 '가시적인 것과 비가시적인 것 사이의 다리 위에 영원히 서 있는' 상태로 표현한다는 점이다. 브로흐가 이 작품에서 준비한 지적 도전은 '삶과 죽음을 가르며… 벌어져 있는 심연' 속에서 정신이 어떻게 살아갈 수 있으며, 그 심연을 어떻게 분명하게 표현할 수 있느냐다.[34]

죽어가던 베르길리우스는 크게 잘못된 생각에 대한 믿음 때문에 자신의 원고가 훼손되었다고 생각한다. 이 생각이란 세계 역사는 자신의 의도를 저절로 드러낸다는 것으로, 《아이네이드》에서 나타나는 로마의 신격화와 자신의 친구였던 황제 카이사르 아우구스투스의 제국 통치라는 결과를 낳았던 것이기도 하다. 베르길리우스는 죽어가면서 내세만이 정치적 통치와 자기 민족에 대한 중요한 이야기의 견고한 토대를 제공할 수 있다고 믿기 시작했다. 아름다움과 예술적 창조물로는 영적 구원을 제대로 다룰 수 없다. 예술이란 결국 외관과 형식이라는 이미 알려진 세계 안의 제약을 받기 때문이다. 따라서 예술이 궁극적 성취를 이루려면 종교의 언어 같은 예술 이상의 무언가를 통해 죽음 너머에 알려지지 않은 삶의 현실을 어렴풋이나마 알려야 한다. 그런데 베르길리우스가 보기에 《아이네이드》는 이런 작업을 시도조차 하지 않았다.

카이사르 아우구스투스는 베르길리우스가 자신의 작품을 파괴하려 한다는 이야기를 듣고 크게 놀라 죽어가는 친구를 찾아가 만류한다. 중세 《목가Ecologues》의 해석에 따르면, 그리스도가 곧 자신을 찾아올 것이라 감지할 수 있었던 베르길리우스는 황제에게 인간은 국가나 전통 종교를 비롯해 무엇도 충족시킬 수 없는 구세주를 향한 욕구가 있다고 말한다. 어떤 이성적인 것도 그 욕구를 충족시켜 줄 구세주의 필요와 행위를 알려주지 않는다. 구세주는 순수한 사랑의 원리, 희생의 예시, 비호혜적이고 형이상학적인 '약속'과 '지각'을 위한 수용체임이 틀림없다. 이 메시아라는 존재는 숨겨진 책임을 감당하면서 세속적 영역을 넘어 초월적 진실의 영역을 열 것이다. 제국 정치를 뉘우치는 작가의 새로운 태도는 책을 쓰던 동안(1937~1945년) 펼쳐진 나치 정권의 도덕적·지적 추문에 대한 브로흐 자신의 절망을 똑똑히 반영하고 있다. 이 책은 그리스도의 역설적 가르침으로 만들어진, 인간적 의미의 보이지 않는 다리가 빨리 발견되어야 한다고 생각한다.

그 다리 중 하나는 베르길리우스와 세속 황제의 우정을 연결하는데, 황제는 이 논리 전개를 이해할 수 없는 사람이다. 마침내 그는 친구 사이의 소외와 분열이 돌이킬 수 없다고 생각해 베르길리우스에게 분노를 터뜨린다. 이는 바로 베르길리우스가 '더는 존재하지 않는' 그리고 '아직은 존재하지 않는' 사이의 공간에서 회복할 수 있다고 믿는 끊어진 연결 유형이다. 친근한 적들 사이의 보이지 않는 유대가 시인에게 언제 분명해지는 가? 그것은 아우구스투스가 일에 열중하는 시인을 통치자를 원망하며 이기적이고 은밀한 권력 의지를 가진 자라고 비난하는 순간이다. 다시 말해 보이지 않는 다리는 베르길리우스가 필요성을 느끼는 종교 안에서 죄를 지었다는 비난을 받을 때 비로소 눈에 들어온다. 이기심, 시기심 그리고 더 많은 것을 소유하는 사람들에 대한 원망, 즉 암묵적인 권력에 대한 욕망 등의 죄다. 그때 베르길리우스는 수그러들며 자신의 서사시를 카이사르에게 전한다. 저자가 말하고 싶었던 것을 작품이 그대로 전하는 것은 불가능하며 시적 연결이 실패한 지점에서 종교는 다리를 만드는 데 성공한다고 인정한다. 이 순간 시인에게는 마치 보이지 않는 영역 안에 보이지 않는 단단한 땅이 있는 것처럼 보인다. 다시 보이지 않는 단단한 땅에서 보이지 않는 다리가 솟아나 인간을 연결하고, 하나의 단어를 다른 단어로 연결하며, 하나의 시선을 다른 시선으로 연결해 말이 마치 시선처럼 의미로 가득 차고, 인간들이 만나는 다리가 된다.[35]

보이지 않는 영역 안의 보이지 않는 땅, 이밖에 다른 말은 거의 할 수 없는 땅이 아우구스투스와 베르길리우스 사이의 단절을 극복하고, 세속적이고 정치적인 철학과 이성으로 설명할 수 없는 사랑의 원리 사이의 거리

를 좁힌다. 단테를 위해서나 브로흐를 위해서나 베르길리우스는 '더는 아
닌' 실용적인 이교도의 삶에서 '아직' 다가오지 않은 죽음까지 그들의 영
혼들을 인도하는, 구원의 힘을 가진 다리를 가리키고 있다. 베르길리우스
는 그의 동료 시인 스타티우스에게도 새로운 종교로 가는 길을 밝혀줘서
스타티우스는 단테의 《연옥》에서 다음과 같이 감사를 표했다.

"당신은 밤길을 가며 등불을

뒤에 두고 가는 사람처럼 행동했다. 자신에게는

도움이 되지 않지만, 따르는 자들에게는 가르침을 주는 사람.

당신은 이렇게 말했다. '새 세상이 왔다.

정의가 돌아오고, 인간이 처음 이 땅에 내려왔다.

하늘에서 새로운 자손이 내려온다."

연옥 편, 22. 67~75

브로흐의 책은 죽음의 어두운 밤이라는 한계를 넘어서려 한다. 다리를
놓을 수 없는 스틱스강이 무너진 길의 기반이다. 브로흐의 유대교와 그의
세속적 미학이 방해하지 않았더라면, 《베르길리우스의 죽음》은 죽음을
넘어 삶으로 이어지는 다리가 없어서 어떤 나사렛 사람이 자신을 희생해
보이지 않는 또 다른 다리를 만들었다고 주장할 수도 있었을 것이다. 그것
이 전 세계 종교가 다양한 방식으로 상상하는 신의 위대한 다리-짓기 행
동 중 하나다.

2장

다리 위에서
살아가기

악바르의 다리

1947년 인도와 파키스탄의 유혈 사태로 영토가 분할된 지 몇 년이 지난 후, 《세계는 다리다 The World Is a Bridge》의 저자 크리스틴 웨스턴은 사람들에게 과거를 기억하라고 충고했다.

힌두교도와 이슬람교도 사이에 평화와 이해심이 있던 시절이 있었다. 16세기 무굴 제국 황제였던 악바르 Akbar는 스스로 모범을 보이려 노력하면서 자신의 영토에 조화를 이루었다. 그가 사는 동안 힌두교도와 이슬람교도는 더불어 살며 만족해했다. 도시마다 두 종교의 장인들이 힌두와 이슬람 건축물을 나란히 세웠다.[1]

'인도의 가장 커다란 분열로 악바르의 작업이 수포가 돌아간' 끔찍한 사건 후 격동의 여파에 직면하여 패트리샤 나티르보프는 향수에 빠지기라도 한 듯, 위대한 문화 연결자가 통치하던 시절의 나라가 어떤 상태였는지를 환기한다. 계몽주의 황제 악바르(1542~1605)는 정복 활동뿐 아니라, 국가 공동체를 나누었던 신학적·인종적 차이를 조화시키려는 노력으로도 기억된다. 그의 황궁에서는 아시아 전역에서 온 성현들 사이의 논쟁이 장려되었다. 이들의 임무는 이슬람교, 힌두교, 로마 가톨릭교(예수회), 시크교, 쿠르베카(고대 인도의 유물론, 혹은 쾌락주의 학파) 무신론자들이 공통으로 가진 믿음을 연구하고 보고하는 것이었다. 악바르는 사유의 문화적 다양성이 피렌체의 메디치(르네상스를 가져온 이탈리아의 가문) 시대와 오스만 제국의 술탄 술레이만 대제 시대에 이미 선례가 있던 공유된 진리라는 커다란 야망을 성취할 수 있으리라 생각했다. 학자들은 이를 혼합주의Syncretism라 부른다. 이는 훗날 19세기 유럽과 미국의 자유주의로 성장했다.

악바르가 다문화적 이론의 다리를 지지하면서 8장 '바다의 다리와 자아'에서 논의할 특히 민족적·이념적 분할을 가로지르는 정치적 노력이라는 맥락 속에서 폭넓은 연구가 가능했다. 그러나 황제의 건설적인 작업을 계속 주저하게 만드는 것이 있었는데, 지상의 삶에 대한 철학적·도덕적 이해가 아무리 깊어져 봐야 결국 현실적인 목적에 아무런 도움이 되지 않으리라는 직감이었다. 악바르가 만든 도시의 황실 부지로 들어가는 거대한 관문에는 이런 태도를 반영하는 경구를 붙여 오가는 모든 사람에게 경고했다. "마리아의 아들 이사Isa (예수)는 이렇게 말했다. 세상은 다리이니, 그 위를 지나가라. 하지만 그 위에 집을 짓지는 말라. 하루를 바라는 사람은 영원을 바라지만 세상은 한 시간밖에 지속되지 않는다. 그러니 그 시간을 기도하며 보내라. 나머지는 보이지 않으니." 이 관점에서 보면 삶이란 그저 통과 행위에 지나지 않으며, 지속적인 감정적 노력이나 물리적 노동의 유익한 대가를 바라서는 안 되는 곳이다. 지상에서의 짧은 시간은 여행 후에 찾아올 시간을 대비하는 데 사용하는 것이 가장 좋다. 이 세상의 삶을 이해하고 잘 이용해 보려는 것은 무지한 일이다.

악바르는 나사렛 예수와 이슬람 경전을 이용하여 사람들에게 노골적으로 권고한다. 경구의 수사적인 의미는 더욱 정교하다. 이 경구는 거대하고 둥근 지구를 좁은 직선 통로로 압축한다. 그러고는 영원에서 시간을 얇게 잘라내어 인간 행동의 맥락으로 만든다(한 시간이라는 시간이다). 삶이 하나의 다리라면 이 다리는 한나 아렌트가 말한 '태어날 때 갑자기 나타나고 죽음을 맞이해서는 불현듯 사라지는 어디에도 없는 양쪽'을 잇는 접점일 것이다.[2] 악바르의 말은 만약 절대적·영구적 의미의 '존재' 같은 것이 있더라도, 그것은 우리가 지금 사는 곳 저 끝에, 보이지 않는 채로 남아 있을 것이라고 암시한다. 우리 눈앞에는 근시안적으로만 경험할 수 없는 근거 있는 삶만이 있고, 그곳에는 집을 짓지 않는 것이 최선이다.

경구는 이 다리가 어디에서 시작되는지 어디로 향하는지 아무 언급도 하지 않는다. 그러나 이 경구가 있는 장소를 통해 약간의 힌트를 얻을 수 있다. 경구는 가파른 오르막 42계단 꼭대기에 있는 지구상에서 가장 높은 관문인 '높은 문Buland Darwaza'('승리의 문'이라는 의미)이라는 포털에 자리 잡고 있다. 이 문은 황제 악바르가 의뢰해 만든 '승리의 도시'로 통한다. 높이 54미터, 너비 34미터 크기로 기둥, 샤트리스(바닥에서 높이 들어 올린 돔형 분관), 십여 개의 돔으로 장식되어 있으며, 종교, 주거, 행정을 위한 각각의 건물들이 있는 넓은 안마당으로 가는 통로와 이어진다. 모두 우리가 삶의 터전을 짓고자 하는 짧은 다리의 해결책으로 작용한다. 대리석 묘지 근처에는 165미터 너비의 마시드 모스크가 있다. 여기에도 역시 물웅덩이가 있고, (이 맥락에서 아이러니하게도) 아내 5천 명을 수용할 수 있는 하렘(전통적인 이슬람 가옥에서 여성들이 생활하는 곳)이 있다. 이 여성들은 말하자면 다음 세대로 가는 다리다. 이들은 다른 누구보다 그런 다리가 되기를 원했다!

악바르는 대리석 묘지에 묻힌 성스러운 은둔자 셰이크 살림 치쉬티를 기리기 위해 이 성곽 도시를 지었다고 한다. 이 호화로운 '승리의 도시'가 치쉬티와 예수의 금욕의 지혜를 추앙하는 인상적인 간증이 된 것은 역사의 모순이다. 이런 운명 때문인지 도시는 지어진 지 몇 해 되지 않아 완전히 버려졌다. 이곳이 버려진 역사적 이유는 불분명하지만 상징적 이유는 있다. 이 유령 도시는 이제 500년 동안 역사를 뛰어넘는 냉담한 무관심에 상징적 찬사를 보내고 있다. 도시의 굳건한 건축물들은 덧없는 일시성에 영원한 형태를 부여하면서 인간이 만든 뛰어나고 야심 찬 건축물들조차 세상의 목적에는 전혀 도움이 되지 않는다는 사실을 증명하기 때문이다. '승리의 도시'에 우뚝 서 있는 것은 삶이 아니라 기념비적인 죽음이다. 죽음을 기록하는 위대한 장소의 메시지를 어떻게 이해해야 할까? 시간은 시간-풍화 작업이라는 명제에 대해 유일하게 현명한 반응일까? 관문에 적힌 경구가 금지하는 종류의 건설 작업이 어쨌든 죽음에 대한 보상일 수 있을까? 아니면 삶을 위해서라기보다 삶이라는 개념을 애써 생각해보도록 기념하는 일은 실제 집을 짓는 '직업상의' 일과 다른 일일까?

성스러운 궁전으로 통하는 문에는 다리-삶이 새겨져 있고, 이를 따라가 보면 인공적으로 만들어진 죽음-속의-삶, 즉 묘지 앞에 서게 된다. 묘지는 텅 빔을 통해 음욕과 생식生殖을 비난하며 하렘과 대조를 이룬다. 악바르는 자신의 제국 먼 곳에서 온 문학과 예술을 수집했고 관용과 너그러움으로 유명했다. 그는 자신의 예언자 무함마드가 그의 도시로 들어가는 문에서 했던 말을 인용하지 않았다. 그 대신 무함마드를 그의 일신교 조상 아브라함과 연결해준 영생의 다리의 말을 인용했다. 무함마드의 선구자로, 먼저 그 길을 갔던 예수의 말이었다. 예수는 악바르에게 연속성을 제공해 주었다. 하지만 왜 이 황제는 하필 예수의 말을 선택했을까? 위대한 문화 건설의 업적을 풍부하게 남긴 그가 대체 왜 이 세상에서 살아가는 동안 아무것도 짓지 말라고 경고했을까? 그의 시대와 이 시대 사이에는 해답을 제시하기에 충분한 연결고리가 없다. 우리는 건축, 단어, 상징이 결합된 '승리의 도시' 자체의 웅장하고 다차원적인 '성과'를 통해 관심을 가져야 하는 유일한 건축 유형은 집이 아니라 기념비라고 추론할 수 있을 뿐이다. 그러나 하찮은 보통의 인간들은 기념비를 짓지 않는다.

다리가 지은 집

예수 시대에는 다리에 집을 짓지 않는 편이 현명했다. 로마와 중국의 몇몇 예외를 제외하고 당시의 교량 공사는 확실히 불안정했다. 심지어 오늘날의 교량도 건물을 충분히 지탱하기 힘들다. 그러나 사람들은 수 세기 동안 다리 위에서 살았다. 피렌체의 베키오 다리는 아직도 남아 있다. 유럽에는 한때 평범한 길거리보다 더 많은 즐거움을 주는 다리가 백 개도 넘었다. 결국 삶과 다리 사이에는, 다시 말해 나름의 역할을 하고 연결하며, 목적을 만드는 사이에는 어떤 연관이 있기 마련이다. 악바르가 염두에 두고 있던 다리가 출생과 무덤 사이에서 겪은 인간의 경험이었음을 생각해

보면, 대체 그 위에 집을 짓지 않는 사람이 누가 있겠는가? 삶이란 여러 현상을 하나로 묶음으로써 목적을 부여받는다. 현실적·호혜적·공동체적 애착은 위태로운 경험을 피한다. 사원이나 묘지와 마찬가지다.

미국 작가 손턴 와일더는 악바르를 전혀 염두에 두지 않고 이런 애착을 옹호한다. 자신의 말이 사람들을 놀라게 하리라 충분히 짐작하면서, 그는 자신의 저택을 손님들에게 '다리가 지은 집'이라고 소개하곤 했다.[3] 손님들의 놀라움은 자연스럽게 이 농담의 결론을 끌어내는 통로가 된다. 이 호화로운 집은 와일더가 소설 《산 루이스 레이의 다리The Bridge of San Luis Rey, 1927》를 통해 벌어들인 수익으로 지었다는 말이다. 와일더의 다리라는 말은 결국 집을 지은 수단을 가리키는 것이었다. 이 소설로 퓰리처상을 수상하기 전까지만 해도 그는 그저 평범한 월급쟁이 교사에 지나지 않았다.

악바르를 정면으로 거스르는 와일더의 재치는 집이 실제로 다리 위에 지어지거나 다리를 수단으로 지어질 수 있다고 이야기하는 셈이다. 삶이 우리가 이해할 수 없는 방식으로 조합되면서 새롭고 더 나은 주거 양태를 생산할 수도 있다는 말이다. 소설은 이미 그 방향으로 가는 길을 보여주는데, 주요 윤리적 관심사는 다음과 같다. 불안정한 다리 같은 삶의 기반 위에는 어떤 집을 지을 수 있을까? 해답은 다리를 거주지로 생각할 때 비로소 등장한다.

와일더의 소설 《산 루이스 레이의 다리》는 재난으로 인해 페루의 한 다리에서 무고한 다섯 사람이 목숨을 잃었을 때 번뜩 들었던 의문을 파고들면서 문제에 접근한다. 같은 의문은 몇 년 후, 2018년 8월 14일 43명의 목숨을 앗아간 이탈리아 제노바 모란디 다리 붕괴에 관한 지역적 연구 성찰을 엮은 책 《그때 다리 위에Quella volta sul ponte》에도 영감을 주었다. 왜 어떤 사람들은 그런 운명적 종말을 맞이하는가? 그들이 그럴 만한 일이라도 저질렀는가? 와일더의 소설에서 겸손한 프란치스코회 주니퍼 수사는 페루 다리에서 일어난 다섯 명의 죽음을 유일하게 시성^{諡聖}이 된 프랑스 왕으로, 십자군 전쟁에도 참여한 성왕 루이 9세에게 바쳐진 것으로 이해하려 한다. 대체 희생자들 사이에는 무슨 관계가 있었을까? 이들이 1714년 7월 20일이라는 특정 시공간에 고통을 받아야 했던 이유를 설명할 공통점이 있을까?

다시 말해 문제는 그들의 죽음을 운명으로 보아야 하는가, 아니면 정당화가 가능한 사건으로 읽을 수 있는가이다. 답을 찾기 위해 주니퍼는 불행한 여행자 다섯 명의 동기와 그들이 어떤 생각을 가지고 살았는지 처음부터 재구성한다. 이들은 숨겨진 죄책감 때문에 스스로 다리 끝까지 갔을까? 소설가에 따르면 인정 있고 과학적이며 탐구심이 많은 주니퍼는 생명의 다리가 파괴된 이유를 밝혀낼 수 있을까?

운명적인 산 루이스 레이의 다리는 주니퍼에게 행위와 결과, 자유의지와 참새 한 마리가 떨어지더라도 다 이유가 있는 '섭리의 세계'를 잇는 지적인 다리를 추구하게 만든다. 이 사려 깊은 프란치스코 수사가 이해하려는 다리는 개별 행위자의 결정을 전능하며 우주적인 정신과 연결하는 다리다.[4] 불행히도 6년간 연구 끝에 수사는 아무런 성과도 거두지 못한다. 그는 이 세상에서 일어나는 어떤 일도 신의 초월적인 계획과 연관시킬 수 없었다. "신앙과 사실 사이의 불일치는 일반적으로 가정하는 것보다 더 크다"라고 그는 절망을 감추려 애쓰며 한숨을 내쉬었다(99). 교회 당국은 이 무지의 고백에 꿈쩍하지 않는다. 이들은 주니퍼 수사를 화형에 처한다. 수사가 인정할 수 없었던 죄는 신의 길을 이해하려는 노력 자체였다. 이렇게 와일더의 소설은 끝난다.

주니퍼의 연구는 실패했지만 이 책은 곱씹어 볼 만한 결론을 남겼고, 우리는 결론에서 위안을 얻는다. 신과 인간의 행동 사이에 어떤 다리가 존재한다고 해도, 말하자면 운명의 패턴 같은 것이 있더라도 그것은 이성으로 이해할 수 없는 것이다. 이 다리가 어떻든 간에 그것은 산 사람들의 운명과 그들의 윤리적 가치를 연결하지 않는다. 그러나 살아남거나 뒤따르는 것은 완전히 다른 다리이고 그 다리는 사람들 사이에서 만들어지며 정서적 애착으로 이루어진다. 와일더의 소설 마지막 문장에도 결과적으로 인간들의 연결이 묘사되어 있는데, 이를 통해 어떤 만족스러운 목적지에도 도달하지 못한 당혹스러운 감상들 사이에서 그나마 교훈 하나를 추려낼 수 있다. "산 자의 땅과 죽은 자의 땅이 있고, 사랑의 다리가 있다. 유일하게 남아 있고, 유일한 의미가 있는 다리"(107). 다리를 건너는 자들인 우리는 헤아릴 수 없는 삶과 죽음이라는 두 지점 사이에서 멈춰, 서로 간의 연결을 만들어야 한다. 앞서간 사람들과 뒤에 올 사람들 사이에 다리를 놓아야 한다. 그 다리 위에서

> 등장하고 꽃 피어났다가 시작한 곳에서 시들어버린
> 수 세기 동안의 지역적인 삶이
> 이제 다시 모여 피워내고 있다
> 이 한 연결에서 되살아난 모든 것을[5]

필립 라킨은 1981년 제2의 고향 킹스턴 어폰 헐에서 험버 다리 완공을 기념하기 위해 이 시를 썼다. 다리라는 무대는 고독하고 흩어졌던 삶들이

부활한 꽃처럼 '다시 모이'고 '피워낼' 수 있는 곳이다. 라킨의 말기 작품 중 하나인 이 시는 "항상 우리는 다리와 함께 살아간다"라고 결론짓는다. 비록 중단될 수밖에 없었지만, 삶에 관한 주니퍼 수사의 연구 결과도 비슷했다. 유일하게 지속적이고 진정한 인간관계는 정서적 관계다. 관계가 늘 시간 속에서 구체적 형태를 갖추어 나타나지 않을 수도 있지만 말이다. 수사는 산 루이스 레이 다리에서 떨어진 다섯 명 모두가 다른 사람들에게 매우 중요한 인물이라는 것을 알게 되었다. 하지만 그 다른 사람들 대부분은 사건이 벌어지고 나서야 비로소 이 사실을 깨달았다.

정서적 다리는 영원하며 보이지 않는 두 지점 사이에 만들어진다. 그 사이는 초월적이고 추상적인 다리가 없으며 삶과 죽음 간의 연결도 없다. 누군가의 행동과 우주적 운명의 연관성을 이해할 수도 없는 곳이다. 유한한 물질세계를 악바르의 절대적 공간에 연결할 수 있는 것은 거의 없다. 하지만 정서적 다리는 살아있는 사람들을 그렇지 않은 사람들에게 끌리게 한다. 운명을 공유한다는 친밀감을 느끼기 때문이다. 이는 악바르의 다리와는 다른 다리다. 삶이라는 짧은 시간과 영생 사이의 분열을 가로지르는 이 다리는 지성으로는 도무지 연결할 수 없는 것을 연결한다. 와일더의 결론은 체념한 듯 보이기도 하지만, 오히려 사랑의 유효성을 강조한다. 소설은 보호소에서 도냐 클라라 수녀원장이 아픈 사람들의 행렬을 위로하는 장면으로 끝난다.

그녀는 그날 밤 어둠 속에 있는 사람들… 의지할 사람이라곤 아무도 없는 이들, 세상이란 그저 고난이고 아무 의미도 없는 사람들에게 말했다. 그곳에 누워 있는 사람들은 수도원장이 자신들을 위해 지은 성벽 안에 있다고 느꼈다. 그 안에는 빛과 따뜻함이 깃들어 있었다. 성벽이 없는 곳에는 어둠만이 있었고, 이들은 아무리 고통과 죽음에서 벗어날 수 있다고 하더라도 어둠을 받아들이지 않으려 했다. 하지만 그녀가 말하는 동안에도, 마음 한구석에는 다른 생각들이 스쳐 지나가고 있었다… "우리는 곧 죽을 것이고 다섯 사람에 대한 모든 기억은 이 세상에서 사라질 것이다. 그리고 우리 자신도 마찬가지로 잠시 사랑받고 잊힐 것이다. 그러나 사랑만으로 충분하다. 모든 사랑의 충동은 모두 충동을 만든 사랑으로 되돌아간다. 사랑에는 기억조차 필요하지 않다. 산 자의 땅과 죽은 자의 땅이 있고, 다리는 사랑이다. 사랑은 유일하게 남아, 유일한 의미를 갖는다." (107)

다리 위에서 만들어지고 다리를 통해 만들어지는 관계, 그리고 다리가 없을 때 만들어지는 관계가 바로 문제가 되는 다리다. 한 크로아티아 전설에 따르면 모스타르에 있는 올드 브리지 맞은편 강둑 교각에 각각 묻힌 두 연인의 서로 끌어당기는 힘이 다리를 지탱한다고 한다.[6] 이런 연결 말고 인간이 쿠란 예수의 짧은 다리라는 끔찍한 현실에 대처할 수 있는 다른 방법이 어디 있겠는가? 만일 그의 경구처럼 삶이 어디에도 없는 두 곳 사이의 일시적인 통로에 불과하고 아무것도 아니라면, 삶이라는 다리 위에 공유할 집 말고 다른 무엇을 지을 수 있다는 말인가?

흘러넘치고 잠긴 사랑

함께 영원히 같은 집에서 살자는 사랑을 맹세한답시고 인간은 다리에 사랑의 상징을 매달기도 한다. 이 행위는 로마의 밀비오 다리에서 시작되어 지난 15년 동안 전 세계로 퍼져나갔다. 어떤 사람은 그 기원을 세르비아 브로냐츠카반야에 있는 '사랑의 다리Most Ljubav'라고도 하고, 파리의 퐁 데 자르Pont des Arts에서 시작되었다고 하는 등 많은 이야기가 있다. 어쨌든 페데리코 모치아의 소설을 바탕으로 루이스 프리에토가 감독한 영화 〈나는 너를 원한다Ho voglia di te, 2007〉에 등장한 커플이 많은 사람들에게 영감을 주었던 것은 분명하다. 젊은 로마인들은 떼를 지어 밀비오 다리에 몰려들었고, 매직펜으로 자물쇠에 자신과 연인의 이름을 쓰고 다리 가로등 기둥에 잠근 다음 강에 열쇠를 던졌다. 2008년부터 사랑의 자물쇠가 넘쳐흐르는 밀비오 다리는 한 번으로는 도무지 끝나지 않는 변치 않는 사랑의 검증 수단이 되었다. 워낙 많은 자물쇠가 걸리다 보니 그 무게로 가로등이 쓰러지지 않도록 몇 톤이나 되는 금속을 잘라내야 했다(사진 2.1).

이 다리는 사랑의 의식儀式이 상징하는 것만큼 튼튼하지 않으며, 기억에 오래 남지도 않는다. 사실 밀비오 다리는 몇 세기 동안 영원한 사랑보다 아주 일시적이며 에로틱한 만남의 장소로 유명했다는 사실마저 잊혔으니 말이다. 이미 예수 이후 한 세대 뒤에 타키투스는 이 다리가 '밤의 매력으로 유명한' 다리라고 전해 주었다.[7] 게다가 자물쇠를 매다는 로맨틱한 행위가 사랑을 영원히 묶어 주지도 않는다.

사실, 모치아의 소설에서 자물쇠를 매다는 등장인물은 여자친구 앞에서 자물쇠를 걸며 오래된 진정한 전통이라고 거짓말을 한다. 따라서 책 속 커플은 거짓 의식을 행했고, 젊은 로마인들은 이들을 모방했으며, 전 세계 사람들이 새로운 로마인들을 모방한 셈이다. 밀비오 다리에 자물쇠를 걸었던 젊은 연인들을 대상으로 한 연구에 따르면 대부분은 6개월 이내에 헤어진다고 한다.[8]

그러나 대부분의 사랑은 이런 덧없는 행동보다 오래 지속되는 것은 분명하다. 정서적 유대는 어떤 사랑의 맹세보다 깊다. 기욤 아폴리네르는 일시적이고 덧없는 세상에서 인간의 지속적인 애정을 찬양하는 시를 통해 둘 사이의 긴장을 다룬다. 다른 언어로는 표현하기 불가능할 정도의 정교하게 치고 빠지는 리듬감을 보여주는 〈미라보 다리 Le Pont Mirabeau, 1912〉는 손턴 와일더나 전 세계의 연인들과 비슷한 방식으로 악바르에게 대응한다. 이 시가 그리는 장면은 강이라는 영원을 배경으로 단 한 시간 동안 다리 위에서 벌어지는 일이 아니다. 오히려 이 시는 끊임없이 변화하는 강 위에서 영원히 진행 중인 일을 그린다.

미라보 다리

미라보 다리 아래에는 센강이 흐르고

우리의 사랑도 흐른다

괴로움에 이어 오는 기쁨을

나는 또 기억하고 있다

밤이여 오라, 종이여 울려라

세월은 흐르고 나는 여기 머문다

손을 모으고 얼굴을 마주 보고 그냥 가만히 있자

우리가 모은 팔 아래로

지친 물결의 영원한 시선이 지나가는 동안

사진 2.1 밀비오 다리의 자물쇠, 이탈리아 로마.

밤이여 오라, 종이여 울려라

세월은 흐르고 나는 여기 머문다

모든 사랑은 강처럼 바다로 흘러간다

모든 사랑은 지나간다

삶은 얼마나 느리게 느껴지는지

사랑의 희망이란 얼마나 폭력적일 수 있는지

밤이여 오라, 종이여 울려라

세월은 흐르고 나는 여기 머문다

날이 가고 세월이 가면

가버린 시간도

사랑도 다시 오지 않는다

미라보 다리 아래 센강만 흐른다

밤이여 오라, 종이여 울려라

세월은 흐르고 나는 여기 머문다[9]

센강은 모든 기쁨, 고통과 더불어 세월과 사랑을 실어 나른다. 강의 흐름과 대조되는 것은 시 속 '우리'의 결속이다. 여기 얼굴을 마주하고 서 있는 '우리' 말이다. '우리'가 영원한 현재에 있는지 아니면 이미 닫혀버린 과거에 있는지는 알 수 없다. '우리'가 서로 꽉 움켜잡아 만든 다리는 모든 것을 흩트려 버리는 강의 흐름 위에 아치를 만든다. 화자인 '나'는 연인들의 유대를 넘어선 지점에서 견디고 다시 일어난다. 모든 변화 속에서 유일하며 절대적인 안정은 사랑이라고 생각해, '마치 흐르는 강처럼' 오고 가는 거듭되어 무한한 사랑을 의식적으로 떠올린다. "날이 가고 세월이 가면/가버린 시간도/사랑도 다시 오지 않는다." 사랑은 돌이킬 수 없이 지나간다. 그러나 또 돌아오기도 한다. 이 시의 주체가 말하듯이 기억과 언어적 발화로 돌아온다. 한때 연인들의 인연으로 만들어진 다리는 시간을 건너 독자와 연인들 사이에 다리를 놓는 시를 통해 계속 이어진다. 밤이 찾아오고 하루가 끝나기를 바라는 시인의 간청은 강물처럼 끝없는 기도 속에서 시계처럼 가차없고 정확하게 되풀이된다. 그것은 희망이라는 폭력에 종지부를 찍어야 한다고 요구한다. 반복되는 후렴구 "밤이여 오라, 종이여 울려라"는 시간의 흐름을 상쇄하면서 언제나 함께하겠다는 약속을 되풀이한다.

파리의 같은 다리를 기념하는 시가 한 편 더 있는데, 이 시는 아폴리네르의 시보다 덜 명확하고 더 복잡한 방식으로 다리를 마음에 새긴다. 시를 쓴 오스트리아의 소설가 잉게보르크 바흐만의 전기를 잘 아는 사람이라면, 이 다리가 그녀의 연인이자 동료 시인이었던 파울 첼란이 1970년에 투신자살한 장소라는 사실을 알 것이다. 사실은 그녀의 시가 투신자살을 암시한 후 거의 20년이 지나 일이 벌어졌다.

미라보 다리… 워털루 브리지…
그 이름들은 어떻게 견디는가,
이름 없는 걸 견뎌야 하는 걸?

길을 잃은 자들에게 자극을 받아,
신앙도 견딜 수 없었던 자들,
강물의 북소리가 깨어나다.

다리, 6~11행

미라보와 워털루라는 이름이 어떻게 '신앙도 견딜 수 없는' 이름 없는 사람들을 받아들일 뿐만 아니라 지지하고 경의를 표할 수 있을까? (미라보는 프랑스 혁명의 지도자, 워털루는 나폴레옹 전쟁으로 유명한 전투지다) 첼란 역시 이름 없이 강에 몸을 던졌고 어떠한 기록도 남기지 않았으며, 시신이 발견되지도 않았다. 바흐만이 보는 장면은 아폴리네르의 장면과 같지만,

드라마는 사랑에서 죽음으로, 소재는 고독에서 완전한 사라짐으로 바뀌었다. 바흐만의 시는 다리-결합에서 느낀 실망을 결합이 일어나는 장소의 외로움과 연결한다.

모든 다리는 외롭고,

그리고 명성은 그들에게 위험하다

우리에게처럼…

다리, 12~14행

이 통일을 만드는 구조물의 공허함 때문에 어떤 사람들은 굳이 그 중간에 집을 짓기도 한다 (사진 2.2).

정서적 의미를 담은 다리

다리는 분리를 극복하겠다는 약속을 펼친다. 일부 영화에서 다리는 누군가의 절박함이 구원을 가져다주는 애착으로 변하게 하는 장치로 등장한다. 찰리 채플린의 〈더 키드 The Kid, 1921〉에서 이 극적인 변화를 볼 수 있다. 영화의 배경은 세계 최초의 곡면 시멘트 다리인 패서디나의 아로요 세코 다리다(사진 2.3). 영화보다 불과 몇 년 앞서 지어진 이 다리에 도착하기 전, 한 젊은 어머니는 아이를 낳고 아이의 아버지에게 버림받는다. 이 단절은 또 다른 단절로 이어진다. 이번에는 그녀가 빈 차에 막 태어난 아기를 버리기 때문이다. 이내 자신의 결정을 후회한 그녀는 차로 돌아가지만, 차는 이미 도난당하고 없다. 아이의 어머니는 미친 듯이 아로요 세코 다

사진 2.2 르 뷰 물랭, 프랑스 베르농.

리로 달려가 난간에서 뛰어내리려 한다. 바로 그때 한 아이가 그녀의 치마를 움켜쥐면서 그녀의 마음속에는 갓난아이의 간청이 떠오른다. 이 접촉으로 단절이 해소된다. 채플린이 역할을 맡은 떠돌이가 세상의 주변부에서 잘 보살펴 온 아이와 아이의 어머니는 결국 다시 만난다. 영화는 행복하게 끝난다. 다리는 만남의 기능을 다시 한번 단언한다.[10]

특히 로맨틱 코미디 장르는 절망에서 행복으로 가는 주제를 발전시키기 위해 다리를 이용하는 경우가 잦다. 레오스 카락스가 감독한 1991년의 영화 〈퐁네프의 연인들Les amants du Pont-Neuf〉에서 피난처가 없는 두 홈리스는 서로에게 의지할 곳을 찾는다. 또 다른 프랑스 영화로 패트리스 르콩트가 감독하여 1999년 개봉한 〈걸 온 더 브릿지La fille Surle pont〉에서는 한 소녀가 막 다리 위에서 뛰어내리려는 순간, 칼 던지기 전문가가 등장해서 덜 치명적인 대안을 제시한다. 칼날의 살아 있는 표적이 되어 달라는 것이

89

었다. 결국 둘은 헤어지지만, 영화의 결말에서 소녀는 보스포루스 해협에 몸을 던지려고 이스탄불 다리에 올라간 칼 던지기 전문가를 발견한다. 그녀는 때늦지 않게 도착해 그를 구하고, 둘은 함께할 미래를 설계한다.

시드하스 아난드가 감독한 2010년 발리우드 영화 〈낯선 남자, 낯선 여자^{Anjanna Anjaani}〉는 동시에 같은 다리에서 뛰어내리려는 두 주인공을 비추며 시작한다. 이들은 삶을 끝내기 위해 몇 가지 노력을 계속하지만 모두 실패한다. 결국 주인공들은 자신과 서로를 더 사랑하겠다는 약속만으로도 훨씬 더 행복할 수 있다는 사실을 인정한다(다리는 할리우드 배우들의 삶에서도 비슷한 역할을 해왔다. 리처드 버튼과 엘리자베스 테일러는 멕시코의 푸에르토 바야르타에서 다리로 집을 이었으며 프리다 칼로와 디에고 리베라도 멕시코 시티에서 비슷한 계획을 세웠다).

위 세 편의 영화보다 덜 매끄러운 다리-묶기도 흥미롭다. 바흐만의 시 〈다리〉는 미라보 다리뿐만 아니라 워털루 브리지도 언급하는데, 1844년 토머스 후드가 이 다리를 주제로 한 〈탄식의 다리^{The Bridge of Sighs}〉라는 시를 발표했을 때 이미 사회에 적응하지 못한 여성들을 위한 길의 종착지로 알려져 있었다.[11] 바흐만의 시는 1952년 발표되었는데, 로버트 E. 셔우드의 유명한 드라마 〈워털루 브리지〉(1930)가 영화로 세 번째 각색되어 개봉되기 전이었다. 셔우드의 연극은 영화스러운 상상력에 잘 어울렸다. 연극은 창녀 마이라가 1차 세계 대전이 끝날 무렵 런던의 다리 위에서 로이라는 순진한 군인을 유혹하는 장면으로 시작된다. 마이라의 직업을 모른 채 로이는 사랑에 빠진다. 관객들은 과연 마이라가 진실을 숨길지, 자신이 창녀라는 사실을 고백해 진실한 남자를 잃을 위험을 감수할지 초조하게 바라보게 된다.

사진 2.3 아로요 세코 다리(콜로라도 스트리트 브리지), 1913. 미국 캘리포니아주 패서디나.

셔우드의 이야기가 영화로 옮겨지며, 작품에 따라 결말이 달라졌다. 제임스 웨일 감독이 1931년 내놓은 첫 번째 영화는 연극의 비극적인 결과를 따른다. 마이라는 자신의 '타락한' 상태를 고백하고, 로이는 어떤 상황에서도 그녀를 향한 사랑에 변함이 없을 것이라고 장담한다. 하지만 그가 전선으로 돌아가기 위해 떠난 지 몇 분도 되지 않아 독일군의 폭탄이 폭발한다. 카메라는 워털루 브리지 위를 추적하며 마이라의 시체를 찾아 담는다. 사회 규범에서 벗어난 이 여성은 채플린과 달리 구원받지 못한다.

1940년, 머빈 르로이가 연출하고 비비안 리가 출연했던 〈애수^{Waterloo} Bridge〉는 상업적으로 크게 성공을 거두었다. 이 영화는 헤이스 코드(미국 영화의 검열 제도, 1934~1968년 시행)를 바탕으로 미국 관객들에게 적절한 교화의 메시지를 전달한답시고, 여주인공 마이라를 훌륭한 발레리나였다가 로이가 전투에서 사망했다는 소식에 창녀가 되는 역할로 그린다. 뜻밖에 로이가 살아 돌아오자, 그녀는 추악한 과거를 밝히느니 차라리 죽음을 선택한다. 마이라는 이전 영화에서처럼 자신의 일탈에 극적인 대가를 치른다. 1956년, 〈애수〉의 세 번째 영화 버전 〈가비Gaby〉는 커티스 베르나르가 감독하고 레슬리 카론이 주연을 맡았다. 이 영화는 다른 버전들보다 시적 허용이 많아서, 다리는 인간 결합과 도덕적 진보를 가져다주는 수단으로 변화한다. 다리는 발레리나였다가 창녀였다가 다시 정숙한 아내가 된 여성이 행운의 도움으로 자신의 남자와 재회하는 장소가 된다.

1940년에 제작된 영화만 다리가 만남과 합일의 상징으로 인간관계의 연약함을 강조하는 동시에 극복하는 의미가 있다는 점을 제대로 이용한다. 그래서 그렇겠지만 이 영화는 마이라가 자살한 지 20년 후, 다리 위에 홀로 서 있는 로이를 비추며 시작한다. 아폴리네르의 시를 떠오르게 하는 장면이다. 영화는 플래시백을 통해 전쟁 중 같은 장소에 있었던 첫 만남으로 돌아가 연인들의 이야기를 구성하는데, 어떻게 관계가 발전했는지, 어떻게 마이라가 로이가 죽었다고 믿고 새로운 삶을 택하게 되었는지, 그리고 그가 돌아온 것을 본 후에 어떻게 죽음을 택하게 되었는지를 보여준다. 나이든 로이가 그 다리에서 이제는 없는 그녀를 회상할 때 영화의 사운드 트랙인 이별의 기억을 담은 유명한 노래 〈올드 랭 사인〉이 흘러나온다. 시대의 사회적·도덕적·심리적 규제 때문에 로이도, 마이라도, 영화의 제작자마저도 다리 위에 다리를 놓지는 못했다.

다리가 잠재적인 결합의 장소라는 모티프는 옴니버스 영화 〈내가 본 파리Paris vu par, 1965〉 중 장 루슈가 감독한 〈파리 북역Gare du Nord〉 에피소드에서 예상치 못하게 전복된다. 한 남자가 파리의 다리 위에서 뛰어내리려는 순간, 불행한 결혼 생활에 갇혀 있는 듯한 한 여자가 다가온다. 몇 마디 말로 둘은 깊은 공감대를 형성하고, 서로가 자신들에게 필요한 관계를 맺을 수 있다는 사실을 깨닫는다. 남자는 여자를 초대해서 신비의 장소로 차를 몰며 그곳이 사랑을 키워줄 것이라고 설명한다. 오딜이라는 여인은 즉흥적인 직관에 따라 행동할 용기를 내지 못하고 망설인다. 남자는 말한다. "오늘 아침, 저는 죽기로 결심했죠. 그리고 당신을 만났어요. 당신이 내 마지막 기회예요. 세상에 흥미로울 게 더는 없다고 생각했어요. 바로 그때 당신의 미소를 보았죠." 오딜은 여전히 그에게 건너갈 움직임을 보이지 않는다. 결국 남자는 뛰어내려 죽고 다리는 그들을 하나로 묶지 못한다.

1957년 루키노 비스콘티가 각색한 도스토옙스키 원작의 〈백야White Nights〉에도 결합을 손짓하는 동시에 연인을 단호하게 갈라놓는 다리가 또 등장한다. 뚜렷한 특징이 없는 마을에 어울리지 않아 보이는 마리오라는 한 남자가 다리 위에서 흐느끼는 유령 같고 연약한 여자에게 조심스럽게 다가간다. 나탈리아는 돌아오겠다고 약속하고 1년 전 떠난 남자와의 재회를 기다리고 있다. 영화는 이들의 이전 사랑을 부분부분 재구성해 보여주는데, 이야기가 흘러갈수록 그 남자는 정말 악한으로 보인다. 어쨌든 이 미심쩍은 남자가 돌아올 기미가 보이지 않는 가운데, 나탈리아(마리아 셸)와 마리오(마르첼로 마스트로이안니)는 이후 며칠에 걸쳐 깊고 열정적인 관계로 발전된다. 이 풋풋한 애정은 사랑이라는 말 안에 떠올릴 수 있는 모든 요소를 담고 있다. 영화는 플래시백에서 보았던 나탈리아와 나이 든 낯선 사람 사이의 애착보다 이 풋사랑을 훨씬 더 설득력 있게 보여 준다. 하지만 새로운 커플이 영원한 사랑을 결심하는 순간, 으스스한 옛 연인의 실루엣이 배경의 먼 다리 위로 나타난다. 하얀 밤하늘에서 굵은 눈이 내린다. 감정에 북받친 나탈리아는 눈물을 흘리며 마리오를 버리고 달려가 낯선 사람을 껴안는다. 멜로드라마 같은 이야기지만, 마리오와 나탈리아 사이의 애착은 뚜렷한 이유나 목적 없이, 정당성이나 준비 없이 발생하며, 그렇기 때문에 소중할 수 있다고 암시한다. 마리오 역시 울며 말한다. "당신이 내게 준 행복의 순간, 그것으로도 당신에게 축복이 있기를. 그 순간은 결코 평생에 비해서도 모자라지 않으니 말이오." 감정이라는 연약한 다리 위에서 쌓을 수 있는 유대감은 아무리 밀접하더라도 악바르의 죽음의 도시만큼이나 실체가 없다고 영화는 말한다. 영화에서 다리 위에 자리 잡은 애착은 미혼모와 어머니 없는 아이들, 떠돌이(채플린)와 매춘부, 별거 중인 아내와 남편 등을 위한 것이다. 〈백야〉의 등장인물들 역시 이들만큼이나 의지할 만한 사회적 기반을 갖추고 있지 않다.

다리에 사는 사람들

좁거나 넓거나, 맑은 날이나 눈으로 가득한 밤이나 할 것 없이 다리는 홈리스들에게 쉼터를 제공한다. 예전에 다리가 주로 사람들이 걸어서 건너는 곳이었을 때는 매춘부들은 다리 위에서 행인들에게 사랑 비슷한 것을 팔았다. 이들은 다리 아래로 함께 사라지곤 했다. 이런 거래로 유명한 베네치아의 한 다리는 여전히 폰테 델레 테트Ponte delle Tette (젖꼭지 다리라는 의미)라는 이름을 가지고 있다. 이 다리에서는 이미 16세기부터 여성 매춘부들이 마케팅을 위해 가슴을 노출했다. 이 시기에 만연했던 동성애는 여성들의 삶에도 커다란 영향을 끼쳤는데, 르네상스 시대에는 베네치아 전체 여성의 10퍼센트, 또는 섹스가 가능한 연령에서는 여성의 20퍼센트가 동성애자였던 것으로 추정된다. 동성애는 한밤중 크로스 드레싱^{cross-dressing}을 통해 퍼져나갔는데, 당국은 참수형으로 위협하며 억제하려 했지만 별로 도움은 되지 않았다. 동성애를 선호하던 남성들을 다시 이성애로 끌어들이기 위해 여성들은 가슴을 드러낸 채 폰테 델레 테트 위 창틀에 다리를 대롱대롱 늘어뜨리고 앉아 실제 거래를 노골적으로 드러냈다.[12] 이 전략이 얼마나 잘 먹혔는지는 알 수 없지만, 어쨌든 폰테 델레 테트는 다리 위 또는 아래에서 불법 성행위가 어려운 상황을 어떻게 최대한 이용하는지 보여준다.

이탈리아어 관용구 '다리 밑에서^{sotto i ponti}'는 불법 성매매와 홈리스 모두를 가리키는 표현이다. 1910년대 유명한 프랑스 노래 〈파리의 다리 밑 Sou less ponts de Paris〉에서는 태연하게 둘 사이가 이어진다.

파리의 다리 아래

밤이 내려오면

온갖 거지들이 몰래 숨어들어온다.

잘 곳을 찾아 기뻐한다.

통풍이 잘 되는 호텔,

비용이 많이 들지 않는.

향수와 물은 모두 무료랍니다.

파리의 다리 아래.

공장 입구에서

줄로는 니니를 만난다.

빨간 머리, 안녕?

오늘은 파리할 거야.

이 백합 한 다발을 받아(프랑스화에는 프랑스 왕실의 상징인 백합이 그려져 있었다).

대단치는 않지만 내 전 재산이야.

나랑 같이 가. 내가 아는 곳이지,

달빛을 두려워하지 않아도 되는 곳이야.

파리의 다리 아래

밤이 내려오면

방값 낼 돈이 없어도

행복한 커플은 비밀리에 사랑합니다.

일시 체류와 매춘이 하나로 모이는 다리의 특성은 여러 시의 주제가 된다. 덜 일상적인 방식으로 다리의 경계성(변화 과정의 중간 단계에 나타나는, 경계를 나누기 힘들고 경계 사이에 있는 모호한 시공간)이 사회적 정체성 형성을 가로막는 문제를 다룬 시도 있다. 프라카시 자다브의 〈다다르 다리 아래 Under the Dadar Bridge〉는 달리트 계급(전통적인 카스트 제도에서 최하층민)의 한 여성과 자신의 아버지가 누구인지 밝혀달라고 격렬하게 요구하는 거지 아들의 만남을 보여준다. 그의 정체성, 종교, 세상과의 유대는 어떤 것이었을까? 아들은 '상층 계급의 하수도와 연결된 거지 같은 도랑'이 있는, 뭄바이 다리 아래서 죽어가는 많은 사람들과 더불어 사는 병들고 학대당한 어머니에게 쓴소리만 듣는다. 그녀는 아들을 향해 소리 지른다.

"너는 힌두교도도 이슬람교도도 아니야!

넌 버려진 불똥이야.

세상의 욕정이라는 불을 피우고 남은.

종교? 여기가 바로 내가 종교를 쑤셔 넣는 곳이야!

창녀들은 종교가 하나밖에 없어, 아들아.

구멍에 박고 싶으면, 계속

주머니에 돈이라도 있어야 한다는 거지!"[13]

불가촉천민과 홈리스들은 오늘날에도 다다르 다리 위나 아래로 계속 몰려들고 있다. 프란치스코 수사는 이런 말을 반복했다고 한다. "여우에 겐 굴이 있고 새들은 둥지가 있다. 하지만 인간의 아들은 머리를 둘 곳이 없다." 성 프란치스코는 아테네의 디오게네스처럼 자발적으로 그런 조건을 받아들였다. 하지만 다른 수백만 명은 이 문제 앞에 다른 선택의 여지가 없었다. 화가 귀스타브 도레가 1869년 런던을 방문했을 때 그는 런던의 불결함, 그리고 이스트 엔드 구역과 도시의 다리에 바글바글했던 가난한 사람들에게 압도되었다. 성 프란치스코에 비견될 만한 위로의 마음으로 그는 이 사람들을 천국의 영혼들이 보호하고 별빛이 밝혀준다고 상상했다(그림 2.4). 심지어 런던 브리지 위의 버림받은 사람들을 그린 스케치에서는 거대한 천사가 이들을 지켜보며 보호해주고 있다(그림 2.5). 이곳에 일시적으로 머무는 사람들이 옹기종기 앉아 있는 다리 아래를 밝히는 찬연한 하늘을 강조하는 그림도 있다(그림 2.6). 도레가 다리에 사는 사람들의 내면의 존엄성을 강조하는 것은 흔히 볼 수 있는 일이다(그림 2.7).

가난한 사람들은 세상 어느 다리에나 있어서 고대 로마인들은 이들을 완곡하게 다리 거주자, 혹은 다리에서 온 사람이라고 표현하기도 했다. 풍자 작가 유베날리스는 로마 시대 만찬에 나온 싸구려 음식을 경멸하며, "아, 다리 사는 사람이라도 이런 식사 초대라면 거절하겠군!"이라고 외친다.[14] 파리 사람들은 포주나 소매치기를 '퐁네프의 공직자' 혹은 '퐁네프의 선구자'라고 부르곤 했다. 이들이야말로 다리 위에서 기능하는 유일한 '법'을 만드는 사람이었으니 말이다. 이탈리아어뿐만 아니라 프랑스어로도 '다리 아래서 마친다'라는 말은 한 푼도 없이 죽는다는 의미다.[15] 집이 없는 사람들은 다리 위나 주변에서 낮에는 구호품을 받고 밤에는 쉴 곳을 마련할 수 있었다. 많은 사람이 지나칠 수밖에 없는 무대는 부랑자들에게 똑같이 인간으로 태어난 사람들을 직접 대면할 수 있는 전략적인 구걸 장소가 된다. 현대의 지하철 같은 역할을 하는 다리에서는 모든 사람이 서로 눈을 마주치게 된다. 프랑스 작가 아나톨 프랑스는 "현명한 법은 부자와 가난한 사람 모두가 다리 아래서 잘 수 있도록 허용한다"라고 말했다고 한다. 하지만 실제로는 정반대의 말을 했다. "법의 장엄한 평등은… 가난한 사람들뿐만 아니라 부유한 사람도 다리 밑에서 자는 것을 금지한다." 그러나 엉터리 인용문이 오히려 다리 위에서 올바른 행동을 강제하려는 법의 비효율성을 더 잘 전달한다. 다리는 어떤 금지도 허용하려 들지 않는, 근본적으로 평등주의의 공간이기 때문이다.[16]

영험한 애주가

아나톨 프랑스처럼 파리의 다리를 잘 알고 있던 다리가 부자와 빈자 사이의 계급 차이를 지우는 신성한 공간이라고 생각했다. 소설가 조셉 로스는

그림 2.4 〈별빛 아래 잠듦〉, 귀스타브 도레, 1872, 귀스타브 도레와 윌리엄 블랜차드 제롤드, 《런던: 순례 여행》, 179.

그림 2.5 〈버려진 사람들: 런던 브리지〉, 귀스타브 도레, 1872, 귀스타브 도레와 윌리엄 블랜차드 제롤드, 《런던: 순례 여행》, 149.

그림 2.6 〈다리 아래〉, 귀스타브 도레, 1872, 귀스타브 도레와 윌리엄 블랜차드 제롤드, 《런던: 순례여행》, 185.

그림 2.7 〈추운 쉼터〉, 귀스타브 도레, 1872, 귀스타브 도레와 윌리엄 블랜차드 제롤드, 《런던: 순례여행》, 177.

생의 마지막 몇 년을 파리 다리 부근에서 살았는데, 결국은 자신의 소설 《영험한 애주가의 전설The Legend of the Holy Drinker》의 주인공과 그리 다르지 않게 경제적으로 쪼들리는 술꾼 처지로 전락했다. 소설의 주인공은 방랑자 안드레아스Andreas인데, 이 이름은 포괄적으로 '인간'을 가리키는 '안드로스andros'에서 왔다. 그는 신을 믿는 다리 밑의 거주자이며 늘 술에 절어 산다. 이 이야기는 결론 때문이라도 상세히 검토해볼 가치가 있다.

어느 날 아침, 다리 밑에서 하룻밤을 보낸 후 잠에서 깨어난 안드레아스는 부두에서 강바닥 쪽으로 걸어 내려오는 부유한 남자와 마주친다. 남자는 뚜렷한 이유 없이 안드레아스에게 200프랑이라는 꽤 큰 돈을 주면서 아무 날이나 교회에 헌금을 내는 방식으로 갚으라고 부탁한다. 안드레아스는 매우 고마워하면서 돈을 현명하게 관리하리라 마음먹지만 결국 모두 술에 쓰고 만다. 얼마 후 역시 이해할 수 없는 방식으로 자신에게 주어진 또 다른 천 프랑도 똑같이 낭비한다. 3주도 지나지 않았는데 주머니에 한 푼도 남지 않자 그는 "자신을 신에게, 그가 믿었던 유일한 신에게 바치는 것 외에는 다른 방도가 없다고 믿는다. 그래서 그는 익숙한 계단을 내려가 센강으로, 모든 방랑자들의 집으로 돌아갔다."¹⁷ 다리 아래 공간은 안드레아스가 믿는 신의 일상적 집이다.

안드레아스가 강으로 내려갈 때 그에게 돈을 줬던 부자가 다시 부두에 등장해서 200프랑을 더 준다. 안드레아스는 은인을 알아보고 첫 만남에서와 거의 같은 말을 주고받는다. 그는 빚을 어떻게 갚으려 해도 연락할 주소가 없다고 미안해한다. 신사는 "나도 주소가 없다"라고 대답하면서 "나 또한 매일 다른 다리 밑에서 발견될 수 있는 사람이오"라고 한다(3). 행운Fortune(여기서 '행운'과 '재산'의 의미를 동시에 갖는다)은 위엄 있는 법이 그렇듯 부자와 가난한 사람을 구별하지 않는다. 다만 이 사람은 돈이 있으면서도 가난한 사람들이 처한 환경 속에서 그들처럼 살기로 했다. 그리고 자신이 가진 특권 일부를 가난한 사람들에게 제공하려 한다.

이제 신사는 돈을 그냥 주는 이유를 설명한다. 그는 19세기 말 프랑스에서 유명했던 리지유의 데레사 성녀의 생애를 읽고 기독교로 개종했다. 그렇다면 그는 작가 로스와 마찬가지로 유대인이었을까? 이야기 속에 그런 언급은 없다. 어쨌든 신사는 자신의 요구를 반복한다. 형편이 좋아지면 안드레아스는 데레사 성녀의 동상이 있는 특정 교회에 기부하는 방법으로 빚을 갚을 수 있다. '작은 데레사'라는 애칭은 그녀가 15세에 수녀가 되었기에 붙여진 이름이었고, 로스가 글을 썼던 1939년 당시 그녀는 가톨릭 교회에서 가장 사랑받는 성인 중 하나이며, 고통받는 사람들의 중재자로 여겨졌다.

어느 날 밤 그녀는 안드레아스의 꿈속에 나타난다. 그녀는 안드레아스가 상상했던 자신의 딸 모습을 하고 있다. 사실 안드레아스에게는 딸이 없었으니 데레사의 모습 그대로였을 것이다. 로스의 소설 속 화자는 이 이야기에 성녀가 등장하는 이유나 안드레아스가 빚을 갚는 데 어려움을 겪는 이유를 우리에게 설명하지 않는다. 신의 위대한 섭리 속에서 빚에서 벗어날 수 있는 사람은 아무도 없기 때문일까? 아니면 안드레아스도 그의 작가처럼 술을 버릴 수 없어서일까? 알코올 중독이 심해지던 로스는 1930년대 그의 조국 오스트리아가 취한 반유대주의 정책에 크게 실망한 나머지 마지막 작품인 이 이야기를 끝낸 지 한 달 만에 파리에서 스스로 목숨을 끊었다.

술꾼 안드레아스도 폴란드 출신의 이민자였다. 프랑스 정부가 추방 명령을 내리면서 그는 하릴없이 홈리스가 된다. 정부가 그를 홈리스로 만든 셈이다. 인생의 마지막 달에 쏟아져 내리는 신비로운 현금의 비를 맞으며 그는 존엄성을 회복하고 삶의 통제력을 되찾는다. 매주 일요일이면 그는 빚을 갚겠다고 결심하며 성녀의 성지를 모신 교회로 출발한다. 안드레아스가 도착하지 못하는 이유는 상징의 와인이 차려진 성찬 때문에 자연스럽게 자기 망각에 빠져들기 때문이다.

이야기에 등장하는 마지막 일요일에도 안드레아스는 교회에 가려 한다. 길 건너 선술집에서 교회에 갈 적당한 때를 기다리던 그는 주변 환경과 전혀 어울리지 않는 한 소녀를 만난다. 그녀의 이름은 데레사이고 하늘색 옷을 입었다. '옷은 하늘만이 낼 수 있는 색, 그것도 특정한 축복받은 날에만 가능한 색'이다(47~48). 안드레아스는 그녀를 성녀이자 자신의 채권자라고 부른다. 작은 성녀가 마침내 자신에게 왔다고 믿는다. 그녀가 그에게 100프랑 지폐를 주자, 안드레아스는 바닥에 쓰러진다. 그는 웨이터들에게 소녀와 함께 교회로 데려가 달라고 간청하고, 교회에서 헌금을 낼 돈을 찾아 주머니를 뒤지다 죽어가며 '미스 데레사!'라고 외친다.

구원의 은혜가 안드레아스의 마지막을 감싸주고 있다. 이렇게 이야기는 복음서의 영혼이 가난한 사람들처럼 자신의 결핍을 정확히 인식하고 있다는 점에서 축복받은 사람들의 거룩한 자유에 대한 찬양을 마무리한다. 안드레아스는 삶의 마지막 몇 주 동안 '자신을 운명의 버릇없는 연인'이라며 얼마 되지도 않는 자산을 모두 낭비한다(43, 운명은 여신이다). 그러곤 다리 밑에 있는 안전한 방랑자들의 집으로 충실하게 돌아간다. 이 이야기가 신비로운 우화에서나 볼 수 있듯 수수께끼같이 확고하게 주장하는 것이 있다면, 삶이 성취를 위해 노력하는 사람들에게 정당한 보상을 준다는 공리주의적 주장은 엉터리라는 것이다. 안드레아스는 너무 취해서 이미 오래전에 죽은 성인과 살아 있는 어린 소녀를 구분할 수도 없다. 그는 교회에 있는 동상보다는 그녀에게, 혹은 동상 앞에서 그녀에게 빚을 갚으려 한다. 19세기의 '작은 데레사'도 안드레아스가 갖지 못한 상상 속의 딸을 닮고, 매달 넷째 주 일요일에 선술집에 들어가는 어린 소녀와 닮았을 수도 있다. 어쨌든 이 우화에서는 안드레아스가 타락한 후에도 행운의 총애를 받는 대목에서도 볼 수 있는 것처럼, 둘 다 성인의 화신이다. 안드레아스는 다리에 집을 짓지는 않았지만, 다리 위에 집을 가지고 있다.

다리 아래

로스는 다리 밑에서 어떻게 지냈는지를 말해준다. 다른 곳처럼 안전이 보장되지 않는 곳이다. 이 경험이 하나님에 대한 온전한 복종을 낳았다면 다른 곳, 예를 들어 대중가요에도 소설에 등장하는 것과 비슷한 개종改宗의 빛은 찾아볼 수 있다. 레드 핫 칠리 페퍼스의 앨범 〈블러드 슈거 섹스 매직Blood Sugar Sex Magik, 1991〉에 있는 〈언더 더 브리지〉는 로스앤젤레스 그룹의 가수가 계속 도심 게토로 끌려가 술이 아니라 헤로인과 코카인의 혼합물인 스피드볼에 중독된 이야기를 들려준다. 로스의 이야기처럼 여전히 이해하기 힘든 논리지만, 다리 아래로 내려가는 것은 가수를 도시에 동질감과 결속을 느끼도록 한다. 다리에서 그는 "내 유일한 친구는 내가 사는 도시 같다"라고 느끼게 된다.

전 세계 대도시의 소외된 젊은이들의 심금을 울린 이 노래는 백만 장이나 팔렸다. 작사가 앤서니 키디스가 나중에 언급했듯이 마약 세계로 떨어

사진 2.8 영 스트리트 브리지, 미국 워싱턴주 애버딘, 1956.

진 진짜 희생자는 제정신을 가진 그의 자아가 아니라, 소중한 단 한 명의 친구와 맺은 정서적 관계였다. 다시 말해 그는 '사랑'을 잊었다. 망각은 하강이다. 도시의 밑바닥은 단 하나의 사랑의 상실을 도시를 향한 사랑으로 갚았고, 이제 그는 '내가 사랑하는 곳으로' 자신을 데려가 달라고 울부짖는다. 여자와 도시, 그리고 이 둘이 결합될 수 있는 장소, 이렇게 세 가지 다른 사랑이 도심에 놓인 다리와 융합되었다.

1991년 9월 24일, 이 곡이 싱글로 발매된 날, 같은 시대에 함께 유명했던 다른 록 밴드 너바나 역시 다리-피난처에 관한 곡을 동시에 발표했다. 〈썸씽 인 더 웨이〉는 커트 코베인이 고등학교를 중퇴한 후 애버딘의 영 스트리트 브리지 아래에서 보냈던 시절을 회상한다(사진 2.8). 어느 날 집에 와보니 어머니가 자신의 짐을 싸서 집 밖에 버려두었고, 이때부터 다리가 목적지가 되었다는 내용이다. 이 곡이 등장하는 앨범 〈네버마인드〉가 '얼터너티브 록이 주류와 충돌하는' 지점이라면, 충돌의 최전선은 바로 앨범의 마지막 곡인 〈썸씽 인 더 웨이〉라 할 수 있다. 벌써 제목에서 보이듯이 무언가가 사회적 소속을 가로막는다.[18]

코베인은 노래한다. '다리 아래로 방수포엔 구멍이 나고', 덫을 놓아 잡은 동물은 애완동물이 되었다. 그는 '풀을 먹고', 위쪽 다리에서 떨어지는 것들을 먹고 살았다. 그리고 "생선은 아무런 감정이 없으니 먹어도 괜찮다"라고 생각했다. 너바나의 노래들이 다 그렇듯 노래의 짧은 가사 역시 혼란스럽다. 말하려는 내용이 너무 적다. 한 절verse과 후렴구가 반복된다. 물고기, 풀, 동물은 먹을 것을 지칭할 수 있지만, 약물 남용을 암시하는 완곡한 표현일 수도 있듯이 방수포 역시 신체 보호를 위한 피복일 수 있다. 이 곡에서 결정적인 것은 Em에서 C로 변주 없이 반복되는 조화로운 음내림이다. 이 조바꿈은 위에 있는 다리의 플랫폼과 다리 아래 임시 거주지 사이를 공간적으로 구별하는 인상을 준다. 노래를 시작하는 '다리 아래'라는 가사 역시 코베인이 쉼터를 만든 장소와 다리 위에 차량이 오가는 공간 사이의 대조를 강조한다.

이 숨겨진 어두운 이면은 다리 위, 아래, 바깥, 그리고 다리와는 무관한 부산함이 낳는 부수적 효과collateral effect다. 차량 통행을 위해 만든 다리 위 도로는 쉼터를 위한 지붕이 되고 다리가 가능케 하는 운동은 비운동의 장소를 만든다. 다리 위 '장소-행위'는 아래의 '비-장소/비-행위'와 완전한 대조를 이루며 나타난다. 다리는 생산적인 산업에 종사하는 사람들과 '강가에 연인들, 거지들, 도둑들과 함께…' 있는 다른 그룹의 사람들을 구분한다. 록 밴드 스탠달의 〈더러운 물Dirty Water, 1966〉에 등장하는 이 표현은 보스턴의 찰스강 인근의 거주자들을 방탕한 외부자로 그린다.

너바나의 노래는 이동하는 삶을 '방해하는 것', 자신의 길을 방해하고 다리 아래의 삶을 무시하거나 부정하는 것들을 이야기한다. 문간이나 보도에서 대놓고 잠을 자는 홈리스들과 비교했을 때 다리 아래 잠시 머무는 사람들은 개별적이고 자신을 내세우지 않으며, 몸을 숨기는 것처럼 보인다. 그들은 다리 위에서 벌어지는 일이나 건물로부터 도피하며 종종 같은 생각을 하는 사람들과 더불어 사라진다. 그들은 세상에서 해야 할 일도 없고, 악바르가 말한 다른 세상을 위해 해야 할 일도 없다. 다리와 관련된 사회의 방랑자와 홈리스 가장자리-성원은 건설적이고 쓸모있는 삶에 대해 변증법적 관계를 형성하고 있다.

교통보다 더 많은 것

다리-삶이라는 헐벗고 굶주린 삶은 악바르 황제가 그토록 걱정했던 지상의 보잘것없는 삶이다. 하지만 다리는 또한 견고하고 집단적인 방식으로 그 위에 지어진 집들을 지탱해 왔다. 다리가 도시 발전에 얼마나 이바지했는지는 강을 건너던 곳에서 시작해 발전한 공동체의 이름만 보아도 알 수 있다. 케임브리지Cambridge, 옥스퍼드Oxford ('ford'는 강을 건넌다는 의미), 알칸타라Alcántera ('cantara'는 '다리'이고, 'al'은 정관사), 인스브루크Innsbruck (Inn강의 다리라는 의미), 프랑크푸르트Frankfurt (프랑크인들의 ford라는 의미), 피우메Fiume ('흐름'이라는 의미), 모스타르('다리의 수호자'라는 뜻) 같은 도시들이다. 하구가 바다로 이어지는 강둑은 풍부한 음식과 생계의 원천이다. 다리는 무역로가 자리 잡는 데 결정적인 역할을 했다. 다리 주변에 호스텔, 야영장, 장

사진 2.9 세인트 아이브스 브리지, 영국 케임브리지셔, 15세기. 1736년 가운데 예배당에 두 층이 더 설치되었다가, 1930년 이후 제거되었다. 발행연도를 알 수 없는 엽서.

터가 옹기종기 모여들었다.

다리의 실질적 기능은 사람과 물건을 강 한쪽에서 다른 쪽으로 옮기는 것이다. 다리는 사회·제도적 지원을 받아 주거 욕구를 충족시키는 영구적 구조물이 되기도 한다. 중세 유럽의 많은 다리가 교회의 감독과 관리를 받았다. 그리고 예배당이 다리 위 중요한 장소에 지어졌다(사진 2.9). 방어용 탑이 설치되는 경우도 흔했고(사진 2.10), 결국 방앗간, 상점이나 주거지도 다리 위에 자리잡았다.

중세 시대 로마에는 다리마다 감시탑이 적어도 하나는 있었다.[19] 유럽의 주요 도시에 있는 다리 대부분에는 사람이 거주하면서 물과 가까운 장점을 이용했다. 원래의 런던 브리지가 대표적인 다리였다(그림 2.11).

베네치아 리알토의 나무다리에는 상점들이 줄지어 있는데, 이 다리는

사진 2.10 퐁 발랑트레, 프랑스 카오르, 1359. 요새화된 탑이 있다.

수 세기에 걸쳐 여러 번 재건되었고 1591년에 지금 우리가 보는 나무로 교체되었다. 안토니오 다 폰테^Antonio da Ponte('다리'의 안토니오라는 의미)라는 이름도 잘 어울리는 건축가가 당시 더 유명했던 안드레아 팔라디오를 공모전에서 제치고 다리 설계를 맡았다. 팔라디오는 탈락했지만 그의 야심만만한 설계가 당선되었다면 다리 전체가 재판소가 될 뻔했다(그림 2.12). 당시 건축가 레온 바티스타 알베르티에 따르면 산탄젤로 다리 역시 15세기 초반에 지붕이 덮였다. "지붕의 보는 대리석 기둥 스물네 개로 받쳤다. 기둥은 청동으로 덮여 있고 훌륭하게 장식되었다."[20]

파리에는 환전상들과 금 세공업자들이 분주히 오가던 퐁 토 상쥬를 포함하여, 사람이 사는 서른 개 다리 중 가장 많은 다리가 모여 있었다(그림 2.13). 센강을 건너는 다리 중 상점과 집 없이 설계된 첫 번째 다리가 앞서 언급한 퐁네프(1607)였다. 문학평론가 조안 드잔은 《어떻게 파리는 파리가 되었는가^How Paris Became Paris》에서 이 친근한 다리가 독특한 '공직자들'과 함께 어떻게 사회적 차이를 없애고 거리 공연을 개최하며, 뉴스를 공개 낭독하고 정치적 시위를 하는 등 시민들에 관계된 기능 일부를 성공적으로 수행해 왔는지를 개략적으로 설명한다.

그림 2.11 런던 브리지의 16세기 모습. 1769년까지는 템스강의 유일한 다리였다.

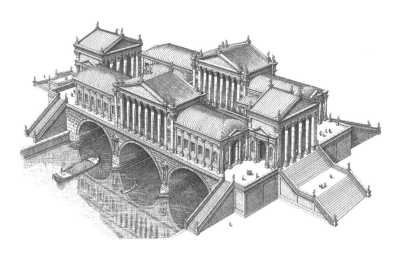

그림 2.12 〈리알토 다리의 두 번째 모델〉, 안드레아 팔라디오, 1569. 일러스트레이터 프란체스코 코르니의 드로잉.

그림 2.13 〈퐁 노트르담과 퐁 도 샹즈 사이 뱃사공들의 싸움〉, 니콜라스 장바티스트 라게네, 1751. 캔버스에 유화 47×83.5cm. 파리 카르나발레 박물관.

사진 2.14 오래 전 갈라타 다리, 튀르키예 이스탄불. 1895.

사진 2.15 완안 다리, 푸젠성 핑난현 남동쪽에 남송시대(960~1127)에 만들어졌고, 이후 여러 번 개축되었다. 중국에서 가장 오래된 나무다리이자 가장 긴(98.2m) 다리로 유명하다.

이처럼 밤낮으로 사람이 많은 다리는 수 세기 동안 존재했다. 이스탄불 골든 혼을 가로지르는 갈라타 다리는 여러 번 형태를 바꾸면서 이웃을 연결해 왔다(사진 2.14). 천 년 전에 만들어졌다는 중국에서 가장 길고 오래된 목재 다리 완안萬安, Wan'An에는 한쪽 끝에 절이 있고, 절로 가는 길을 따라 마을의 중심지가 이어진다(사진 2.15). 이란의 카주 다리에는 8각형 정자들이 다리 한가운데에 있는데 수 세기 동안 공개 회의가 열렸다. 원래는 찻집 용도였다고 한다(사진 2.16). 유명 건축가 콜류 피체토가 설계했고 1925년 파괴되었다가 최근 재건된 불가리아 로베치의 지붕 있는 다리에는 상점 14개가 있다(사진 2.17). 지붕이 있는 북아메리카의 많은 다리들은 여행객들에게 쉼터와 휴식을 제공한다. 연인들은 영화 〈매디슨 카운티의 다리The Bridges of Madison County, 1995〉를 통해 한때 유행했던 것처럼 고립된 주체를 끌어내기 위한 전략으로 다리에 쪽지를 붙이기도 한다. 종종 눈으로 덮이는 캐나다 퀘벡의 웨이크필드 커버드 브리지가 이런 다리 중 하나다(사진 2.18).

사진 2.16 카주 다리, 이란 이스파한, 1960. 알리레자 자하베리.

사진 2.17 1874년 처음 완공된 지붕 있는 다리, 불가리아 로베치. 에올라.

사진 2.18 웨이크필드 커버드 브리지, 캐나다 퀘벡, 1915. '퐁 장드롱'이라고도 부르며 1984년 방화로 전소되어 1998년 재건 후 재개방했다. 알라스테어 윌리스.

대중교통 차량을 전 세계에서 흔히 볼 수 있기 전 다리는 집단생활의 두뇌 역할을 했다. 이보 안드리치는 역사 소설《드리나강의 다리The Bridge over the Drina, 1945》에 소콜로비치 다리 아래에서 "마을 사람들의 삶은 흐르고 발전했다… 개인, 가족과 공적인 사건의 모든 이야기에 '다리에서'라는 말을 들을 수 있었다. 드리나강 다리 위에는 어린 시절 처음 디딘 발자국과 소년 시절 첫 시합이 있었다"라고 썼다. 비셰그라드라는 도시에 있는 안드리치의 다리는 일시적 상징이 아니라, 이 다리가 통합된 도시의 변천을 설명할 수 있는 유일하게 안정적인 준거점point of reference, 서술적 연결고리를 제공했다. 이런 수백 개의 운하 도시에 대해 "이 마을은 다리 덕분에 존재했고 마치 불멸의 뿌리와 같은 다리에서 자라났다"라고 말할 수 있다.**21**

다리가 시민 생활의 중심지 역할을 하는 또 다른 예로 구 유고슬라비아의 한 도시를 들 수 있다(사진 2.19). 두 개의 보행자 전용 다리는 비스듬히 뻗어 더 먼저 만들어진 돌 아치 다리와 합쳐진다. 1929년 요제 플레니크가 설계한 류블랴나의 트리플 브리지는 도시의 주요 보행 구역과 샛길

사진 2.19 트리플 브리지, 슬로베니아 류블랴냐, 1842~1932. 스두라쿠.

사진 2.20 폰테 델라 뮤지카, 이탈리아 로마, 2011. 니콜라 세로니.

들을 연결해주었다. 물 위의 다리들은 도시의 랜드마크 이상의 역할을 한다. 다리들은 사회적 상호작용을 위한 천을 짠다. 최근 수십 년간 도시 계획자들은 더욱 많은 다리를 지었다. 악바르의 통로이자 산책하는 사람들이 어슬렁거리고 음악을 연주하고 거기에 맞춰 춤을 추며 함께 모여 공동체 활동을 영위하는 다리를 개선하고 있다. 로마의 폰테 델라 뮤지카와 이 다리의 짝이라 할 수 있는 폰테 델라 시엔자는 사람들이 모여 연주하고 춤추는 공간을 염두에 두고 만들어졌다. 실제로는 거의 텅 비어있지만 말이다(사진 2.20). 이 다리들의 디자인이 경쟁적이라는 이유로 다리는 '물 위에 매달려 있는 광장'으로서 '사건들의 촉매' 역할을 해야 한다거나, '전시 공간으로 들어가는 문'으로서 '중심성의 새로운 장소로… 강에 바쳐진 텅 빔을 우회하는 길'이 되어야 한다는 의견이 나오기도 했다. 디자이너들은 '내향적' 또는 '외향적'으로 번갈아 펼쳐지는 연극 공간이 '자연 전망대' 뿐만 아니라 '다리-광장, 다리-극장, 다리-시장'이 될 수도 있다고 말했다.[22] 1996년과 2009년 런던의 보행자 전용 다리 공모전은 흥미로운 결과를 낳았고, 이에 따라 예전처럼 사람이 거주하는 다리 모델에 입각한 도시 계획을 더 많이 세워 달라는 탄원이 줄을 이었다.[23]

새롭게 등장한 비^非차량 교량, 다시 말해 차량이 다니지 않는 다리는 전 세계 도시에 사람이 사는 다리를 건설하려 했던 20세기 프로젝트의 거대한 야망을 다소 줄여서, 흔히 대도시와 대도시 사이를 연결하는 네트워크 형태로 나타난다. 1920년대 레이먼드 후드, 휴 페리스, 루이스 크리스티안 멀가트가 설계한 샌프란시스코만 위의 다리나 뉴욕의 초고층 건물들을 잇는 다리, 단게 겐조가 1960년 도쿄만을 가로지르는 공항을 유치하기 위해 설계한 다리, 1958~1959년 요나 프리드먼이 구상했던 파리

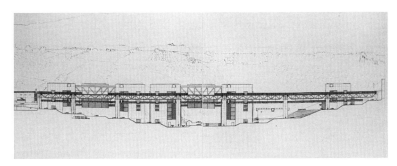

그림 2.21 칼리브리아 대학, 아카바카타, 상세 투시도. 《칼라브리아 대학 및 기타 건축 공사 프로젝트, 1979》, 9~10, 비토리오 그레고티.

사진 2.22 칼리브리아 대학. 알레산드로 란체타 사진. 《칼라브리아 대학 및 기타 건축 공사 프로젝트》, 알레산드로 란제타.

의 공간 도시로의 전환과 이후의 다리-도시들에 대한 계획, 프랭크 로이드 라이트 사후에 완성된 마린 카운티 시민 센터(1962) 같은 예들이다.[24] 1970년대에는 이탈리아 칼라브리아의 한 대학 캠퍼스 전체가 비토리오 그레고티^{Vittorio Gregotti} 그룹이 설계한 약 1.6킬로미터 길이의 3층 도로교에 만들어지기도 했다(그림 2.21, 사진 2.22).

'고급 상점과 예술이 있는 작은 다리를 통해 기성 도시 부흥과 리브랜 딩'을 촉진하기 위해 기관들이 상당한 액수를 투자했고, 극적인 결과를 내기도 했다.[25] 2016년 중국 장가계에 만들어진 유리교와 럭키 노트 브리지, 싱가포르의 헨더슨 웨이브즈 브리지(사진 2.23), 2015년 네덜란드의 시타델 브리지, 2000년 영국 런던의 밀레니엄 브리지, 2009년 오스트레일리아의 쿨리파 브리지와 2003년 웹 브리지, 2018년 베트남의 골든 브리지, 이탈리아 페스카라의 폰테 델 마레(사진 2.24) 및 산티아고 칼라트라바가 만든 뛰어난 수많은 구조물들이 그 예다. 이들 중 몇몇 다리는 명백한 기호학적 의도가 있어 보인다. 2010년 조지아의 수도 트빌리시에 미켈레 드 루치가 만든 다리와 2012년 캐나다 캘거리에 산티아고 칼라트라바가 만든 다리에는 모두 '평화의 다리'라는 이름이 붙었는데, 이 이름은 다리의 실제 목적보다 상징성이 중요하다고 암시한다(사진 2.25). 특히 인상적인 다리로 세실 발몬드가 디자인해 불운한 한 쌍의 연인의 이름을 붙인 다리가 있다. 이들은 포르투갈의 페드로 왕세자와 그의 아내의 시녀인 이네스로, 둘은 4명의 사생아를 낳았다(사진 2.26). 페드로의 아버지 알폰소 1세는 이 불륜이 마음에 들지 않아, 1355년 이네스를 살해했다. 그녀를 잊을 수 없어 절망에 빠졌던 페드로는 죽은 이네스를 무덤에서 파내 화려한 옷을 입힌 다음 그녀와 결혼했다. 2007년에 완공된 페드로와 이네스 다리는 서로 만나지 못하는 형태로 이 비극을 기린다. 다리는 평행하지만 별개의 축을 가진 인접한 보행로 두 개로 이루어져 있다.[26]

이 새로운 다리들의 상상력 풍부한 기술과 다리가 유도하는 사색적인 소요逍遙에 대해서도 할 말이 많다. 가장 눈에 띄는 특징은 다리를 건너는 사람의 관심을 실용성에서 미학으로 전환하고, 능동적인 인식과 느낌을

사진 2.23 헨더슨 웨이브즈 브리지, 싱가포르, 2008. 노스트페디스트리.

사진 2.24 폰테 말 마레, 이탈리아 페스카라, 2009. 모리3001.

사진 2.25 평화의 다리, 캐나다 캘거리, 2012.

그림 2.26 페드로와 이네스 다리, 포르투갈 코임브라, 2007. 세실 발몬드.

끌어내는 개념의 대담성이다. 통행이라는 당장의 급한 목적에 쓰이는 대신, 다리는 인간을 위한 또 하나의 인지 공간을 만들고자 하며, 움직임 자체를 느리게 만들어 스스로 사색의 주제가 된다. 다리의 시각 드라마는 도시의 스카이라인을 지배하며, 강이라는 자연 경관을 배경으로 위풍당당한 모습을 드러낸다. 위험하게 매달린 아슬아슬한 다리도 실용성과는 정말 멀리 떨어져 있는 것 같다.

눈길을 끄는 다리들은 생활이 물을 중심으로, 그리고 땅과 땅 사이의 간격을 바탕으로 돌아가는 베네치아나 암스테르담 같은 다리-도시의 사람들이 더 전통적이고 광범위한 방식으로 경험하는 원리를 정교하게 되짚어 본다. 새로운 보행자용 구조물들은 기존의 견고한 일반 구조물과 비슷한 이완과 굴절을 일으키고 싶어 한다. 이 시점에 다시 살펴보면 다리들은 여가라는 맥락 밖에서는 온전히 작용하지 않으며, 도시 경제의 일상적인 생활-구조를 대대적으로 개편하지 않고서는 불가능할 기회를 제시한다. 말하자면 이런 다리에 실제로 사는 사람은 많지 않다. 도시 계획이 따라잡을 때까지 이 다리들은 영감을 주면서 표면적 대립의 비-장소로만 존재한다. 사회적·심리적으로 통합된 행동을 요구하면서도 허용하지 않는 메가스테이트^{megastate}의 공간을 연결하는 거대한 다리들이 바로 이런 다리다. 이처럼 상상력이 풍부한 다리들이 결국 삶의 목적을 달성하기를, 다시 말해 그 위에 집을 지을 수 있기를 바랄 뿐이다.

3장

음악의 다리

소리의 폭

현악기는 서로 다른 두께로 다른 장력을 받도록 펼쳐 놓은 현이 브리지라
고 부르는 약간 들어 올린 나무 조각 위에서 진동하며 소리를 낸다. 손으
로 뜯거나 활로 켜거나 또는 쳤을 때 악기는 음을 내고 음들은 조화를 이
루어 음악이 된다. 현악기에서 '줄받침'이라고도 부르는 '브리지'라는 단
어는 작곡에서는 하나의 멜로디, 주제 또는 음조에서 다른 멜로디, 주제,
음조로 전환하며 작품의 주제에서 멀어지게 만드는 효과를 가리키기도
한다. 대중음악에서 이 브리지, 혹은 '브리지 패시지'는 변경^{alteration} (한 조
성 안의 기본음들이 임시표 등의 영향으로 변화하는 것), 혹은 전조^{modulation} (음악
이 진행 중 중심음이나 음계 체제가 바뀌는 것)를 낳으며, 앞뒤 두 요소 사이에
조화를 만든다.

음악은 인간의 주체성과 마찬가지로 듣는 사람을 다른 정신의 관심 공간으로 보낸다. 음악은 청자들을 걸침span 의 장소로 이끈다. 사실 소리 자체는 미적 형태로 만들어지기 전에 이미 하나의 다리다. 우리 귀의 음향성구acoustic registry는 각 음이 연결되고 울리는 반향실反響室 이다. 어쿠스틱 브리지의 수와 변주는 거의 무한하다. 한 번에 브리지가 너무 많으면 비음악적 소리, 다시 말해 소음이 발생한다. 브리지는 흔히 소리가 유발하는 자연적·사회적인 활동의 작은 세계와 우리를 연결한다.

소리는 우리를 보이지 않는 것과 연결한다. 소리는 벽을 뚫고, 바닥에 스며들고, 지붕과 산꼭대기 너머로 울려 퍼진다. 소리는 다른 네 감각과 다르게 거리에 주목하게 만든다. 눈을 감고 귀에 닿는 소리에 집중해 보자. 소리 각각의 위치를 느낄 수 있다. 소리는 활동의 윤곽과 질감을 전달하기 때문이다. 나뭇가지 위에서는 새의 지저귐이 울려 퍼지고, 세 집 떨어진 곳에서는 둔탁한 망치 소리가 들린다. 밖에서는 자동차 엔진 소리가 멀어져 간다. 가장 가까이에 내 키보드가 달그락달그락하며 소리를 단어로 변환하고 있다. 소리가 있는 사건들은 보통 시각적으로 불확실한 장소에서 일어난다. 사건들은 청각에 들어가 내려앉는다. 듣는 사람은 나름의 존재, 음색, 음계로 진동하는 개별적인 것들의 세계를 모은다.

시각과 시각이 재현하는 사물은 이런 식으로 나타나지 않는다. 이들은 통일된 동연同延 (내포는 다르나 외연은 같은 개념) 공간을 차지하고 있다. 그러나 소리는 홀로 도착해서 우리에게 다리를 놓아 소리와 연결하게 하거나, 혹은 그 소리를 모아 우리가 사는 여러 지형으로 만들게 한다. 공간에 둘러싸인 시각은 벽, 나무, 사람과 같은 물리적 벽에 방해를 받는다. 게다가 빛이 없으면 아예 볼 수도 없다. 시각은 배타적이어서 눈의 방향에 제한받는다. 반면에 소리는 우리를 둘러싸고 집어삼킨다. 다중적이며 쉽게 차단되지 않는다. 시각은 색칠되어 완전히 채워진 캔버스다. 반면 청각은 색을 뿌린 하얀 캔버스에 더 가깝다. 우리는 캔버스의 배경, 즉 침묵을 배경 삼아 소리를 지각한다. 시각이 눈 주위에 그려진 가면 같다면, 청각은 음향 자극이 별처럼 빛나는 천체天體 같다. 시각적 구성 요소에 초점을 맞춘다고 할 때 우리는 하나의 디테일을 주의 깊게 살펴본 다음, 다른 것을 살펴보는 식으로 주의를 이동시킨다. 이와 달리 소리는 동시에 돌리며 조화로운 소리나 듣기 싫은 소리를 다층적으로 만들어낸다. 소리는 집요한 작인作因이다. 눈을 감을 수 있지만, 귀는 열어 놓을 수밖에 없기 때문이다.

소리는 부재하는 것을 가까이 끌어당긴다. 소리는 흔히 눈에 보이지 않는 곳에서 등장해 넓은 공간 혹은 횡단할 수 없는 공간을 가로지른다. 보이지 않는 것에 대한 지각은 상상된 실생활 밖의 현실을 허용해 우리 앞에 느닷없이 등장하더라도 이해할 수 있도록 준비해 준다. 이렇게 보이지 않는 현실은 일상 활동과 은연중에 연결되어 생각, 글쓰기, 회상, 그리고 창조를 통해 명시적으로 나타나는 우리의 행동 지평horizons of action ('볼 수 있는' 한계를 가리킨다)에 속한다. 소리는 실생활 밖의 공간과 연결할 수 있는, 없으면 안 될 연결고리로 우리가 말하는 이야기의 서사적 틈을 메워준다.

소리는 우리와 소리가 나오는 원천 사이의 거리를 확인시켜 준다. 장 뤽 낭시는 "시각적 현존은 내가 보기 전에 이미 존재하며 이용할 수 있다. 반면 청각적 현존은 내게 도착한다"라고 썼다. 청각적 현존은 듣는 주체와 접촉하며 연결되는 동시에 그 주체와 다르다는 신호를 보낸다. 소리를 들을 때 우리는 '가능한 의미, 그래서 결과적으로 즉시 접근할 수 없는 의미'를 향해 긴장한다. 우리는 '의미의 가장자리에… 마치 그 소리가 이 가장

자리, 이 모서리, 이 한계와 정확히 일치하는 것처럼' 소리를 들으며 서 있다.[1] 이 가장자리는 실제로 주관-객관의 움직임이 일어나는 다리와 더 비슷하다. "종소리를 듣는 것은 외부의 활동이 마음 안으로 움직이는 것이다"라고 데이비드 버로우즈는 썼다. 여기에 타자를 듣는 것은 그들의 장소에 자신을 놓는 것이라고 시몬 베유는 덧붙인다.[2] 따라서 듣는 것은 기호에서 기호의 기원 또는 원인까지 추적하고, 기호가 주는 자극에서 주체의 행동의 형성에 이르는 양방향 참고 과정으로 구성된다.

브리징 효과bridging effect가 만드는 공현존감copresence은 청각에 한정된 특징이다. 버로우즈는 청각은 만져지는 것과 같다고 말한다. "다만 소리의 감촉은 피부에서 멈추지 않고, 내부에 도달해 이곳과 저곳 사이의 구별을 약화시키고, 내부와 외부라는 좀 더 근본적인 생물학 구분마저 약화하는 것으로 보인다." 촉각이 만짐이라는 순수하고 단순한 현존을 창출한다면 청각은 현존의 현존을, '자아에게 관계를, 혹은 자아에게 현존을' 전한다.[3] 이는 한나 아렌트가 사고 행위, 다시 말해 생각하는 주체가 자신을 인식하고 있는 것으로 인식하는 행위와 연관시키고 있는 이전referral 과 흡사하다.[4] 아무리 사람이 보이는 사건에 의해 신경학적으로 움직인다고 해도 시각은 보통 이러한 초월적 관계를 수반하지 않는다(사실은 보는 사람의 마음이 더 많이 움직일수록 자신의 경험을 덜 경험한다). 우리가 자아를 실체나 주체가 아닌 하나의 과정, 다시 말해 자아와의 관계로 간주한다면 이러한 이전, 연결, 혹은 중계 공간은 자아의 작동 공간이나 다름없다. 시각 테크놀로지는 매일 같이 놀라울 정도로 발전해 언젠가 무한정 높은 해상도를 자랑할 수도 있겠지만, 소리 경험은 점점 더 혼란스럽고 뒤죽박죽 엉망이 되며 질이 낮아지고 있다. 현대의 보통 사람이라면 전화를 할 때 다른 사람들이 무슨 말을 하는지 거의 이해할 수 없을 지경이다.

음악으로 인식될 때(다시 말해 집중적인 주의력을 요구할 때), 소리의 현존 관계는 강화된다. 소리의 다리를 타고 나를 향해 오는 음악적 지각은, 토머스 클리프턴에 따르면 '놀랍게도 가깝고 즉각적'이다. "왜냐하면, 내가 처음부터 자발적으로 나 자신과 그 사이의 장벽을 지웠기 때문이다… 나의 공간과 음악 사이에는 이제 아무런 구분이 없다… 음악 공간 안에 있다는 것은… 내가 그 안에서 거주한다는 의미다."[5] 쇼펜하우어에서 니체와 아도르노에 이르는 현대 철학자들이 인간 본성을 '자신의 숭고함을 지향하듯 음악을 지향한다. 다시 말해 자신의 형이상학을 지향한다'라고 생각한 이유와 같다(쇼펜하우어는 이러한 인간 본성을 '의지'will라고 불렀다. '삶의 의지', 다시 말해 인간은 이성적인 존재라기보다는 욕망의 존재다).[6] '의지' 또는 '욕망'으로서의 존재는 어떤 것을 향한 기울어짐, 유동하는 긴장, 자아와 타자 사이의 다리 놓기와 관련이 있으며 그 안에서 경험, 이해 그리고 인간의 상호작용이 펼쳐진다.

음향적 상상력

시인 자코모 레오파르디는 소리를 공간적 거리를 잇는 다리로 본 사람 중 하나였다. 그는 특히 실체가 없는 소리, 다시 말해 물질적 부재를 명확히 하는 소리에 흥미를 느꼈다. '어쿠스매틱acousmatics'에서도 이 과정에 관심이 많다. 어쿠스매틱은 보지 않고 듣는다는 의미로, 피타고라스는 베일 뒤에서 강의할 때 학생들이 자신의 말을 더 잘 이해했다는 것을 알고 이 방법을 실천에 옮겨 효과를 보았다고 한다. 이 전략은 학생들을 피타고라스의 말에만 집중할 수밖에 없게 만들었고, 말의 함축된 의미를 되새기게 했다. 물리적 원천과는 별도로 지각되는 소리, 목소리 및 노래는 해석상 고도의 주의력을 요구한다.

목소리는 주체성, 욕망, 의지를 가진 의도를 암시하며 육체적 지표들을 제공한다. 자연에서 목소리 사용의 복잡성과 빈도는 목소리를 이용하는 동물의 사회적 관계의 강도에 비례하는 것으로 보이며, 청각 경로를 통해 접촉을 단단히 하는, 한 쌍을 이루어 사는 종(예를 들어 새의 90퍼센트)에서 특히 두드러진다. 목소리는 생물과 세계 사이의 문턱에서 울려 퍼진다. 그들은 현존만으로는 또는 분명한 육체에 의해 드러나지 않는 데이터를 전달한다고 버로우즈는 주장한다. 목소리는 육체에 호소의 수단을 제공한다. 모든 음성적 교환에서 파트너들은 "서로 떨어져 있는 동시에… 새롭게 만들어지는 장소에서 하나가 된다. 그 장소는 그들이 공감하는 공명共鳴의 위치다."**7** 보이지 않는 육체의 소리에서 사람들은 대단히 중요한 세계를 그냥 듣거나 우연히 듣는다. 목소리는 소리의 발신자와 수신자 양쪽을 뛰어넘는 정신 또는 관심사로 연결한다. 레오파르디는 목소리가 여러 생각을 불러일으킬 수 있다고 환기하는 글을 휘갈겨 썼다.

여러 세계와 우리와 우리가 사는 이 세상의 아무것도 아닌 존재성, 그리고 자연의 위대함과 힘, 그리고 우리가 그 위대함과 힘을 자연의 급류로 측정한다는 생각. 그 급류도 이 세상에서는 아무것도 아니며, 이 세상마저도 아무것도 아니라는 생각. 저녁 먹으라는 목소리에 비로소 이 생각에서 깨어났는데, 그때부터 우리의 삶과 시간, 유명하다는 사람들, 그리고 모든 역사 따위는 아무것도 아닌 것처럼 느껴졌다.**8**

레오파르디는 어린 시절 가족이 저녁 식사 하라고 자신을 불렀던 평범한 목소리를 이야기한다. 이 목소리는 배제되고 무시되었던 외부의 장소에서 그의 고독을 파고 들어가 육체적 존재라는 경계와 한계에 대한 자신의 직관을 확인해 주고 있다. 목소리는 청자의 바로 지금 여기라는 별개의 현실에 대한 명백한 증거가 되었으며, 그가 공부에 열중하느라 쫓아냈던 또 다른 현실은 다시 돌아와 시인 자신의 상상이라는 현실을 쫓아내고 있다. 목소리의 가시적 육체에 대한 독립성은 어떤 사람이 정의하더라도 초월적 의지, 욕망, 그리고 정신으로 구성된다는 것을 암시한다.

또 다른 육체가 없는 목소리 역시 물질적 존재의 한계를 상기시킨다.

축제 후 늦은 저녁에 지나가는 시골 사람들의 밤 노래를 듣는 나의 슬픔. 과거의 무한성이 떠오르며, 나는 로마인을 회상한다. 그런 시끌벅적한 소리를 내며 가버린. 그리고 이제는 지나버린 많은 사건을 그 밤의 깊은 고요함과 침묵과 비교하다 보니 슬퍼졌다. 농부의 커다란 목소리와 노래가 나를 깨닫게 했다.[9]

보이지 않는 사람의 노래는 현재가 아니라 과거, 심지어 무한한 과거의 시간대에서 비슷한 소리를 들을 수 있었던 사건, 예를 들어 노래를 부르며 행군하는 로마 군대같이 시끌벅적한 사건을 연결한다. 레오파르디가 이 글을 적은 날의 사건은 밤의 고요함처럼 이미 지각할 수도 없을 만큼 지나버린 일이 되었는데도 말이다. 그가 다른 부분에서 언급하듯이, 노래는 '심지어 그 석공의 노래를 들으며 상상한 세상의 시작(시는 이런 것들을 표현할 수 없어서 음악에 넣고 싶었다)'과 같은, 존재의 근원까지도 떠올리게 할 수 있다.[10] 오직 생각으로만 석공의 노래의 원천을 상상할 수 있다. 혹은 오히려, 생각은 그것을 상상할 수 없다. 왜냐하면 원천이란 시각적·개념적 재현 범위 너머에 있어 음악으로만 표현될 수 있기 때문이다. 이는 비물질적이며 역사 이전의 시간에서 사물이 생물로 살아나는 것, 존재 그 자체가 존재하게 되는 과정이다. 따라서 어떤 단어나 개념적 이미지도 이 존재의 출현을 만들어 낼 수 없다.

소리와 목소리에 대한 레오파르디의 명상은 일련의 전달 과정을 떠오르게 한다. 우선 목소리는 부재중인 육체의 기호나 지표로 작용한다. 그 다음에는 수량화할 수 없는 더 큰 현실을 나타낸다. 마지막으로는 모호한 사건들을 인식할 수 있는 형태로 변환하는 인간 이해의 작동을 암시한다. 따라서 레오파르디의 목소리는 철학자 아드리아나 카바레로의 관심사인 육체를 가진 목소리의 안티테제다. 카바레로는 의미, 의도, 말을 맥박이 치고 육체를 가진 삶의 상황 속에서 이해하려 한다.

레오파르디의 목소리는 지각과 이해를 통해 일어나는 구체적인 육체-정신 상황의 전환을 떠올리게 한다. 귀 안으로 들어왔다가 다시 들린 소리의 원천, 궁극적으로 공간과 시간에 의해 멀어져 가는 원천으로 돌아가는 움직임을 활성화하는 전환이다. 이는 다리 너머 소리의 존재론적 맥락을 가리키는 행위다.

오직 목소리 덕분에 우리는 소리가 가라앉는 침묵, 다시 말해 우리가 지각하는 세계를 감싸는 무한한 지평을 상상할 수 있다. 레오파르디의 가장 유명한 시는 목소리를 보이지 않는 바람과 동일시한다. 그는 〈무한〉에서 식물들 사이로 몰아치는 폭풍우 소리를 들으며 다음과 같이 썼다.

··· 나는 비교한다

무한한 침묵과 이 목소리를.

그리고 영원과 계절을 생각한다

이미 죽은, 그리고 존재하는

그래서 살아가고, 그녀가 내는 소리를.[11]

바람에 실린 지금이라는 계절의 소리는 전혀 목소리를 갖지 못한 것과 인지적인 비교를 가능하게 한다. 비교는 상상력이 풍부한 행동이다. 은유적으로, 청각의 지각에서 지각할 수 없는 무한으로 건널 수 있게 해준다. 비교는 확정적이고 한계가 정해진 감각 자료(음성)를 초월하여 그 감각 자료로 동화될 수 없는 것, 다시 말해 감각 자료가 오고 돌아가는 장소를 숙고하며 앞뒤로 가는 통로를 만든다(vo comparando: "나는 비교하러 간다; 나는 관계를 만든다"). 음향적 상상력은 철학적 추론을 활성화해 사라져버린 추상적 육체와 알려진 것과 알려지지 않은 것 사이의 관계를 숙고할 수 있게 해준다. 음향적 상상력은 육체 너머에 있는 느낌과 아이디어를 타진하면서 시각의 단점을 보완한다.

영화에서의 소리 다리

영화 예술에서 사용되는 소리도 유사한 틈을 메운다. 영화의 소리 역시 부재하는 현상들을 화면이라는 시각 공간에 가져와서 이야기를 만들어내는 데 도움을 준다. 영화라는 테크놀로지가 (소위 '토키[talkie]'를 통해) 깜박이는 화면 사진에 소리를 동기화하는 기능을 얻기 전까지 움직임이라는 느낌을 주려고 연속적으로 빠르게 투사되는 사진을 보는 것으로 국한되었다. 이야기를 끌고 나가려면 자막을 삽입해 표현되지 않은 원인과 화면에 나타나는 행동을 설명해 주어야 했다. 하지만 이미지가 녹음된 소리와 합쳐지면서 영화의 의사소통 가능성이 향상되었다. 이제 화면 속 행동은 시각 외적인, 즉 현상학적 환경을 부여받았다.

영화에서 소리의 큰 장점은 이미지만으로는 충분히 전달되지 않는 정보를 주는 것이다. 화면에 한 남자가 낙심한 채 혼자 방 안에 앉아 있는 모습이 나온다. 우리는 아기의 울음소리를 듣고 남자가 고개를 돌리는 것을 본다. 음향 지표를 통해 우리는 아이가 가까운 방에 있다고 추론할 수 있다. 두 자료를 합쳐보니 이 남자가 아기와 어떤 관계인지 궁금하다. 아기의 울음소리는 남자의 낙담을 해석하는 데 도움이 될 수도 있다. 추가적인 시각 정보를 통해 남자가 실업자이고 혼자 아이를 키운다고 믿게 된다. 이제 거리의 소음이 스크린 밖으로 울려 퍼진다. 우리는 소음을 통해 남자와 아기가 사는 아파트가 시끌벅적한 대도시에 있다고 짐작한다. 화면 밖에서 폭발음이 들린다. 창밖에서 난 소리일까? 아니면 아파트 안에서 난 걸까? 각 소리는 우리의 의식을 눈이 지각할 수 없는 공간과 연결한다.

레오파르디가 말했듯이 다른 곳에서 온 신호를 전송하여 우리가 채워 놓고 있는 공간에 구멍을 뚫거나 확장하는 것이 소리가 가진 인지적 장점이다. 이미지에는 이런 특징이 없다. 따라서 시청각 예술인 영화는 이 원리를 응용해 영화 예술을 스크린 예술인 동시에 오프 스크린 예술로 만든다.[12] 영화의 소리는 연결을 만든다. 영화 속 사건에서 들려오는 내재음향^{diegetic sound}은 우리가 보는 사건에 청각적 깊이를 부여하며 영화가 실제로 벌어지고 있다는 느낌을 더욱 강화한다(영화 속 사건에서 나오는 소리는 내재적diegetic, 사건과는 별 관계가 없는 사운드트랙 같은 소리는 외재적^{non-diegetic},

혹은 ^{extradigetic}인 소리다). 이탈리아 최초의 발성 영화 〈사랑의 노래^{La canzone}

^{del'amore, 1930}〉는 예상처럼 인간의 말보다 오히려 저녁 식사 중 나이프와 포

크가 짤그랑거리는 소리를 강조했다. 스크린의 음향 지평 내부에 있지 않

은(영화 속 등장인물들이 '들을 수' 없는), 다시 말해 영화 속 사건과 관계없는

소리인 외재 음향은 이미지를 해설하는 기능으로 관객들이 문제가 되는

행동에 어떤 특정한 방식으로 반응하도록 유도한다(예를 들면 등장인물들

의 키스 중 바이올린 소리는 관객에게 낭만적인 느낌이 들게 한다). 이렇게 영화 속

사건과 관련 없는 소리는 대체로 악보의 형태를 동반하며, 드라마를 인간

의 정서와 결합한다. 그런 의미에서 앞 예에서 보이지 않는 아기의 울음소

리는 다르다. 울음소리는 사건과 관련이 있지만 화면 밖에서 난다. 우리와

영화 속 남자 모두 울음소리를 듣는다. 하지만, 소리의 근원은 시계^{視界} 밖

에 있다. 소리는 어쿠스매틱의 사례로 우리가 보는 장면과 보이지 않는 장

면을 연결한다.

영화에는 비동기화된^{nonsynchronized} 소리도 있다. 하나는 소위 소리 플래

시백으로, 앞서 들렸던 소리를 지금 보이는 이미지에 중첩시켜 현재를 과

거에 연결하는 것이다. 보이스오버^{voice-over}는 영화 속 어떤 행동의 중요성

을 밝히거나 우리가 영화에서 보는 것을 이야기하고 우리를 해석상의 거

리에 배치하는 등 영화를 보며 이해하는 사람들을 위해 영화 속 드라마

를 '번역'하는 방법이다. 내적 내재 음향^{internal diegetic sound}은 영화 속 인물

들에게만 들려야 하는 소리를 관객도 들을 수 있게 해준다. 루이지 코멘

치니가 감독한 〈틸 매리지 두 어스 파트^{Till Marriage Do Us Part, 1974}〉에서는 쉽

사리 흥분하는 유제니아의 심장 박동이 극장 안 스피커에서 증폭되어 관

객들에게 크게 들린다.

그리고 사운드 브리지가 있는데, 사운드 트랙의 모티브가 다른 두 장면에서 연주되어 장면을 연결하는 장치를 말한다. 우리가 보고 있는 장면보다 먼저 혹은 나중에 등장할 장면의 음향이 그것이 속해 있는 게 마땅한 (내재적인) 근처 공간에서 흘러나온다. 보통 사운드 브리지는 장면 간의 시공간 전환을 부드럽게 만드는 역할을 한다. 때로는, 예를 들어 피에트로 제르미 감독의 〈사랑받고 내쳐진 Seduced and Abandoned, 1964〉에서처럼 정반대 역할을 하기도 해서 이중 판독이 필요할 때도 있다. 두 인물이 키스하고 오르간 음악이 부풀어 오른다. 처음 듣기에 그 소리는 두 사람의 포옹에 결혼식 음악이 얹히는, 로맨틱한 느낌을 주는 외부 소리로 들린다. 하지만 음악은 다음 장면에서도 연주되며 전혀 다른 결론에 이르게 만든다. 영화는 이제 교회 고해성사에서 앞서 키스 신에 등장했던 소녀를 나무라는 한 신부를 클로즈업하는 장면으로 넘어간다. 이제야 비로소 우리는 음악이 바로 여기에 내재적으로 속해 있다는 사실, 즉 결혼이 아니라 가톨릭의 죄를 도덕적으로 정산하는 장소에 속해 있다는 사실을 깨닫는다. 우리는 소녀의 고해성사는 듣지 못했지만, 격분한 신부의 말에서 어느 정도는 추론할 수 있다. "이것아! 어쩌자고 다 들어줬어! 죄의식도 못 느꼈니?" "네, 신부님, 느꼈어요. 그 일이 있은 다음에 바로 느꼈어요." 신부가 말한다. "너무 늦었어, 이 창피도 모르는 것아!" 아그네스의 말은 사운드 브리지가 이미 분명히 보여준 것을 재확인해줄 따름이다. 현재에서 행동하는 것은 어렵지 않지만, 현재에 대한 관점을 갖는 것은 어려운 법이다.

다리에서 오는 목소리

실제 다리 역시 비슷한 방식으로 지적 지각을 북돋울 수 있다. 다리는 공명 구조라 일반적으로는 들리지 않는 진동을 현악기의 작은 브리지처럼 증폭해 소리로 만든다. 거대한 다리의 반향은 계속 울려 퍼진다.

프리드리히 휠덜린의 시에 묘사된 하이델베르크의 오래된 다리 알테 브뤼케는 새가 날며 내는 소리에 공명하며 가볍게 움직인다.

숲속의 새가 하늘을 날며 산봉우리를 건너면
다리는 강 위에서 진동한다.
당신을 스치며 빛나고, 하늘하늘하면서도 강하게
차량과 사람들로 울린다.[13]

Wie der Vogel des Walds über die Gipfel fliegt,
Schwingt sich über den Strom, wo er vorbei dir glänzt,
Leicht und kräftig die Brücke,
Die von Wagen und Menschen tönt.

시 원문에서 swingt sich라는 동사는 문장의 주어인 다리 앞에 있고, 새 다음에 나와서 우리에게 진동이라는 행위의 주체를 새라고 무의식적으로 받아들이도록 만든다. 이 간단한 기교가 두 행동의 장을 연결한다. 일단 새처럼 움직인 다리의 두 번째 동작은 일반적으로 악기에서 흔하게 볼 수 있는 동작이라고 할 수 있는 울림이다. 다리는 울려서 윙윙대는 소리를 내고, 소리를 반향反響 한다. 울림은 진동하는 구조물 위로 사람과 마차가 지나가면서 만들어내는 음향 연주다. 하지만 다른 차원에서는, 이 울림은 '마차와 사람들이라는 타악기' 아래에서 들리는 '다리 자체의 목소리'일 수도 있다.[14] 어느 쪽이건 간에 횔덜린이 하이델베르크의 '새로 지은 다리'(사실은 1788년에 지어졌다. 시는 1798년과 1800년 사이에 쓰였다)에서 들었던 음향 효과는 다리가 공중에 걸쳐져 있기에 만들어진다. 다리의 도관은 물질성을 초월하는 무언가로 울려 퍼진다.

또 다른 시인은 다리 구조를 음악, 그중에서도 특정한 노래와 분명하게 연결한다. 그는 또 이 노래가 경계에 있는, 이름 없는 자아들 사이의 유대를 만드는 것으로 본다. 주세페 운가레티의 〈향수Nostalgia, 1916〉라는 시다.

밤이 희미해져
조금 봄을 앞두고
그리고 거의 아무도
지나가지 않을 때

파리 위로
울음의
흐릿한 빛깔이
응축할 때
다리의
노래에서
나는 생각한다

호리호리한

소녀의

끝없는 침묵

우리의 질병들은

합쳐진다

그리고 우리는 실려 가는 듯 남아 있다.[15]

Quando

la notte è a svanire

poco prima di primavera

e di rado

qualcuno passa

Su Parigi s'addensa

un oscuro colore

di pianto

In un canto

di ponte

contemplo

l'illimitato silenzio

di una ragazza

tenue

Le nostre malattie

si fondono

E come portati via si rimane

이 시는 사람, 인상, 장소를 신비롭게 융합하고 해체한다. '흐릿한 울음의 빛깔' 같은 표현에서 구체적으로 나타나는 특성은 파리라는 도시 전체를 같은 방식으로 응축한다. 시는 밤이 사라지고 있는 것으로 본다. 이변화들은 다리의 노래에서 멈추고(un canto di ponte, cnato는 '구석'을 의미하기도 한다), 다리에서 화자는 날씬하거나 연약한tenue 소녀의 '끝없는 침묵'을 생각한다. 이 이름 없는 다리의 건축적 구조로 인해 시인은 노래의 무한하고 주관적인 침묵을 들을 수 있다.

운가레티는 동트기 직전과 봄이 오기 직전이라는 경계 시간 속에서 두 강둑 사이에 있는 이 다리의 경계 공간을 틀로 이용해서 이야기를 펼치고 있다. 따라서 다리는 본질적으로 시공간의 경계로 시간적 속성과 동시에 공간적 속성도 갖는다. 이 특정한 장소와 시간에서 공간-순간을 커다란 집과 연결하는, 혹은 그런 집을 바라는 반향이 일어난다('노스탤지어'는 '귀향'을 떠올리게 한다. 하지만 거기엔 고통이 동반된다). 파리의 하늘이 슬픔으로 뒤덮여 있는 시공간은 침묵의 상태로 남아, 제대로 볼 수조차 없는 어떤 것을 떠오르게 한다. 말 없는 소녀도 다리 위에 분명히 '거기에' 있지도 않다. 그녀는 그저 떠오르듯 '생각난' 것일 뿐이다. 사실 다리-노래가 그녀를 만들었다. 한 장면이 분위기를 불러일으키고 분위기는 다시 소리를 내며 이 소리 속에서 화자는 침묵을 듣는다.

다리라는 배경은 이 노래의 중요성과 두 주체를 실어 나르는 느낌을 설명한다. 다리는 사람들을 거리의 소리에서 물 위의 공간으로 나른다. 액체는 고체보다 소리를 더 멀리 보낸다. 다리는 음향을 고조시키는데, 다리 위 사람 존재의 주관적 수용성이 소리를 두 배로 예민하게 만든다. 다리에서 다른 자아는 손을 뻗어 존재를 붙잡는 것처럼 보인다. 울음소리가 색을 지니고 자아들이 접촉하는 장소에서 듣는 주체의 경계는 감각 사이의 경계만큼이나 구멍이 송송 뚫린다. 접촉이 너무 강하다 보니, 두 사람의 '병'(le nostre malattie)이 함께 달릴 정도다(si fondono). 이 융합은 다리 아래 물의 액화 효과로 인해 눈에 보이지 않는 영향을 받는다. 강의 두 군데 둑을 연결하는 다리는 이와 유사한 방식으로 주체들 간의 합류를 만든다.

이 시에서 가장 주목할 만한 요소는 합류의 결과다. E come portati via/si rimane. 이탈리아어에서 대명사 si는 비인칭 주어를 나타낸다. '남는 것'은 '우리'도 '나'도 아닌, 일반적이고, 국소화할 수 없는 '그'다. 그리고 이 정체불명의 주체는 마치 실려가듯 남아 있다. 또는, 둘이 하나로 실려가는 듯 남아 있다(portati via는 복수형을 가리킨다). 병이 융합된 둘은 하나를 이룬 상태에서 실려 간다. 하나가 된 둘은 다리의 고정성과 아래 흐르는 물의 일시성을 모두 지닌다.

마지막 이미지는 공간적 존재와 시간적 존재 사이의 경계, 오래 남아 있는 존재와 떠나는 존재 사이의 경계를 초월한다. 이 이미지는 다리 위 이 지점을 부자연스럽고 실존적인 역설의 장소로 만든다. 즉 끊임없이 움직이는 원소 위에 만들어진 확고한 기반의 장소이고, 변화라는 시나리오 속에 안정이라는 장소다. 다리는 언제나 우리가 실려가듯 '남아 있도록' 해준다. 다리는 물의 무한성을 횡단하며 두 개의 유한성(강둑)을 하나로 만든다. 물 위에 서 있거나 걷는 것은 무한을 통해 한 유한한 상태에서 다른 유한한 상태로 가는 것이다.

운가레티의 〈향수〉는 앞서 다루었던 기욤 아폴리네르의 〈미라보 다리〉의 함축적 의미를 더 정교하게 발전시키고 있다. 두 작품에서 우리는 끝없이 변화하는 물 위 다리에서 주체의 지속성이라는 동일한 역설을 찾을 수 있다. Les jours sont vont je demeure "세월은 흐르고 나는 남아 있다." 나중에 이 책에서 논의할 니체의 시 〈베네치아〉 역시 다리 위에 혼자 있는 사람에게 들려오는 노래를 중심으로 펼쳐진다. 노래는 그의 주체 경계를 뚫고 들어간다. "멀리서 노래가 들려왔다… 내 영혼은 곤돌라의 노래에 답하여 혼자 노래했다." 니체의 노래는 공감각적으로 '황금 방울'로 솟아 나온다. 이에 반해 운가레티의 울음은 하늘의 어두운색을 띤다. 소리가 울려 퍼지는 다리들은 끝없이 시끌벅적한 도시에서는 느낄 수 없는 연결을 만들어낸다. 외로운 인물이나 느낄 수 있는 희박한 외침은 알베르 카뮈의 《전락The Fall》의 서술자가 한 여자가 다리에서 뛰어내리는 것을 보고도 아무런 반응을 하지 못했을 때 들었던 양심의 외침과 더불어 내부와 외부 그리고 가족의 노래를 울린다. 서술자 역시 깨달음을 얻는다. "파리의 다리 위에서 나 역시 자유를 두려워한다는 것을 알았다."**16**

다리 음악

하트 크레인의 시 모음집 《다리 The Bridge, 1930》는 다리 목소리를 거대한 에 올리언 하프로까지 확대한다. 바람의 신에서 이름을 딴 이 하프는 두 다리를 가로지르는 현을 가진 소리판을 포함하며, 현은 바람에 반응해 다른 음색으로 진동한다. 콜리지나 셸리같은 낭만주의 시인들은 시와 에올리언 하프를 동일시했고, 하프는 주변의 삶에서 불어오는 소리, 혹은 숨을 불어 넣는 소리에 의해 작동한다. 크레인에게 뉴욕 브루클린 브리지는 바로 그 하프이며, 다리를 매달고 있는 케이블은 다리 위에서 일어나는 움직임에 따라 흔들린다.

오 분노의 제단과 하프가 융합했다

(어떻게 그저 노력만으로 당신의 성가대 줄을 맞출 수 있었을까!)

무시무시한 선지자 서약의 문턱,

부랑자의 기도, 그리고 연인의 외침을,— 17

앞으로 〈다리라는 낱말〉에서도 보겠지만, 크레인은 이 다리에서 울려 퍼지는 소리로 천 행에 달하는 서정시를 지어냈다.

브루클린 브리지 100주년을 기념하기 위해 사운드 아티스트 빌 폰타나는 브루클린 브리지가 바람이나 다른 현상들과 접촉할 때 내는 사운드 효과를 기록했다. 그는 다리 도로 아래에 마이크를 설치하여 점점이 박힌 그리드를 따라 질주하는 자동차들이 발생시키는 진동음을 포착했다. 그 다음 소리를 1.6킬로미터 가량 떨어진 원 월드 트레이드 센터의 파사드

지주 뒤에 숨겨진 스피커들에 전달했다. 그 결과 〈브루클린 브리지를 따라 진동하는 강철 격자Oscillating Steel Grids along the Brooklyn Bridge, 1983〉라는 소리 조각彫刻 작품이 만들어졌고, 이 작품은 맨해튼의 트윈 타워 아래 광장을 다리의 웅얼대는 소리로 가득 채웠다. 이 소리는 강화되거나 변화하는 사운드스케이프(인간이 인식하는 음향 환경)에서는 화음 같은 소리를 만들어 냈다. 사운드스케이프에서 교통량 감소(교통량이 적으면 차들이 더 빨리 달리며 높은음을 만들어낸다)나 날씨의 변화(다리와 광장에서 동시에 천둥이 치면 흥미로운 음향 지연이 생긴다) 같은 일반적인 변화 때문에 나는 소리와 더불어 '브루클린 브리지 100주년 기념식의 특별한 소리(퍼레이드, 뱃고동 소리, 불꽃놀이)'도 들을 수 있었다.[18]

4년 후, 샌프란시스코의 금문교 50주년 기념일에 폰타나는 캘리포니아에 있는 다리의 소리를 해안가의 철새와 해양 포유동물을 위한 야생동물 보호소에서 울려 퍼지는 소리와 연결했다. 그는 이 라이브 듀엣을 〈금문교를 통한 사운드 조각Sound Sculptures through the Golden Gate Bridge, 1987〉이라고 이름 지었다.[19] 앞선 〈진동하는 강철〉의 전제가 여기에서 더욱 명확해졌다. 그가 생각하기에 다리는 작품으로 만드는 소리와 녹음의 생산자일 뿐만 아니라 소리와 녹음의 개념적 목표이기도 하다. 〈진동하는 강철〉이 그저 도시의 한 위치에서 다른 위치로 도시의 사운드를 전달하는 데 그쳤다면, 샌프란시스코의 녹음은 완전히 다른 장소의 다른 음향 환경을 하나로 합치고 있다. 실제로 각각의 장소들은 무려 52킬로미터나 떨어져 있는데, 한 곳에는 '50만 마리 이상의 새와 3천 마리의 해양 포유동물들'이 살고 있었고 다른 하나는 끊이지 않는 뱃고동 소리가 점점이 이어지는 복잡한 재료로 만든 다리였다.[20]

폰타나는 대서양을 횡단하는 〈쾰른 샌프란시스코 사운드 브리지Cologne San Francisco Sound Bridge, 1987〉을 제작해 〈골든 게이트〉 이중 사운드스케이프의 브리지 효과를 확장했다. 이 조각彫刻은 위성을 통해 샌프란시스코와 쾰른 사이 환경음音을 전달하는 작품이다. 아메리칸 퍼블릭 라디오는 '유럽과 북아메리카를 잇는 최초의 대륙 간 라이브 사운드 브리지이며, 음향 조각 전송을 통해 라디오 역사상 처음으로 두 대륙이 하나가 된 사건'이라고 보도했다.[21]

이런 종류의 사운드 브리지에는 존 케이지가 오래전에 처음 꿈꿨던 목표가 담겨 있다. 케이지는 금문교가 완공되던 해(1937)에 "우리가 어디에 있든, 우리가 듣는 것은 대체로 소음이다"라고 말한 적이 있다. "우리가 무시할 때 그것은 우릴 방해한다. 우리가 경청하면 그때는 비로소 그것이 매혹적이라는 사실을 알게 된다."[22] 폰타나는 한 걸음 더 나아가 주변 소리의 볼륨을 낮추려는 도시 거주자들의 강박을 깨뜨리려고 했다. 사운드 아트Sound art는 도시 사람들이 소음이라고 간주하는 것을 재구성해 귀에 도달하는 것을 더 주의 깊게 듣도록 함으로써 '도시 생활의 향상된 경험을 위한 소리의(건전한, sound라는 단어의 동음이의어) 다리'를 만들려고 한다.[23] 주변 환경과 연결된 귀는 폭넓은 자각으로 향하는 장소가 된다. 2006년 폰타나는 런던의 밀레니엄 풋브리지를 따라 역동적으로 송출되는 사실상 감지 불가능한 '소리의 음악'의 볼륨을 높여, 테이트 모던Tate Modern 미술관과 런던 지하철의 한 역으로 다리의 중얼거림을 전송했다. 〈하모닉 브리지Harmonic Bridge, 2006〉는 활성화된 음향과 가공된 인간 공간의 오프스크린 사운드, '귀로는 들을 수 없고 감춰진 소리의 세계'의 반향에 접근할 수 있게 해주었다.

폰타나의 예를 따라 다리-사운드의 양 유형, 다시 말해 대중이 들을 수 있는 유형과 사실상 지각할 수 없는 유형을 각각 나름대로 탐구한 사람도 많다. 1994년 오스트레일리아의 예술가 조디 로즈는 메콩강 삼각주와 시드니의 글레베 아일랜드 브리지 사이에 놓인 수십 개 다리의 소리를 녹음하기 시작했다. 로즈는 이 〈노래하는 다리들Singing Bridges〉을 '고정 케이블과 현수교 케이블을 마치 악기처럼 연주하고… 케이블의 들리지 않는 진동으로 표현되는 다리의 은밀한 목소리를 소리로 번역하여' 만든 소리조각彫刻이라고 설명했다.[24] 그녀가 보기에 이 다리-공명에는 영적이고 애니미즘적인 의미가 함축되어 있으며, 접촉 마이크는 케이블과 다리 기둥의 내부 목소리를 마치 이들이 의미론적 통과 제의의 매개체인 것처럼, 신의 메시지를 전달하는 천사를 인간과 상호작용하는 장소로 인도하는 것처럼 자유롭게 풀어 놓는다. 로즈는 미셸 세레스의 천사 연구를 인용하며 이 효과를 설명하는데, 연구는 결국 미셸 세레스 자신이 다리 위에서 시적 명상을 수집하면서 보완했던 것이다.[25] 로즈는 존 케이지, 더 정확히 말하면 케이지가 오토 피싱거에게 물려받은 아이디어를 떠올린다. "세상 모든 것에는 영혼이 있고, 영혼은 진동을 통해서 들을 수 있다."[26] 초월성의 소리판이라 할 수 있는 로즈의 다리는 그녀가 녹음한 작품 중 하나의 제목으로 말하자면 '무한의 수송체'다.

또 다른 주목할 만한 다리-소리 엔지니어로는 캐나다의 마이클 감바쿠르타가 있다. 그는 마티아스 S. 크뤼거, 히가시노 유키와 함께 마인강 카이저라이 브리지의 소리를 녹음해서 〈오토폰스: 다리의 귀로 듣기Autophones: Hearing with the Ears of the Bridge, 2008〉라는 CD를 발매했다. 다른 사람들은 다리만 보는 곳에서 감바쿠르타는 오토폰을 발견한다. 그는 오토폰을 다음과 같이 정의한다. "교통, 바람, 날씨에 의해 튜닝된 사운드 보드이자… 자신의 존재성으로 진동하는 음을 통해 소리를 생산하는 악기-끝없는 콘서트이자, 끝없는 주제의 변주다."[27]

주변 소음, 또는 주변 소리를 뜻하는 앰비언트 사운드 예술가들의 관심은 소리에 미치는 다리의 전이transductive (일반화 없이 구체적 예를 연결할 수 있는 추론의 일종) 효과와 그 소리 안에 포함된 상징성이다('전이적transductive'이라는 말은 아이들의 전이적 추론transductive reasoning을 설명한 장 피아제Jean Piaget에게 영감을 받았다. 피아제에 따르면 어른과 달리 아이들은 연역이나 귀납적 방법을 이용하지 않고도 무관한 일들 사이의 연관성을 발견한다고 한다). 다리의 전이 능력은 재료의 성질에서 발생하며 특히 주변 반향에 민감하다. 상당한 거리에 걸쳐 수평으로 뻗은 다리는 넓은 공간과 접촉한다. 다리는 바깥에 노출되어 있고 외부를 지향하는 구조물이다. 다리의 복합적이고 날씬한 구성 요소들은 위, 아래, 그리고 주변의 움직임과 공명하며 소리를 낸다. 두 지점 사이에 걸친 다리에서 나오는 소리는 다리 자체처럼 앞뒤로 통로를 만들며 어떤 곳의 증거를 다른 곳으로 가져온다. 다리는 이처럼 경계 초월의 증거가 되면서 정신적 승리감과 영적 일치의 이미지를 제시함으로써 형이상학적 동경과 결합에 대한 소망을 낳는다.

다리-소리의 애니미즘적인 흐름은 다음과 같이 포장되어 나타난다. 감바쿠르타의 소리 설치물은 '다리의 귀로 들으며', 완전히 다른 한 공간의 진동이 다른 공간의 진동과 상호작용하게 만들어 두 공간 사이를 잇는 일종의 우주 운하를 만들어낸다.[28] 만들어진 음들은 선형적線形的이거나 진보적이지 않고 반복 순환해 차이 속의 통일이라는 주제를 전달한다. 폰타나와 로즈의 작품에 붙어있는 '소리 조각'이라는 아이디어 역시 운가레티의 시가 분명하게 표현한 공감각, 즉 다른 감각적 지각의 결합을 목표로 한다.

음악가의 손에 연주되면서 다리는 청취를 위한 공간에 그치지 않고 능동적인 공연장으로 바뀌기도 한다. 예를 들어 난간을 달그락거리는 소리, 꼬인 강철 케이블을 손톱으로 긁는 소리, 발을 구르는 소리 등을 연주할 수 있다. 미국의 작곡가 조셉 베르톨로지의 〈다리 음악Bridge Music, 2009〉은 훈련된 타악기 연주자의 채를 사용하여 미드-허드슨 브리지에서 소리를 내고, 이 소리를 전통 음악 구조로 모아 주제와 변주에 대해 연구했다. 그의 목표는 동료 사운드 아티스트들만큼이나 이상적이어서, 미드-허드슨 브리지 915미터에 걸쳐 합주단을 펼쳐놓고 다리 음악을 라이브로 연주해 강의 양쪽 공원 관객들에게 전하는 상상을 하기도 했다. 다리는 강둑 두 개로 구성된 무대가 되어 공간 이론적 결합이 이루어진다.

이들은 음악을 만들어내는 물질적 다리다. 하지만 음악 자체도 다리를 만들 수 있다. 파티 아킨이 감독한 다큐멘터리 〈다리를 건너다: 이스탄불의 소리Crossing the Bridge: The Sound of Istanbul, 2005〉는 유럽과 아시아를 가르는 지리적 분계점에서 촬영한 영화로, 음악을 문화 차이가 만나는 공간으로 묘사한다. 이 접점의 실제적이면서도 상징적인 중심지는 한때 미국 밖에서 가장 긴 현수교이자 유럽과 아시아 두 대륙에 걸쳐 있는 보스포루스 브리지Bosphorus Bridge다. 이 영화에서 독일의 실험 그룹 아인슈타인튀르젠드 노이바우텐('무너지는 새 건물'이라는 의미)의 베이스 연주자 알렉산더 하케는 다리를 건너, 유럽에서 아시아의 입구를 향해 여행을 떠난다. 두 대륙의 지정학적 만남이 음악에서 어떤 결과를 낳았는지를 탐구해보기 위해서다. 그곳에서 그는 하드록, 집시 콤보, 클래식 아라베스크, 힙합, 그런지, 메

블레비(메브라나교) 의식 음악, 일렉트로닉 록, 포크, 재즈, 블루스 등 동양과 서양 형식의 융합을 발견한다.

다큐멘터리 속에서 이스탄불 클럽과 길거리 공연 연주자들을 관찰하면서, 우리는 음악이 다른 예술과는 달리 출신지에서 멀리 떨어진 해안에서도 쉽사리 울려 퍼지는 이유를 어렵지 않게 이해할 수 있다. 쇼펜하우어는 저서 《의지와 표상으로서의 세계》에서 강렬한 멜로디의 헤아릴 수 없는 보편적 매력을 성찰하며 몇 가지 이유를 제시했다.[29] 물론 음악은 정치와 문화의 지원을 받으며 전 세계적으로 볼 때 대체로 서양에서 동양 방향으로 움직여 왔고, 클래식이나 대중적 장르(예를 들어 록, 재즈, 블루스)는 미국이나 유럽에서 아시아와 아프리카로 이식되어 온 사실은 부인하기 어렵다. 유럽 소설 양식이 다른 대륙에 가서 특정 형태로 바뀌는 것처럼, 아킨이 보기에 보스포루스 브리지 반대편에서 서양 음악의 형식역시 마찬가지 변화를 겪는다. 그러나 그 반대 방향으로 불어가는 영향역시 강력하다. 이 영화에서도 같은 경우가 적지 않게 등장한다. 예를 들어 1950년대와 1960년대 튀르키예 발라드를 불가리아에서 발굴하여 서유럽 사람은 물론 튀르키예 사람들이 듣기에도 흠잡을 데 없는 토착 억양으로 부른 캐나다 가수 브레나 맥크리먼의 사례가 있다. 세계 음악이라는 현상은 30~40년마다 흐름이 재조정되었다. 아직은 서구의 주도 아래 놓여있는 것으로 보이지만 말이다.

음악 예술의 전유는 이웃의 영향에 공감하는 문화와 다리-장소에 의해 촉진된다. 아킨의 〈다리를 건너다〉에 등장하는 한 인물은 이스탄불에서 DJ로 일하던 시절을 회상하며 이렇게 말한다.

여기 사람들은 남쪽, 동쪽, 서쪽, 미국, 모든 곳에서 일어나는 일에 주의를 기울입니다. 하지만 저쪽 유럽 본토 사람들은 보통 더 국지적이죠. 미국에서는 음반 가게가 골목만 돌아가면 있고, 라디오 방송국은 지역을 중심으로 방송하고, DJ들은 한정적인 음악 세계를 갖고 있죠. 하지만 당신이 여기 산다면 원하지 않더라도 귀는 모든 것에 열려 있게 됩니다.[30]

안타까운 일이지만 미국에서 음반 가게가 모퉁이만 돌면 있던 시절은 지났다. 오늘날 미국보다 이스탄불에 1인당 음반 가게가 더 많다. 그러나 DJ가 말하려는 것은 지리라는 역사와 문화의 토양에 개방성이 있다는 것이다(이에 대해서는 나중에 8장 '바다의 다리와 자아'에서 더 살펴볼 것이다). 서쪽으로 이주하기 전 튀르키예 사람들은 현재 몽골, 중국, 러시아, 카자흐스탄 국경 부근 알타이산맥 외딴 기슭에 살았다. 아나톨리아라고도 불리는 지금의 튀르키예에 정착해 유목민적 삶의 방식을 버리면서 이들은 무수히 많은 변화를 겪었다. 여러 세기 동안 유럽과 아시아 사이의 밀도 높은 교역을 목격할 수밖에 없던 새로운 환경은 튀르키예 유목민들에게 어마어마한 외적 변화의 시나리오를 제공했다. 모든 방향에서 수로로 흘러드는 소리에 아무리 귀를 막고 싶었더라도 성공하지 못했을 것이라고 DJ는 말한다. 음악은 이 아시아와 유럽 사이 해협에 독특한 방법으로 스며들었다. 그리고 다른 영향들과 마찬가지로 에게해의 튀르키예에 혼합된 문화와 관습이라는 결과를 낳았다.

음악의 다리-패시지(간주 악절)

지금까지 우리는 소리와 음악의 외적 범위에 대해 논의해 왔다. 현상학적·건축학적·문화적인 도관들과 소리와 음악이 귀에 영향을 미치는 방식을 살펴보았다. 그러나 음악의 걸침 효과^{spanning effect}는 내면적이기도 하다. 음악과 소리는 작곡의 형식적 특징에 이미 내재해 있다. 그 특징 중 하나는 '브리지 패시지^{bridge passage}'라고 알려져 있다. 브리지 패시지는 노래의 주제가 교차하는 지렛대로 청취자들을 음악의 한 받침점에서 다른 받침점으로 실어 나르는 부분을 가리킨다. 우리가 다리라고 부르는 전환 패시지는 안정적인 지지점들에 종속되어 있으며, 주기능은 '작품 전체에서 더 중요한 두 패시지를 연결하는 것'이다.[31]

소나타 형식이라는 전통에는 이런 다리가 필요하다. 소나타의 도입부, 즉 제1악장은 보통 두 주제를 제시하고 주제 사이를 조바꿈하며 오간다. 전조 브리지는 제시부가 첫 번째 주제에서 두 번째 주제로 리드미컬하고 조화롭게 전환할 수 있게 도와주는 역할을 한다. 또 브리지를 통해 곡의 주요 부분 사이를 이동할 수 있다. 20세기 미국과 유럽의 대중음악은 소나타 양식보다는 브리지 패시지를 더 일관성 있게 사용한다. 여기서 브리지는 자체로 결정적인 작은 악장이 된다. 브리지는 단조로워질 수도 있는 패턴(주제)의 반복에서 벗어나게 한다. 1880년과 1950년 사이에 뉴욕에서 대중음악이 산업화되고 자리를 잡으면서, 브리지는 보통 32마디로 구성되는 노래에 여덟 마디를 차지하게 되었다. 틴 팬 앨리(대중음악, 특히 재즈가 태어난 곳)는 동일한 음악 형태를 가진 두 개의 여덟 마디 섹션(AA)과 그에 이어지는 여덟 마디 브리지(B)라는 새로운 구성을 표준 체계로 제시했다. 중간 여덟 마디에서는 음악적 대조를 보여준 다음, 마지막 여덟 마디는 다시 A로 돌아와, 전체적으로 AAAB 패턴을 만든다. 제임스 브라운은 AABA 형식을 거의 사용하지 않지만, 〈겟 업 (아이 필 라이크 비잉 어) 섹스 머신^{Get Up (I Feel Like Being a) Sex Machine, 1970}〉에서 '그들을 다리로 데려가!'라고 외칠 때 그가 의미했던 것이 바로 이 브리지였다. 브리지가 A 섹션들을 연결하는 길인 것을 고려해서인지 때로 재즈 음악가들은 브리지를 '채널'이라고도 부르기도 했다.

이 브리지는 A에서 멀어지게 만들기도 하지만, 다시 A로 돌아오게 한다는 것을 생각해보면, 예를 들어 C라는 다른 절^{verse}처럼 완전히 새로운 것으로 인도하지 않는다는 점에서 이행적이라 할 수는 없다. 오히려 자신의 독립적인 관심사를 가지고 반복하는 패턴 내에서의 방황이라고 봐야 한다. 브리지는 새로운 음악의 해안으로 우리를 인도하지 않고, 출발했던 곳으로 돌아가게 한다. 우리는 여행을 다시 시작해야 한다. 대중음악의 브리지-패시지는 듣는 사람들을 중간 지점에 머물라고 초대한다.

초대장이 특히 매력적일 때 브리지는 코러스로 확장되어 반복된다. 노래를 듣는 사람들이 함께 부르고 싶은 유혹을 느끼는 매혹적인 코러스의 보컬 후렴구는 브리지보다 더 분명하고 자율적이다. 예를 들어 1960년대 노래들에서는 버스-브리지 구조의 B 섹션이 더더욱 두드러지면서, AABA 형식은 버스-코러스의 전반적 패턴이 반복되는 AAB 형식으로 바뀐다. 버스는 AABA 형식의 초점이었지만 이제 AAB라는 버스-코러스 구조로 인해 코러스 역시 버스만큼이나 중요해지고, 청취자들이 함께 부를 수 있는 B의 비율을 더 많이 부여한다. 이 시점에서 B는 버스가 가기 위한 곳이고 미리 준비해 둔 장소다.

브리지와 코러스의 가장 중요한 차이점은, 코러스는 반복적 특성을 갖지만 브리지는 일반적으로 단 한 번 등장한다는 점이다. 비틀스 노래 목록에 대해 논평하면서 존 레논은 '코러스'라는 말을 딱 한 번만 언급한다. 하지만 비틀스의 여러 곡의 B 섹션은 엄격하게 보면 반복적인 보컬 후렴구가 있는 코러스다.[32] 레논은 '미들 에이트'라는 용어를 사용하며 굳이 브리지와 코러스 구별을 하지 않으려 한다. 이는 레논을 비롯한 몇몇 작곡가에게는 브리지와 코러스 구별이 크게 중요한 문제가 아니라는 것을 의미한다. 이들에게 중요한 것은 미들 에이트의 재귀적再歸的 기능인데, 미들 에이트란 음악적 전환을 만들고 난 후 청취자들을 메인 버스로 돌려보내는 부분을 가리킨다.

여전히 해소되지 않는 궁금증은 원점에서 출발해 다시 원점으로 돌아가는 요소를 굳이 '브리지'라고 부르느냐는 것이다. 음악가들은 왜 B를 길이 아니라 브리지라고 불렀을까? 길은 보이지 않는 목적지로 향하게 하지만, 브리지는 눈에 보이는 두 강둑을 연결하기 때문일까? 브리지는 우리를 다른 곳으로 데려가지만 그와 동시에 돌아올 수단이 된다. 브리지는 재귀적인 구조물이다. 예를 들어 다리의 아치를 생각할 때, 우리는 아치를 강바닥의 오목한 부분에 대한 기하학적 대응물로 이해한다. 다리의 반대쪽 곡선은 강바닥의 튀어나온 부분을 비추는 동시에 연결해 강둑이 어디서 시작되었는지를 뒤돌아보게 한다(그림 3.1). 따라서 우리는 레온 바티스타 알베르티의 표준적 정의를 수정할 수 있다. 그에 따르면 다리는 본질적으로 자연 장애물을 극복하는, 도로의 일부에 지나지 않았다.[33] 하지만 이제 다리는 자신으로 회귀하는 구조를 가능하게 하는 연결이다. 다리는 고리를 완성한다.

그림 3.1 〈그레타 브리지, 더럼 카운티〉, 존 셀 코트먼, 1805. 영국박물관.

블루스의 턴어라운드

음악 브리지의 재귀적 의미를 확장하다 보니, 브리지의 작동 방식이 너무
도 분명하여 이제껏 간과된 사실을 발견하게 된다. 예를 들어 전통 음악
학은 블루스 음악에는 브리지가 없다고 생각했다. 표준 블루스에는 브리
지 대신 코드 진행 끝부분에 턴어라운드가 있다고 한다. 하지만 이는 브
리지와 비슷한 기능을 한다. 12마디 블루스는 하나의 코드 사이클이 끝
날 때 다른 코드로 가며 턴어라운드 한다. 예를 들어 우리가 어떤 노래의
으뜸음을 I로 지정하면, 블루스 진행은 거기에서 버금딸림음 IV로 갔다
가 다시 I로 왔다가 다시 딸림음 V로 가서 마지막에 I로 돌아와 해결되며
끝을 맺는다.

마디	1	2	3	4	5	6	7	8	9	10	11	12
화음	I	I	I	I	IV	IV	I	I	V	IV	I	I

결론적으로 V-IV-I 분절이 블루스 브리지, 혹은 턴어라운드를 만든다. 블루스 연주자들은 턴어라운드를 주로 12번째 마디 기타 장식음이라는 의미로 보통 사용하지만, 아르페지오로 연주되는 움직임 자체는 좀 더 넓은 의미의 턴어라운드가 시작되는 코드 전환을 알리는 V-VI-I의 연속이거나, 그에 대한 반응이다. 마지막 카덴차를 위해 다시 등장하는 V-VI-I은 곡의 맨 처음에서 I로부터 멀어지는 이탈 부분의 심화된 변주이다. 더먼 해안(V)으로 또 한 번 여행했다가 다시 I로 돌아오는 것이다.

이 턴어라운드, 즉 블루스 브리지는 12마디 진행의 안정성을 확인한다. 감질나게 한 걸음 떨어진 후(처음에는 IV, 그다음에는 V) I로 회귀하며, 최종 해결로 이끄는 구조이다. 턴어라운드는 조화로운 후렴구로 작동하며, 욕망이나 유혹을 '억제refraining'한다. 이때 욕망이란 다른 어딘가로 가고 싶은 욕망이다. 하지만 그 지점을 향하고 있는 다리는 결국은 돌아오게 만든다. 하나의 12마디가 끝난 다음엔 추가로 임의의 수 12마디가 더해지며 가사를 통해 주제를 전달한다. 각 12마디 단위는 V-IV-I를 통한 회귀로 끝나며, 반복 속에 진행이 이루어진다.

이것이 턴어라운드가 의미론적 차이를 만드는 지점이다. 턴어라운드는 블루스 가사의 잠재력을 끌어낸다. 노랫말들은 턴어라운드 효과를 이용하는 동시에 강화한다. 한 절에서 노랫말은 한 이야기를 목소리 내어 반복하고 그다음 두 번째 이야기가 이어진다. 이를 1.1.2라고 부를 수 있다.

이 진술들은 블루스가 12마디 사이클로 완성되고 해결되는 개념적 이유를 보여준다. 첫 번째 이야기는 위기를 표현하고 두 번째 이야기는 위기의 종결을 고한다. 이 둘이 12마디 화성 구조에 어울리는 방식이 가진 턴어라운드 효과의 핵심이다.

첫 번째 이야기는 첫 네 마디에 걸쳐서 노래되고 5~8마디에서는 다른 화성 구조 위에서 같은 내용이 반복되어 진술을 강조하는 동시에 새로운 색채를 부여한다. 9~12마디의 두 번째 이야기(3행)는 반복적으로 나왔던 위기에 대한 반응으로 일종의 호소 또는 요청이라고 할 수 있다. 모든 행은 최소한 유사하게 운을 맞춰야 한다.

> 1: 날 도와줘야 해, 자기야, 혼자서는 모든 걸 해낼 수 없어.
>
>   I   I   I   I
>
> 1: 날 도와줘야 해, 자기야, 혼자서는 모든 걸 해낼 수 없어.
>
>   IV   IV   I   I
>
> 2: 날 도와주지 않으면 자기야, 다른 사람을 찾아야겠어.
>
>   V   I   I   I
>
> 〈헬프 미Help Me〉,
>
> 소니 보이 윌리엄슨 2세, 윌리 딕슨, 랄프 베이스, 1962

이렇게 12마디 노래의 작은 서사는 일시적으로 마무리되고 이야기가 끝나지만, 사이클이 재개될 때마다 새로운 장이 더해진다. 시작 부분과 브리지를 이루는 마지막 턴어라운드는 첫 번째 장을 마무리하면서 두 번째 장을 가능하게 한다.

블루스의 역사는 목화밭에서 아프리카계 미국인 노예들의 노래와 은밀한 의사소통을 배경으로 1.1.2의 '콜 앤 리스폰스'call and response가 등장했다고 설명한다. 감시라는 일종의 검열 아래 몰래 의사소통할 수 밖에 없는 가수는 콜을 보내고 다른 목소리의 코러스가 그것을 반복하거나 변주하며 이 과정에서 또 다른 목소리가 콜을 받고 답을 주기도 한다. 우리가 알고 있는 블루스 형식의 발전에서 오프닝 콜은 대체로 자전적 일화로 시작하여 극적 상황을 제시해 관객들의 관심을 사로잡는다. 다음은 다섯 노래의 시작 부분으로 모두 해결을 바라는 선언이다.

난 너무 외로워, 내가 괴로워할 때 내 말을 들어줘…

내 잘못이야, 자기야, 당신 맘대로 날 대해줘…

내 에너지를 쓰려 했지만 당신에겐 소용이 없네…

오늘 아침 해가 떴을 때, 내 곁에 당신은 없었네…

여기 머물러야 할 이유 하나만 말해주면 다시 돌아갈게…[34]

이 갈등과 비판 상황에서, 가수가 전경화된foregrounded '나'는 '당신'에게 말을 걸면서 '그녀' 또는 '그'를 원망한다. 가수는 비통함을 드러내고 강조해 청중들의 귓가에 확실히 울리게 한다. 사실 느린 블루스는 듣는 사람들이 아이디어 하나를 곰곰이 생각하기에 충분한 시간인 15~20초 동안 울려 퍼진다. 일단 이 아이디어가 듣는 사람의 머릿속에 자리 잡으면, 반응이나 반전을 통해 아주 작은 플롯^{microplot}을 만든다. 9~12마디 턴어라운드 지점에 위치한 전환과 반전은 세상의 어른이라면 모두 쉽게 공감할 만한 뼈 있는 이야기를 풀어 놓는다.

차라리 내 관이 현관문으로 들어오는 걸 볼 거야,

차라리 내 관이 현관문으로 들어오는 걸 볼 거야,

당신이 날 더는 원치 않는다는 말을 듣느니.

로리 갤러거, 〈리빙 블루스^{Leavin Blues, 1969}〉,

1965년 데이비 그레이엄, 1941년 리드벨리

난 혼자 오래된 흙길로 내려가지 않을 거야.

내 사랑, 나 혼자 이 오래된 흙길로 내려가지 않을 거야.

당신을 안고 가지 않으면, 내 사랑, 다른 사람이라도 안고 갈 거야.

하울링 울프, 〈에인트 고인 다운 댓 더트 로드^{Ain't Going' Dirt Road, 1968}〉

노랫말의 첫 번째 콜이 줄을 물로 던진다면, 그 반응^{response}은 물고기를 끌어 올린다. 기타, 피아노, 하모니카 등으로 연주하는 리스폰스는 목소리로 부르는 콜 앤 리스폰스 사이에 등장하며, 전개부를 강화한다(보통은 3~4마디, 7~8마디, 11~12마디 부분이다). 시작 이야기에 더해 1.1.2 사이클이 세 번 혹은 그 이상 반복되며 이야기가 확장되었다가 마침내 노래는 결말에 도달한다. 하울링 울프의 〈유 고나 렉 마이 라이프^{You Gonna Wreck My Life, 1959}〉의 예를 보자. "몇 번이나 날 그렇게 대할 거야? / 몇 번이나 더 날 그렇게 대할 거야? / 내 돈과 내 사랑도 다 가져갔잖아. // 이제 난 늙고 머리도 세고, 갈 곳도 없어 / 이제 난 늙고 머리도 세고 갈 곳도 없어 / 당신은 어린 연인을 만나 이젠 내가 지겹다는 거지. // 계단으로 갈 거야, 내 옷을 달라고 빌 거야 / 계단으로 갈 거야, 내 옷을 달라고 빌 거야 / 내가 어디로 가는지는 아무도 모를 거야."

추가되는 1.1.2 단위마다 첫 번째 단위의 이야기 해결을 복잡하게 하거나 확장하기 때문에, 블루스는 반복적이면서도 끝없이 변주할 수 있는 잠재력이 있다. 이 반복을 견딜 만하게 만드는 (사실은 그 자체로도 흥미롭고 미적 응집력이 있지만) 중요한 장치를 말하자면, 두 개의 의미론적 포지션 (1.1.2.)이 세 개의 화성 포지션(I-I-I-I | IV-IV-I-I | V-IV-I-I)에 맞물려 있다는 점이다. 첫 번째 이야기가 반복되면서 으뜸화음은 I에서 IV로 옮겨간다. 하지만 노랫말의 주제가 반복되기 때문에 음악은 시작에 고정되어 더 벗어나지 않는다. 세 번째 화성 블록에서 노랫말이 고대해온 해결책을 제시하며 코드는 으뜸음에서 (V로) 더 멀리 나아간다. 그러나 여기서도 반복적인 엔드 라임$^{end\ rhyme}$이 거리를 상쇄하여, V와 해결 마디 I 사이의 연관성을 강조한다. 단순한 언어 패턴이 재귀적 브리지를 강화하는 셈이다.

이 재귀적 브리지 덕분에 전 세계적 블루스 공연과 문화 전용이 가능하다. 12마디 블루스곡 중 90퍼센트는 동일한 I-IV-V 진행과 두 이야기의 반복을 기반으로 한다. 사실 한 노래와 다른 노래를 구별 짓는 유일한 차이는 공연밖에 없다. 가수의 외모, 목소리, 성별, 악기 편성, 즉흥 연주, 솔로 연주, 음악의 템포와 보컬의 음색 정도만이 블루스의 차이를 만들어 낸다. 사실상 변함이 없는 화성 패러다임(물론 6마디, 8마디 또는 다른 마디로도 표현할 수 있지만, 여전히 이 3코드/2라인 패턴을 보존하는)에 갇힌 블루스의 목표는 다음의 고정 요소로 귀결된다. (1)흔히 대화적으로 발전하는 감정 주체의 자기 제시(한 기분에서 시작하여 다른 기분으로 끝낸다는 의미) (2)가수와 청중 사이에 만들어지는 유대감 (3)견디기 힘든 무게를 내려놓고 싶다는 끈질긴 메시지. 이것이 바로 블루스 형식이 이미 수백 번 같은 이야기를 반복해서 들은 각기 다른 사회의 수많은 청취자를 사로잡은 이유다. 블루스의 이런 고정 전략은 매번 새로운 공연마다 분계分界를 오가는 콜 앤 리스폰스를 이용해 사회문화적·주제적 다리를 만들어낸다.

감정적 전환

블루스를 부르고 들으며 우리는 다리를 건넌다. 원래 백인이 지배하는 아메리카 대륙에서 억압받는 흑인들의 목소리가 만든 이 노래들에 철학적 주장 따위는 없다. 그저 단순하고 전형적인 곤경을 묘사할 뿐이다. 노래는 돈 한 푼 없고 길에서 살아야 하며, 성적으로 배신당하고 부당하게 감옥에 가는 등 한 사람에 닥치는 구체적이고 일화적인 여러 이야기를 들려준다. 솔직히 말해 개인적 또는 사회적으로 이 음악은 오직 참고 견뎌야만 하는 문제, 해결책이라곤 없는 고통과 아픔을 노래한다. 블루스의 재귀적인 멜로디는 해결될 수 없는 집단의 곤경을 잘 반영하고 있다.

그러나 블루스가 그저 슬픔만 반복적으로 노래했다면 세계적인 인기를 얻지는 못했을 것이다. 블루스에서는 노래에 관련된 경험들이 아무리 개별적이라고 해도 같은 청취 공동체에 속한 구성원, 적어도 공유하는 것처럼 보이는 공동체의 성원이 목소리를 낸다는 점이 매우 중요하다. 효과는 양쪽 모두의 감정적 전환turnaround이다. 블루스는 이런 방식으로 아프리카계 미국인들의 고된 노동이 깊게 새겨진 두 장소, 노예가 노동하는 들판과 위안의 장소인 교회에서 부르는 노래의 기능을 바꿔가며 발전했다. 힘든 일을 한 후 저녁에 모여 술 마시고 춤추며 부르는 블루스는 절망적인 처지에서도 용기를 북돋는 노래들이었다. 블루스의 고양 효과는 고대 비극의 미학 원리처럼 기능한다. 자신의 처지를 숙고할 수 있는 능력, 다시 말해 프레임을 만들어 처지를 지적 인식 속에서 생각할 수 있는 능력이야말로 상황을 통제할 수 있는 위치에 있게 한다는 것이다. 조금 다른 맥락일 수 있지만 포큐파인 트리는 "나는 우울할 때마다 운구차를 몰지"라고 〈더 인시던트The Incident, 2009〉에서 노래한다. 사람들은 심리적 미러링을 이용하거나 더 나쁜 상황에 투사해 봄으로써 자신의 짐을 가볍게 만든다. 여기서 피해를 준 경험을 표상representation하는 것이 핵심이다. 다시 말해 해결이 필요한 문제를 불러내 진술하여 주체가 저항할 수 있도록 만들거나 어떤 조처를 하도록 유도하는 것이다. 경험을 구체적 생각으로 전이할 수 있어야만 부담을 짊어진 '나'의 가치와 힘을 확인할 수 있다.

"이것은 나 혼자만의 독특한 경우다"라는 공식으로 시작하는 블루스 노래는 청중이 공유하는 감정들을 불가피하게 외부적으로 만들기도 한다. 삭막한 시골이든 도시의 클럽이든 블루스 연주 속에 등장하는 암담한 '나'는 '우리'로 읽히며, 공연자와 관객의 거리를 좁혀 고독한 사람들을 한 집단으로 묶는다. 이렇게 대중 공간 앞에 드러난 내면은 카타르시스를 촉발한다. 다시 말해 위로 효과를 준다. 아마도 블루스가 처음 공연될 때는 상호작용과 즉흥성이 치유에 중요한 역할을 했을 것이다. 노래를 듣고 공감해주는 한 사람만 있어도 노래하는 사람의 슬픔은 훨씬 가벼워졌을 것이다. 3행 연구聯句(콜 앤 리스폰스) 끝부분에 있는 브리지들은 원래 청중

들이 각자 다른 목소리로 제시하며, 노래하는 이의 슬픔을 새로운 시각
으로 보게 만드는 장치였다고 상상하기 쉽다.

아침에 일어나서 빗자루 먼지를 털어낼 거야.

아침에 일어나서 빗자루 먼지를 털어낼 거야.

네가 사랑하던 여자친구가 내 방에 올 수도 있어.

로버트 존슨,

〈아이 빌리브 아윌 더스트 마이 브룸 I Believe I'll Dust My Broom, 1936〉

날 흔들었잖아, 밤새 흔들어댔잖아

날 흔들었잖아, 밤새 흔들어댔잖아

계속 날 흔들어대는군, 자기, 내 행복한 가정을 망쳐놨어.

윌리 딕슨 & J. B. 르노아르,

〈유 슈크 미 You Shook Me, 1962〉

블루스 공연은 음악의 목소리와 사회적 목소리 사이의 대화, 노래의 교
환을 만들어낸다. 자기비판, 아이러니, 허세 등이 흔히 가사에 들어가는 요
소들인데, 무엇보다 가수들은 자신이 불행으로는 누구에게도 뒤지지 않는
다고 뻐긴다. 이렇게 사랑에 버림받고 배신당한 이야기는 성적 능력을 암
시하고 복수 계획으로 이어진다. 말장난은 감정 전이를 일으켜 낙담과 기
쁨 사이의 틈을 메운다. 절의 마지막 부분에 등장하는 심리 변화는 가수
와 청중 모두를 놀라게 하는 결론으로 이끈다. 가수의 마음 상태가 관객
의 공간으로 넘어가고 관객이 거기에 답하며 호혜적인 지지를 받는다.

움직이는 블루스

블루스의 교류는 개인에서 공동체뿐 아니라 성별에서 성별로, 인종에서 인종으로, 그리고 문화에서 문화로 이어지며 계속되었다. 이 급속한 확산에 가장 크게 이바지한 것은 LP라고도 부르는 바이닐^{vinyl}이었다. 이 녹음 방식은 인간의 목소리를 육체, 라이브 공연, 상호작용 사건이라는 구속에서 해방했다. 그러면서 원래 태어난 장소인 아프리카 밖에서 살 수밖에 없었던 사람들이 외부성^{outsideness} 효과를 부르던 노래라는 의미에서, 본디 외래적이며 한정된 공간의 음악이었던 블루스는 갑자기 수천에 달하는 생각이 비슷한 주체와 집단 앞에 등장했다. 블루스는 여러 차례 이주를 거듭하면서 국제적으로 인기를 얻었다.

첫 번째 이주는 이미 이야기했듯이 미국 노예들이 들판에서 절규하던 소리에서(이를 필드 홀러^{field holler}라고 부르며 흑인 음악의 시조로 취급한다) 해방된 후손들의 블루스로의 이동이다. 두 번째는 노랫말의 성적인 내용과 공연의 역동성을 통한 남녀 간 소통이다. 세 번째는 흑인 연주자에서 백인 연주자로 넘어간 이동이다. 백인들은 1930년대에 이미 블루스의 많은 특징을 전유해 1960년에는 대중적인 블루스를 선보였다. 이는 한 공동체에서 다른 공동체로 향하는 양방향 이동을 의미했다. 네 번째 이주는 대서양을 건넌 것이다. 다섯 번째는 영국 옷을 입고 다시 미국으로 돌아온 이동이다. 많은 이주를 거쳤지만 블루스 음악은 모두 슬픔을 다루는 미묘한 기술로 연결되어 있었다.

1920년대 여성 가수들의 바이닐 녹음이 처음으로 블루스의 대중화를 이끌었다. 미시시피주 델타에서는 주로 남성들이 공연했지만, 도시 관객들은 여성 공연을 선호했다. 재즈 피아니스트 젤리 롤 모턴은 자신이 처음 들은 블루스가 1900년경 뉴올리언스에서 마미 데스던스라는 이름의 매춘부가 불렀던 노래였다고 주장한다. 그녀는 마미 스미스, 마 레이니, 베시 스미스, 에델 워터스, 빅토리아 스피비, 그 밖에 많은 여성 블루스 가수를 위한 길을 개척했다. 남성을 향한 노골적인 구애에 특화된 여성 블루스는 흔히 자신, 즉 여성들이 성적 만족을 누릴 자격이 충분하다고 말한다. 이 주장이 당시에 이미 겉으로 보기에 더 조심스러운 성별에게도 허락된 것이었을까, 아니면 노랫말은 보통 남성 작곡가들이 썼으니, 남성들의 욕망이 노래에 접목되어 여성의 입으로 남성들이 듣고 싶은 말을 하게 하는 대리 만족 전략이었을까? 아프리카계 미국인 블루스 연주자들은 자신의 욕망에 신중하지 않으면 다른 남성 경쟁자들에게서 폭력적인 보복을 당할 위험이 있었다. 전해오는 이야기에 따르면 블루스 음악가 로버트 존슨은 연인의 남편에 의해 독살당했다고 한다. 여성 블루스는 날카롭고 풍자적이면서 선정적인 노랫말을 탐구했다. 이런 경향은 시간이 지나며 앨버타 헌터, 코코 테일러, 에타 제임스, 보니 라이트와 같은 가수들에 의해 더욱 증폭되었다. 이미 1930년대에 여성들의 대중적인 어반 블루스는 델타 지역의 남성 컨트리 블루스 연주자들의 연주 스타일에 영향을 미치기 시작했다.[35]

1920년과 1940년 사이에 블루스는 한 성별에서 다른 성별로 가서 다시 돌아오는 쌍방향 사건이었다. 남성과 여성은 음반 녹음은 물론 공연과 노랫말을 통해서도 상호작용했다. 가수와 청중의 분위기가 서로 영향을 미치듯 블루스의 성별로 분화된 연주 역시 서로에게 영향을 미쳤다. 블루스는 소규모 라이브 그룹에서 혼자 레코드 플레이어로 듣는 행위까지 시골에서 도시로 계속 움직이며 이주를 멈추지 않았다. 도시에서는 이 장르의 관습이 계속 발전했다.

음악의 영역을 가로질러 가장 급진적인 변화를 일으켰던 사건은 블루스의 인종 간 전이와 대륙 횡단이었다. 음반을 통해 블루스 브리지는 바다를 가로질러 미국 흑인에서 영국 백인으로 이동했고, 다시 미국의 두 인종으로 돌아오는 길을 놓았다. 지리문화적으로 매우 토착성 짙은 형식이 어떻게 대서양을 가로지르며 공명을 불러일으켰을까? 극작가 아미리 바라카의《블루스 피플Blues People》과는 너무나 다른 백인 영국인들이 어떤 문화적 권리로 인종적·사회적·경제적 불평등에 뿌리를 둔 형식을 전유했을까? 이 전유를 가능하게 해준 것은 바로 들을 권리였다. 열심히 듣고 나름대로 연주했지만 그다지 두각을 나타내지는 못하다가 1960년대 초에 백인 주도 블루스가 발굴되며 비로소 주목을 받았다.[36]

블루스의 이동이 물론 처음은 아니었다. 1930년대 컨트리 음악, 이후 1950년대 로큰롤에서 이미 흑-백 이동이 있었다. 말하자면 로큰롤 음악은 척 베리에서 빌 헤일리나 엘비스 프레슬리로 넘어갔다. 그 후 다시 흑인들의 소울 뮤직으로 이어졌다. 하지만 두 인종 간 이동에는 다른 점이 있었다. 로큰롤은 블루스만큼 백인 사회에 불협화음이나 반감을 일으키지 않았다. 블루스가 백인에게 낯설고 부담스럽고 긴장으로 가득한 음악이었다면, 로큰롤은 모든 것이 그 절반에도 미치지 않는 장르였다. 로큰롤은 관능적이고 자기를 긍정하는 젊은이들의 댄스 지향 에너지에 걸맞게 탄탄한 상업적 지원을 받았다. 리듬과 노랫말은 흥겹고 낙관적이었다. 반면 블루스는 애절하고 인종 고유의 표현을 탐닉했다. 1960년대 초가 되자 머디 워터스, 하울링 울프, 소니 보이 윌리엄슨, 존 리 후커를 듣는 백인 관객은 거의 없었다. 이들의 음악은 모두 아프리카계 미국인 고객들을 대상으로 직접 마케팅을 펼쳤던 '레이스 레코드(흑인들을 타깃으로 만든 상업적 음반 포맷)'에 녹음될 수밖에 없었다.

영국이 어떻게 '블루스를 얻게 되었는지^{got the blues}'('우울해하다'는 표현으로도 많이 쓰고, 블루스에 흔히 등장하는 가사이기도 하다)를 설명하는 이야기들은 많다.[37] 대체로 유럽에서 미군 라디오가 레이스 레코드를 방송하고 제2차 세계 대전 이후 흑인 군인들이 영국에 상륙하면서 시작되었다고 한다. 블루스는 영국에서 열광적으로 수용되었고, 미국인들의 취향에 잘 맞게 되어 더는 토착적이지 않은 형태로 발전했다. 블루스 음반이 바다를 건너 도착했을 때 유럽인들은 미국인들과 달리 블루스를 기호학적 추론을 배제한 채 들었다. 미국인들에게는 흑백의 긴장이 뚜렷하게 나타나는 노래도 그렇게 듣지 않은 것이다. 발신자와 수신자 사이에 있는 대양만큼의 거리는 이국의 음악이 가진 모든 매력을 발산할 여지를 주었다. 유럽인들이 듣기에 블루스는 한 번도 본 적 없는 이민자의 이국적인 매혹이었다.

1965년 미국 TV쇼 〈신디그^{Shindig}〉에 초대받은 롤링 스톤스는 그들이 커버한 노래의 원곡 가수이자 블루스의 거장 하울링 울프가 함께 공연한다는 조건으로 출연에 동의했다. 아프리카계 미국인들 수백 명이 셀마에서 몽고메리까지 행진하던 중 에드먼드 페투스 브리지에서 마틴 루서 킹 목사와 함께 공격을 받은 '피의 일요일'(1965년 3월 7일) 사건이 있은 지 겨우 두 달이 지났을 때였다. 백인 관객 중심이었던 〈신디그〉의 제작자는 롤링 스톤스의 요청이 마음에 들지는 않았으나 결국 양보할 수밖에 없었다. 하지만 한 발 물러서면서 그들이 또 다른 다리를 짓는 데 도움을 주었다. 이 다리는 킹 목사가 구상한 훨씬 더 큰 궤적을 따라가는, 작지만 중요한 상징적인 발걸음으로 미국 문화의 주요 부분을 재확인하는 것이었다.

"이상한 것은 블루스의 고향이라는 곳에 갔는데 거기 사람들은 블루스 연주자 대부분을 들어본 적도 없다는 거야. 믿을 수 없었지. '빅 빌 누구라고?… 우리는 미국 음악을 재활용이나 하고 있었는데, 사람들은 그 음악을 듣더니 영국 사운드라는 거야."³⁸ 텐 이어즈 애프터의 기타리스트 앨빈 리가 밴드의 1968년 첫 미국 투어를 회상하며 했던 말이다. 빅 빌 브룬지는 미국 백인들에게 앨버트 킹, 킹 B, 프레디 킹, 매직 샘, 오티스 러쉬, J. B. 르노아르, 윌리 딕슨, 오티스 스판, 버디 가이, 주니어 웰스나 그 전임자들과 더불어 이제 간신히 시야에 들어온 연주자 중 하나에 지나지 않았다. 애니멀스와 야드버즈, 만프레드 만 앤 뎀, 스펜서 데이비스 그룹, 텐 이어즈 애프터 같은 그룹과, 마이크 버논이 만든 블루 호라이즌 같은 영국 음반사의 매개 효과로 대서양을 횡단해 도착한 음악이 사실은 미국 흑인에 기반을 두고 있다는 사실에 관심이 집중되었다.

고백컨대, 유럽 애호가들의 열렬한 지지를 받았던 블루스의 거장들은 정작 미국에서는 그다지 인기를 끌지 못했다. 오히려 사회적으로 진보적이고 기존의 섹시한 젊은 남성들이 연주하는 영국 블루스가 훨씬 선호되었다. 이들의 블루스는 대체로 인종주의라는 가시덤불은 벗겨냈다. 물론 그렇다고 해서 새로운 연주자들이 가시를 완전히 무시하지는 않았다. 이들은 가시를 다른 감정 속으로 이동시켰다. 블루스 가수들의 인종적·사회학적 타자성에 어쩔 줄 몰라 하던 영국인들은 타자성을 버리고, 대신 자신들의 위기와 전쟁 후의 고통을 노래라는 틀에 담았다. 기타리스트 에릭 클랩튼은 "나는 어떤 정체성도 느끼지 못했다. 처음 블루스를 들었을 때 그것은 내게 영혼의 울음소리 같았다. 처음부터 소리와 나를 동일시할 수 있었다. 내 느낌, 다시 말해 내면의 결핍과 비슷한 것을 처음 듣는 순간이었다. 정신을 잃을 정도로 흥분했다. 내가 왜 블루스를 연주하고 싶었는지 알 수 없지만 곡조가 정말 편안하게 느껴졌다"라고 말한다.[39] 클랩튼은 영혼의 울음소리를 영국 블루스 록으로 변환하며 블루스의 겉모습도 바꿨다. 또 전혀 다른 공연 조건에서 인종 문제의 부담에서 벗어나 카리스마 넘치는 섹슈얼리티라는 국제적 문화에서 자신이 경험한 블루스를 미화하며 대단히 매혹적인 음악으로 만들었다. 영국으로 건너온 블루스는 엄격하게 표준화되거나 중앙에서 감독하지 않는 느슨한 형태를 띠게 되었다. 이제 블루스는 1인 어쿠스틱 공연에서부터 도시적이고 재즈가 변형된 연주, 시카고의 일렉트릭 콤보에 이르기까지 다양한 형식을 가리키는 용어가 되었다. 8마디, 6마디, 16마디 변주가 있는 I-IV-V 노래들은 저렴한 가격으로도 녹음을 마다하지 않는 개성이 특이한 음악인들이 즉흥적으로 만들었다. 영국에서는 더 나은 경제 조건과 폭넓은 사회 조건으로 인해 미국과는 달리 세련된 상품이 등장했다. 녹음 스튜디오에서는 거칠게 만들어진 블루스를 정교하고 세련미 있게 재작업했고, 때로 거장 연주자들이 더욱 잘 다듬어 젊은이들의 스윙 클럽에서 공연하곤 했다. 이 모든 것은 문화 융합 속에서 형성되었으며 지미 헨드릭스라는 블루스 대륙 횡단의 화신에서 절정에 달했다. 지미 헨드릭스의 이미지와 스타일은 1966년에서 1968년 사이에 런던에서 만들어졌다. 그의 주요 동반자는 크림과 피터 그린의 플리트우드 맥, 사보이 브라운과 치킨 쉑, 로리 갤러거의 테이스트, 그리고 궁극적으로 레드 제플린이 있다. 이보다 앞서 존 메이올, 알렉스 코너, 그리고 시릴 데이비스는 영국에 블루스의 교두보를 놓았고 그 표준에 자신들의 곡을 더했다.

한편 미국에서는 사이키델릭, 히피, 하이브리드 뮤지션들이 미국에 블루스 음악을 재수입하고 있었는데, 이 중 가장 두드러진 밴드로 머디 워터스, 오티스 러시와 함께 연주하고, 시카고에서도 다른 블루스 거장들과 교류가 있었던 폴 버터필드 블루스 밴드가 있었다. 1967년에는 블루스 음악의 기본적인 특징들이 도어스, 빅 브라더 앤드 더 홀딩 컴퍼니, 그리고 캔드 히트나 조니 윈터와 같은 백인 음악에도 자리 잡고 있었다. 미국과 유럽을 오가는 문화적 수혈을 통해 블루스는 고립 상태를 벗어났다.

셀 수 없는 청취자로 향하는 물리적 다리는 레코드 산업이 지었다. 이들은 공연이라는 사건에서 음향을 옮겨와 고정된 육체를 떠난 연주로 만들었다. 그 과정 속 민족 문화적 관계가 얼마나 복잡했는지 하나의 예로 설명하겠다. 시카고 거리와 클럽에서 공연하는 흑인 음악가들, 예를 들어 하울링 울프, 머디 워터스 등은 너무도 중요한 사람이니 반드시 녹음으로 이들의 음악을 남겨야겠다고 생각했던 두 백인 유대인 형제가 없었더라면, 유럽인들은 시카고 흑인 예술가들의 음악을 들으며 영감을 받을 기회조차 얻지 못했을 것이다. 폴란드 난민의 돈 한 푼 없는 아들이었던 레너드 체스와 필 체스는 체스 레코드라는 레이블로 흑인 블루스 연주자들의 바이닐 LP를 제작했다. 체스 형제는 상업성을 넘어 블루스에서 발산되는 정신적 측면에 크게 감동했다. 폴란드에도 빈곤과 떠돌이 시인이 있는 만큼 나름대로 비가悲歌도 있었다. 체스 형제는 블루스를 들으며 모국의 비가와 공통점을 발견했다. 니체 전문 학자이자 민속 음악학자인 앨런 로맥스 역시 마찬가지였다. 로맥스는 유럽에서 1960년대에 여러 번 아메리칸 포크 블루스 축제를 기획하기도 했다. 그중 많은 축제가 필름으로 남아 있다. 테크놀로지는 블루스-다리를 유럽에 놓았다. 유럽은 이 음악에 감동하고 모방하려 했다. 로디 도일이 쓴 《커미트먼트The Commitments, 1987》라는 소설에서 블루스를 연주하는 한 아일랜드 밴드의 프론트맨은 이렇게 말한다. "음악은 자신이 어디에서, 어떤 사람에서부터 왔는지를 밝혀야 해… 아일랜드인들은 유럽의 깜둥이야, 도련님들아… 더블린 사람들은 아일랜드의 깜둥이고… 더블린 북쪽 사람들은 더블린 깜둥이야. 큰소리로 따라 해. 난 흑인이고 난 그게 자랑스러워."[40]

같은 생각을 하던 런던 이스트 엔드의 한 유대인 젊은이 역시 블루스에 끌렸고, 훗날 가장 뛰어난 블루스 연주자 중 하나가 되었다. 〈블랙 매직 우먼Black Magic Woman〉을 만든 피터 그린은 1946년 그린바움에서 태어났다. 그는 육류 포장 사업에서 손을 떼고 존 메이올이 이끄는 밴드에서 연주하다가 1967년 플리트우드 맥을 결성했다. 3년 후 슈퍼스타가 되기 직전에 그는 미국 블루스맨들의 가당찮은 막대한 수익과 절도를 이유로 밴드를 그만두었다. 개인적 억압에 대한 혐오로 인해 블루스를 시작했던 그는 플리트우드 맥을 떠난 후에는 거리에서 골판지로 만든 상자 안에서 살았다. 밴드의 동료 멤버였던 대니 커완 역시 홈리스가 되었다. 홈리스 보호소에서 있었던 인터뷰 중 커완은 블루스가 악마의 음악이며 교차로에서 영혼을 앗아간다는 오래된 전설을 인용했다. 커완은 백인들은 블루스를 연주하고 부를 때마다 "자신에게 피해를 입힐 수도 있다"라는 것을 충분히 인지하고 있다고 주장했다.[41] 사실은 그 반대에 가깝다. 인종과 피부색과 상관없이 피해가 먼저 온다. 이 피해는 블루스라는 다리로 이끌 수 있고 다리는 피해를 해결하는 데 도움을 줄 수 있다.

4장

다리의 형제와 적들

다리의 형제들

1장 '신의 위대한 다리 짓기'에서는 정신의 영역으로 가는 포털, 즉 초월성을 갖는 인간의 구조물에 대해 살펴보았다. 물리적으로 실제 존재하는 다리는 흔히 반대 방향으로의 움직임, 다시 말해 하늘에서 땅으로의 이동을 요구한다. 역사상 무수히 많은 다리가 불멸의 영혼들의 도움을 받고서야 비로소 견고한 토대를 확보할 수 있었다. 중세 기독교 역사의 깊은 곳을 뒤져보면 '다리를 짓는 형제들frères pontifes'이라는 독실한 수도사 집단이 전능하신 하느님이 명하신 다리를 놓기 위해 헌신하는 감동적인 이야기가 있다(pontife는 '주교'라는 의미도 있어서, '주교의 형제들'이라고 불리기도 한다). 이야기는 입에서 입으로 전해지면서, 이들은 개울이나 강 위에 로마와 다른 신성한 장소들로 가는 길을 만들어 순례자들의 여행을 도와주었던 작은 단체로 묘사되었다. 1818년 아베 그레구아르 신부는 다리의 형제들의 사명을 다음과 같이 설명했다.

여행자들에게 잠자리를 주고 아프면 돌봐주고 강을 건너기 쉽게 하고, 그
들을 호위하며 무정부 시대에 흔히 생겨나는 산적 무리의 침략에 단호하게
맞서 싸우고, 다리, 나루터, 제방, 도로를 건설하는 것이 다리를 만드는 형
제들이 지속적으로 해야 하는 일이었다. 이들은 이렇게 산업의 발전에 이
바지했고, 여러 방식으로 건축과 상업의 복원 전문가들이었다.[1]

다리를 짓는 형제들의 이야기는 1177년, 열두 살의 한 양치기가 아비
뇽의 론강을 가로지르는 다리를 만들라는 계시를 받으며 시작된다. 베네
제라는 이름의 소년은 산에서 내려와 마을 주민들에게 자신의 임무를 전
한다. 사람들은 곧 그를 조롱한다. 하지만 신이 주신 영감은 쉽사리 사라
지지 않는다. 베네제는 남성 30명이 함께 들어올려야 움직일 수 있는 바
위를 혼자서 번쩍 들어 강에 던져 신에게서 받은 임무의 신빙성을 입증한
다. 천사들이 그를 대신해 양떼를 지켜주는 동안 베네제는 아비뇽에 거
의 1킬로미터에 달하는 돌다리를 세울 수 있도록 정부의 허가를 받았다
(1177~1184년에 만들어진 네 개의 아치형 다리와 교각은 이미 존재하던 로마 시대
다리의 기초 위에 세워졌다. 프랑스에서 가장 오래된 이 중세의 다리가 빨리 지어질
수 있었던 이유를 설명하는 데 도움이 될 것이다).

베네제의 짧은 생애 동안 여러 기적이 일어났다. 들리지 않는 자가 청력
을 회복하고, 보이지 않는 자는 시력을 회복했다. 그러자 베네제의 건설
작업에 종교적인 후원이 쏟아졌다. 얼마 지나지 않아 다리의 형제들 또는
다리를 짓는 형제회가 만들어졌고, 이 단체는 베네제와 마찬가지로 프랑

스와 이탈리아에 있는 강들에 계속 다리를 놓았다. 형제회를 세운 전설의 소년 베네제는 19세에 사망해 다리에 있는 교회당에 묻히고 성자의 반열에 올랐다. 지난 800년 동안 아비뇽 다리를 건너는 교황은 하나도 빠짐없이 교회당에서 멈추어 기도하고 자비를 베풀었다. 다리를 만든 지 150년 정도가 지나, 정확히 1309년과 1377년 사이에 교황이 다리가 있는 도시 아비뇽에 유수幽囚되었다. 이후 7대에 걸쳐 교황은 아비뇽에 머물렀다 (1378~1403년 사이 두 명의 대립교황Antipope도 포함해야 한다).

성 베네제의 놀라운 업적을 기록한 초기 문서로는 13세기까지 소급되는 양피지가 있는데, 세부 내용 대부분은 예수회 신학자 테오필 레이노가 17세기에 쓴 전기를 통해 알려져 있다. 다리의 형제들에 대한 문서들은 더 많다. 19세기에는 여러 학문적 연구가 있기도 했다. 1245년 교황 칙서에는 베네제 형제회가 리옹에 론강 위를 지나는 또 다른 다리를 짓기 시작해서 거의 완성했다는 기록이 있다(그러나 이 칙서에 찍힌 교황 인노첸시오 4세의 인장과 날짜는 '명백한 위조'라는 주장도 있다).[2] 베네제와 동료들은 여기서 멈추지 않고 론강 위의 세 번째 큰 다리, 퐁-생-에스프히를 지었다는 이야기도 있다. 그리고 이들이 만든 수도회는 스페인, 스코틀랜드, 그리고 다른 나라들로 퍼져나갔다고 한다. 19세기 학자 게오르크 라칭거는 이 수도사들은 "상인과 여행객들을 약탈로부터 보호하고 무임으로 강을 건너며, 강둑과 외딴 지역에 아프고 가난한 여행객들을 위한 숙소-병원을 세우고, 다리와 도로를 건설하겠다고 맹세했다"라고 썼다.[3] 아비뇽의 다리 형제회는 병자들을 잘 돌본 훌륭한 병원이라고 기억되는 토스카나 알토파시오의 세인트 제임스 이탈리아 형제회Italian Brothers of St. James of Altopascio로 발전된 것으로 보인다.

아비뇽의 다리 형제회의 활동에 관한 모든 전설에 확실한 역사적 근거가 있다고 할 수는 없다. 다리의 형제들이라는 호칭은 특정 한 단체라기보다, '동시에 서로 다른 장소에 존재하는 필요성을 위해 불러낸' 여러 단체를 가리키는 말이었다.[4] 프랑스에서는 그런 단체가 베네제보다 이미 100년 전에 있었다. 이들은 본파스 형제회[Brothers of Bonpas]였는데, 아마도 1084년에 듀랑스강에 다리를 놓은 것이 이 수도회였을 것이다. 원래는 다리를 놓는 단체가 종교 집단이 아니었을 수도 있다. 우리가 아는 것처럼 순결, 청빈, 복종을 서약한 단체가 아닐 수도 있다는 말이다(물론 제임스 브로드만에 따르면 수도회의 규범은 13세기 이전에는 명확하지 않았다고 한다).[5] 어쨌든 아비뇽 수도회는 수사와 수녀들이 같이 사는 공동체였다. 1196년에서 1208년 사이의 문서에 식당과 기숙사, 예배당과 묘지, 그들이 입었던 옷, 그리고 수도회 우두머리를 '원장'이라고 불렀다는 사실이 기록되어 있다. 하지만 아비뇽에 있었던 수도사들은 자신을 '다리의 형제들'이라고 부르지는 않았다. "리옹에 있는 수도사들이 자신을 '리옹 다리의 형제들'이라고 불렀듯이 그저 '아비뇽 다리의 형제들'이라고 불렀을 따름이다. '다리의 형제들'이라는 이름은 후대 저자들의 글에서나 발견된다."[6] 이들의 주요 역할은 다리 자체의 건설보다는 다리를 짓고 유지하거나 론강을 오가는 나룻배를 위한, 후에는 숙소-병원 관리 기금을 모금하는 것이었다.

그렇지만 이 수도회들은 로마 교황청과 자동으로 관계를 맺고 있었다. 중세 유럽에서는 "다리를 짓는 것은 교회를 짓는 것 다음으로 중요했기 때문이다." 교회는 12세기 중반까지 다리를 놓는 일을 '가장 칭찬할 만한 작업'이며 "따라서 교황과 주교는 이에 대한 면죄부를 허가한다"라고 말했다.[7] 신학자들은 배고픈 자에게 음식을 주고 목마른 자에게 마실 것을 주고 벌거벗은 자에게는 옷을 입히며, 낯선 자를 품어주는 것을 정당한 것과 같은 원리로 이런 면죄부, 즉 죄인에 대한 면죄를 정당화했다. 이 행동은 이웃들에게 베푼 순수한 선행으로 보상받았다. 수도회의 도움을 받은 이웃들은 다시 기도와 선행으로 보답했고 다리를 놓는 사람들과 교회는 많은 도움을 받았다. 결국은 모두에게 좋은 행동이었다.

로마로 가는 순례길을 따라 기금을 지원받은 다리들이 놓여 있었는데, 다리의 형제들은 강둑에서 여행객들을 위한 제노도키아('빈자의 피난처'라는 의미), 다시 말해 숙소-병원을 관리하면서 서비스를 지속했다. 이에 대해서는 확고한 공감대가 있다. 수도사들이 일용 노동자와 순례자들에게 음식과 거처를 무료로 제공했던 숙소-병원을 만들고 유지하기 위해서는 교회의 지원이 필수라는 공감대가 확고했던 것과 마찬가지였다.[8]

악마의 다리

중세 유럽에서는 영적 승인 없이는 다리를 짓지 못한다는 합의점이 있었고, 지금도 비슷한 생각을 하는 사람들이 있다. 구조물의 성격상 언제나 재난의 위험이 있기 때문이다. 다리를 만드는 사람이나 지나가는 사람이 한 걸음만 삐끗해도 즉사할 수 있다. 애초에 잘못 만들었거나 혹은 유지·보수를 게을리 하거나 아니면 아무리 잘 만들고 유지·보수를 잘하더라도 시간의 흐름에 다리는 무너질 수 있다. 다리는 완공되기 전 혹은 완공 후에도 홍수가 나서 갑자기 떠내려갈 수 있다. 옛날에는 마법사들만이 다리를 유지할 수 있다고 믿었다. 인간의 독창성만으로는 충분하지 않다고 생각했기 때문이다. 다리를 지으려면 우선 건설을 반대하는 초자연적 존재를 달래는 것이 가장 현명한 방법이었다. 초자연적 존재란 강의 잡신일 수도 있고, 성공적인 완성에 대한 대가로 통행료를 받아내려는 악마 자신일 수도 있다. 다리-짓기와 빛과 어둠이라는 강력한 힘 사이의 유착은 전 세계적으로 위험한 모든 다리마다 희생자의 이야기가 있거나, '악마의 다리'라는 이름이 세계적으로 통용되고 있다는 사실에서도 볼 수 있다.

다리라는 인공의 길이 만들어지며 자연적 방어는 취약해졌다. 그래서 다리 입구에 요새 같은 작은 성과 탑을 세웠다. 그리고 다리를 통해 영혼이 한쪽에서 다른 쪽으로 무단으로 건너가지 못하도록, 다리 아래에는 야누스와 헤르메스의 주상 같은 부적 혹은 보호 성상들을 놓았다. 마치 자연이 분리하기로 선택한 것을 악마의 힘으로 연결해서 이 구조물 위로 왕래를 가능하게 하는 것 같았다. 다리가 물 위를 건너 한 둑에서 다른 둑으로 가지 말라는 자연의 금지를 위반한다는 생각을 민담, 전설, 시에서는 물론, 중국의 지그재그 형태로 만들어진 다리에서도 나타난다(사진 4.1). 중국 학자들이 말도 안 되는 이야기라며 무시해버리곤 하는 구전 설화에 따르면, 이 구불구불한 다리는 귀신을 헷갈리게 만들어 귀신이 무심코 일직선으로 나아가다가 각진 난간과 부딪치게 된다고 한다. 이 해석은 영국 전설이 중국과 일본에 이식된 것으로 보인다. 영국에는 다리가 정령이나 마녀를 혼란스럽게 하기도 하고, 또 한편 정령들이 다리를 통해 부주의한 여행자들을 위험에 빠지게 만드는 다채로운 이야기들이 있다. 태머섄터가 말을 타고 브릭 오 둔('둔강의 다리'라는 의미)을 넘어 마녀들로부터 간신히 탈출할 수 있었던 것은 그가 악령들은 흐르는 개울 한가운데를 건너 먹잇감을 쫓을 수 없다고 확신했기 때문이다. 이 중 가장 유명한 이야기가 로버트 번스가 1791년에 쓴 시 〈태머섄터〉이다.

육지 사이를 갈라놓는 물이라는 넘지 말아야 할 경계를 비자연적 수단을 이용해 굳이 건너는 데 수반되는 위험을 고려해서 강 공동체들은 대체로 나룻배를 다리로 대체하려는 계획에 반대했다. 이스마일 카다레의 소설 《세 개의 아치를 가진 다리The Three-Arched Bridge, 1978》는 중요한 이 문제와 관련된 풍부한 묘사를 전달한다. 충분히 예상할 수 있듯이 14세기에 다리 건설을 가장 소리 높여 반대했던 사람들은 기득권을 가진 나룻배 선원들이었다. 하지만 훨씬 더 강한 저항은 지역 미신에 뿌리를 두고 있었다. 이 소설의 배경인 중세 시대의 마을에서는 다리라는 새로운 기술 자체가 지닌 신성 모독적 성격이 가장 커다란 위험 요소여서 다리가 있는 '위키드 워터스강Ujanae Keque'(악마의 강이라는 의미)에서 반란이 일어난다. 이런 면에서 카다레의 이야기는 원형적原型的이다. 중세 시대 베네제 같은 성

사진 4.1 수서호의 24다리, 중국 양저우. 장위추.

인이 다리를 짓고 지지하고 있을 때조차 다리의 목적을 달성하기 위해 어둠의 힘을 물리쳐야 했다.

카다레는 알바니아의 다리 건설 프로젝트를 동남부 유럽 이슬람 문화권을 배경으로, 위엄있고 신비한 분위기로 다룬다. 다리 건축가들은 일반 사람들은 이해할 수 없는 생각을 하는 악마에 준하는 존재로 거의 무아지경 상태에서 작업한다(이보 안드리치 역시 1925년 소설《제파강의 다리》에서 건축가의 이런 모습을 설득력 있게 묘사한다). 알바니아에서 흔히 볼 수 있는 오스만 제국 시대의 다리(그 중 어느 것도 17세기 이전에는 지어지지 않았다. 18세기 다리는 사진 4.2를 보라)를 허구적으로 재현하는 카다레의《세 개의 아치가 있는 다리》는 강둑에서 낯선 사람이 불쑥 나타나 오두막으로 사라졌다가 마치 무덤에서 나온 것처럼 '셋째 날 다시 등장'하며 시작된다. 그는 '부스스한 빨간 곱슬머리 뭉치와 얽은 얼굴'을 하고, "어쩐지 똑바로 바라봐서는 안 될 것 같은 눈을 갖고 있었다. 눈을 쳐다보자마자 나타나는 역겨운 빛을 보면 당황할 수밖에 없었다."[9]

공사가 진행되면서 한 지역 주민이 건설업자에게 다가온다. 그는 바보 젤로시로, 이해할 수 없는 손짓을 하며, 악마의 등뼈처럼 생긴 다리 위에서 팔다리의 그림자를 이용해 즉흥적인 춤을 춘다. 노파 아즈쿠나는 이 다리 모양을 '바알제붑^{Beelzebub}(지옥의 악마)의 등뼈'라고 부르며 다리에서 나쁜 일만 있을 것이라고 예언한다. 다리 건설 자금을 대는 사람들 역시 다리 건축가와 마찬가지로 믿음을 주지 않는다. 이들은 한때 '에그나티아 가도^{Via Egnatia}'로 불렸던 서부 고속도로를 사서, 3개월 이상 쉬지 않고 여행한 후 그들이 매입한 땅의 언어를 뒤섞어 왁자지껄하게 떠들며 마을 사람들 앞에 나타난다. 그들은 11개 언어로 수학 계산을 한다. 다리가 대체

사진 4.2 메시 브리지, 알바니아 키르강. 슈켈젠렉샤.

할 뗏목도 악마와 연관성을 가진다. 그것은 '물에 빠져 죽은 사람을 기억하는 의미로 둑에 꽂아 놓은 십자가' 옆에 계류되어 있고, '곱사등이 사공'이 배를 젓는다.[10]

이런 위협과 도무지 알 수 없는 목적은 다리의 건설을 추진하고 실현하기 위한 파우스트적 충동과 악마와의 거래를 떠올리게 한다. 카다레의 책을 읽는 사람이 대부분 잘 알고 있을 전형적인 이야기에 따르면 악마는 다리 건설에 격분해 건설업자들이 무언가 보상을 약속할 때까지 밤마다 낮에 만들어놓은 다리를 파괴한다. 그리고 최소한 처음으로 다리를 건너는 생명의 영혼을 보상으로 요구한다. 하지만 희생이라는 어려운 문제는 속임수로 해결되기도 한다. 악마는 사람이 건너기를 기대하지만, 마을 사람들은 닭이나 개가 먼저 건너도록 다리에 빵을 던진다는 이야기다. 제임스 조이스는 뷰겐시 브리지에서 고양이를 거래 수단으로 사용했다는 이야기를 들려준다.[11] 그러나 아무리 좋은 경우에도 보통은 커다란 상처를 남기는 합의로 끝난다. 그리고 어쨌든 전설은 살아남는다.

당나귀 등뼈처럼 좁은 아치형 다리 또는 산꼭대기의 아찔한 공간에 매달려 있는 다리들은 지금도 악마의 다리라고 부른다. 알프스산맥 남쪽 유럽에 그런 다리가 수십 개 있다. 예를 들어 이탈리아 시비달레의 나티소네강, 란조의 스투라강, 보르고아모차노 부근 세르치오강 등에서 이런 다리를 볼 수 있다(사진 4.3). 마리네오 인근의 사라센 브리지, 스위스 로이스강을 가로지르는 악마의 다리, 파비아 티치노강을 가로지르는 덮개 다리 등등 이런 다리는 수없이 많다.

악마와의 거래에서 해피 엔딩은 드물다. 보통은 악마가 원하는 것을 얻는다. 악마가 통행료를 받는 방법 중에 하나로 사람을 살아있는 채로 석조 다리에 묻어버리는 의식이 있다. 일반적으로 아이나 여성이 유폐幽閉의 대상으로 선택되었다. 이 관습은 악마를 달래는 목적 외에도 다리라는 구조물에 생명력을 부여하고 생명을 보호하는 힘을 주기 위해 등장했을 것이다. 종교학자 미르체아 엘리아데는 상징적 탄생이 "희생 제물에 의해 이루어진다"라고 주장한다.[12] 그렇다면 자연적 다산과 인공적 건축물을 가장 강력하게 결합하기 위해서는 젊은 어머니가 가장 알맞은 희생 제물이 된다.

남유럽에서 반복적으로 등장하는 다리-짓기 이야기를 보면, 어머니는 갓 태어난 아이에게 젖을 계속 먹여야 하니 다리 벽에 젖가슴 하나를 내놓을 수 있도록 허락해 달라고 간청한다. 카다레는 그의 고향 알바니아 로자파성을 만들 때 한 어머니가 산 채로 벽에 묻혔다는 전설에서 이 주제를 변주할 영감을 얻는다. 로자파성 벽에 묻히는 여성(이름이 로자파다)

사진 4.3 세르치오강을 건너는 악마의 다리. 토스카나의 마틸데 여백작이 1080년에서 1100년 사이에 의뢰했다고 하며, 14세기 초에 보수되었다. 치아라 보라치.

은 젖먹이 아기를 위한 자신의 오른쪽 가슴은 물론 '아이를 보기 위한 오른쪽 눈, 아이를 만지기 위한 오른손, 요람을 흔들 오른발'까지 드러내 달라고 사정한다.[13] 이보 안드리치도 《드리나강의 다리》에서 비슷한 이야기를 한다. 오스만 다리의 석공들이 낮에 세운 다리가 매일 밤 알 수 없는 이유로 파괴된 후,

> '무언가'가 물에서 속삭이며 석공 라데에게 스토야와 오스토야라는 이름의 어린 쌍둥이 남매를 찾아 다리 중앙 교각에 묻으라고 충고했다⋯ 다른 방법이 없었기 때문에 아이들은 교각에 산 채로 묻혔다. 하지만 라데는 그들을 동정하여, 교각에 구멍을 뚫어 불쌍한 어머니가 제물로 바쳐진 아이들에게 음식을 먹일 수 있도록 했다. 지금 야생 비둘기들이 둥지를 틀고 있는

사진 4.4 아르타 브리지, 그리스(오스만 제국 시대, 17세기 초), 1913. 프레데릭 보이소나스.

저곳이, 구멍처럼 좁고, 정교하게 조각된 블라인드 창들이다. 이 일을 기념이라도 하듯이 저 벽에서는 어머니의 젖이 수백 년 동안 흘러나왔다. 일 년 중 어떤 시기에, 아무런 흠도 없는 돌에서 가는 하얀 액체가 흘러내려, 돌에 지워지지 않는 흔적을 남긴다… 사람들은 교각에서 젖의 자국을 긁어내어 출산 후 젖이 모자라는 여성들에게 약으로 팔고 있다.[14]

발칸반도 곳곳에서 변주곡을 찾을 수 있는 〈발라드 오브 더 브리지 아르타〉에서는 어떤 여성이나 막 결혼한 신부뿐 아니라 건축가의 아내까지도 희생을 요구한다(사진 4.4). 이 노래는 건축가의 아내를 매장하는 의식이 여성과 여성이 가진 자연의 힘을 통해 남성의 기술적 재주와 균형을 맞추고 반응하고 보상하려는 목적이라고 밝히고 있다.[15] 벽에 묻히는 동안 젊은 아내는 다리에, 그리고 다리를 이용하는 사람들에게 격한 저주를 퍼붓는다. "내 마음이 흔들리듯이 다리도 흔들리기를/내 머리카락이 빠지듯 지나가는 사람들도 빠져버리길." 이 발라드의 많은 변주곡에서 묻힌 이가 결국 저주를 취소하기도 하고, 혹은 다른 사람이 저주를 무력화하기도 하여 (사람들은 여전히 두려워하지만) 저주가 실현되지는 않는다. 하지만 그녀의 죽음 자체는 변함이 없다. 결국 악마와 다리-짓는 사람들이 승리하는 셈이다.

벽에 묻혀버린 알바니아 사람

지금도 그렇지만, 예전에도 사람들의 희생 없이 다리가 건설되는 경우는 흔치 않았다. 그러나 중세 시대 다리-짓기에서 찾아볼 수 있는 제의적 희생은 이내 다가올 죽음에 대한 형이상학적 정당성을 충족시키거나 규정하려는 사전 대책이었다. 그저 관점을 조금만 바꿔 보면 다리의 동기를 부여하는 영적 존재는 악마라기보다 신 혹은 그 반대로 보일 수 있다. 카다레의《세 개의 아치를 가진 다리》의 정치적 변화에서 볼 수 있는 반전도 마찬가지다. 그의 다리는 안드리치가 앞에 썼던 다리 두 개와 마찬가지로 오스만 제국의 작품이다. 카다레가 보기에 이는 남중부 유럽에 대한 악랄한 정복의 도구였다.[16]

알바니아의 독재자 엔베르 호자가 '세계 최초의 무신론 국가'라고 자랑한 마르크스-레닌주의 국가였던 알바니아 사회주의 인민공화국에서 자란 카다레는 무슬림이 지은 다리들에 적개심을 노골적으로 드러낸다. 이보다 시기적으로 앞선《드리나강의 다리》에서 안드리치는 발칸반도의 다리들에 조금 더 호의적이긴 하지만, 이 책에서 오스만 제국이 세르비아인을 산 채로 비셰그라드 다리에 매장하는 묘사를 본 보스니아-헤르체고비나 동포들은 그가 무슬림 다리 건설자들과 그 지역 후손들을 악마로 보도록 만들었다고 비난하기도 했다(안드리치는 자신의 박사 학위 논문, 〈튀르키예 지배의 영향 하에서 보스니아 정신 생활의 발전The Development of Spiritual Life in Bosnia under the Influence of Turkish Rule, 1924〉에서 이들의 주장에 근거가 있다고 인정했다).

카다레 소설의 화자인 가톨릭 수도사 곤은 알바니아에 있는 이 14세기 다리가 점령을 위한 수단으로 놓였지만 결국은 오스만 제국의 파멸을 초래했다고 여러 번 주장한다. 다른 사람이라면 통합의 수단으로도 볼 수 있었을 다리는 알바니아 자치권의 끔찍한 소멸을 예고했고, 세계를 정복하는 제국의 군대가 자연과 문화의 방어를 뚫고 승리를 거두는 도구가 되었다. 다리 건설은 막대한 이익을 추구하는 이교도들의 탐욕에서만 비롯된 것은 아니었다. 그것은 지구의 원자재를 합리적으로 관리하겠다는 방침을 내세우는 전 세계 자본의 불길한 힘이 떠받치고 있었다. 오스만 제국의 중남부 유럽 지배에 도움을 주었던 이 다리는 사실 얼굴 없는 한 부유한 서구 상인의 명령에 따라 만들어졌다. 그는 도로를 포장하고 오스만 제국에 타르를 팔아서 해군 함선들이 물에 빠지지 않게 도왔으며 여러 은행을 소유했다.[17] 그러니 이 다리는 중세 시대 막 피어나던 유럽 자본이 기획하고 의뢰해서 돈을 댄 작품이었다. 다리를 만드는 여러 기술을 보며 당황했던 수도사 곤으로서는 이 다리가 '세계를 수 세기 앞으로 발전시킬 새로운 질서'와 관련되어 있다는 것은 더더욱 이해할 수 없었다. 다리의 총괄 건축가는 새로운 질서를 이렇게 설명했다.

두러스에 새로운 은행이 생기고, 27종의 동전을 거래하는 유대인과 이탈리아인 중개인이 늘어나고, 베네치아 화폐가 국제 통화로 거의 보편적으로 받아들여지게 된다. 사막을 건너는 상인 무리나 무역 박람회도 많아질 것이고, 특히(오 하느님! 그가 '특히'라는 말을 얼마나 강조했는지), 도로와 돌다리가 많이 지어질 것이다. 그리고 이 모든 움직임은 삶과 죽음의 동시적 징후라고 그는 말했다. 새로운 세계가 태어나며 옛 세계가 죽음을 맞이하는 징후였다(101).

1377년 아치 세 개로 된 다리는 중세 유럽 중상주의에서 발아한 자본주의를 상징하기도 하지만, 또 당시 알바니아가 겪었던 실제 고통도 반영하고 있다. 자연의 저항은 물론 공동체의 저항을 물리치겠다는 취지로 오스만 제국의 다리는 알바니아인 한 명을 벽에 산 채로 묻어버렸다. 동양의 무슬림과 서양의 자본주의 세력 사이에 낀 희생자는 압도적인 세력을 가진 세계 강대국들에 의해 짓밟히는 작은 공국을 상징한다. 벽에 매장당하는 알바니아인은 심지어 기독교 서사를 떠올리게 한다. 거대한 정치 세력 앞에 무기력한 알바니아 영토의 지배자는 한쪽으로 물러나서 '빌라도처럼 손을 씻는' 일만을 반복한다(122, 빌라도는 예수 처형을 승인했던 총독이다). 다리 건설자들은 다리 중앙에 알바니아인을 석고로 칠해 매달아 사람들이 그의 벗은 몸통과 눈을 볼 수 있도록 했다. 이는 그가 사후-세계로 넘어가지 못하도록 만드는 방법이기도 했다. 수도사는 공포에 질려 소리친다. 사람이 채 묻히지 않은 모습은 "삶과 죽음의 질서에 관해 우리가 알고 있는 모든 것을 거스르는 것이었다. 그 사람은 마치 다리처럼 둘 사이에서 어떤 방향으로도 움직이지 않고 그대로 남겨져 있었다"(128).

이처럼 이 책에서는 기독교적 서사와 반제국주의 정치학이 묘하게 융합되면서 우리를 이전 주제로 돌아가게 만든다. 로마 시대에는 죽음과 삶 사이에는 다리가 없고, 다만 '되돌아갈 수 없는' 스틱스강이 빠르게 흐르며 다리를 막고 있어서 헤르만 브로흐 같은 사람이 보기에 근본적이거나 '결정적인'(십자가 같은) 기독교적 전환이 있어야만 한 곳에서 다른 곳으로 건너갈 수 있었다. 이 전환을 보여준 사람이 기독교 이전 시대 단테의 안내자였던 베르길리우스였다. 브로흐의 《베르길리우스의 죽음》에서 선견지명이 있는 이 로마인은 죽음은 그저 호흡 정지에 불과하다는 생각을 믿지 않는다. 죽음은 경계가 없는 사후세계와 맞닿아 있는 것으로, 고대 그리스 철학자 아낙시만드로스가 아페이론이라고 불렀고, 다른 철학자들은 알 수 있는 형태의 세계 밖에 존재하는 원시적 혼돈으로 분류한 상태다. 실용주의적, 물질주의적인 이교도들이 실수를 저지를 수밖에 없었던 이유는 삶과 죽음이라는 두 상반된 존재론 사이에 어떤 다리도 있을 수 없다고 가정했기 때문이다. 그들은 죽음 이후 삶을 이루는 방법에 대해 몰랐기 때문에 죽음 자체를 다리로, 더 절대적인 무언가로 향하는 관문이라 성찰하는 간극을 열었다.

이야기가 마지막으로 치달으며 수도사는 아치 세 개를 가진 다리를 더 큰 관점으로 이끈다. 그는 다리 건설을 초월적 영감과 연결한다. 소설 내내 이 구조물에 악담을 퍼부은 다음 "그리고 갑자기 이런 생각이 머리에 떠올랐다"라며 생각에 잠긴다. "무지개는 아마도 다리의 첫 스케치였다는 생각, 그리고 하늘은 오랫동안 이 원시적 형태의 다리를 사람들의 마음속에 심어왔다는 생각이 들었다"(151). 이 이상적이고 원시적인 다리의 실제, 물질적·역사적 형태는 폭력, 생매장, 정치적 부정부패로 물들어 있다.

"다리의 모델이자 영감이었을 무지개는… 아직 아무도 만드는 방법을 모르고 족쇄를 채우지도 않는다. 그러면서도 또 사람들에게 무서움을 주고, 연약하며 이해할 수 없는 것이 아닌가?"(157). 수도사의 두려움과 확신의 결여는 모든 차이를 하나로 묶는 신의 위대한 다리의 건설이 지상에서 이루어지지 않는다는 것을 암시한다. 이 소설은 1377년 오스만과 알바니아인 사이의 민족적·문화적 적대가 제대로 해소되지 않고 오히려 이웃 코소보에서처럼, 카다레의 소설이 출간된 후 10년도 채 지나지 않아 다시 충돌하리라고 예언한다.

카다레가 글을 썼던 1970년대 당시 알바니아는 알바니아계 무슬림이 주로 거주하는 유고슬라비아 코소보 자치주와 국경을 접하고 있었다. 카다레 소설의 배경인 14세기에는 코소보가 세르비아 왕국의 정치적·문화적 중심지였다. 500년이 지난 19세기에 코소보가 알바니아 민족 각성 운동을 주도하면서 상황은 다시 바뀌었다. 21세기 문턱에 지역 정체성을 둘러싼 민족적·이념적 갈등이 폭발했다. 1998년 2월부터 1999년 6월까지 슬로베니아, 크로아티아, 보스니아-헤르체고비나가 참여한 유고슬라비아 전쟁이 잦아들자 세르비아 민족주의자들은 코소보 자치주로 관심을 돌렸다. 100만 명의 주민이 집을 떠났다.

소설에서 사건이 일어난 해인 1377년으로 돌아가 다시 생각해보면, 헤아릴 수치는 마냥 늘어난다. 세 아치가 있는 다리는 1389년 코소보 전투에서 당시 이곳을 지배하던 세르비아 왕국이 오스만 튀르크에게 참패하기 12년 전에 만들어졌다. 세르비아-코소보는 1389년에 이슬람교도들에 점령되었고, 세르비아 민족주의자들은 600년이 지난 1998년 보복을 감행했다. 나토군의 폭격이 세르비아의 공세를 저지하면서, 코소보는 알바니아 코소보와 세르비아 북코소보로 나뉘었다. 주민들은 이바르강에서 서로에게 총구를 겨누었고, 이후 양측은 이민족 집단의 침입을 막기 위해 중무장한 보초들을 세우며 다리를 요새화했다. 오늘날까지도 자치 정치 단체들은 코소브스카 미트로비차라는 국경 마을 다리 양쪽에서 대치 중이다.[18]

슬라브 민족의 다리가 분쟁의 핵심이라는 패러다임은 그보다 몇 년 전 보스니아 헤르체고비나에 있는 오래된 다리 스타리 모스트Stari Most에서 나타난 적이 있다. 다리는 화해의 상징적 의미가 있다는 바로 그 이유로 유고슬라비아 전쟁 중에 파괴되었다. 위치는 비셰그라드에 있는 안드리치의 다리에서 200킬로미터 떨어진 곳이었고, 술레이만 대제의 의뢰를 받아, 1566년 오스만 제국의 건축가 시난의 제자 하이루딘이 설계했다. 다리가 있던 모스타르는 '완전히 다민족·다종교 도시'로, 통일을 원했던 사람들에 따르면 이 도시에서 열린 3분의 1가량의 결혼식이 다른 민족 사이의 결혼식이었으며 민족적인 게토는 없었다고 한다.[19] 여기서 하이루딘의 우아한 다리를 산산조각낸 '문화 전쟁 범죄'가 일어났다.

우선 1992년 4월과 6월 사이 세르비아군의 포격이 마을에 쏟아지면서 모스타르의 크로아티아인과 보스니아인은 함께 방어 태세를 갖추었다. 일단 힘을 합쳐 세르비아군을 격퇴한 크로아티아 군대는 느닷없이 무슬림 동지들에게 총구를 돌렸다. "한밤중에 총으로 위협하며 무더기로 체포하여 수용소에 가두었다." 그런 뒤 무슬림들을 굶기고, 1993년 5월에서 1994년 2월 사이에 2천 명을 죽였다.[20] 1993년 11월 9일 크로아티아군은 모스타르의 옛 오스만 다리를 목표로 포격을 가했다. 다리의 파괴에 군사적 목적은 전혀 없었다. 다리는 그저 보스니아 기독교인들과 도시의 이슬람교도 사이의 경계선인 네레트바강을 연결하고 있었을 따름이다. 스타리 모스트 다리는 '세르비아나 크로아티아 민족주의자들의 이야기와는 어울리지 않는 문화적 상징'이었을 따름이다.[21]

귀 없는 역사: 드리나강의 다리

무지개가 인간 다리의 원시 모델일 수도 있다는 카다레의 생각은 안드리치의 소설《드리나강의 다리》에 대한 일종의 오마주다. 안드리치의 소설에도 카다레의 소설에서만큼이나, 혹은 그보다 많은 역사적 죽음과 사별 이야기가 있다. 하지만 다리에 대한 믿음은 더 강하다. 보스니아와 마찬가지로 안드리치의 다리가 건너는 강 역시 오스만 제국과 기독교 영토 사이의 경계지만, 작가는 다리가 할 수 있는 역할에 더 많은 희망을 걸고 있다.

드리나강에 놓인 다리는 4세기에 걸쳐 통일성보다는 분쟁을 훨씬 많이 목격했다. 하지만 카다레의 '악마의 물' 위 사악한 구조물보다 무지개-논리에 더 가깝다. 안드리치는 이 건축물이 다리를 의뢰한 오스만 제국의 통치자를 괴롭혔던 정신적 욕구에서 비롯되었다고 말한다. 보스니아 비셰그라드에 아직도 서 있는 아치 11개로 된 이 다리는 튀르키예인이 아닌 그랜드 비지어(이슬람 세계 주권국가의 정부 수장)가 만들었다. 그는 10살 때 슬라브계 부모와 이별한 후 기독교에서 이슬람교로 개종했고, 이후 오스만 제국 예니체리(정예군으로 황제의 직속 경호대이자 친위대)가 되었던 세르비아인 소콜루 메흐메트 파샤였다. 원래 이름이 바히카 소콜로비치였던 이 인물은 1565년부터 1579년까지 튀르키예 제국을 실질적으로 통치했다.

그랜드 비지어 소콜루 메흐메트가 다리 공사를 시작하라는 명령을 내렸던 1571년, 오스만 제국의 외교 정책이 초래한 정치 위기는 최고조에 달해 있었다. 같은 해 오스만 제국은 베네치아인들을 키프로스에 전략적 목적으로 두었던 전초기지에서 몰아냈다. 셰익스피어가 《오셀로》에서 언급한 그 상황이었다. 오스만 제국의 정복은 기독교계의 대대적인 반발을 불러일으켰다. 교황청, 스페인, 나폴리, 시칠리아, 베네치아 공화국, 제노바, 토스카나, 몰타 기사단이 연합하여 반튀르키예 연합, 신성동맹을 이루었다. 1571년 10월 7일 신성동맹은 레판토 해전에서 튀르키예 함대를 격파했다(세르반테스가 총탄 세 발을 맞았다는 전투다). 이 시기 지중해 지역의 심각한 긴장 상황에도 불구하고 안드리치는 소설에서 다리의 기원과 관련된 정치적 요소는 다루지 않았다. 무리도 아닌 것이 이 다리가 오스만 내륙 후미진 곳에 있었기 때문이다. 오히려 그는 분수, 이슬람교 사원, 학교같이 오스만 제국이 칭송받던 분야인 공공사업과 더불어 다리의 사회적·개인적·일상적·장기적 영향을 평가하고 있다.

안드리치에 따르면 그랜드 비지어는 자기 존재의 핵심에 있는 균열을 본질적으로 치유하기 위해 문화를 초월한 다리를 지었다고 한다. 어린 시절 추웠던 11월 어느 날, 절망에 빠진 어머니들이 하릴없이 계속 쫓아오고, 납치범들이 철통같이 지키는 가운데 드리나강을 건너던 아이들의 긴 줄에 있던 피부 까무잡잡한 사춘기 소년은 마음속에 '날카롭게 찌르는 듯한 고통'을 느꼈다. 몇 년이 지나도 고통은 가라앉지 않았다. 오히려 고통은 계속 반복되었고

때때로 갑자기 그의 가슴을 둘로 잘라버리는 듯 끔찍한 고통을 주었다. 그 고통은 언제나 길이 끊기며 황량함과 절망이 교차하던 돌로 지은 강둑과

그 너머에 있던, 힘겹고 많은 대가를 치를 수밖에 없었던 위험한 길에 대한 기억과 연관되어 있었다. 바로 여기, 바로 이 언덕이 많고 가난에 찌든, 특히 고통스러운 장소, 사방에 불행이 분명한 곳에서, 그는 자신보다 강한 힘으로 인해 멈춰 설 수밖에 없었고 자신의 무력함에 부끄러워하며 자신의 불행과 다른 사람들의 불행, 자신의 모자람과 다른 사람들의 모자람을 더 분명히 인식하도록 강요받았다.[22]

바히카 소콜로비치는 나약하고 어린 소년 시절 무시무시한 드리나강을 작은 나룻배로 건널 수밖에 없었던 트라우마를 통해 인간 조건의 비참함, 무력함, 분열, 절망을 어른이 된 소콜루 메흐메트에게 알려주었다. 고향을 잃어버린 이슬람 개종자는 나이가 들면서 부족했던 힘을 강독에서 얻었다. 그러나 이별의 아픔은 계속 되돌아왔고 더 깊은 상처를 남겼다. 드리나강을 가로지르는 거대하고 긴 다리는 이별을 보상하려는 결과물이었다.

소콜루 메흐메트는 검은색 칼이 찌르는 것 같은 감각이 언젠가 없어질 수도 있다고 믿었다.

그가 머나먼 곳 드리나에 있는, 너무나 많은 불행과 불편이 모여 끝없이 늘어나는 나룻배를 없앨 수 있다면, 가파른 제방과 그 사이의 사악한 물을 다리로 연결해 드리나에 의해 끊긴 양쪽 길을 잇고, 그렇게 해서 자신이 태어난 보스니아와 자신이 살아가는 동양을 영원히 연결할 수 있다면. 그리하여 눈꺼풀을 감은 채 한순간에 그곳에 세워질 거대한 돌다리의 단단하고 우아한 실루엣을 처음 보았던 사람은 바로 그였다(26).

메흐메트의 다리는 분계, 분리, 그리고 한계를 극복하며 강둑 사이 '사악한 물'과 영혼의 경관을 회복하겠다는 약속을 한다(사진 4.5).

다리가 완공되자 비셰그라드 주민들은 모두 이 구조물의 초월적인 효과를 느낄 수 있었다.

가장 영향을 느끼지 못한 마을 사람들조차도 자신들의 힘이 갑자기 커진 느낌이었다. 마치 어떤 놀라운 초인적 능력이 자신들의 힘 안에, 일상생활 안에 들어와 마치 땅, 물, 하늘처럼 잘 알려진 요소들 외에 하나가 더 공개된 듯하고, 어떤 은혜를 통해 모든 사람 하나하나가 갑자기 자신의 가장 소중한 욕망 중 하나였던 물을 건너 공간을 지배하는 고대인들의 꿈을 실현할 수 있다고 느꼈다(66).

이것이야말로 드리나강을 가로지르는 다리의 영적 목표였다. 인간 존재의 새로운 가능성을 창조하는 것, 심지어 그 존재의 한계를 넘어서는 것까지 포함해서 말이다. 하지만 그랜드 비지어의 훌륭한 의도에도 불구하고 이슬람 세계와 기독교 세계 사이에 놓인 다리가 정치적 통합 대신 소설의 만들어진 시기까지 그리고 그 후에도 끊임없는 분쟁을 일으켜왔다는 사실은 비극의 아이러니다. 14세기부터 17세기까지 튀르키예인과 세르비아인 사이에 존재하던 격렬한 적대감이 19세기에 다시 일어났을 뿐만 아니라, 튀르키예인과 오스트리아-헝가리인 사이의 적대감이 더해지고, 세르비아인과 오스트리아-헝가리인 사이에는 1914~1918년 1차 세계 대전 전후로 전쟁이 이어졌다. 이후 1990년대에는 세르비아 민족주의자들이 보스니아 무슬림 동포들을 공격해서 유럽인들을 놀라게 하기도

사진 4.5 드리나 다리(소콜루 메흐메트 파사 브리지, 1577년 건설), 보스니아-헤르체고비나 비셰그라드. 블라디미르 미자일로비치.

했다. 거의 400년 동안 안드리치 소설의 다리는 시간의 흐름과는 아무 상관 없는 것처럼, 다리가 목격한 역사보다 더 변함없이 견실하게 유지되고 있다.[23]

안드리치 역사 소설의 주인공은 다리를 이용하는 공동체보다 오래 살 뿐만 아니라, 그들의 행동에 대해 침묵을 지키면서도 초월적인 판단자 역할을 한다. 그런 이유로 《드리나강의 다리》의 24개 장들은 각각 묘사하고 있는 당대의 사고방식에서 한 걸음 물러나, 놀라울 정도로 본성이 바뀌지 않은 다리의 물질적·지리적·존재론적 견고성에 다시 초점을 맞추며 끝난다. 그럼으로써 근본적으로는 '위대하고 지혜로운 고귀한 영혼'이 '하나님의 사랑'을 위해 세운 거대한 구조물의 역사를 위한 구조를 만든다. 이것이 바로 안드리치의 책의 최종 관점이며, 책에서는 이슬람 현자 알리호자의 말로 표현되고 있다. 그는 다리가 천사의 날개를 본떠 만들어진 이유를 설명하는 우화를 들려준다.

자비롭고 온화하신 알라신이 세상을 처음 만드셨을 때 땅은 부드러웠고 정교한 장식이 새겨진 접시처럼 평평했다. 인간에게 주어진 이 선물을 시기하던 악마는 이런 모습마저 마음에 들지 않았다. 신이 인간에게 건네줄 때 세상이 굳지 않은 점토처럼 부드럽고 축축한 상태를 유지하고 있었고, 악마는 살금살금 다가가서 손톱으로 땅의 표면에 아주 깊은 상처를 냈다. 그래서 깊은 강과 계곡이 형성되어 한 지역을 다른 지역으로 나누고 사람들을 떼어놓아 신이 인간에게 먹을 것과 의지할 뜰로 주신 땅에서 다시는 여행을 못 하게 되었다. 알라는 저주받은 이가 한 일을 보고 사람들을 불쌍히 여겼으나, 악마가 손톱으로 망쳐 놓은 일을 다시 복구할 수는 없었다. 그래서 그는 천사를 대신 보내 사람들을 도와서 편하게 오고 갈 수 있게 했다. 천사들은 불행한 사람들이 심연과 골짜기를 지나갈 수 없자 해야 할 일을 끝내지 못하고 괴로워하며 심연과 골짜기를 헛되이 바라보고 저쪽을 향해 외치는 것을 보고는 날개를 펼쳐 사람들이 건널 수 있게 했다. 그래서 사람들은 신의 천사들에게서 다리 놓는 법을 배웠다. 그러므로 다리를 놓는 것은 샘터 다음으로 가장 큰 축복이다. 그리고 가장 커다란 죄는 다리를 훼손하는 것이다. 모든 다리는 산의 개울을 건너는 작은 통나무에서 메흐메트 파샤의 거대한 건축물에 이르기까지, 신이 그것에 서 있으라 명령한 동안은 그것을 보살피고 유지하는 수호천사가 있기 때문이다.[24]

그러나 현자 알리호자는 지나치게 낙관적이다. 소설에서 그는 사람들이 편협한 목적을 위해 이용하는 다리의 마지막 희생자가 된다. 다리의 기능에 관한 우화의 중요성은 그 역사적 운명에 의해 퇴색된다. 정치적 분쟁 중에 반무슬림 무리가 알리호자를 체포하고 그의 귀를 다리에 못 박는다. 그는 이 책의 8장에서 논의할 극작가 우나 트로이의 소설 속 사도처럼 이상주의자라는 이유로 처벌받는다. 알리호자가 칭송하던 다리는 이제 고문 도구로 바뀐다. 역사와 천사-다리에 공통점이라고는 거의 없다. 이후 벌어질 보스니아 분쟁도 소설이 결말에서 보여주는 희망과는 아무런 상관이 없고, 영혼을 고치려는 비셰그라드 다리의 목적 따위는 전혀 개의치 않고 있다. 이 작품은 20세기 초반 유고슬라비아에서 일어나던 자각을 찬양하고, 동양과 서양, 이슬람교와 기독교, 세르비아와 크로아티아 사이의 충돌을 해결하기로 약속하며 끝을 맺는다. 하지만 모두가 알다시피 지난 세기 유고슬라비아 공화국이 해체되며 충돌은 더욱 격해지고 있다.

마지막으로 안드리치는 기술과 산업 경제가 악마 같은 방식으로 공모하리라 예견한다. 그가 글을 쓸 무렵, 둘이 공모하여 소콜로비치 다리 근처에 '100여 개의 다리와 고가교, 그리고 130여 개의 터널이 있는' 160킬로미터 길이의 철도를 건설해서 천사와 인간의 다리-작업을 무가치한 것으로 만들어버렸다. 이제 안드리치 다리의 기능이라고는 현대의 '기능적-구조적' 다리와 대조되는 기능밖에 없다.[25] 안드리치의 다리는 현재 어떤 의미를 갖는가? 이제 비셰그라드라는 이름도 안드리치의 마을 이름이 아니라, 헝가리에 있는 같은 마을 이름을 따서 만든 옛 소련 위성국들의 분파를 가리키는 비셰그라드 4국(폴란드, 체코, 슬로바키아, 헝가리 4개국의 지역 협력체)이라는 이름으로만 남아 유럽연합 내 외국인 혐오자를 연상시킨다.

안드리치의 소설은 발칸반도의 독자들조차 작가의 뜻을 잘못 읽기 쉽다. 몇몇 사람들은 이 소설에서 유고슬라비아 정치가로서의 작가가 민족주의 이데올로기를 표현했다고 말한다. 사실 민족주의란 '발칸반도에서 경쟁하는 이데올로기들의 집합'에 포함될 수조차 없다.[26] 소설이 출간된

1945년에 세워졌던 유고슬라비아 사회주의 연방 공화국이 무너지고, 세르비아와 슬로베니아 사이에 벌어졌던 10일간의 전쟁(1991년 6~7월)에 이어 세르비아와 크로아티아의 전쟁이 일어나면서 안드리치가 품고 있던 모든 희망의 불씨는 사라졌다. 이후 어떤 일이 일어났을까? 1991년 3월 카라도르데보 회의 비밀 협정을 통해 세르비아와 크로아티아 민족주의자들은 보스니아의 동포들을 피 흘리게 했고, 보스니아-헤르체고비나 공화국을 분열시켰다. 이 시점에서 안드리치 자신마저 그의 소설이 묵과할 수 없었던 전쟁의 발화점이 되었다. 소설에서 350년 동안 벌어진 어떤 사건보다 끔찍한 대학살이 그의 고향 비셰그라드에서 일어났을 때였다. 비셰그라드에서 보스니아인 무슬림 신도들을 공격한 가해자들은 나름대로 이유를 대며 살해를 정당화했다. 그 이유란 기독교인이자 세르비아인인 다리의 시인 안드리치의 동상이 세워진 도시에 대한 무슬림의 파괴, 소설과 안드리치의 박사 학위 논문에서 더욱 분명히 드러난 반무슬림 정서에 의해 촉발된 파괴라는 것이다. 하지만 다른 쪽 말을 들어보면 "다민족적인 보스니아에 관해 가장 서정적이었던 안드리치의 글이 보스니아 세르비아인들에 의해 편집되면서 인종 청소를 지지하기 위해 선별적으로 인용되었다"라고 한다.[27]

5장

언어의 다리

춤과 노래의 다리

아비뇽의 성 베네제 덕분에 우리는 다리를 노래와 춤과 연관시킬 수 있다. 혹은 그의 다리에 관한 노래, 〈아비뇽의 다리 위Sur le pont d'Avignon〉가 다리-짓기 행위를 노래와 춤으로 제시함으로써 인간의 손과 목소리를 공동의 합창으로 연결했다. 베네제 사후 사람들은 아비뇽 다리를 축제의 장소로 전유하면서 다리는 노래와 춤을 위한 곳이 되었다. 이 노래의 첫 번째 버전은 16세기에 작곡되었는데, 그때는 〈아비뇽의 다리 위〉가 아닌 〈아비뇽의 다리 아래Sus le pont d'Avignon〉였다. 폭이 5미터도 채 안 되는 베네제의 다리는 돌아가며 춤추기에는 공간이 좁다. 그래서 조셉 로스는 오래된 판화에서 자신이 보았던 춤이 정말 놀라웠다고 이야기하고 있다.[1] 하지만 춤을 더 흥겹게 즐기기 위해서는 다리 아래 바르텔라세섬으로 가야 한다. 이 섬은 오늘날에도 여전히 축제와 민속춤이 펼쳐지는 장소다. 아비뇽 다리는 1184년에 개통된 이래 다리 아래는 춤을 즐기는 공간이면서 태양과 비를 막아주는 쉼터였다.

프랑스 아이들이 외우는 노래는 19세기에 만들어진 버전으로 다음과 같이 시작하는데, 노랫말에 등장하는 '신사'와 '숙녀'를 군인, 음악가, 정원사 그리고 다른 마을 사람들로 대체하며 원하는 만큼 길게 이어진다.

아비뇽 다리 위에서
모두가 춤을 추고, 모두가 춤을 춘다
아비뇽 다리 위에서
모두 원을 그리며 춤을 춘다
잘생긴 신사들은 이렇게도 추고
저렇게도 춘다.

아비뇽 다리 위에서
모두가 춤을 추고, 모두가 춤을 춘다
아비뇽 다리 위에서
모두 원을 그리며 춤을 춘다
아름다운 숙녀들은 이렇게도 추고
저렇게도 춘다.

춤을 소재로 한 이 노래는 실제로 춤을 만들어내기도 한다. 노래는 사람들을 끝없이 원을 그리며 돌게 한다. 비슷한 효과를 만드는 다른 유형의 언어 예술도 있다. 그중 어떤 것은 광범위한 노래의 효과를 노래하고 어떤 것은 시 속에서 시를 찬양하기도 하지만, 예술이 없었다면 침묵이나 단절된 상태로 남았을 인간 경험의 차원을 결합하는 공통점을 가진다.

가장 작은 틈이 가장 다리 놓기 힘들다

당시의 모든 아이처럼 니체도 〈아비뇽의 다리 위〉를 알고 있었을 것이다. 노래가 만들어진 지 수십 년이 지난 후 그는 다리, 노래, 춤을 융합하며 언어의 본질에 관한 일련의 은유를 만든다. 이 은유들은 《차라투스트라는 이렇게 말했다》의 3부 '치유되고 있는 자The Convalescent'에서 등장한다. 여기서 낙담한 철학자는 이제껏 자신의 지적 발견을 공유하는 사명을 포기하기 직전이다. 그가 그토록 우울한 이유는 세상에서 지금까지 일어났던 모든 일이 그 형태 그대로 무의미한 단절 속에서 영원히 반복될지도 모른다는 생각 때문이다.

일주일 동안 꼼짝도 못 하고 앓은 차라투스트라는 동물 동료들이 전해 주는 듣기 좋은 이야기를 통해 서서히 기운을 되찾는다. 그들은 "굴에서 나와라"라고 간청한다.

세상은 정원처럼 당신을 기다리고 있다. 바람은 당신에게 가고자 하는 짙은 향기를 풍기고 있고, 모든 개울은 당신을 따를 것이다. 당신이 이레 동안 홀로 있을 때 모든 것이 당신을 그리워했다. 동굴에서 나와라! 모든 것이 당신의 의사가 되어 주리니.²

차라투스트라는 동물들의 애정에는 고마워하지만 자연이 조화롭다는 관점에는 회의적이다. 그는 이렇게 답한다. 틀림없이 얼굴에는 미소를 띠고 있었을 것이다.

내 짐승들아, 계속 이렇게 재잘거려, 내가 들을 수 있게 해라. 너희가 떠드는 소리를 들으니 기분이 상쾌하다. 떠드는 소리가 있는 곳에는 세상이 정원처럼 내 앞에 놓여 있다. 말과 소리가 있다니 얼마나 사랑스러운가! 말과 소리는 영원히 떨어져 있는 사물들 사이에 놓인 무지개와 환상의 다리가 아닌가?

차라투스트라에 따르면, 밑바닥에 있는 사물이 서로 끝없이 싸우는 이유는 소리와 말이 가져다주는 친밀한 관계를 부여받지 못한 상태이기 때문이다. 그는 설명한다.

가장 비슷한 것 사이에는 가장 아름다운 환상이 놓여 있다; 가장 작은 틈이 가장 연결하기 어렵듯이 말이다… 그러나 모든 소리는 우리에게 이를 잊게 만든다. 잊는다는 것은 얼마나 사랑스러운가. 인간은 신선하다고 생각하는 것들에 이름과 소리를 부여하지 않았는가? 말이란 아름다운 어리석음이다. 말이 있어 인간은 모든 것에 기뻐하며 춤을 춘다. 모든 말들은 얼마나 사랑스럽고, 모든 소리의 기만이란 얼마나 아름다운가! 소리와 함께 우리의 사랑은 많은 색색의 무지개 위에서 춤을 춘다.

'많은 색색의 무지개'들은 비슷하게 보이는 것들을 결합해 사소한 차이는 무시해버릴 수 있게 할 때 더욱 아름답다. 소리와 단어의 설득력 있는 흐름에서 사람들은 틈새를 발견하지 못한다. 그래서 차라투스트라는 우리가 사물의 부동성을 잊고 이들이 함께 작동한다고 상상하는 것을 정말 사랑스럽다고 생각한다. 감미로운 말과 노래는 연속성 속에서 생생한 색을 가진 연결 속 합쳐진 것들 사이에서 춤을 만들어낸다. 그 과정은 인지적으로 건전하기보다 감상적이고 미학적이다.

동물 친구들이 제시했던 관점을 곰곰이 돌이켜보면서 차라투스트라는 점차 그들이 말하는 사물의 조화로운 상태를 받아들이기 시작한다. "떠드는 곳에는 세상이 정원처럼 내 앞에 놓여 있다"라고 그는 반복한다. 이 명제가 참인가에 대해서는 지적으로 불안해하지만, 차라투스트라는 동물들이 마음껏 떠들게 내버려 둔다. 결국 철학자-선지자는 회복을 위해서라면 어떤 조화를 부여하는 라임이나 이유도 없이 계속 반복되며 돌아가는 세상에 관해 춤추고 노래하고 기뻐해야 한다는 것을 인정한다. 지적으로 참을 수 없었고 행동 의지마저 꺾어버렸던 무의미한 사건들의 영원 회귀를 받아들일 수밖에 없다는 것이다.

그의 동물들은 차라투스트라처럼 언어를 가상의 다리로 무시해버리지 않는다. 이들은 말한다. '우리처럼 생각하는 사람들에게' 세상은 무한하고 극복할 수 없는 고독으로 이루어져 있지 않다. 그 대신

모든 것은 춤추고 있다. 그들은 와서 손을 내밀고 웃으며 멀어졌다가— 다시 돌아온다. 모든 것은 가고 모든 것은 돌아오며, 영원히 존재의 바퀴를 굴린다… 모든 것은 단절되고 모든 것은 새롭게 결합한다. 영원히 똑같은 존재의 집이 건설된다.

자, 바로 이 지점이 하이데거가 언어를 존재의 집이라고 발상하게 만든 구절임을 누가 생각할 수나 있었을까?[3] 집 전체는 영원히 나뉜 것을 합치는 언어의 말하기, 노래하기, 춤추기를 통해 지어지거나 생성된다.

차라투스트라는 설득된다. 마침내 그는 일어나 삶의 긍정에 도전하며 영원한 만물의 창조/파괴를 반기고, 존재의 순환하는 바퀴 위에서 회전하며 춤을 춘다. 동물들의 말 덕분에 차라투스트라는 사물에서 아무런 의미를 찾을 수 없는 무능력한 상태에서 회복된다. 그는 모든 존재가 함께 모이는 무의미한 회귀에 대해 생각하기 시작한다. 반면 차라투스트라의 저자는 언어의 환상적 효과라는 평생에 걸친 주제와 씨름한다. 그의 글이 훌륭하고 연민을 자아내는 힘이 넘치는 이유는 지식이라는 만족스럽지 못한 수단에 대한 비판적인 회의懷疑와 철학적 목적을 지칠 줄 모르고 추구하는 헌신 사이에 절묘하게 균형을 잡고 있기 때문이다. 지각과 말은 수단이고 신뢰할 수 있으며 검증 가능한 것은 그 목적이다.

니체는 첫 번째 책 《비극의 탄생The Birth of Tragedy, 1872》을 탈고한 후 언어는 자신이 확립하려는 연속성을 포착할 수도, 전달할 수도 없다는 가정에 도달했다. "모든 개념은 같지도 않은 것을 동일시하면서 시작한다." 개념적 단순성으로 인해 우리는 각자 다른 나무에 있는 형태들을 '잎'이라는 하나의 동일한 현상의 형식적 변형으로 본다. 우리를 이렇게 만드는 것은 개념의 힘뿐 아니라, 창조적인 '은유, 환유, 의인화'의 힘이다.[4] 삶의 마지막에 이를 때까지도 니체는 철학이 이용할 수밖에 없는 언어라는 자원에 의구심을 품고 있었다. 출판을 준비했던 마지막 책 《디오니소스 찬가Dionysus Dithyramb》는 자신을 비난하는 시 "바보에 불과한! 시인에 불과한!Only A Fool! Only A Poet! "으로 시작한다. 이 시는 철학자의 모든 말 하나하나는 광대의 울부짖음('아무런 의미 없는 말'이라는 의미. 셰익스피어의 《맥베스》에 등장하고, 포크너가 《음향과 분노》에서 인용한 표현)에 불과하다고 하는데, 시에서 철학자의 말은 다시 한번 무지개와 연결된다. 취소取消의 시palinodic poem(시인이 이전에 자신이 썼던 시의 관점이나 감상을 취소하는 시)가 처음 등장하는 차라투스트라의 후반부 내내처럼 진실을 추구하기 위해 사용되는 언어는 환상과 거짓말의 다리이며, 지적 흥취를 위한 플랫폼이다.

"진실의 구혼자 - 당신인가?" 시는 화자에게 묻고는 이렇게 대답한다.

아니! 바보일 뿐이야! 시인일 뿐이야!
잡다한 방식으로 말할 뿐이지,
광대나 쓰는 가면을 쓰고 화려하게 울부짖을 뿐이야
진실을 말하지 않는 낱말 - 다리 위를 여기저기 기어오르며
잘못된 곳으로 이끄는 무지개에 놓인
거짓된 하늘 사이에서
돌아다니며, 쫓아다니며 —
바보일 뿐이야! 시인일 뿐이야!5

잡다한 방식으로 말하는 바보 혹은 광대는 《차라투스트라》가 시작되면서 동물과 초인 사이의 다리에 있던 바로 그 사람이다. 이제 그는 거짓 하늘과 거짓 대지 사이에 걸쳐 있는 거짓된 언어의 다리를 배회하며 고의로 거짓말을 하는 사상가가 되었다. 니체의 초기 아포리즘은 사상가를 시인과 달리 좀 더 평범하게 다리를 걸어 건너는 사람이라고 구별하려 했다. "시인은 흥겨운 리듬에 실어 제 생각을 표현한다. 보통은 걸을 수 없기 때

문이다."[6] 사실《차라투스트라》라는 다양한 색깔의 무지개 위에서 흥겹게 뛰노는 일과 비교하면 운율을 타고 펼쳐지는 율동도 토목 기사들의 보폭 측량만큼이나 상상력이 부족한 행위겠지만 말이다. 어쨌든 니체의 후기 사고는 땅을 밟고 가는데 시를 제외한 다른 어떤 방법을 발견하지 못한다.

앞선 구절은 시인을 지나치게 무시하는 것일 수도 있다. 그들은 말은 곧 다리라는 니체의 이론에 내재된 함축적 의미를 발전시키지 않는다. 언어에서 가장 흥미로운 점은 언어 기호가 사물의 진정한 본질을 포착하지 못하는 것이 아니라, 우리가 이해할 수 있는 모든 본질을 기호 안에서 혹은 연결 기호 안에서 분명히 표현한다는 것이다. 이것이 바로 고대 그리스인들이 포에이스, 다시 말해 언어의 창조적 제작 혹은 조작이라는 말로 의미했던 바다. 무지개나 다리처럼 일시적이지 않은 창조적 언어는 개념적 지각의 기반이 되며, 우리가 정신적으로 이해하는 것들 안에서 혹은 그것들을 통해서 발견하는 모든 의미를 사전에 구조화한다. 니체는《디오니소스 찬가》텍스트에 대한 주석 원고에서 시라는 수사적 장소의 역설적 가치를 인정하고 있다.

시인은, 할 수 있다
알면서도, 기꺼이, 거짓말을,
그만이 진실을 말할 수 있다.[7]

따라서 우리는 언어가 단순한 외관과 지적 근사치에 불과하다는 니체의 말 자체도 의심해야 한다. 그의 동물들과 마찬가지로 우리 역시 언어의 의미론적 다리 놓기라는 긍정적 성과를 재평가해야 한다.

은유성

독립적이거나 언어 이전의 조건에서 언어 지식은 '바로 여기' 있고 그것이 가리키는 실재는 바로 저기에 있다는 아이디어는 적어도 비트겐슈타인의 《철학적 탐구Philosophical Investigations, 1953》 이후로는 허구로 밝혀져 왔다. 그것은 우리가 이것이나 저것의 이름을 '개', '집' 또는 '나무'라고 붙이고, 그들을 개념으로 묶어 우리가 이미 지각하는 복잡한 상황을 반영한다는, 태초에 아담이 언어를 사용하던 방식을 가리키는 잘못된 통념에 지나지 않는다. '개'라는 낱말이 네 발 달린 동물을 가리키고 '나'라는 낱말이 어떤 문장을 발화하는 사람을 가리키긴 하지만, 두 낱말 모두는 그들이 발생하는 언어 행위에서 실제 의미를 얻는다. 그 결과 단어에서 단어로 의사소통할 수 있는 통로를 만들어주는 일종의 개념적 비계scaffolding가 생겨난다. 이를 통하지 않는 단어는 그 자체로는 거의 의미가 없다.

　폴 발레리는 자신이 쓴 시 모든 행에서 이 특이한 상황적 효과를 느꼈다. 그래서 그는 '우리 언어 재료의 기묘한 조건'에 대해 이렇게 썼다.

생각의 골짜기를 빠르게 뛰어넘을 수 있게 해주고, 그 자신의 표현을 구성하는 아이디어의 추진력을 따라갈 수 있게 해주는 낱말 하나하나가 내겐 도랑이나 커다란 산의 크레바스에 던져져서 그 위를 빠르게 건너는 사람을 지탱해야 하는 가벼운 널빤지처럼 보인다. 하지만 그 사람은 멈추지 말고, 널빤지를 지나치게 세게 누르지 않으면서 통과해야 한다. 무엇보다 그것이 얼마나 튼튼한지 알아보겠다고 얇은 널빤지 위에서 춤추겠다는 생각 따위는 않아야 한다!… 그렇지 않으면 그 연약한 다리는 즉시 기울거나 부서져, 모든 것이 깊은 곳으로 던져질 것이다.[8]

다리 위에서 춤추는 것과 빠르게 다리를 건너는 것은 시와 산문의 차이를 설명하는 표현이다. 산문은 가능한 한 빠르고 효율적으로 그 의미를 전달한다. 반면에 시는 리스크를 거쳐 지적 보상을 얻는다. 발레리가 여기서 주장하듯이 우리 생각의 모든 '걸음'이 문제가 될 수 있다. 단어가 무거워지면 생각의 통로는 막히거나 혹은 적어도 통과 시간이 길어질 것이다. 그 결과 쉽고 분명한 의미가 더는 만들어지지 않게 된다.

발레리의 글에서 영감을 받은 것이 틀림없는 이탈로 칼비노는 이 언어-다리의 또 다른 특징을 강조한다. 물질성이 있는 사물을 가리키지 않는 기호도 많다. 좀 더 추상적 방향성을 가진 이 기호들은 '심연에 던져진 연약한 비상용 다리처럼, 보이는 흔적과 보이지 않는 것, 부재하는 것, 욕망이나 두려움의 대상을' 연결한다.[9] 따라서 칼비노는 니체처럼 한 단어와 그 지시 대상 사이에 존재하는 머나먼 거리에 집착하고 있다. 언어는 심연 너머 또는 도달할 수 없는 깊은 곳에 이름을 붙이려 애쓴다. 하지만 언어라는 연약한 다리로 인해 우리는 가장 관심을 두고, 가장 지적인 차이를 만드는 바로 그 밑바닥의 단어까지 도달하지 못한다. 발레리는 '삶'과 '시간'을 중요한 예로 들었다. 이들과 동렬에 놓일 수 있는 낱말로는 '사랑'이나 '정의', '진리', '권리' 같은 단어가 있다.

언어는 음악과 같이 다른 것들, 예를 들어 마음과 마음을 연결할 수 있다. 그것은 아이리스나 헤르메스가 무지개를 연결하듯 사람의 마음을 연결한다. 아이리스와 헤르메스는 앞서 말했듯이 신들의 사자여서, 이들의 말은 반드시 해석해야 한다. 낱말 사이의 틈 외에도 다른 틈들까지 고려해야 한다. 어떤 사람의 의도와 표현 사이의 틈, 표현과 해석 사이의 틈 같은 것들 말이다. 그래서 우리는 단어와 단어 사이(문법), 단어와 그 궁극적인 의미 사이(시와 철학의 관심사), 사람과 사람 사이(언어 행위의 의사소통 상황)의 연결고리들을 갖는다. 이 모든 관계는 칼 야스퍼스 Karl Jaspers 의 하이데거를 향한 반박에 내포되어 있는데, 구체적인 내용은 다른 곳에서 다루겠지만, 어쨌든 반박의 핵심을 한마디로 요약하면 언어는 존재의 집이라기보다 다리라는 것이다.

모든 언어의 측면들은 넓은 의미에서 보면 은유적이다. 메타포 Methapor 라는 낱말은 그리스어 meta에 pherein을 합한 것으로 어떤 것을 실어 나르고 전송한다는 의미다. 단어에서 단어로 문장에서 문장으로 그보다 앞서 감정을 느끼기만 하고 생각은 생각만 하던 데서 실제로 발화 發話 하면서, 또는 심지어 그보다 전에, 말하는 사람이 다른 사람의 이야기를 들으면서부터 도약이 일어난다. 한스 게오르크 가다머가 언어를 '나와 세계가 만나는 매개체'로 묘사한 말에 모두 함축된 개념이다. 언어에서 세계와 나는 "원래 하나였음을 드러낸다."[10] 언어에서 세계와 나는 공현존 copresence 을 하는데, 그보다 먼저 마치 강의 제방처럼 서로를 구분한다. 해석학, 즉 이해의 과학에 폴 리쾨르의 주장대로 '주요 문제'가 있다면 그것은 이 상호작용 공간의 윤곽, 다시 말해 의미들이 의존하는 만남, 수렴, 상호 융합을 이해하는 문제일 것이다.[11]

독창적이고 은유적인 만남을 통해 우리는 특정한 언어 행위로서의 은유 개념, 더 구체적으로는 한 단어의 (문자 그대로의 그리고 확립된) 의미가 다른 단어의 영역으로 전이되는 은유라는 개념을 갖는다. 이렇게 좁은 시각으로 보면 은유는 '강력한 요새는 우리의 신이다'라는 말처럼 어떤 용어 혹은 표현이 문자 그대로는 적용될 수 없는 다른 것에 적용되어 둘 사이의 유사성을 암시하는 수사적 표현이다."[12] 이런 수사는 일반적으로 받아들여지는 의미를 '본래' 속해 있지 않은 장소까지 확장하는, 예외적인 단어-다리다. 하지만 은유를 이렇게 제한해서 이해하면 과연 '문자 그대로의' 혹은 '본래'의 용도는 어디에 있느냐 하는 의문이 남는다. 인지 언어학은 은유의 다리가 "나는 감정으로 가득차 있다"(사람은 용기이고 감정은 액체다)와 같이 일반적으로 문자 그대로의 의미라고 생각하는 수백 개의 일상적 구절을 사실은 은유의 다리가 연결하는 풍부한 예를 보여준다.[13] 단어에는 본래 용도가 있고 은유 용도의 구분도 있다. 예를 들어 '자신의 상처를 핥는'이라는 표현은 고양이에게 사용되는 표현이지만 인간의 고통을 고양이에 비유해 언급되는데, 이 구분은 생각의 얼마나 많은 측면이 애당초 은유적으로 구조화되어 있는지를 고려하지 않고 있다. 가장 깊은 수준에서 은유는 단순한 언어의 연결보다는 개념을 연결하는 수단이다. 은유는 '공유된 관심 영역'에서 생겨나고 화자들은 이를 통해 '두 경험 영역 사이의 체계적 대응, 혹은 지도 그리기mapping'를 만들어낸다.[14] 이렇게 공유된 물리적·문화적 맥락의 상호주체적 공간에서 행동과 현상은 처음부터 서로 연관되어 있다. 은유가 처음에는 문자 그대로의 의미로 떠올리는 명제를 장식하는 특정 표현의 전환이라는 생각을 언어-다리의 시적 개념이라기보다 산문적 개념이다.

은유를 더 넓게 이해하면 서구의 과학과 이성을 뒷받침하는 사물과 낱말의 구분까지 의심의 시선을 던지게 된다. 우리의 과학과 이성은 "단어란 그저 이름에 지나지 않는다"라거나, 그저 존재의 표상에 불과하다는 생각에 기반을 두고 있지 않은가.[15] 아주 예전의 사고방식에서 사물과 언어는 다른 존재론적 실체들이 아니었다. 하지만 '진정한 존재'는 언어보다 먼저 존재하는 무언가이고, 언어란 가능한 그것에 가장 잘 어울리는 것으로 생각하는 시점이 왔다. 심지어 니체조차 때로 그 합리적 개념에 굴복하기도 한다. 언어를 사물들 사이에 건설되는 다리-구조로 보는 그의 생각은(직관적이거나 지각된) 본질적 현상들은 언어 형성에 선행하거나 독립되었다고 가정한다. 가다머의 해석학적인 입장은 이와 반대로 경험을 본질적으로 처음부터 언어적인 것으로 규정한다.

따라서 그는 '언어의 살아있는 은유성'이 바로 '모든 자연적 개념 형성이 의존하는 것'이라고 결론짓는다.[16] 은유성은 경험, 느낌, 사고가 필연적으로 하나의 것을 다른 것에 비추어 기록하는 조건이다. 따라서 은유성이야말로 '언어의 시작'이라고 자크 데리다는 말한다. 용어의 최종적이거나 본래적 의미를 추구하다 보면 우리는 하나의 비유를 다른 비유로 대체하게 되는데, 그것이야말로 '언어의 움직임' 그 자체다.[17] 이 움직임은 사고의 형태를 규정하고, 사고의 형태가 역사의 형태를 규정한다. 은유에 대한 좁은 문체적 개념은 "언어적인 동시에 논리적인 보편 생성 원칙의 수사 형식일 따름이다."[18]

따라서 말은 실재에 대해 새롭고 다른 감각을 생성한다. 우리는 존재에 대한 새로운 이해를 나타내려고 "언어에 무언가가 들어온다"라고 말하며, 사고와 행위의 새로운 영역에 접근한다. 아리스토텔레스가《시학》에서 새로운 은유를 만드는 일이야말로 가장 중요한 시적 기능이라고 주장했던 것도 바로 그 이유 때문이었다. 미술사학자 어니스트 페놀로사가 말하듯이 은유가 없다면 '보이는 사소한 진리에서 보이지 않는 중요한 진리로' 건너갈 수 있는 다리가 없기 때문이다.[19]

하나를 위한 둘

확장된 은유성을 이해하려면 은유에 대한 더 좁은 문체적 개념을 다시 한번 살펴보는 것이 도움이 될 것이다. 전통 수사학 안내서라면, "강력한 요새는 우리의 신이다"라는 문구를 다음과 같이 분석할 것이다. 우선 '신'이 1차적인 주어이고 '요새'는 2차적인 것으로, 첫 번째 주어를 수식하는 술어다. 그런 다음 해석자는 술어를 그 낱말의 가장 본질적이고 함축적 의미인 '보호'로 '번역'하여 주어진 진술에 대한 합리적 이해를 도출한다. 치환이 완료되면 처음 용어들 사이의 불연속성은 극복되어, "신은 우리를 적들에게서 보호하신다"라는 투명한 이해만 남는다. 좀 더 복잡하게 변형할 수도 있다. "우리의 신은 요새처럼 강해서 믿지 않는 자라도 그분을 공격할 수 없다."

이 번역 과정의 문제는 여전히 선택이 열려 있다는 점이다. 문자 그대로의 말을 다른 말로 옮긴 것 중 무엇이 비유적인 원문에 가장 가까운지 어떻게 분간할 수 있을까? 번역에 대한 규칙서는 없다. 게다가 진술의 두 요소(신과 요새)를 더한다고 해서 1+1=2처럼 확실한 답이 나오는 것도 아니다. 복합적 의미를 갖는 요소들은 두 요소 그대로인 채로 남아 있다(사실 각 요소에 두 개 이상의 함축적 의미가 있다는 점을 고려하면 둘 이상의 요소가 된다). '신'과 '요새'라는 용어 사이에 다리를 놓아 연결하면 선택만 확장된다. 1+1의 결합은 2+2 또는 3+3으로 바뀐다. 전통 수사학 안내서가 놓치고 있는 요점은 색다른 의미론적 조합은 우리에게 구성 요소의 함의를 재고하게 하여, 의사소통 형태의 연관 논리를 확장하고 개발하게 한다는 것이다.

고전적인 은유 이론가 I. A. 리처즈가 은유의 두 부분을 '취지^{tenor}'와 '매개체^{vehicle}'라고 부르자고 제안한 이유는 '수사적인' 두 번째 용어가 주된 내용을 만드는 형태라는 아이디어를 떨쳐버리고 싶어서였다. 그는 두 용어 모두를 동등하게 놓고 싶었고, 새뮤얼 존슨$^{Samuel\ Johnson}$ 박사의 직관에서 힌트를 얻었다. 새뮤얼 존슨에 따르면 은유적인 발화는 단순한 말보다 항상 더 풍부한데, '하나를 위해 두 가지 아이디어를 주기' 때문이다.[20] 은유적으로 연결된 개념들은 상호작용하여 '사유의 상호작용, 맥락 간의 거래'라는 또 다른 맥락을 만들어내는데, 이 맥락은 동시에 물질적·문화적·개념적·존재론적인 맥락이기도 하다. 각각의 맥락은 자신의 의미장을 결합하려 한다(94). '요새'라는 말의 경우 맥락은 군사적 방어이며, '신'의 맥락은 신학이다. 이 둘을 결합하는 진술은 수직적이며 선항^{選項}적인 어휘의 축을 따라 하나의 동의어를 다른 동의어로 대체하는, 번역에서의 동등성이 아니라 영역 사이의 긴장된 결합을 생성한다. 따라서 은유의 기준은 '하나에 대해 두 아이디어를 제공하는지 여부, 포괄적으로 협력하는 취지와 매개체를 모두 보여주는지의 여부'다(119).

셰익스피어의 햄릿은 "나 같은 인간은 지상과 천국 사이를 기어 다니며 무엇을 해야 하는가?"라고 외치며, 인간과 인간보다 못한 것(지령이) 사이의 유사성을 설정한다. 몇몇 문학적 은유들은 훨씬 넓은 개념적 거리를 연결하고 있다. 예를 들면 영국의 형이상학파 시인들의 기발한 표현이나 초현실주의 역설의 미학 같은 것이다. 시인 앙드레 브르통은 "가능한

한 가장 멀리 떨어져 있는 두 물체를 비교하고, 또는 다른 어떤 방식으로든 그 둘을 급작스럽게 놀라운 방식으로 대면시키는 것이야말로 시가 열망할 수 있는 가장 고귀한 임무로 남아 있다"라고 말한 적이 있다.[21] 이 프랑스 초현실주의자는 어떤 바보라도 이해하기 쉬운 비유 정도는 다 끌어낼 수 있다고, 그건 당연한 일이라고 생각했다(브르통 이후 바보들은 그 반대의 가정을 기반으로 잘 살아가고 있다. 다시 말해 관습을 무시하고 위반하는 것이야말로 시인의 사명이라 믿으며, '검은 눈black snow'이나 '돌 가슴stony breast'과 같은 표현이 그들이 대체한 기성의 조합만큼이나 정형화된 것이라는 사실을 간과하고 있다). 어쨌든 결합하는 단어들 사이의 개념적 거리가 멀면 멀수록 그 결합을 다루는 일은 더 어려워진다.

눈에 띄게 신선한 표현은 의미론의 접점에 의해 이미 연결된 불연속성을 확장한다. 이와 관련된 수사법 역시 비슷한 목적을 달성한다. 예를 들어 하나를 말하지만 다른 것을 의미하는 아이러니, 사물을 사람의 관점에서 말하게 하는 의인화, 부분으로 전체를 나타내는 제유, 환유, 액어법, 과장법 등이다. 단어의 전통적인 의미를 바꾸는 전의trope에서 구문 순서schme를 바꾸면 목록은 더 늘어난다. 말을 구성하는 문법을 갖고 노는 도식(scheme, 패턴 변환이라는 말도 사용한다)은 결국 우리가 시, 단편, 연극, 소설이라고 부르는 정교한 글쓰기로 확장된다. 이들은 확장된 은유, 복잡한 은유가 된다.

각각은 지시의 장(무엇에 관한 것인가)과 수신의 장(독자의 마음 또는 세계)을 갖고 있어서, 소설가 데이비드 로지에 따르면 "우리가 해석할 때, 다시 말해 우리가 '통일성'을 발견할 때 우리는 그것을 완전한 은유로 만든다. 텍스트는 매개체이고 세계는 취지다."[22] 문학 작품을 읽는 행위는 창조적 글쓰기가 만든 이동을 연구하고 해석하는 행위다. 독서는 우리를 다른 어떤 곳으로 데려가는 표현을 찾는 것이기 때문이다.

비유/우화는 은유의 서술적 발전이다. 하나의 지시 영역과 다른 영역을 연관 짓는, 호기심 많고 주석이 없으며 명확하지 않은 이야기다. 예를 들어 하나님의 나라에 관한 예수의 비유와 같은 몇몇 비유들은 첫 번째 영역과 두 번째 영역 사이의 거리가 상당히 멀다. 그들의 '취지'가 상당히 특별하지만, '매개체'는 정말 진부하기 때문이다. 리쾨르는 신약 성경 속 하나님의 나라에 관한 기록에서 우리가 찾지 못하는 것이 많다고 말한다.

창조의 이야기에서는 출애굽기처럼 어떤 원인이 될만한 신도 악마도 천사도 기적도 시간 이전의 시간도 없다. 그런 건 없지만 정확히 우리 같은 사람들은 있다. 자신의 논밭을 순회하며 임대하는 팔레스타인 지주들, 관리인과 노동자, 소작인과 어부들, 아버지와 아들들, 다시 말해 평범한 일을 하는 평범한 사람들은 있다. 이들은 팔고 사고, 바다에 그물을 드리우는 등등의 일을 하며 살아간다. 여기에 최초의 역설이 있다. 한편으로 한 평론가가 말하듯이 이 이야기들은 정상성에 관한 이야기다. 하지만 다른 한편으로 신의 왕국이 이런 장소라고 말하고 있는 것이다. 비범한 것이 평범하다는 것이 바로 역설이다.[23]

페터 슬로터다이크도 같은 주제를 달리 말한다. "하나님의 나라에서 불연속적으로 보이는 존재는 순수한 연속성이다."[24] 오스트리아의 철학자 마르틴 부버Martin Buber는 수십 년 전에 같은 지점에 이미 도달해서 비유는 일반적으로 사실is과 당위ought to (혹은 역사적인 사실과 도덕적 정의) 사이의 벌어진 틈을 메운다고 했다. 비유는 '사건이 일어나는 세계로 절대적인 것을 삽입'하는 것으로, 추상적인 (강)둑을 가까운 둑에 연결해 우리를 데려갔다가 다시 돌아오게 만드는 것이다. 신화의 은유성은 이와 반대 전략으로 '사물의 세계를 절대적 세계에 삽입'하는 것이다.[25]

비유에 새겨진 유사성/차이는 그 상태를 그대로 유지하려 한다. 비유를 문자 그대로 해석하고 명시적인 도덕적 가르침으로 옮기려는 사람은 그 비유가 말하고 있는 두 영역 사이의 긴장을 완화할 수밖에 없다. 비유는 가르침으로 전락하지 않기 위한 형식이다. 그래서 복음서도 하늘의 왕국에 관해 '~와 같다는 점만 빼면'이란 식으로 말하는 것이다. 다시 말해서 복음서는 하느님의 나라가 어떤지 말하지 않는다. 단지 '어떻게 생겼다'는 말만 한다.[26] 심지어 성경은 명확한 가르침을 제시하지 않겠다는 결정을 옹호하기까지 한다.

예수님은 군중에게 이 모든 것을 비유로만 말씀하시고 비유가 아니면 아무것도 말씀하지 않으셨다. 이것은 다음과 같은 예언자의 예언을 이루기 위해서였다: 내가 비유를 들어 세상이 창조될 때부터 감추어진 것을 말하겠다.

마태복음, 13:34~35,《현대인의 성경》

그렇다면 비유의 언어는 '처음부터 끝까지 은유를 통해 생각하고 결코 그 이상을 넘어서지 않는' 언어로, 의미를 수사적으로 파악할 수밖에 없게 만든다.[27] 프란츠 카프카는 《다리》라는 우화를 쓴 적이 있다. 소설은 다리를 사람으로 그리고 또 사람을 다리로 묘사하며, 하나인 둘이 공유하는 하나의 특성으로 환원되거나 혹은 둘을 넘어 새로운 종합이 되는 것을 허용하지 않는다. 언어의 은유 기능이 '은유'라고 불리는 특정한 전의를 넘어 확장되는 것처럼, 복음서의 간결한 비유는 그 대척점에 있어 보이는 표현("생명을 얻으려 하는 자는 생명을 잃는다")이나 과장된 명령("너의 적을 사랑하라")으로 이어지는 역설 전략을 펼친다. 이들의 목적은 '듣는 사람에게 충격을 주어 자신의 삶이 지속된다는 생각에서 깨어나게 만드는 것'이다.[28] 이들은 우리를 헷갈리게 하여 새로운 삶의 방향을 제시하려 한다. 이것이 비유의 개념적 에토스다.

월러스 스티븐스와 은유의 동기

우리는 은유의 '동기'에 다가가고 있다. 다시 말해 이 인지의 다리가 양방향으로 건널 수 있고, 상호적이며 가역적인 구조로 되어 있는 이유를 알아보려 한다. 피카소는 자신의 회화 작법에 대해 "나는 머리로 시작해 달걀로 끝난다"라고 말한 적이 있다. "혹은 달걀로 시작해서 머리로 끝나더라도 항상 둘 사이의 길에 있다"라고 덧붙였다. 피카소의 수사적 자유는 지시 방향의 상대성 때문에 생겨난다. "내가 관심을 두고 있는 것은 '큰 차이의 관계rapports de grand écart', 즉 사물들 사이에 가능한 가장 예상치 못한 관계다."[29] 이 양방향 움직임이 유사성의 의미론을 삭제하지는 못하지만(머리와 달걀은 똑같아 보이기 때문에), 정체성의 의미론에서 멀어진다. 이 양방향 움직임은 머리는 달걀이라고는 말하지 않기 때문이다. 움직임은 머리와 달걀을 구별하는 특성보다 둘 사이의 관계에 더 많은 관심을 불러일으킨다. 모든 예술이 피카소나 초현실주의자들처럼 거대하게 차이 관계를 정밀하게 파고들지는 않으나, 예술 작품은 모두 교차점과 연결성 위에서 작업된다. 그리고 확장과 상호 연결 현장을 조사하면서 의미화 과정의 전제를 문제시한다.

월리스 스티븐스는 〈은유의 동기 The Motive of Metaphor〉라는 적절한 제목의 시에서 이 과정을 제대로 보여준다. 그는 은유의 언어를 활성화하며 은유 언어의 미덕과 더불어 존재 이유를 설명하고 있다.

은유의 동기

당신은 가을 나무 아래를 좋아하지
모든 게 반쯤 죽었기 때문일 거야.
바람은 나뭇잎 사이로 절름발이처럼 움직이고
그리고 의미 없이 말을 반복하지.

마찬가지로, 당신은 봄에도 행복했지
반의반 정도가 반쯤 색을 띠고,
하늘은 조금 더 밝고, 구름은 녹아가고,
한 마리 새와, 모호한 달이 있던—

모호한 달이 비추는 모호한 세상
표현할 수 없는 것들로 만들어진 세상
당신은 결코 자신일 수 없었고
그리고 원치도 않았고 그럴 필요도 없었던,

변화의 희열을 욕망하는:

은유의 동기, 물러나서

한낮의 무게에서

존재의 ABC에서,

낙관적인 성질, 망치

빨강과 파랑의, 단단한 소리—

암시에 내리치는 강철—날카로운 살,

활기 넘치고 오만하고 치명적이며 지배적인 X.[30]

The Motive for Metaphor

You like it under the trees in autumn,

Because everything is half dead.

The wind moves like a cripple among the leaves

And repeats words without meaning.

In the same way, you were happy in spring,

With the half colors of quarter-things,

The slightly brighter sky, the melting clouds,

The single bird, the obscure moon—

The obscure moon lighting an obscure world

Of things that would never be quite expressed,

Where you yourself were never quite yourself

And did not want nor have to be,

Desiring the exhilarations of changes:

The motive for metaphor, shrinking from

The weight of primary noon,

The A B C of being,

The ruddy temper, the hammer

Of red and blue, the hard sound—

Steel against intimation— the sharp flesh,

The vital, arrogant, fatal, dominant X.

스티븐스는 '당신'이 좋아하는 목록, 즉 가을과 봄의 모호하고 중간적 특징들을 '오만하고, 치명적이며, 지배적인 X'라는 독단적 특징을 가진 조건들과 대조한다. 지배적인 X는 '정오의 무게'와 함께 시에 내리꽂히며, 견고하고 분명한 정체성이 가진 힘을 선언한다. 다른 관련 있는 것들의 합체인 은유는 시의 처음 세 연에서 나타나는 절반의 상태, 혹은 반쯤의 상태와 잘 어울린다. 가을의 나무, '모든 것이 반쯤 죽은', 바람의 절뚝거리는 움직임, 생물 4분의 1 중에서 반이나 겨우 색을 띤 봄, 녹는 구름과 흐릿한 달, '모호한 세상/표현할 수 없는 것들로 만들어진' 같은 표현들이 가리키는 상태이다. 이 절반의 상태는 '당신은 결코 자신일 수 없었고/그리고 원치도 않았고 필요도 없었던' 시간과 장소에, 다시 말해 아무 강요도 없이 존재했던 시간과 장소에 잘 어울린다고 말하고 싶다.

은유의 동기나 목적은 밝아오는 하늘이나 반쯤 색을 가지고 성장한 반의반에서 나타나듯이 성장하는 동시에 불구가 되어가는 현상을 보여주는 상황의 모호함에 이바지한다. 독단적이고 결정적인 언어는 이런 과도기적 계절을 감당할 수 없다. 가을바람은 '의미 없이 말을 반복'하고, 봄은 '절대 표현될 수 없는' 문제들을 드러낸다. 이러한 시간대의 반⁺조명된 존재는 X가 아니라 X와 Y 사이의 어떤 것으로 자신의 생각을 기록한다.

은유적 언어의 목표로서의 동기는 마지막 여섯 행에서 추론할 수 있는데, 여기서 시는 은유가 꺼리는 것을 강조한다. 대장장이의 망치, 정확한 언어 용법의 기본 정의('존재의 ABC'), '단단한 소리', '날카로운 살', 그리고 마지막으로 '활력이 넘치고 오만하고 치명적이며 지배적인 X'이다. 이 시는 점차 언어의 목적이 어떤 특정한 존재^{being}가 아니라, 단정적으로 특정 지을 수 없는 생성^{becoming}에 대한 인정과 찬양을 이해하게 한다. 은유는 경험 고정성을 완화해 존재론적 통로를 만든다. 비타협적인 정체성 담론을 거부하면서 그것은 완고한 또는 본질적으로 분리될 수 없는 현상들 사이의 연결을 지지한다. 은유는 순차적이고 차별화되어 있고 망치 같은 정체성을 좋아하지 않는다.

이 시는 모호성을 주제로 옹호하면서 매개체 수준에서도, 다시 말해 표현하려는 특징을 배열하는 방식에서도 은유적이다. 이 시는 특성들을 빈틈없이 밀접하게 연결하다 보니 어떤 명확한 구문적 관계, 예를 들어 동의어 또는 반의어, 인과적 또는 종속적·보완적 또는 상호배타적 등 어떠한 관계로도 특성들이 묶이지 않는다. 시적 발화에 대한 우리의 해석은 스티븐스가 함께 묶어 놓은 구절의 내부와 사이에서 유예되어 있다. 간단히 말하면 그는 마지막 두 연의 개념과 현상에 다리를 놓아 특징이 없고 특정화되지 않은 동맹으로 만든다. '변화의 희열' 다음의 콜론(:) 뒤에 오는 모든 것은 콜론 앞에 있는 '변화'의 동격일 수도, 반대가 될 수도 있다(변화와 다른 것일 수도 있고, 변화의 예일 수도 있다). 시는 독자에게 선택하지 말라고 한다.[31]

하나의 접점으로서 콜론은 결정을 요구하지 않는다. 그것은 (A. R. 애먼스의 시에 가장 잘 구현되어 있다시피) 모든 구두점 중에서도 가장 순수하면서 가장 주석적이지 않은 다리이다. 콜론은 A=B라고도, A는 B와 다르다고도 말하지 않는다. 단지 둘 사이에 연결이 있다고 표시할 뿐이다. 쉼표, 마침표, 세미콜론 등 다른 구두점 역시 이들이 합치는 말들 사이에 상호성 또는 동등성을 부여하며 사실상 같은 효과를 얻는다. 예를 들어 에밀리 디킨슨^{Emily Dickinson}의 특징적 대시들 역시 흔히 그렇게 작동해 구문적으로 관련된 요소 사이에 공간을 삽입하고, 따라서 거리를 두면서도 결합되어 있게 한다.

내 뒤엔— 영원이 인사하고—
내 앞엔— 불멸이—
나 자신은— 그 사이의 기간—[32]

"연결되지 않은 것 사이의 연결이 시의 비현실적 현실이다": 수잔 하우가 이 시인을 해석하면서 얻었던 교훈이다.[33]

디킨슨의 작품을 독일어로 번역하면서 파울 첼란은 그녀의 시에는 대시 대부분을 버려도 좋을 만큼 충분한 불연속성이 있다고 느꼈을 것이다. 그러나 실제 번역에서는 디킨슨만큼이나 다른 방향으로 틀면서도 다리를 놓는 조합을 만들어야 했다. 그의 마지막 시집 다섯 권은 《브레스턴》, 《스레드선즈》, 《라이트듀레스》, 《스노우파트》, 《타임스테드》다. 하이픈이 빠져 특이해 보이는 복합어들이지만, 하이픈이 없으니 개념이 더 잘 통합된다(그리고 명사 사이의 하이픈은 대시나 콜론만큼 개념적 다리 놓기를 잘 수행하지 못한다. 대시와 콜론은 전개되고 확장되는 사유의 조각들 사이에 존재하는 구문 공간을 표시하는 역할을 한다). 대시의 거장은 니체인데 그는 대시를 사용하여 사고-분리를 쪼개고, 인식되지 않는 유대 관계를 알리며 놀랍고 역설적인 일탈을 만들어낸다. "한 민족은 예닐곱 명의 위인에게 도달하기 위한 자연의 우회다—그러곤 그 다음에 그들을 우회한다."[34] 그의 결정적인 뒷생각은 무지개-생각들 사이에서 뛰어다니고 춤추는 데 열중하는 사상가의 특권이다. 그의 대시는 마치 야누스의 얼굴과 같아서 '갑작스러운 반전을 보임으로써 주장을 개진시키는' 동시에 "자신이 막 읽었던 것으로 돌아가 새로운 자료에 비추어 다시 생각하고 재해석하게 만든다."[35] 완성된 것 같은 생각의 끝부분에서 니체의 대시는 근본적으로 성찰이 미완성 상태로 남아 있다고 선언하며, 말하지 않은 어떤 여백이 있다고 표시한다. 니체는 1885년 여동생에게 "내가 이제까지 쓴 모든 것은 전경foreground이다; 나의 모든 것은 대시로 시작한다"라고 썼다.[36] 그는 대시를 Gedankenstrich라고 불렀는데, 이 낱말을 풀어보면 '사유-줄긋기'라는 의미로, 확장과 동시에 연결을 뜻한다. 대시의 사유-줄긋기는 '타자other'를 연결한다. 이 편지를 쓸 즈음, 니체는 철학하는 방법에서 '사유-줄긋기'에 자부심을 품고, '사유'와 '질문'만큼이나 중요하게 취급하기 시작했다. 당시 집필하던 《선악을 넘어서》의 소제목들에는 '좋은 유럽인 생각들과 대시들', '질문들과 대시들', '프리드리히 니체의 초기 생각들과 대시들', '한 심리학자의 대시' 등이 있었다.[37]

   (이미 언급했듯이 콜론, 세미콜론, 대시 같은) 구문 요소의 다리를 놓는 작업은 실제 다리 짓기보다 서로를 결합한다. 한 구성 요소에서 다른 구성 요소로 이동하는 것은 독자에게 남겨진 작업이다. 가장 큰 의미에서 보면, 이해를 위해서 더 복잡한 다리를 따라 더 넓은 폭의 걸음이 필요하다. 우리는 누군가의 말을 듣거나 우리 주변의 것들을 지각할 때마다 다리의 판자를 밟는다. 스티븐스의 작품 같은 현대적·실험적인 시는 '감각이나 직관으로는 결코 결합될 수 없는 경험 영역이 함께 모이는 지점'을 제시하면서, 평소보다 훨씬 더 큰 불안정성과 더불어 언어 이해의 이동성을 활성화한다.[38] 은유, 환유, 제유는 물론 두운, 라임, 대조, 대용, 유사 모음 반복, 완서법, 말장난, 모순어법, 공감각을 통한 의미의 짝짓기는 소리와 감각의 공감/반감을 모두 만들어, 기호와 의미 사이의 거리를 인정하고 유지한다. 다시 말해 시는 다리를 놓아 우리를 그 위에 있도록 한다. 그럼으로써 개별적, 자립적인 건물처럼 의미가 이미 '거기에' 존재하는 것은 아니라고 드러낸다.

하트 크레인의 분획되지 않은 표현

월리스 스티븐스와 하트 크레인은 이 다리들을 건너는 방식이 무척 달랐다. 그리고 하트 크레인이 〈다리〉라는 방대하고 야심 찬 글을 다루지 않고는 은유 언어 연구를 끝냈다고 할 수 없다. 이 글이 지적인 다리 놓기라는 긴 여정에서 역사, 도시 묘사, 지리적 전설을 연결하는 방식은 미로에 가까운 것처럼 보인다. 크레인은 모든 유추, 의미적 친화성, 신화, 개념 교차의 방식들을 사용하여 두 상호보완적 목표를 추구한다. 하나는 인간 이해에 가장 중요한 역할을 하는 은유성에 관한 시이고, 다른 하나는 콜럼버스에서 브루클린 브리지 건설에 이르기까지 그리고 그 너머까지 향하는 미국의 발전을 보여주는 그림으로, 시인이 우주적 과정의 징후들을 발굴하며 이질적인 파노라마가 펼쳐진다.

결국 〈다리〉는 두 번째 주제인 미국의 문화적 복잡성은 첫 번째 주제인 다리에 대한 이해가 제기하는 지적 도전보다 충분히 다루지 못하고 있다. 시작부터 시의 은유적인 결과는 요동치는 하루의 시간 동안 브루클린 브리지라는 중심 지역에서부터 발산되는 광란의 도달 범위를 보여준다.

대도시 뉴욕에서 육지와 바다의 떠들썩한 만남으로부터 여러 다리의 이름을 통해 미국 동부의 지리·문화적 특징들을 훑고, 실체와 함축된 의미가 다른 것들과 연결된 장소로 이어진다. 따라서 〈다리〉는 유럽, 미국, 아시아의 상당한 차이에도 불구하고 이들을 묶으려 한다. 예언, 전설, 성욕; 이성적 이해와 디오니시즘적인 흥청망청; 음악과 종교, 갈매기의 비행과 인간의 죽음으로의 도약. 〈다리〉는 브루클린 브리지를 다루는 첫 번째 시와 마지막 시라는 교각들 위에 드리워져 있으며, 그 사이에 크레인은 언어적 연결이라는 널빤지를 하나씩 놓고 있다. 그중 적지 않은 널빤지가 부실해서 시적 다리의 견고성에 의문을 제기하게 된다. 크레인이 재구성한 문화 현실에 의구심을 가졌던 첫 번째 사람은 그의 친구였던 앨런 테이트와 아이보 윈터스였는데, 해럴드 블룸, 존 T. 어윈, R. W. B. 루이스, 브라이언 리드, 그리고 앨런 트라첸버그 등은 같은 의견을 밝히기도 하고 반박하기도 했다. 시가 일상적 형태의 개념에 연결되기가 힘들 때 시가 어디에 상륙하게 될지 가늠하기 어려워진다.

〈다리〉 중 '포우하탄의 딸'이라는 부분에 나오는 시 두 편은 놀라운 업적이다. '항구의 새벽'과 '반 윙클'은 볼거리와 소리, 기억과 꿈, 목소리와 전설, 그리고 겨울 새벽 동틀 무렵 브루클린에서 '내 옆에 있는 당신'(시인을 깨우는 동료)의 장소로 가득 차 있다. 내레이터는 '꿈의 중간쯤에서 당신이 듣게 되는' '목소리의 조류'와 '안개가 차단된' 소음에 이 동반자의 주의를 끈다. 반쯤 잠에서 깬 사람은 소리의 절반만 듣는다. 그 다음 음향 현상은 촉각으로 기록되기 시작하며, 두 연인 사이에 신체적·정서적 접촉을 쌓는다. 이들의 '부드러운 소리의 소매'는 '골목 위로 반향하는' 다른 감각들을 동반한다.

그러자 시인은 침실이라는 장소와 '베일 속에 흩어지는 신호'처럼 '베개처럼 불룩한 만'을 가득 채우는 공명 소리가 들리는 창밖 세상을 연결한다. 감각의 공감적 재배열은 돌림노래가 되어 연인들의 만질 수 있는 팔도 목소리를 얻는다. "당신의 시원한 팔은 나를 두고 중얼거리며 놓여 있다."³⁹

눈송이가 건물에 달라붙기 시작한다. 이들의 접촉은 작은 손처럼 보이고(또는 느껴지고), 인상과 육체 사이의 다른 유대관계를 반영하며, 접촉은 듣기와 행동을 연결한다.

수많은 눈의 손들이 창에 모이는 동안—
내 손안에 있는 네 손은 행위다;

내 혀는 네 목구멍에 닿아―노래한다

팔짱을 끼고…

〈다리〉, '항구의 새벽', 17~21행

이 지각은 기록하는 사람에게 충분히 각인되지 않아서 '기억나지 않는 순간'(19행) 시작되었다. 그러나 기억, 시각, 미래에 대한 투사는 그 자각과 함께 나타난다. 오디세우스가 눈을 멀게 한 외눈박이 키클롭스처럼 거대한 '맨해튼 수역을 가로지르는 엄청난 탑들'(초고층 건물)은 빛을 반사하는 '반짝이는 밝은 창문-눈'(32~33, 19행)을 보여준다. 내적 공간과 외적 공간을 분리하는 이 창들은 눈인 동시에, 적극적으로 보는 주체가 된다.

다음 시 '립 윙클'은 슬리피 할로우라는 외딴 골짜기에서 잠이 들었던 전설적인 인물을 다룬다. 20년 후 깨어난 립 반 윙클은 자신이 두 시대에 걸쳐 살고 있다는 사실을 발견했다. 공간상으로 볼 때 시 첫머리에 등장하는 '매커덤^{Macadam}' 고속도로는 롱아일랜드에서 골든 게이트 해협까지 아메리카 대륙을 가로지른다.

매커덤, 다랑어 줄무늬처럼 암회색을 띤,

먼 로커웨이에서 골든 게이트로 도약한다:

들어봐! 허디거디가 삐걱대며 가는 거리―

거리거리마다 금빛 아르페지오가 펼쳐지며 내린다.

〈다리〉, '립 반 윙클', 1~4행

허디거디라는 악기는 음표가 아니라 거리를 가로지르며 고속도로를 따라 '금빛 아르페지오'를 펼친다. 이 길=다리=립 반 윙클은 '여기도 아닌/저기도 아닌'(26~27행) 시간과 공간에 살고 있다. 같은 원리에서 '기억'은 지금 일어나는 일과 '이전 시대'의 일들 사이에 '운을 맞춘다.' 심지어 이 시의 현재인 지금에도 "나중이었지만 같은 시간이다"(5~6, 28행)라는 말이 나온다.

〈다리〉의 수사적 연결도 이렇게 현재와, 현재 펼쳐지는 멀리 있는 사건과 감각들 사이의 상관관계를 설정하며 전개된다. 글을 읽는 사람을 당황하게 할 정도로 대담한 방식이다. 4년 전에 크레인의 〈파우스트와 헬렌의 결혼을 위하여〉를 보며 개념적 도약이 힘들다는 것을 알게 된 사람들에게 시인은 그의 연상적 의미들이 이해에서 가라앉은 비이성적 수준의 것들에 목소리를 부여한다고 설명한다.

이 시의 전체 구성은 모든 언어의 유전적 기초라 할 수 있는 소위 순수한 논리에 선행하며, 따라서 의식과 사유-연장에 앞서는, '은유의 논리'라는 유기적 원칙에 의해 제기되었다.[40]

이런 사고-연장thought-extension은 성서적 의미의 '그대'로 언급되는 이 물질적이고 상징적인 논리를 가진 위대한 형상을 처음 등장하는 시에서 마지막 시에 이르기까지 찬양하며 〈다리〉 전체의 움직임을 끌어간다('연장'이란 공간의 일정 부분을 점유하며 존재하는 물체의 성질을 가리킨다). 브루클린 브리지의 '합창하는 현악기들'은 '하프와 제단' 모두를 포함한다. 다리는 '항해의 커다란 비전'을 제시하며, '선지자의 서약/천민들의 기도, 연인의 울부짖음의 훌륭한 문턱'('브루클린 브리지', 13, 29~30, 31~32행, '아틀란티스$^{Atalantis'}$, 42행)이기도 하다. 선지자, 천민, 연인은 모두 시인 자신의 상징으로, 시의 시작 부분에서, 다리 아래와 위로 우뚝 솟은 탑 아래서 에로틱한 접촉을 하며 순항한다.

크레인의 크나큰 시적 야망은 그가 다리라는 이상적인 주제에 왜 그렇게 깊은 관심을 보이는지 설명하는 데 도움을 준다. 다리는 유럽을 아메리카 대륙과 연결하고, 다시 중국/아시아라는 상상으로만 존재하던 땅과 문화적 결합을 촉진하는 상징이기 때문이다. 다리는 대륙 모두를 포괄적인 정신과 역사로 끌어올린다. 사실 크레인의 〈다리〉는 전 지구적 통합 자체가 파우스트의 인간 이해라는 목적과 같다고 뜻한다. 그래서인지 〈다리〉는 뉴욕의 위대한 건축물을 '오 그대 강철의 이해여'('아틀란티스' 57행)라고 부르며 마무리한다. 이런 인식, 이해 또는 지성은 이론적으로 자연과 역사에서 생각할 수 있는 모든 사건을 하나로 묶을 수 있다. 사유의 역사적 구체화는 과거와 미래의 땅을 시적 구조의 초월적 포옹으로 동화시키는 궁극의 다리가 될 것이다. 이 인식은 '분획되지 않은 표현'('브루클린 브리지', 34행)을 목표로 한다. '분획되지 않은 표현'이란 문화 못지않게 이성의 한계를 극복하는 언어이며, 이 과정에서 시인의 동기와 자기 이해 사이의 갈등을 해소하는 원시적 통각^{apperception}(어떤 이념을 자신이 이미 가진 이념으로 이해하는 정신 과정)까지 표현한다.[41] 시인의 윤리적 특이점이 보편적 수용을 위한 추진력이 된다면 그의 논리에 선행하는 은유는 교감을 위한 엔진이 된다. 모든 것이 하나로 합쳐질 수 있는 사랑이란 말은 결국 정신적 분계를 뛰어넘는 '분획되지 않은 표현'의 다른 말이다.

그러나 표면적으로 이 분계는 좁힐 수 없는 상태로 남아 있다. 그것들은 지상에 악마가 만든 틈새이고 이를 수리하기 위해 다리가 만들어진 것이

다. 그렇지 않다면 왜 크레인이 모든 것을 통합하는 은유적 구성의 기원
과 동기를 강조하는 격문으로 시를 시작했겠는가?

　지구상에서 왔다 갔다 하면서부터,

　그리고 그 안에서 걸어 올라가고 내려가는 것에서부터.

　― 욥기

〈다리〉, 제목 페이지

이 말은 욥기에서 사탄이 주께 자신이 왜 지금 같은 상태에 있는지 이
유를 설명하는 대목이다. 이 불화의 씨앗을 뿌린 자는 확실한 목적이나
방향 없이 이곳저곳을 전전하며 땅 위를 떠돈다. 이는 〈다리〉가 바로 극복
할 수 없는 구획의 지반에서 생겨났다고 암시하는 크레인의 방식일까? 만
약 그렇다면 이 시의 천백 행은 모두 이 장과 같은 프로젝트, 니체의 차라
투스트라가 매우 회의적이었던 프로젝트를 추구한다고 할 수 있다. 바로
언어를 통해 영원히 떨어져 있는 것을 합치려는 작업이다.

　어떤 문학 프로젝트도, 특히 은유의 빛을 통해 사료를 파악하고자 한
다면 고상한 목표를 달성할 수 없다. 하나의 현상이 다른 현상에 동화될
수록 특수성은 더 많이 상실되고 본질은 변형, 의미 추상화, 그리고 그것
이 묶이는 연관성을 통해 변질된다. 시적 접촉은 브루클린 브리지 기슭에
서 서정적인 '나'의 황홀한 경험을 잘 전달할 수는 있지만, 문화사의 까다
로운 역동성을 쉽게 통합하지는 못한다. 크레인의 시에 등장하는 콜럼버
스가 도달했다고 믿었던 '중국'조차 사실 역사적·지리적으로 정확한 아
시아 국가는 아니다. 시인 스스로 인정한 것처럼 그의 시에서도 '중국'이

라는 기표는 "결국은 의식, 지식, 정신적 통합의 상징으로 전환된다."[42] 크
레인의 '분획되지 않은 표현'의 인지적 융합은 혼란/함께-융합[con-fusion]이
기도 해서, 은유의 시학이 해결해야 하는 바로 그 난제를 직면하게 한다.
그것은 사물의 영원한 거리를 존중하는 동시에 어떻게 하면 함께 춤추게
만들 수 있느냐는 문제다. 이상적이고 무한한 통일을 지향하면서《다리》
는 인식의 한 기슭에서 다른 기슭으로, 궁극적으로, 그리고 정의상 도달
할 수 없는 인식의 다른 기슭을 향해서 끝없이 밀고 나간다. 이 시는 인간
의 상징 창조를 상징하는 위대한 상징이라 할 수 있는 '세계를 만드는 힘
을 가진 은유에 대한 은유'를 제시한다.[43] 루트비히 비트겐슈타인이라면
이렇게 말했을 것이다. 크레인의 시학에서든, 거리가 먼 비유를 지닌 초현
실주의 시학에서든, 자신의 언어에 매혹되어 어떤 취지를 만드는 철학자
의 실천에서든, 수사적 전개는 문제를 제기할 필요가 있다. 출발지와 목적
지 사이의 거리를 인정해야 하고 폭에 대한 깨달음으로 둘을 더 잘 알 수
있게 된다. 이렇게 되면 겉으로 보기에 하나로 보이는 상황, 긍정, 또는 이
해(스티븐스의 '절반' 상태)가 흔히 눈에 보이지 않는 다른 상황에 의해 완성
되는 방식도 이해할 수 있을 것이다. 이렇게 차이는 둘의 다름을 확인하
는 동시에 함께 춤출 수도 있다.

6장

교수대로서의 다리

태양과 천사들

사람들이 로마에서 가장 아름답다고 생각하는 다리는 위대한 황제 '하드리아누스의 묘'로 이어지던 엘리오 다리다. 이 다리는 황제의 안식처로 가는 목적만을 위해 지어진 구조물이다. 하드리아누스의 묘는 이후에도 카라칼라 황제에 이르기까지 다른 여러 로마 황제들의 묘 역할을 했다. 묘는 오늘날 산탄젤로성이라 불리는 거대한 북 모양의 건물로, 엘리오 다리가 세워진 뒤 4년의 공사 기간을 거쳐 서기 139년에 완성됐다. 로마는 티베르강 건너편 강둑 왼편에 자리하고 있다. 다리가 시작되는 지점이다. 인간이 사는 곳에서 멀리 위치한 이 무덤은 하드리아누스가 스틱스강을 건너 사후세계의 영원한 안식처로 갔음을 상징한다(사진 6.1).

엘리오 다리는 삶과 죽음을 이었을 뿐 아니라 완전히 다른 두 존재 질서를 연결해주는 상징이었다. 하드리아누스는 사후 로마 원로원에 의해

사진 6.1 하드리아누스 영묘와 엘리오 다리, 이탈리아 로마. 알랭 얀순.

신격화되었다. 다리와 묘는 자신의 신격화를 위해 황제가 미리 준비해 놓은 것이었다. 엘리오라는 명칭은 푸블리우스 아일리우스 하드리아누스 Publius Aelius Hadrianus 라는, 황제가 태어날 때 받은 이름에서 따온 것으로 그리스의 태양신 헬리오스를 의미한다. 황제는 이 이름으로 불리기를 더 좋아했다. 하드리아누스의 엘리오 다리, 뜻을 풀면 태양교는 거대한 황금문, 다시 말해 인간이라는 필멸의 상태에서 신성한 상태로 옮겨가는 통로역할을 했다.[1]

로마가 기독교 국가가 된 후 엘리오 다리는 하드리아누스의 안식처보다 훨씬 더 중요한 안식처, 즉 그리스도의 지상 대리자 성 베드로의 무덤으로 가는 길이 되었다(두 무덤 모두 영원불멸의 영역에 속한다는 면에서는 같다). 성 베드로는 기독교 왕국의 심장부이자 가장 신성한 성전인 성 베드

로 대성당 아래 묻혀 있다. 하드리아누스의 묘에서 몇백 미터 떨어진 곳
이다. 이제 엘리오 다리는 폰테 산 피에트로$^{Ponte\ San\ Pietro}$, 즉 성 베드로 다
리라는 새 이름으로 불리게 되었고, 더 결정적인 산탄젤로 다리(성 천사의
다리)라는 이름을 받게 된다. 이유는 곧 살펴보겠다. 이제 이 다리는 인류
에게 역사상 가장 중요한 두 무덤인 세속의 무덤과 신성한 무덤으로 인
간들을 인도했다. 하드리아누스 황제가 스틱스강을 건너는 상징은 구원
으로 가는 길을 새로 창조하는 결과를 낳았다. 이제 죽음은 사망했고 베
드로 사도의 길을 충실하게 밟은 자들의 영혼은 불멸을 획득하게 되었다.
이 다리는 성좌聖座(로마의 주교인 교황의 착좌식에서 유래한 기독교 용어로 로마
의 주교좌, 즉 성 베드로가 처음으로 앉았다고 전해지는 의자)의 성채로 들어가는
입구이자 성 베드로 대성전을 오가는 모든 행렬의 열쇠가 되었다. 17세기
조각가 잔 로렌초 베르니니가 여기에 놓인 유명한 천사들을 설계하면서
다리는 로마에서 그리스도 수난극을 재현하는 '십자가의 길'의 일부가 되
었다. 십자가의 길은 신자들이 속죄 의식을 재연하는 행사로 생의 저편에
있는 낙원으로 들어가는 데 필요한 겸허함^{humilitas}과 통회$^{contritio\ cordis}$를 구
현한다. 베르니니는 '십자가의 길'을 상징하는 못과 가시관과 INRI('유대인
의 왕 나사렛 예수'라는 표현의 앞 글자만 딴 문구로 십자가형을 당한 예수의 머리 위
에 죄목으로 달려있던 문패)로 천사 조각상들을 장식했다. 그는 또한 성 베드
로 대성당 앞에 개방형 광장을 설계해 다리를 통해 갈 수 있는 새로운 목
적지를 선사했다. 다리를 건너 보르고 누오보의 좁은 길을 따라 구원으
로 향하는 경건한 여행자를 기다리는 이 광장은 천국의 드넓은 포용성을
형상화한 것이다.^{2}

베르니니와 제자들이 다리에 천사상을 조각해 천국의 영광을 더하기

전, 다리는 시신을 전시하는 장소로 유명했다. 교회의 적으로 처형된 자들의 시신이었다. 16세기, 권위에 늘 냉소적이었던 로마인들은 다리에 걸린 머리의 숫자가 시장에 널린 멜론보다 더 많다고 비꼬아댔다(그림 6.2).[3] 창에 꽂아놓은 머리가 몸에서 잘린 곳은 이 다리 아래에 있는 '정의의 터전'이었다. 참수된 로마인 중 가장 아름다운 자가 자기 머리를 손에 들고 다리에 출몰한다는 소문이 아직도 돌고 있다.[4] 이곳에서 로마의 형벌 의식과 공동 속죄 의식을 거행하게 된 이유는 산탄젤로 다리가 토르 디 노나의 '교황의 감옥'과 가깝기 때문이다. 지금 이런 의식을 지배하는 관심사는 현실과는 무관하다. 이 의식들은 다만 상징적으로 교훈을 재현할 뿐이다. 천사의 다리는 죽음의 표식이었을 뿐 아니라, 죽음에 나름의 근거를 대는 역할도 수행했다.

　로마가 바티칸의 통치를 받게 되면서 하드리아누스의 묘는 교황들이 적에게서 자신을 방어할 수 있는 요새 같은 피난처가 되었다. 심지어 교황들은 성 베드로 대성당부터 묘로 곧장 이어지는 비밀 통로까지 설계했다. 묘의 요새 안에 들어간 교황들은 난공불락의 존재나 다름없었다. 역사가 체사레 도노프리오가 공화정에 대한 연민을 숨김없이 드러내며 기술한 것에 의하면 547년 동고트 왕국 토틸라의 침략군이 로마를 포위한 후 이 묘는 '로마라는 도시에 대적하는 끔찍한 무기'의 역할을 지속했다. 그때부터 교황들은 산탄젤로성이기도 한 이 묘를 이용해 '로마 사회를 세속화하려는 열망을 절대 포기하지 않는 꿋꿋한 로마인들과 로마 전체를 인질로 붙들어 두고자' 했다.[5]

　처형된 시신 대부분을 전시해 놓았던 다리 아래의 광장은 원래 전혀 다른 목적으로 만든 곳이다. 순례자들의 대규모 비극을 추모하는 목적이

그림 6.2 교황 식스토 5세(재위 1585~1590년)가 창에 꽂아놓은 죄수들의 머리가 양쪽에 늘어선 다리를 건너고 있다.

다. 비극은 50년에 한 번씩 돌아오는 희년稀年에 일어났다. 유럽 전역의 가톨릭 신자들이 이 영원불멸의 도시에 와서 속죄하는 해였다. 1300년 성년에 엄청난 숫자의 사람들이 몰려왔어도 일어나지 않았던 재앙이 1450년에는 벌어지고야 말았다. 1300년의 성년에는 단테도 이 다리를 건넜고 1장에서 살펴본 비유에서 관련 내용을 썼다. 1450년 12월 19일, 성 베드로 대성전에서 축하 행사를 마치고 돌아오던 순례자들은 바티칸에서 로마로 돌아오는 유일한 길이었던 이 다리에 진입하면서 극심한 병목 현상을 빚는다(그림 6.3). 희년을 기념하는 군중의 규모가 '하도 방대해 좁은 공간에 빽빽하게 들어차' 있던 통에 "당시 연대기 작가의 표현을 빌리면 군중 위에 기장 낱알을 뿌려도 땅으로는 한 톨도 떨어지지 않으리라 봐도 무방할 정도였다."[6] 장사치들이 줄지어 진을 치던 다리 위에 통제 불능이 된 노새 한 마리가 큰 혼란을 일으켜 치명적인 결과를 낳았다. 피에트로 바르보 추기경(훗날의 교황 바오로 2세)의 소유였던 노새는 여자 둘을 태우고 가던 중 군중들 사이에서 부딪치고 밀려 뒷걸음질 치다 급기야 군중을 향해 돌진했고, 그 기세에 사람들이 한쪽으로 밀리는 바람에 다리 난간이 부서졌다(오늘날에는 사용하지 않는 관용어 "다리 위의 당나귀처럼 때리다"라는 말을 연상시키는 대목이다). 다리 건너기를 무서워하기로 악명이 높은 당나귀, 노새, 소는 특히 이 다리처럼 판자 사이로 강물이 보이는 나무다리는 더욱 두려워했을 것이다.[7] 이 동물들은 다리 건너기를 두려워하는 도교 공포증ephyrophobia이 있기 때문이다. 1450년에 벌어진 비극의 현장에 있었던 르네상스 시대 건축가이자 철학자인 레온 바티스타 알베르티는 이 사건 이후 티베르강에서 발견된 시신만 300구 이상이라고 추산한다.

이 비극에 속죄하기 위해 당시 교황 니콜라오 5세는 성 베드로 다리를 재건하면서 강 왼쪽의 추모 공간을 없앴다. 대신 새롭게 세운 폰테 광장 양쪽에 8각형의 교회를 세웠는데, 한 채는 마리아 막달레나에게, 다른 한 채는 죄 없는 아기 순교자들Holy Innocents에게 봉헌했다. 두 교회는 1527년 로마 약탈 중에 또 다른 교황 클레멘스 7세가 산탄젤로성에서 포위될 때까지 아무 사고 없이 종교 기능을 수행했다. 스페인 황제 카를로스 5세를 위해 전쟁을 수행했던 '란츠크네히트'라는 화력 전문 독일 용병들은 신성한 교회 두 곳의 뒤편과 안쪽으로 피신해, 그곳에서 교황 클레멘스 7세가 숨어 있는 성을 폭격했다. 두 교회에서 벌어진 삐뚤어진 의식(폭격을 가리

그림 6.3 하드리아누스 영묘와 산탄젤로 다리를 그린 줄리아노 다 상갈로의 초기 스케치 중 하나, 15세기 말.

킨다)에다 건물이 입은 피해까지 더해져 교회를 철거할 충분한 명분이 생겨났다. 1534년 두 교회를 철거한 자리에 성 베드로와 성 바오로의 동상을 세웠다. 500년 뒤 오늘날 우리가 보는 대로다.

두 교회는 지은 죄 없이 죽은 이들을 기리는 곳이었지만 철거한 후 제도적으로는 처형이 더욱 쉬워졌다. 처형이 지속되면서 로마인들을 얼마나 압박했던지 다리와 관련된 또 하나의 속담이 생겨나기에 이르렀다. "사형 집행인은 다리를 건너지 않는다"라는 말이다. 성 베드로 대성당 쪽인 강 오른쪽 둑에 있는 권력의 대리인(사형 집행인)이 사형수의 친척과 친구들이 사는 왼쪽으로 건너간다면 그 또한 자신의 사형 집행인이 된다는 뜻이다.[8] 대중에게 공개하기 위해 사형 집행 장소를 폰테 광장으로 옮기자 많은 참수형을 알리는 "티타가 다리를 건넌다"라는 표현도 생겨났다. 마스트로 티타는 로마의 사형 집행인 중 가장 악명 높은 인물로, 500건 이상의 사형 집행의 소름 끼치는 상세한 기록을 남긴 회고록의 저자이기도 하다. 본명은 조반니 바티스타 부가티다. '마스트로 티타'는 그의 별명인데,

정의의 달인이라는 뜻을 지닌 마에스트로 델라 기우스티지아^{maestro della} giustizia를 줄인 말이다. 그의 회고록은《마스트로 티타, 로마의 사형 집행인: 사형 집행인의 친필 회고록》이라는 제목으로 출판되었다.

성채이자 묘의 지하 감옥으로 통하는 성스러운 이 다리는 건설 이후 지나치게 죽음의 상징으로만 주목받은 면이 있다. 죽음은 이 다리의 새로운 이름인 '성 천사의 다리'에도 깃들게 된다. 바로 6세기 말에 있었던 유스티니아누스 페스트 대유행이다. 이 전염병으로 유럽에서 약 1억 명이 목숨을 잃었고 로마 인구는 절멸 지경에 이르렀다.[9] 590년이 되어서야 기적 같은 안식이 찾아왔다. 천국의 가장 권위 있는 대표자인 미카엘 대천사가 하드리아누스의 묘소 위에 서서 피에 흠뻑 젖은 검을 칼집에 넣는 모습을 교황 그레고리오 1세가 보았다는 선언으로 공표된 안식이었다(사진 6.4). 대천사의 출현과 몸짓은 로마의 고난이 끝났다는 신호였다. 이때부터 하드리아누스의 묘는 '대천사의 성'이라는 이름을 갖게 된다. 커다란 비극을 일으킨 토틸라의 포위가 있던 547년 이후 요새는 로마에서 죽음과 삶 사이 투쟁의 중심지가 되었고, 대천사 미카엘이 바로 이 도시의 거대한 무덤 꼭대기에 나타난 사건은 더할 나위 없이 안성맞춤인 기적이었다.

사탄과 사탄을 따르는 반역 천사들에게 최고의 적수였던 미카엘은 (유대교와 이슬람 전통의 아즈라엘과 아즈라일처럼) 죽음의 천사로 유명했다. 죽어가는 사람들에게 내려와 악령의 손아귀에서 이들을 보호하고 숨이 넘어가는 영혼에 자신을 구원할 마지막 기회를 주는 것이 임무였기 때문이다. 이슬람의《하디스》(이슬람교의 창시자 무함마드의 언행을 기록한 책)는 이야기의 변형된 버전을 상세히 전한다. 이야기 속 다리 위의 죽음 장면에서 대천사 가브리엘은 영혼을 저승으로 인도하는 다리 기슭에 서 있고 대천사

사진 6.4 하드리아누스 영묘이자 성의 꼭대기에 있는 대천사 미카엘. 야나 자파.

미카엘은 다리 중간에 서 있다. 저승으로 죽은 자를 인도하는 안내자, 영혼들의 운반자인 대천사 미카엘은 다리에서 영혼들에게 어떤 삶을 영위했는지 물은 뒤 일부는 천국으로, 일부는 지옥으로 보낸다.[10]

그러므로 성스러운 도시 로마를 오염시키고 있다며 교회의 비난을 받았던 이들이, 자신들의 신성한 황제의 무덤이 경건한 성으로 바뀐 곳, 대천사 미카엘이 감독하는 바로 그 다리에서 최후를 맞이한다는 사실에는 어느 정도 일관성이 있는 것 같다. 로마의 공개 처형은 19세기까지 계속되었다. 당시 바티칸으로부터 독립하기 위해 싸웠던 공화주의자 로마인들의 참수당한 머리는 베르니니의 제자들이 조각한 열두 개 천사상 옆에 내걸렸다.

다리 위의 늙은이들

죽음과 천사들의 다리 사이에 존재하는 연관성에도 불구하고 고대 로마의 역사가들은 '죽음' 하면 로마의 또 다른 다리인 수블리시우스 다리^{Pons} Sublicius를 더 쉽게 떠올린다. 수블리시우스 다리는 하드리아누스의 다리보다 먼저 만들어졌고, 흔적이 거의 남아 있지 않다. 로마에서 가장 오래된 이 다리의 유지·보수는 대신관이라 불리는 사제들의 성스러운 책임이었다. 오비디우스에 따르면 매년 5월 15일 무렵이 되면 대신관들은 수블리시우스 다리에서 신성한 의식을 주재했다. 대신관 대표는 엄중한 보호를 받는 베스탈 처녀들(베스타^{Vesta} 여신을 모시는 신녀)을 이끌고 도시를 가로질러 다리까지 갔고, 다리에서 처녀들은 손발이 묶인 노인들의 밀짚 상을 티베르강으로 던졌다. 역사가들은 이 의식을 노인들이 다리에서 익사한 실제 사건을 상징적으로 재현한 것으로 생각한다. 이 의식은 로마 역사에서도 아주 오래전에 일어났기 때문에 오비디우스도 이해하는 데 다소 곤란을 겪었다. 노인을 공경하는 사회가 쇠약한 노인들을 수블리시우스 다리에서 던져버릴 수 있다는 사실에 혐오감을 느낀 시인은 봄에 이루어지는 재연 행사를 두고 다른 해석을 제시한다.

그는 인형(Argei) 스물일곱 개를 가져온 장소가 그리스의 영웅 헤라클레스의 동지들의 무덤에 봉헌한 사첼라 아르게오룸이라는 작은 신전들이라는 데 주목했다. 이 사실을 통해 인형들은 실제로 과거에 강에 빠진 로마인이 아니라 우두머리를 따라 이탈리아까지 역사적 여정을 떠났던 아르고스(그리스 펠로폰네소스 반도에 있는 도시로 제우스의 아들 아르고스가 창건했다는 전설이 전해온다)의 족장들을 상징한다는 가정이 성립된다. 오비디우스의 추정에 따르면 아르고스인들은 자신들이 죽으면 시신을 강에 던져 꿈에 그리던 그리스의 고향으로 떠내려갈 수 있게 해달라고 청했다는 것이다.

오비디우스의 설명에도 불구하고 인형들을 강에 내던져진 과거의 로마인들로 보는 시각이 더욱 흥미로운 것 같다. 이는 유럽 전역에서 다리를 건설한 사람들이 강을 달래기 위해 시행했던 의식과도 더 잘 들어맞는다. 의식이 실제로 존재했고, 고대 로마에서 희생 제물을 강물로 던졌다면 아마도 그들은 군복무에 적합하지 않았거나 60세가 넘었거나 아니면 더는 쓸모없다고 여겨진 사람들이었을 것이다. 이 관행이 실제로 존재했다는 역사적 증거는 없지만, '다리 위의 늙은이들!'(고대 로마에서 투표권을 상실한 60세 넘은 노인들을 가리키는 말)이라는 고대의 표현은 오비디우스의 시대에도 이미 잘 알려져 있었고, 따라서 강의 신 티베르에게 바치는 인간 희생 의식을 가리켰을 가능성도 있다.

이 견해는 오비디우스와 동시대를 살았던 할리카르나소스의 디오니시우스뿐 아니라, 인류학자 제임스 G. 프레이저와 문화인류학자 아니타 세필리, 그 외 여러 사람이 공유하는 견해이기도 하다.[11] 프레이저에 따르면 "실제로 로마인들의 머릿속에서는 60세가 넘은 사람들을 다리 및 물과 연관된 죽음과 관련시키는 경향이 뿌리 깊게 남아 있었기 때문에 데폰타니 depontani라는 단어까지 새로 만들어졌다. 데폰타니란 '그들과 함께 다리에서 떨어지다'라는 뜻으로, 의식을 적절하면서 풍부하게 표현한다." 플루타르코스는 수블리시우스 다리에서 사람을 제물로 바치는 고대 전통이 사실이라고 믿었고, 그 때문에 정화 의식이 거행되는 5월에는 로마에서 결혼을 금지했다고 추정한다.[12]

시간이 지나면서 기독교인을 때 강물에 빠뜨려 죽이는 행위가 강 상류에서 흔한 관행이 되었다. 기독교를 믿어 죄인이 된 자들은 아우렐리오 다리에서 강으로 내던져졌고, 훼손된 시신은 티베르섬까지 밀려와 떠오르지 않는 이상 거둘 수 없었다. 또 다른 기독교인들은 카피톨리노 언덕에 있는 비탄의 계단, 게모니아이 계단을 오르게 한 뒤 교살하고 시신은 광장에 그대로 내던져 썩도록 내버려 두었다. 그 다음 시신을 티베르강에 던져 매장과 장례 의식을 애초에 불가능하게 만들어버렸다.[13]

혹시 정화를 목적으로 한 집단 살인이 건강한 로마라는 핑계로 일어났다면, 이 풍습은 오비디우스 시대가 되어서는 팔다리를 묶은 인형을 이용한 상징적 살인으로 대체되었을 것이다. 수블리시우스 다리에서 노인을 떨어뜨려 죽인다는 생각은 고대 로마인들에게 매우 익숙한 관념이었기 때문에 키케로가 민사 소송 당시 '다리 위의 늙은이들!'이라는 말을 외쳤을 때 법정에서 자연스럽게 웃음이 터져 나왔을 정도였다.[14] 로마의 서정 시인 카툴루스도 튼튼한 다리 건설을 염원하는 의식에 노인들을 희생시킨 일을 언급하며 시적 은유의 확장을 꾀한다. 그의 시 #17은 베로나 다리를 묘사하는 것으로 시작된다. 곧 무너질 듯 약하고 이곳저곳 땜질한 다리는 임박한 축제에 몰려든 많은 군중을 수용하기에는 부실해 보인다. 짓궂은 시인은 문제를 해결할 묘안을 제안한다. 젊고 자신만만한 신부의 육욕에 대해서는 아무것도 모르는 늙은 '멍청이'를 희생 제물로 강물에 던지면 노인과 다리 둘 다 젊음과 정력을 되찾게 된다는 것이다.

수블리시우스 다리 인형의 기원이 무엇이든 간에 인형을 던지는 행위는 강을 통해 생명을 정화하고 재생시키는 목적을 겨냥한 것이었음이 틀림없다. 산탄젤로 다리가 죽음의 천사들이 자아내는 신의 현현 효과를 보호막 삼아 다리 건너 무덤까지 가는 길을 제공하듯 수블리시우스 다리에서 희생자를 처형하는 행위는 사회라는 신체에서 불순한 기운을 제거하고, 이 과정에서 피에 굶주린 신들을 달래는 구실을 한다. 다리와 관련된 희생 문화는 흘러가는 강물의 흐름을 끊어놓는 다리가 강에 바쳐야 할 공물이자 헌사인 셈이다.

강의 신들이 공물을 받는 방식은 수없이 많았다. 티베르강을 가로지르는 다리가 많아지기 전 로마인들은 최소한의 요금을 받고 온종일 운행하는 작은 배로 강을 건넜다. 배로 강을 건너는 일은 수시로 불법화되었다. 탐욕스러운 뱃사공들이 작은 배에 승객을 지나치게 많이 태워 전복되는 사고 때문만은 아니었다. 16세기 로마인들의 소형 선박을 이용한 도강은 불길하고 사악한 범죄였다. 칠흑같이 어두운 밤 뱃사공이나 뱃사공을 가장한 누군가가 강둑에 앉아 있다 일어나서 아무 의심도 없이 배에 오르는 사람을 예기치 않은 죽음으로 내몰기도 했다. 세르지오 델리가 전하는 바에 따르면 범죄의 목적은 다음과 같았다.

정치적인 이유나 개인적인 복수를 위해 이런 범죄를 저지르는 경우가 드물지 않았다. 티베르강은 몽둥이로 맞거나 칼에 찔리거나 권총으로 가격당한 사체를 토해내곤 했다. 방법은 항상 같았다. (강 건너편에서 은밀한 연애를 기대하다가) 덫에 걸려든 불행한 사람도, 강물을 건너는 중 단검에 찔린 불운한 이도 모두 같은 범죄의 희생양이 되었다.[15]

1556년에는 작은 배를 사용했다는 이유만으로 징역형을 선고받을 정도로 이 살벌한 도시에 많은 살인 사건이 일어났다.

물에서 죽는다는 것은 생을 마감하는 형식의 완성이라는 점에서 가치가 있다. 물에서 유래한 생명은 다시 물로 돌아가 생명의 구성 요소가 되고 이 구성 요소는 다시 물에 실려 생명의 근원이 되기 때문이다. 물에서 맞이하는 죽음이 생명의 순환을 종결시킨다. 카누나 작은 배, 혹은 죽은 자를 건네주는 뱃사공 카론이 노 젓는 배를 타고 강을 따라가는 여정은 이 순환을 재연한다. 물을 타고 그리스로 귀향하려는 아르고스인들의 소망은 물을 통한 생명의 순환이라는 관념이 망자들을 삼켜 죽음으로 건네주는 물에 대한 신화로 확장되었음을 확인시켜준다. 이 신화는 심지어 다리에서 뛰어내려 죽는 사람들의 마음속에서뿐 아니라 전시에 적을 처형하는 장소를 고를 때도 적용될 수 있다.

생을 옥죄는 죽음이라는 올가미

문화와 종교, 군사적인 적들을 목매달아 놓거나 창에 꽂아 다리 위 통행량이 많은 곳에 전시하거나 다리 위의 시위는 공동체가 사람들의 삶을 좌지우지하는 힘을 가졌음을 과시하는 증거물이다. 1965년 3월 7일 '피의 일요일'에 미국 앨라배마주 에드먼드 페투스 다리에서 있었던 사건(백인 주 경찰관들이 다리를 건너려던 흑인 투표권 시위대를 공격한 사건), 그리고 2004년 3월 31일 이라크 팔루자 유프라테스강 다리에 놓아둔 이라크 주둔 미국 용병들의 시신이 대표적인 사례다. 1992년부터 1995년까지 벌어졌던 유고슬라비아 전쟁 동안 도시의 다리들은 학살의 중심지였다.[16] 이 관행에 대한 주목할 만한 문학적 언급은 이보 안드리치의 역사 소설《드리나강의 다리》의 도입부에도 나온다. 소콜로비치 다리에서 다리 건설에 반대한 사람을 꼬챙이에 꽂은 장면을 상세히 묘사한 부분이다.《드리나강의 다리》보다 먼저 나온 소설 역시 전시 교수형을 다루는데 이 작품은 오히려 전쟁이라는 위태로운 시점에 교수형을 당한 사람이 성취하는 섬뜩하면서도 신비한 내면의 자유를 탐색한다.

종군 기자로 유명한 앰브로즈 비어스가 쓴 단편 소설《아울크리크 다리에서 생긴 일An Occurrence at Owl Creek Bridge, 1890》에서 가장 놀라운 것은 이 이야기가 말하는 사건 (미국 남북전쟁 당시 남군 소속 병사의 죽음) 자체가 아니라, 실제로 일어난 일과 단순히 상상한 내용을 구별하기 힘들다는 점이다. 이 모호성은 아마 생의 경계 너머에 있는 공간에서 발생하는 듯 보인다. 앨라배마주 아울크리크 다리에서 발생한 교수형이라는 모호한 사건에서 확실한 점은 단 한 가지다. 다리는 잠재적인 교수대이며 교수대 또한 다리라는 것이다.

소설 앞부분에 등장하는 사건은 한낮의 햇살처럼 명확하다. 페이튼 파쿠어라는 이름의 남부인은 군 보급 열차가 다니는 다리를 파괴하려는 음모를 꾀했다는 혐의로 북군에 체포된다. 올가미에 묶인 파쿠어를 묘사하는 도입부 장면은 냉정할 정도로 간결하면서도 노골적이다.

한 남자가 앨라배마주 북부에 있는 어느 철교에 서서 6미터 아래 급류를 내려다보고 있었다. 등 뒤로 손목이 묶이고 목에는 밧줄이 걸려 있었다. 밧줄은 남자의 머리 위 튼튼한 가로대에 묶여 있었고, 밧줄 끝은 남자 무릎까지 늘어져 있었다. 철교 레일을 받쳐주는 침목 몇 개 위로 위태롭게 걸쳐 놓은 판자들이 남자와 사형 집행인들—두 명의 북군 병사와 그들을 지휘하는, 민간인으로 치면 부보안관쯤 되는 상사—에게 발판 구실을 하고 있었다… 준비가 끝나자 두 병사는 각자 딛고 있던 판자를 치우고 옆으로 비켜섰다… 이제 사형수와 상사는 다리의 침목 세 개에 걸쳐 놓은 한 발판 양쪽에 서게 되었다. 사형수가 서 있는 발판 끝이 네 번째 침목에 닿을락 말락 했다. 사형수와 상사가 서 있는 발판 판자는 대위의 몸무게로 지탱하고 있었는데, 지금 막 상사가 대위의 위치로 옮긴 것이다. 대위가 신호를 주면 상사가 옆으로 비켜서 발판이 기울어지고 사형수는 두 침목 사이로 급류를 향해 떨어지게 되어 있었다.[17]

다음 장면에서 상사는 서 있던 판자에서 발을 떼고, 화자는 파쿠어가 "다리 아래로 곧장 떨어졌다"(12)라고 전한다. 그런데 이 부분에서 이야기는 아주 다른 쪽으로 흘러간다. 올가미가 끊어지고 파쿠어는 강물로 뛰어들어 주위 물속에 파고드는 총탄들을 피해 헤엄친다. 파쿠어의 '초자연적으로 예민하고 기민한'(13) 지각에 대한 묘사는 교수형 채비를 묘사한 장면 못지않게 상세하고 치밀하다. 차이가 있다면 파쿠어의 섬세한 관찰은 경이로움과 열정과 생사를 오가는 감수성으로 가득하다는 점이다.

그는 얼굴 위에 잔물결을 느꼈고 물방울 하나하나가 얼굴을 때리는 소리를 들었다. 강둑 위 숲이 보였고 나무 한 그루 한 그루, 잎사귀, 그리고, 잎사귀의 잎맥까지 보였다. 잎사귀 위에 앉은 곤충들도 선명히 볼 수 있었다. 메뚜기, 형형하게 빛나는 파리, 나뭇가지에 거미줄을 치고 있는 회색 거미들이 보였다. 무수한 풀잎에 맺힌 이슬방울이 만들어내는 무지갯빛 색깔이

도드라졌다. 급류의 소용돌이 위에서 춤추는 모기의 윙윙거림, 잠자리의 날갯짓 소리, 노가 배를 들어 올리려 물살을 치듯 다리를 물살에 때리는 물거미 소리, 이 모든 것이 생생한 음악이 되었다. 물고기 한 마리가 그의 눈밑을 미끄러지듯 지나쳐갔다. 물살을 가르는 녀석의 세찬 움직임까지 또렷이 들렸다(13).

파쿠어는 이제 총알과 대포를 피해 강둑까지 올라 숲을 지나 정신없이 도망친다. 그는 도저히 불가능할 것 같던 일을 해낸다. 자기 집 앞 잔디밭까지 들어가 베란다에서 자신을 맞이하러 내려오는 아내를 만난 것이다. 분리되어 있던 두 서사는 이제 독자들을 두 번째 서사에서 세 번째 단계로 밀어 넣는다. 마지막 부분은 현재 시제로 서술되어 있다. 마치 파쿠어의 눈을 통해 사건들을 계속 경험하는 듯하다.

베란다에서 내려오는 계단 맨 아래 칸에서 아내는 형언할 수 없는 기쁨의 미소를 띠고 비할 데 없는 우아함과 위엄을 갖춘 모습으로 서서 남편을 기다리고 있다. 아, 이 얼마나 아름다운 자태인가! 파쿠어는 두 팔을 뻗으며 앞으로 뛰어나간다. 아내를 막 껴안으려는 순간 그는 목덜미 뒤쪽에서 번쩍하는 충격을 느낀다. 눈부시게 흰빛이 대포 같은 굉음을 내며 주위를 휘몰아친다. 이제 남은 것은 어둠과 적막뿐이다!
페이턴 파쿠어는 죽었다. 목이 부러진 사체는 아울크리크 다리 들보 아래 이리저리 살랑살랑 흔들리고 있었다(16).

예상치 못한 결말로 독자는 현재에서 파쿠어의 죽음이 벌어진 과거로 돌아갈 수밖에 없게 된다. 올가미 조임과 파쿠어가 아내를 껴안는 순간 사이에 일어난 모든 일은 단 몇 초 만에 이루어진 상상의 산물로 보인다. 객관적이고 경험적인 사실과 주관적 상상 사이의 간극에 다리를 놓은 수단은 문체의 변형이다. 사무적이며 무심한 교수형 준비는 언어의 정밀한 리듬감과 군인다운 질서정연함을 통해 진행된다. 반면 목을 꽉 죄어오는 3미터짜리 밧줄로 몰려드는 감정과 욕망과 감각은 헤아릴 수 없는 넓이와 시간의 감각을 전달한다. 다리의 표면을 이루는 널빤지들은 생의 연속적이고 점진적인 질서를 나타내지만, 죽음으로 향하는 수직의 추락과 이후의 죽음은 흐름을 쪼개버리고, 직선으로 이어지던 궤적은 회오리처럼 몰아치는 환상의 서사에 의해 의미심장한 방식으로 중단된다. 추락과 결부된 격정은 상상 속 사건에 약동하는 리듬과 서정성을 부여한다. 올가미를 조이는 양쪽 세계에서 일어나는 일에는 완전히 결여된 속성이다.

이 소설 앞부분은 수평과 수직이 교차하는 지점의 구성 요소 중 한쪽—강의 양편을 이어주는 나무 철로 하나하나—에 초점을 맞추고 있지만, 실제 관심사는 수직적 교차다. 죽음은 인간의 상상력이 사실의 질서를 위반하는 순간 삶이라는 평면을 가로지른다. 이것이 다리라는 이동 수단을 교수대로 바꾸는 이 이야기의 핵심이다.

비어스의 이야기를 각색한 로베르 앙리코 감독의 1962년 영화 〈올빼미 강La rivière de hibou〉(칸 영화제 단편 영화 부문 그랑프리와 이듬해 아카데미 단편 영화상 수상작)은 이 소설의 언어를 재료 삼아 이야기에 담긴 시와 서사에 시각적 충격을 더한 걸작이다. 세부 사항에 굳이 트집을 잡자면 이렇다. 영화에서는 파쿠어가 다리를 이어주는 나무판자들 사이로 추락하지 않는다. 그가 서 있는 널빤지는 다리 옆까지 튀어나와 있어 사형수가 철로 밖에서 강으로 떨어지게 되어 있다. 비어스가 묘사한 장면에서 사형수는 철로의 한 발판과 다음 발판 사이 공간 속으로 떨어진다. 소설의 이야기는 파쿠어의 죽음과 상상 과정을 반복 구조 내의 틈새와 연관시킨다. 반복 구조란 다리의 판자들을 이어놓은 구조로 이는 목적지를 향한 진행과 서사 지속에 대한 은유일 뿐 아니라 삶에 놓인 연속적인 길목들의 은유이기도 하다. 다리에 매달린 파쿠어가 '삶의 기슭과 죽음의 기슭 사이에 끼어 꼼짝하지 못한다는 관념을 강화'하고 있지만, 그의 죽음이 삶의 기슭 저 너머 먼 곳에 있지는 않다.[18] 오히려 죽음은 삶의 발판 사이사이에 놓여 있는 것이다.

널빤지 사이로의 추락은 아울크리크 다리의 진정한 '사건'이다. 추락은 파쿠어의 목적지를 바꾸어 보려는 억제하기 힘든 시도, 다시 말해 앞에 놓인 단계, 그가 통제할 수 없는 나머지 삶의 성격에 영향을 끼치려는 시도를 촉발한다. 아울크리크의 '아울owl'이 가리키는 올빼미가 어둠을 꿰뚫어 보는 새, '존재의 한 차원에서 다른 차원으로 옮겨가는 영혼의 수호자'여서 이런 사건이 아울크리크 다리에서 발생하는 것일까?[19] 1장에서 살펴본 브로흐의 소설《베르길리우스의 죽음》처럼 비어스의 이야기는 존재의 두 차원 사이에 균열을 낸다. 비어스가 서술한 교수형이라는 사건은 목적을 지닌 삶의 움직임을 돌연 죽음이 가로지를 때, 아무때나 중단될 수 있는 목적과 지향점의 소용돌이가 가리키는 유일한 종착지는 죽음밖에 없다는 사실이 드러날 때 발생하는 트라우마를 여실히 보여준다. 비어스의 이야기는 A에서 B와 C로 이어지는 다리가 텅 비어 있지만, 없으면 안 되는 기반이 되는 수직 공간 위, 죽음이라는 억압된 진실, 삶을 구성하는 죽음이라는 진실 위에 지어진 것임을 보여준다. 올가미 끝에서 흔들리는 죽은 파쿠어의 모습은 최후를 피해 보려는 희망이 잔혹한 대단원을 맞이했음을 암시한다.

파쿠어가 존재의 한 차원에서 다른 차원으로 건너간 것은 삶을 관통하며 계속 살아가지 못하는 파쿠어의 무능함 때문이다. 그가 죽음을 맞이한 다리는 다리를 영웅이 되는 이행 지점으로 보는 통념을 전복시킨다. 가령 중세의 상징적인 다리는 기사의 용맹을 시험에 들게 해 한 차원 더 높은 존재로 드높여주는 기능을 한다. 다리 통과 시험이 가혹하고 어려울수록 통과 능력은 더욱 영광스럽게 빛난다. 란슬롯^{Lancelot} (원탁의 기사 중 하나) 경의 모험에서 그가 사랑하는 여인 귀네비어는, 기사와는 거리가 먼 멜레아간트에게 납치되어 강 건너편 성에 감금된다. 란슬롯은 강을 건너가지 않는 한 상대와 싸울 수조차 없다. 성으로 가는 길은 두 가지뿐이다. 하나는 물 아래, 또 하나는 면도날처럼 날카로운 칼날 다리다. 우리의 주인공은 손쉬운 선택지는 동료 기사 가웨인에게 남겨놓고 자신은 칼날 위로 가는 길을 택한다. 무시무시한 멜레아간트에게 덤빈 대가로 란슬롯은 손과 발과 무릎에 깊은 열상을 입는다(그림 6.5, 6.6). 이 이야기에서 다리는 사실상 초인적인 자기 극복을 위한 통과 의례를 상징한다. 다리는 용맹함을 발휘해야 하는 장소이며 '더 충만한 존재를 얻을 시험대'이고, 대체로 이런 시험은 신의 섭리의 중재로 이루어진다.²⁰ 그러나 파쿠어가 최후를 맞이하는 모습은 위 시나리오와 대조적이다. 파쿠어는 통과 의례의 기회를 거부당하고 사랑하는 아내를 껴안는다. 그는 자신이 묶인 삶의 널빤지 사이로 추락해 죽는다. 그가 태워버리려 했던 다리 위에서 말이다. 파쿠어는 결국 자신의 다리를 태워버린 셈이다.

파쿠어의 처형은 다리가 지닌 또 하나의 상징적 의미, 즉 남근 동일성

그림 6.5 (왼쪽) 칼날 다리를 건너는 란슬롯. 1344년 벨기에 에노주 필사본에 있는 삽화. 프랑스 국립도서관, 프랑수아 122 fol. 1.

그림 6.6 (오른쪽) 칼날 다리를 건너는 란슬롯. 란슬롯 성배의 삽화가 그려져 있는 15세기 초반의 필사본, 파리. 프랑스 국립도서관, 프랑수아 122 fol. 321v.

과 결별을 의미한다. 프로이트 심리학에서 확장된 남근 자체는 생명을 주는 다리로서 두 사람을 이어 제3의 인간을 만든다.[21] 그러나 파쿠어의 다리-남근은 생명의 수액을 고갈시키는 절단, 즉 거세를 겪음으로써 아내를 안으려는 욕망을 강화한다. 한 걸음, 그리고 내디딜 수 없는 다른 걸음 사이에서 그가 억누를 수 없는 힘이 솟아난다. 이 힘은 성교를 통해 죽음을 물리치려는 삶의 투쟁을 무無로 돌린다. 죽음은 다리가 이미 상징하는 성교를 통한 결합을 끊어버린다.

아울크리크 다리에서 삶과 죽음이 오가는 상황은 탯줄 이미지도 연상시킨다. 독일의 철학자이자 문화연구가 페터 슬로터다이크는 탯줄이라는 원시적인 다리를 통해 어머니와 태아 사이에서 일어나는 물질 교환이 "이 두 동반자 사이에 최초의 중간 '결속'을 창조한다"라는 데 주목한다. 탯줄은 둘을 '애초부터 삼위일체로' 결속시키고, "세 번째 요소는 둘을 하나로 변모시킨다." 이 단일한 연결의 양쪽 끝에 있는 어머니와 아기는 "존재 방식 면에서 늘 역동적인 '사이$^{in-between}$'의 양극이다."[22] 탯줄은 절단을 통해 남근과 성교의 가능성을 만들어냄으로써 정자가 난자로 옮겨지며 번식할 수 있는 길을 마련한다(하지만 우리는 분명 순환 고리에 속해 있다. 탯줄이 없으면 남근이 없고 남근이 없으면 태아도 탯줄도 없기 때문이다). 탯줄과 앰브로즈 비어스의 이야기 사이에는 비유적 관계가 있다. 탯줄은 파쿠어 목에 걸린 밧줄과 같다. 밧줄이 끊어지면 파쿠어는 살 수 있지만, 목에 그대로 붙어 있는 한 그는 삶으로 풀려나지 못한다. 여기에도 순환이 있다. 밧줄이 팽팽하게 당겨져 있는 한, 그가 생사의 사이에 존재하면서 환상을 통해 투사하는 삶은 사랑하는 여인과의 분리가 아니라 연결이다. 만일 올가미가 절단되지 않으면 파쿠어-태아는 분리되어 존재할 수 없고 떨어져 있던 여인에게 돌아갈 수도 없다.

파쿠어 이야기에 또 다른 의미 층위를 부여해 보자. 소설의 정치적 맥락에서 소속-분리 시나리오는 계속 나타난다. 미국 분리주의 남부 사람인 파쿠어는 더 넓고 이상적인 국가를 상징하는 연방을 탈퇴하려는 남군과 뜻을 같이한다. 연방의 상징은 한쪽 끝에서 다른 쪽 끝으로 보급품을 운반하는 다리다. 파쿠어는 아울크리크 다리를 불태우려 함으로써 분리주의자의 열의를 확고하게 내보인다. 그는 연방에서 용납하지 않을 저항 행위를 통해 한의 개인이 된다. 딱 두 가지 선택지 사이에서 그는 단 한 번 굉장한 환희의 순간을 마주친다. 하나의 연합을 다른 연합으로, 다시 말해 공동체의 정치적 연합을 개인의 강렬한 연합으로 대체한다고 믿는 순간이다. 갈등을 완전히 소멸시키는 모성과 성애의 목가적 순간이다. 탄생이라는 위기(탯줄 절단)와 죽음이라는 거세 경험(성관계의 소멸)을 통해 활성화되는 것은 환상 속의 삶이다(여기서 파쿠어는 삶이 허락하지 않는 것을 상상한다). 죽음이 그러한 삶의 행동을 허용한다.

다리 서사에 대한 융Jung의 해석은 또 하나의 통찰을 제공한다. 특히 《아울크리크 다리에서 생긴 일》이 객관적이고 건조한 보고서에서 영웅 탈출을 주제로 한 환상적인 모험담으로 문체가 바뀔 때 그의 통찰이 큰 도움이 된다. 융의 분석심리학에서 다리를 소재로 한 민담은 대개 지식 수준의 변화와 관련이 있다.[23] 다리는 무의식 공간에 접근한다는 신호를 보냄으로써 주체가 원형적인 정신의 자원을 활용해 의미 있는 존재론적 이행을 할 수 있도록 돕는다. 파쿠어의 수직 낙하에서 무의식이라는 다른 차원의 공간이 의식으로 튀어나와 강렬한 욕구가 인정된다. 파쿠어가 자신의 깊은 무의식으로 하강할 수 있는 것은 의식적 내러티브의 논리적·순차적인 문법이 붕괴한 덕택이다. 무의식은 파쿠어가 정상적으로 움직이는 현실의 질서로, 그곳에서는 모든 것이 사실처럼 보인다. 상상적 직관은 이제 외부가 아니라 내면으로부터 나와 펼쳐진다. 앰브로즈 비어스는 파쿠어를 옭아맨 올가미를 마지막으로 조여 파쿠어의 상상 속 무의식의 이야기가 거짓임을 명확히 밝히고 싶었을까? 아니다. 왜냐하면 소설의 어떤 부분도 파쿠어가 죽으면서 자신이 집으로 돌아가 아내를 껴안았다는 것을 믿지 않았다는 내용을 암시하지 않기 때문이다.

종착지 없는 카프카의 다리

죽음의 가능성은 누구에게나 진정 중대한 결정을 하도록 만든다. 파쿠어의 행동에는 자살을 연상시키는 뭔가가 있다. 자살하는 사람은 어떤 면에서는 생에서 사로 넘어갈 때 존재하는 선택지들—도덕적 변화라는 특혜,

다리라는 상징이 늘 불러일으키는 전진과 의미 따위—을 거부하는 자다. 자살은 생이 실패했음을 노골적으로 고백하는 행위이며 개선 가능성이 있는 통과 의례를 거부하는 행위다. 자살은 이행 행위로부터 멀어지는 일종의 반ℝ 통과 의례다.

프란츠 카프카는 여러 이야기에서 다리라는 접점에 살인-자살 무대를 마련한다. 그의 단편 소설《선고 Das Ureil, 1912》에서 게오르크와 아버지 사이의 폭발적 논쟁으로 가족의 긴장은 절정으로 치닫고, 결국 아버지는 아들에게 "익사형을 선고한다!"라는 마지막 말을 터뜨린다. 게오르크는 자발적으로 아버지의 판결을 실천에 옮기는데, 이 목적이 수용인지 조롱인지는 알 수 없다. 게오르크는 집을 빠져나와 급히 계단을 내려간 다음 강물에 몸을 던진다. "그는 현관문을 나와 도로를 건너 강을 향해 내달렸다." 그런 다음 다리의 난간을 꼭 잡는다.

> 마치 굶주린 자가 먹을 것을 움켜쥔 듯한 모습이었다. 그는 어린 시절 부모가 자랑스러워했던 빼어난 체조 실력을 발휘해 난간을 훌쩍 뛰어넘었다. 난간을 잡은 손에서 힘이 점점 빠지는 것을 느끼며 자신이 강물에 뛰어드는 소리를 아무렇지도 않게 덮어줄 버스가 다가오는 모습을 난간 사이로 슬쩍 본 그는, 나지막한 목소리로 "사랑하는 어머니 아버지, 난 늘 두 분을 사랑했어요!"라고 외치며 몸을 던졌다.
> 그 순간 다리 위에는 끝임없는 차량 행렬이 이어지고 있었다.[24]

게오르크가 난간을 붙잡고 있을 때 다리는 처음에는 지지대였다. 그런 다음 그는 파쿠어가 철교의 나무판자들 사이 틈새로 아래를 보듯 난간 사이의 틈새를 통해 다리 위를 보면서 차량이 분주하게 오가는 모습에 주목한다. 그는 난간에 매달려 잠시 타인들의 삶을 지켜보다, 자신의 추락 순간이 다리 위 차량 이동과 일치해서 가려지도록 만든다.

카프카의 소설 《소송$^{Der\ Drocess,\ 1914}$》의 결말은 모호하다. 주인공의 능동성 못지않게 수동성을 강조하기 때문이다. 요제프 K도 게오르크처럼 사형선고를 받았지만, 그가 죽어야 하는 이유 역시 불분명하다. K의 죽음 역시 다리와 관련 있다. 다리에서 K는 기이하게 포용적인 두 감시인과 함께 잠시 시간을 보낸다.

세 사람은 모두 한마음이 되어 달빛 아래로 다리를 건넜다. 두 사람은 K가 어떤 움직임을 보이든 쉽게 따라주었다. K가 다리 난간 쪽으로 몸을 약간 돌리면 두 사람 역시 굳건히 앞을 지키며 같은 쪽으로 몸을 돌렸다. 강물은 달빛을 받아 반짝였고 잔잔히 떨며 조그만 섬 양편으로 갈라졌다. 섬에는 나무와 덤불 잎사귀들이 한데 수북이 쌓여 있었다. 나무들 아래로는 이젠 보이지 않는 자갈길이 뻗어 있었고, K가 여름이면 몸을 쭉 펴고 앉아 쉬곤 했던 편안한 벤치들이 놓여 있었다. "멈추려던 건 아니었는데." 그는 동행자들에게 말했다. 자기 뜻을 따라 주는 그들의 친절함에 민망하다는 생각이 들었다.[25]

K가 다리 아래 섬에서 휴식을 취했던 과거를 회상하는 동안 우리는 그 섬이 바다 한가운데에 떠 있는 전형적인 망자의 섬과 어떤 관계가 있는지 궁금해진다. 죽음을 앞둔 순간 달빛 아래 다리 위에서 섬에 집착하는 K의 태도는 진행되는 삶을 따라 앞으로 나아가기를 꺼리는 태도와 긴밀한

연관이 있다("멈추려던 건 아니었는데"). 그와 동행자들이 다리를 건너 채석장 암벽에 다다랐을 때 그들은 칼로 K의 심장을 찔러 돌린다. 타살이었을까, 자살이었을까? 의식이 남아 있던 마지막 순간 K는 "자기 머리 위에서 이 손 저 손을 왔다 갔다 하는 칼을 움켜잡아 자기 가슴에 직접 찌르는 것이 자신에게 맡겨진 의무임을 분명히 깨달았다."[26] 이 책에서 더 자세히 살펴볼 카프카의 짧은 우화《다리 Die Brücke, 1917》역시 필연적인 동시에 의도적인 죽음과 다리 사이의 연관성을 강화하며, 다리를 의인화해 자기를 밟고 건너는 존재를 보려고 몸을 돌리다 죽는 인간으로 묘사한다. 이 우화의 당혹스러운 교훈은 다리는 추락하지 않는 한 다리이기를 멈출 수 없다는 것, 다리가 다리임을 벗어나려면 추락할 수밖에 없다는 것이다.[27]

자살 다리

로마인들은 수블리시우스 다리에서 60대 노인을 강물에 빠뜨렸을 수도 있고 아닐 수도 있다. 이들이 산탄젤로 다리에 시신을 내걸었던 것은 확실하다. 그러나 고대 로마에서 투신 장소로 선호된 다리는 따로 있었다. 바로 파브리키우스 다리다. 이 점에 대해서는 고대 로마 시인 호라티우스가 증언했다. 그는 절망적인 상황에 부닥친 친구에게, 투자 실패로 파브리키우스 다리에서 뛰어내릴 뻔했던 자신처럼 무모한 행동을 삼가라고 간청한다.[28] 기원전 62년에 지어진 파브리키우스 다리는 지금까지도 로마의 티베르섬과 티베르강 왼편 강둑을 이어주고 있다. 오른편 강둑과 섬을 연결해주는 다리는 케스티우스 다리로 파브리키우스 다리가 건조된 지 수십 년 후에 지어졌다. 두 다리 덕분에 티베르섬의 옛 이름은 '두 다리 사이의 섬Insula inter duos Pontos '이었다. 가운데 있는 섬은 미켈란젤로 안토니오니의 영화 〈정사L'avventura〉와 구조의 연관성이 있다. 꼼꼼히 촬영한 영화 앞 장면에는 섬의 아파트 창문을 통해 다리 아래쪽으로 흐르는 수로의 측면이 보인다. 파브리키우스 다리 아래 강은 섬 주변에서 뻗어나가면서 유속이 빨라지고, 다리 남쪽 날카로운 바위 주변에서는 물이 얕아진다. 강이 갈라지는 섬 근처 다리에서 고대 로마인들이 투신해 죽었다는 말은 호라티우스만 한 게 아니다. 동료 시인 유베날리스는 '포스투무스'('죽은 후'라는 의미)라는 기이한 이름을 가진 친구에게 결혼이라는 어리석은 짓을 저지르느니 차라리 섬 끝에 있는 다른 다리에서 뛰어내리는 편이 낫다고 권한다. 그 다리가 바로 아이밀리우스 다리다. 현재 거의 다 부서진 모습으로 남아 있는 이 다리는 로토 다리라 불린다.

포스투무스, 자네 옛날에는 그렇게 미치지 않았었는데 말이야. 진정 아내를 맞이하는 건가?
뱀을 들고 자네를 미치광이로 만든 건 도대체 어떤 티시포네(복수의 세 자매 여신 중 하나)인가?
굳이 참을 필요 없네. 사방이 밧줄 천지인 걸.
아찔하게 높은 창문도 다 열려 있고 아이밀리우스 다리도 가까이 있지 않은가?[29]

오늘날 로마인들이 자살을 위해 차를 몰고 흔히 찾는 다리는 72미터 높이로 우뚝 솟아 있는 아리치아 다리다. 지금은 보호용 강철 그물까지 설치해 놓았다. 로마에서 아퀼라로 가는 고속도로 고가를 선택하는 사람들도 있고, 괴테가 찬양했던 스폴레토 토리 다리를 선택하는 이들도 있다.[30] 이탈리아 북부에는 재계 거물 잔니 아넬리의 아들이 자살 장소로 택한 포사노 다리가 있다. 많은 도시에는 자살 다리가 있다. 가장 악명 높은 것은 금문교지만 캘리포니아 남부에도 세 곳이 더 있다. 패서디나의 아로요 세코 다리(콜로라도 스트리트 브리지)라고도 한다(이 다리도 찰리 채플린이 영화 〈키드〉 촬영에 썼던 철제 난간이 장착되어 있다). 샌디에이고의 코로나도 다리, 그리고 샌타바버라의 콜드 스프링 캐니언 다리 등이다. 스코틀랜드의 오버톤 다리에서는 개들이 뛰어내려 죽는 불가사의한 일이 일어난다. 신비주의 연구를 소규모 산업으로 키울 수 있을 만큼 불가해한 현상이다.

자살로 유명한 도시에는 자살로 유명한 다리도 있다. 로마 못지않게 관광객이 넘치는 피렌체도 자살로 유명한 도시다. "피렌체는 늘 인기 있는 자살 장소였다." 어느 회고록의 무심한 듯 노골적인 첫 문장이다.[31] 임상심리학자 그라지엘라 마게리니 박사는 이 르네상스 도시가 자아내는 깊은 불안 효과를 스탕달 증후군이라는 관점에서 설명한다. 스탕달 증후군은 피렌체의 위대한 예술품들이 일으키는 위압감과 혼란, 불안 효과를 뜻한다. 스탕달 증후군이라는 명칭은 1817년 피렌체를 방문했을 당시 찬란한 예술을 접하고 숨 막히는 무력감을 겪었던 프랑스 소설가 스탕달의 이야기에서 유래했다. 마게리니는 자신의 고향이기도 한 피렌체에서 신경쇠약으로 입원한 외국인들에게 나타나는 달리 설명할 길 없는 증상들을 분석해서 스탕달 증후군의 임상 증거로 제시했다. 외국인 중 일부는 다리에서 투신했거나 투신 시도 중에 구조되었다.[32] 이 트라우마의 뿌리는 피렌체의 아름다움이나 다리와 무관하지만, 풍광이 증상을 악화시킬 수도 있다는 것은 어렵지 않게 이해된다. 베키오 다리, 산타 트리니타 다리, 그밖에 찬란한 볼거리들은 문화적·정신적 초월성의 상징이다. 이 대상에 대한 비판을 촉발하는 예술 작품은 거울 기능을 하며, 관객들의 관심을 다시 반영하고 실존적 좌절감을 의식 표면으로 끌어내 자신은 이룬 게 없다는 열등감을 부각한다. 압도적일 만큼 비범한 아름다움은 평범하고 불행하고 불결한 모든 것에 의심을 불러일으킨다. 감히 단언컨대 이탈리아인에게 내재된 특유의 낙천성이 없다면 그 누구라도 기분이 좋지 않은 상태에 피렌체에 오면 기분이 더 나빠질 것이다. 불행한 인간이 숭고미를 체험하는 경우 불행은 더 심해진다. 르네상스 시대 선구적인 건축가 브루넬레스키의 걸작이 즐비한 피렌체에서 자살을 감행한 관광객은 떠나온 고국보다 눈부신 이곳 환경에 훨씬 큰 소외감을 느꼈을 것이다. 이들은 공동체에서 벗어나기 위해 이탈리아 여행에 나섰을 수도 있다. 소외감이 더 커지면서 떠나온 생활 터전과의 일시적 결별은 다시 돌아오지 못할 분리라는 결과를 낳았을 것이다.

어떤 추측으로도 다리에서 뛰어내리는 사람의 깊은 심정을 헤아릴 수 없다. 사안마다 이해하기 힘든 면이 있어, 외부에서 납득할 수 있도록 문을 열어주지 않는다. 다른 곳도 아니고 하필 왜 다리에서 생을 끝내는지에 대한 추정은 그야말로 제한적이다. 다리에서 뛰어내리는 것에는 어느 정도 편의성이 있긴 하다. 자살을 논하는 맥락에서 경박하게 이런 이야기를 해도 되는지 모르겠지만 다리 자살은 특별한 장비나 사전 준비가 필요 없고 실패할 위험도 거의 없다. 다리 자살자를 묘사한 작가들이 내린 결론은 이런 자살은 충동적일 가능성이 크며, 결정을 내릴 때 시간을 더 가지고 숙고했다면 뛰어내리는 선택을 하지 않았으리라는 것이다. 금문교에서 뛰어내렸던 케빈 하인스는 이를 강조하면서 자살 예방 캠페인을 벌였다. 논리에 맞지 않게 들릴 수 있지만, 하인스는 자살 결정은 아무리 잘 봐주더라도 임시방편에 불과하다고 주장한다. 자살은 '영원하지도 않은 문제를 해결하겠다고 돌이킬 수 없는 결정을 내리는 짓'이기 때문이다.[33]

매월 한 차례 이상 사망 사고가 일어나는 다리도 있다. 가장 잘 알려진 다리들은 표 1에 정리해 놓았다. 관광에 방해가 된다는 이유로 자살 통계를 내지 않는 다리는 나이아가라 폭포의 레인보우 다리다. 1856년에서 마지막 통계가 기록된 1995년까지 레인보우 다리와 그 주변의 월풀 다리, 프로스펙트 포인트, 데블스 홀의 급류, 고트섬과 세자매섬 인근에서 나이아가라 폭포로 투신한 기록은 2,780건이다.[34]

위 다리에서의 투신은 현장 접근성, 낮은 난간, 높은 교통 밀도, 높은 사망 가능성 등을 참조하여 평가하기도 한다. 자살 방지 장치 설치가 효과가 있느냐는 논쟁의 대상이 되어왔고, 이 방침은 자살하려는 사람들을 다른 곳으로 향하게 할 뿐이라는 주장도 있다. 그러나 통계 자체가 일종의 척도 역할을 한다고 볼 때, 다리 투신은 실행 '편의성' 때문인 것 같지는 않다. 다리 투신자살은 세계 자살 수치의 3퍼센트 미만에 불과하기 때문이다. 반면 1998년부터 2009년 사이에 캘리포니아 마린 카운티에서 있었던 자살의 40퍼센트가량은 금문교에서 발생했는데, 이는 특정 장소의 악명에 자살 활성화 효과가 있다는 것을 시사한다.[35] 치명률이 훨씬 높은 투신은 방아쇠를 당기거나 알약을 삼키는 방법보다 더욱 확고한 결심이 필요한 일일 수 있다.

금문교에서 살아남은 투신자들의 이야기는 에릭 스틸의 다큐멘터리 영화 〈브리지Bridge, 2006〉에 등장하는 으스스한 증거들이 뒷받침한다. 1년 동안 발생한 자살 23건을 기록한 이 영화는 자살을 시도한 많은 사람이 확

표 1. 다리 투신자살 사망자 수

건설 연도	다리	사망자 수
1864년	클리프턴 현수교, 영국 브리스톨	1,000명
1886년	네티 제티 다리, 파키스탄 카라치	1,050명
1897년	혼지 레인 다리 (아치웨이 다리), 영국 런던	2,000명
1918년	블루어 고가교 (프린스에드워드 고가교), 캐나다 토론토	500명
1930년	쟈크 카르티에, 캐나다, 몬트리올	400명
1932년	오로라 다리 (조지 워싱턴 기념교), 미국 시애틀	230명
1937년	금문교, 미국 샌프란시스코	1,700명
1942년	세고비아 고가교, 스페인 마드리드	520명
1957년	우한 장강대교, 중국	1,500명
1968년	난징 장강대교, 중국	2,300명
1969년	샌디에이고-코로나도 다리, 미국 캘리포니아	400명
1973년	보스포루스 다리, 터키 이스탄불	350명
1973년	누셀스키 다리, 체코 프라하	1,000명
1978년	서문교, 오스트레일리아 멜버른	700명
1981년	험버교, 영국 킹스턴어폰헐	240명
1987년	선샤인 스카이웨이, 미국 플로리다	200명

* 과거의 추정치는 다리 건설 연도를 고려해 평가해야 한다.

신이나 용기를 얻을 때까지 금문교를 여러 차례 찾았음을 분명히 보여준다. 스틸의 영화는 다리 투신자살에 작용하는 또 다른 요인에 대한 의문을 제기한다. 자살을 선택하는 이들 중 일부는 "누군가 자신을 목격한다는 사실을 알기 때문에 투신을 선택한다. 그리고 나는 목격자의 목격이라는 행위야말로 자살 욕망의 일부라고 생각한다."[36] 이 말이 등장하는 인터뷰에서 스틸은 자신이 애초에 이 프로젝트에 착수한 이유를 말한다. 그는 자신의 카메라 녹화와 투신자들의 자살 공표 사이에는 암묵적인 공감대가 있다고 본다. 미국의 소설가이자 시인 알렉산더 서루가 무심하게 했던 말에 의하면 금문교에서 투신하는 사람들은 "거의 모두 만 쪽이 아니라 육지와 사람들이 보이는 쪽에서 뛰어내린다." 그의 말은 불행한 투신자들이 자신을 부당하게 대해온 지역 사회와의 갈등에 종지부를 찍고자 한다는 것, 그래서 자신을 공공연한 희생물로 바치는 것임을 뜻한다.[37] 이 추론의 문제점은 (난간이 허리 높이라 투신하기가 쉬운) 금문교의 보행자 통로가 이미 도시와 만을 향하고 있다는 사실이다. 서루의 말에 대한 대답 삼아 어느 유머 작가가 한 말을 옮기면 "샌프란시스코만의 얼음장 같은 물속으로 투신할 마음을 굳힌 사람 중에 차들이 고속으로 달리는 6차선 고속도로를 가로질러 달리는 위험을 무릅쓸 무모한 사람은 없다."[38] 어쨌든 절망적인 순간에 자신에게 고통을 준 사람들을 마주한다는 아이디어는 좋은 이야깃감이긴 하다.

자살 통계와 현실 쟁점 너머에는 물속 죽음과 연관된 태곳적 관념과 의식적 의미가 존재한다. 한편으로 물에 휩싸인다는 것은 흙과 공기라는 원천에서 생명의 수액을 끌어들이는 육체를 분리한다는 뜻이다. 다른 한편으로 물은 육체적 삶의 근원으로, 신체가 물로 돌아가 물에 다시 흡수되어 사라지는 것은 이치에 어긋날 게 없다. 티베르강에 버린 시체를 거두지 못한다는 것—로마에서 박해받았던 기독교도들이 그토록 두려워했던 일—은 한 인간을 익명의 존재로, 무로 용해해 버린다. 익명성은 개인성이라는 주제로 벌였던 찰나의 실험을 무화해 버린다.

자신의 고통을 보고 증언해줄 사람을 찾는 자살자들만큼이나 누구의 눈에도 띄지 않는 곳으로 사라지고 싶어 하는 이들도 많다. 시인 파울 첼란도 그중 한 명이었다. 그는 1970년 어느 날 밤 미라보 다리에서 센강으로 투신한다(투신했으리라 추정된다). 그는 누군가 지켜보기를 바라지도, 누가 자기 시신을 수습하는 것도 바라지 않았다. 또 다른 시인 웰던 키스도 다른 사람의 눈에 띄지 않게 투신한 것으로 보인다. 그의 차는 1995년 금문교 근처에서 발견되었는데 열쇠가 꽂힌 채 방치되어 있었다. 하트 크레인은 1932년 배에서 멕시코만으로 투신했는데 역시 시신 수습은 없었다. 개성 강한 주관성을 확고한 언어로 표현했던 이 시인들은 정작 자신의 육체적 자아에 대해서는 시를 대할 때의 그 고고한 자존감을 느끼지 못했던 모양이다. 시를 쓰는 일은 자기 초월에 대한 단단한 헌신을 요구한다. 첼란과 크레인과 키스는 생을 마감할 때 자신들은 시를 쓰는 일조차도 실패했다고 느꼈을지 궁금하다. 자신이 쓴 글이 자기 무화의 다리, 심지어 자기 무화라는 플랫폼 역할을 해서, 가닿아야 할 상상 속의 해변에 닿는 데 성공하지 못했다고 믿었을까. 영국 낭만주의 시인 존 키츠의 비문에는 "물로 이름을 쓴 이가 여기 누워 있다"라는 글귀가 적혀 있다(그는 자살하지 않았다). 글귀는 개인의 비문이 지닌 언어성과 영속성, 그리고 물의 소멸 효과 사이의 긴장을 표현했다. 확실한 존재가 물 내부로부터 불확실한 존재에게 손짓한다. 예술 평론가 월터 페이터는 다음과 같이 적었다. "(죽음이 손짓하는 가운데) 우리에게는 인생이라는 찰나의 막간이 있다. 그 막간이 지나면 우리가 있던 자리는 우리를 더는 알지 못한다."[39]

회생의 강

물로 인한 죽음 의식은 그리스 신화의 휘페르보레아인들만큼 오래된 것이다. 신화 속 땅이지만 행복이 가득했던 휘페르보레아 공동체는 '불멸'

의 힘을 지니고 있었다. "병약함도 노동도 전쟁도 다툼도 기근도 악도 결합도 없었기 때문이다." 하지만 "이런 사실에도 불구하고 이곳 사람들은 모두 죽는다. 천 년 정도를 살고 나면 이승살이에 지친 나머지 스스로 절벽을 찾아가 바다로 투신한다."⁴⁰ 이 구절은 이탈리아 시인 레오파르디가 쓴 것으로 그가 참조한 출처 중 하나는 대 플리니우스의 글이다. 대 플리니우스는 휘페르보레아 인들이 바다로 뛰어들면서 가장 행복한 장례를 치른다고 생각했다. "(휘페르보레아에서) 불화와 질병은 대접받지 못한다. 이곳에 사는 이들은 죽지 않지만, 삶의 포만감에 신물이 난다. 노년의 즐거움으로 가득한 연회가 끝난 뒤 죽고 싶은 자는 높은 바위에서 바다로 뛰어든다. 그들에게는 최고로 복된 죽음 방식이다."⁴¹

그리스의 섬 레오카디아에 살던 전설의 연인들도 같은 길을 택했다. 섬의 곶에 있는 높은 절벽에서 이오니아해로 투신한 것이다. 시인 사포가 그 연인 중 하나였다는 말이 전해진다. 투신에서 살아남은 연인들은 자신들의 절망이 생애 대한 애정으로 바뀌었다는 사실을 깨달았다.⁴² 휘페르보레아와 레오카디아 신화는 강물이라는 자연력이 지닌 신성한 매력을 암시한다. 이에 관해서는 이탈리아의 인류학자 아니타 세필리가 에게해 주변 공동체에서 풍부한 기록을 남겼다.⁴³ 다리 때문에 더러워진 물은 정화라는 대가를 요구한다. 원형의 층위, 계통학적 층위에서 물의 치유력과 회생력은 가장 큰 고통을 겪는 이들을 손짓해 부를 수 있다.

라디오헤드의 몇몇 노래는 물의 이런 초자연적 매력을 전달한다. 이들에게 물은 변화와 연속성, 존재론적 회생을 연상시킨다. 2011년에 나온 음반 〈더 킹 오브 림스〉에 수록된 곡 〈코덱스〉는 사람들에게 주변에 아무도 없는 상태에서 마치 날아다니는 잠자리처럼 "땅끝에서 뛰어내리라"

라고 권유한다. 노래는 물이 완벽하게 "맑고 순수하다"라고 주장한다. 투신이 자살이라는 죄악을 정화한다는 암시다("아무도 다치지 않아/넌 아무 잘못 없어"). 〈코덱스〉의 투신은 정말 죽음으로 생을 끝내자는 의도를 담고 있을까? 투신을 통해 죄악에 저항하는 몸짓은 위로인가 아니면 (노래 가사대로 '교묘한 손재간'을 이용한) 자기기만인가? 아니면 이 노래는 그저 라디오헤드가 찬성하지는 않지만 투신을 장려하는 견해를 표현한 걸까? 확실한 점 한 가지는 물이라는 차원이 삶의 명료함과 회생을 연상시킨다는 것이다. 이 노래의 버스^{verse} 부분이 끝나면 음악은 변조를 거쳐 같은 코드를 계속 사용하며 완전한 고요로 침잠함으로써 물밑에서 시작되는 새로운 생을 암시한다.

라디오헤드의 2001년 음반 〈앰니지액^{Amnesiac}〉('기억상실증'이라는 뜻)에 수록된 〈피라미드 송〉의 화자는 강물 투신이 고통으로부터 해방되는 길이라고 1인칭 화법으로 말한다. "난 강물로 뛰어들었어. 내가 무엇을 보았을까?/검은 눈의 천사들이 나와 함께 헤엄치더군." 물속에는 '별들과 별의 차로 가득 찬 달' 그리고 '내 모든 연인과 나의 모든 과거와 미래'도 같이 있었다. 노래의 결론으로 제시되는 "두려워할 것도 의심할 것도 없었어"라는 표현은 〈코덱스〉의 "넌 아무 잘못 없어"와 "아무도 다치지 않아"라는 훗날의 생각을 선취한다. 물속('우리 모두 작은 배를 타고 천국으로 가기' 전에 머무는 곳)은 좋은 점이 많지만, 유일하게 불안한 요소가 하나 있다면 천사들의 검은 눈이다. 천사 역할에 물고기들이 캐스팅된 모양이다.

〈피라미드 송〉의 뮤직비디오는 노래의 서사에 의미심장한 관점을 부여한다. ("우리 모두 작은 배를 타고 천국으로 갔지"에서 드러나는) '우리'의 집단적 천국행은 더 복잡하고 추상적인 승천으로 변한다. 뮤직비디오는 먼저 펭

권처럼 생긴 주인공이 드넓게 펼쳐진 바다로 뛰어드는 모습을 보여준다. 주인공이 바닥까지 내려간 곳에는 거대한 도시가 있다. 고층 빌딩들, 부유하는 의자, 알 수 없는 빛, 텅 빈 자동차, 사람의 해골이 떠오르는 메트로폴리스다. 이곳에는 알 수 없는 재앙을 만나 바다로 가라앉았다는 아틀란티스 같은 도시, 더는 존재하지 않는 도시 문명의 흔적이 있다. 물로 뛰어들기 전 펭귄을 닮은 주인공은 산소통을 움켜잡는다. 바다 밑바닥에 닿자 그는 앞마당을 지나 집으로 들어간 뒤 마침내 별빛 같은 불빛이 짙어지는 거실에 다다른다. 잠시 후 카메라는 집을 벗어나 다시 해수면으로 옮겨간다. 산소통이 보인다. 주인공은 분명 바다 밑바닥에 있는 것 같은데 산소통은 이제 주인공과 분리되어 있다. 해수면 장면은 구름이 가득한 주황빛 하늘로 바뀌고, 춤추는 별 하나가 천천히 두 개, 세 개가 되다가 마침내 다섯 개로 늘어난다. 별들은 서로 장난치듯 섬세한 춤을 추며 하늘을 떠다닌다. 별 세 개는 화면 중앙에서 합쳐지고 두 개는 가장자리를 돈다. 별들은 하나씩 사라지고 중앙에는 결국 별 하나만 남는다.

바다에서 거대한 폭풍우, 특히 선원들의 목숨을 위태롭게 하는 폭풍우가 지나가면 배의 돛대 꼭대기에 돌연 어떤 불빛이 나타나곤 한다. 길조로 인식되는 이 전자기 현상을 '코퍼잰트^{corposant}'(코르피 산티$^{corpi\ sancti}$, 즉 성체^{聖體}. 기독교에서 그리스도의 몸을 가리키는 말에서 유래)라고 한다. 전통적으로 이 빛은 죽은 선원들의 영혼과 동일시된다. 그러나 소설《모비 딕》119장 '양초'에서 작가 멜빌은 코퍼잰트를 좋은 징조는 전혀 없는 지옥으로 묘사한다. 어느 쪽이든 이 빛(푸른색 빛이나 보라색 불꽃으로 나타날 때는 '세인트 엘모의 불'이라고 불린다)은 도상학적 측면에서 보자면, 신화에서 바다로 뛰어든다고 묘사하는 별 모습을 한 신들과 유사하다. 별 중에서 우두머리

별은 태양을 뜻하는 헬리오스다. 아일리우스 하드리아누스 황제의 이름이 바로 이 헬리오스에서 따왔다. 그리스 신화에 따르면 헬리오스는 지구상에 알려진 모든 대지를 둘러싼 망망대해로 이어지는 강에 던져져 죽었다고 한다. 태양은 같은 바다에서 매일 다시 떠오른다. 인류학자 세필리는 자신의 의견을 이렇게 피력한다. "별들은 바다로 뛰어들지만… 모범 행동을 반복하는 사람들에게 (죽음과 삶을 함께 주는 바다의 성격과 조화를 이루는 가운데) 회생을 약속하는 듯 보인다."[44]

라디오헤드 뮤직비디오 마지막에 등장하는 불빛은 코퍼잰트-별을 연상시킨다. 〈피라미드 송〉이라는 제목이 이집트 파라오가 영원불멸과 만나는 마지막 안식처를 연상시키는 것과 마찬가지다. 6장 첫머리에서 태양신 헬리오스는 하드리아누스 황제의 신격화와 연관이 있다고 언급했다. 하드리아누스의 묘 또한 다리를 통해 접근하는 구조물, 혹은 지금 말하는 맥락에서 보면, 별의 몸을 한 신들의 투신을 통해 접근하는 구조물이라고 할 수 있다. 라디오헤드의 뮤직비디오 마지막을 장식하는 빛은 노래에서 강조했던 '보는 행위'가 발전된 양상이며 태양신 헬리오스와도 진귀한 연관성이 있다. 노래가 던진 "나는 무엇을 보았을까?"라는 첫 질문에 대한 대답은 "내가 전에 보던 모든 것들/내 모든 연인이 나와 함께 있었어/내 모든 과거와 미래도 함께 있었어"라는 가사에서 찾을 수 있다. 이 모든 것은 '별들과 별의 차로 가득한 달'과 함께 돌아온다. 그 옆에는 검은 눈을 한 천사들도 있다. 이들은 바다로 뛰어들어 헤엄치는 자 옆에서 헤엄치며 그가 보낸 눈길을 돌려준다. (바다에 던져진) 헬리오스는 사방을 보는 눈이 있다고 전해진다.

깊은 바다에서 누리는 새로운 삶에 대한 비전은 라디오헤드의 또 다른 노래에 등장한다. 2007년에 발매한 앨범 〈인 레인보우즈〉에 수록된 〈위어드 피쉬스/아르페지〉라는 노래에는 바다 밑바닥에서 "당신의 눈/당신의 눈이 나의 주의를 끈다"라는 가사가 나온다. 노래하는 이는 그 눈이 이끄는 곳—그가 추락할 땅의 끝—으로 따라가지 않으면 미쳐버릴 것이라 말한다. 모든 사람은 떠난다. "기회만 있다면/그리고 이것이 나의 기회야"라는 노랫말이 들린다. '나'는 바닥을 칠 것이고 벌레와 괴이한 물고기들에게 먹힌 채 "탈출할 것이다."

'당신의 눈'은 누구의 눈일까? 인어의 눈일까? 익사한 연인의 눈일까? 천사의 눈을 한 물고기의 눈일까? 이 노래의 두 번째 제목은 '아르페지 Arpeggi'(분산화음을 뜻하는 '아르페지오'와 같은 말)다. 제목처럼 단일한 음이 연속으로 펼쳐지며 음색의 앙상블을 이루다 한 곳에 모여 하모니를 이룬다. 이 눈과 음색은 노래하는 이의 주의를 '유령들'에게 돌려세우고 그는 땅의 끝까지 이 유령들을 쫓는다. 그곳에서 그는 일종의 새로운 기회를 얻게 될 것이다.

금문교

태평양으로 해가 지는 미대륙 최서단에는 물, 태양, 죽음, 영원을 통합하는 웅장한 상징이 서 있다. 바로 금문교다. 금문교는 신의 섭리가 함께한다고 여겼던 신생 국가 미국의 문명이 성큼성큼 걸어 최종적으로 도달해야 할 목적지를 나타내는 이정표다. 금문교가 건설되기 한참 전인 1846년에도 이미 '금문 Golden Gate'이라는 단어는 샌프란시스코만의 해협을 지칭하는 이름이었다. 과거 찬란한 비잔티움 문명 중심지 콘스탄티노폴리

스의 금각만^{Golden Horn}의 이름을 떠올리게 하는 이름일 뿐 아니라, 아시아

스의 금각만의 이름을 떠올리게 하는 이름일 뿐 아니라, 아시아 (하트 크레인이 생각한 '캐세이Cathay', 즉 중국)의 막대한 부가 아메리카 대륙으로 유입되리라는 미래의 희망찬 기대 또한 내포한 이름이었다. 이 금문은 태양의 신 헬리오스가 만드는 석양, 그리고 그 아래와 그 너머의 무한한 공간에 대한 최후의 자유로운 전망을 보여준다.

　금문교는 반대편 미국 동부 해안의 기념비인 브루클린 브리지의 안티테제다. 하트 크레인은 금문교와 브루클린 브리지와의 차이를 명료하게 표현하지 못하고 너무 일찍 세상을 떠났다. 미국이라는 신생 국가와 그 예술의 어마어마한 장래에 바치는 크레인의 시는 뉴욕에서 출발해 미국 전경을 파노라마처럼 묘사하지만, 골드러시와 철도가 끝나는 최서단까지 이르지는 못한다. 최서단의 금문교는 헤아릴 수 없이 드넓은 태평양, 지는 해, 매일 낮을 집어삼키는 밤을 비롯한 위대한 자연의 지배와 국가의 영토 사이의 경계를 상징한다. 다리 위로 높이 솟은 붉은 철탑의 상승세는 하늘로 올라가는 사다리를 방불케 한다. 때로 철탑은 정말 구름에 가려 보이지 않는다. 철탑들은 하늘과 땅을 통합시키는 세계의 축^{Axis Mundi} 같다는 느낌을 자아내며 다리 플랫폼의 수평축과 결합해 태곳적부터 존재하는 땅과 물과 공기 사이의 불화를 극복하는 효과를 낸다.[45] 이 거대한 교차축은 땅의 기원과 바다라는 종착지로 스스로를 밀어 넣는다. 위치와 디자인 때문에 금문교는 세상의 마지막 다리인 듯 보인다. 금문교는 이 땅 최고의 액자 역할을 하여 그 너머로 모든 생명이 의지하는 광대한 우주로 향하는 관문을 가리킨다. 거대한 별이 바닷속으로 가라앉는 이곳에 그리스와 근동의 신화들은 생사가 갈리는 지점, '평범한 세계를 떠나… 상상 속의 땅'으로 가는 이행 지점을 마련해두었다.[46]

생명의 빛의 근원이자 그 너머 우주를 암시하는 이 장소가 정신적 고통에 빠진 이들에게 던지는 매혹적인 마법의 주문을 설명하는 것은 불가능하다. 크레인의 장편 서사시 〈다리〉는 이 위대한 최초의 대도시에서 신성한 광기에 빠져 투신해 죽는 인물의 이미지를 통해 삶과 죽음의 관계에 대한 관점을 우회적으로 제공했다.

> 지하철 객차인가, 감방인가, 어느 집 다락방인가
>
> 어느 미치광이가 뛰어나와 그대의 난간으로 달려간다.
>
> 난간에 잠시 몸을 기울이고 있더니,
>
> 셔츠가 비명을 지르며 부풀어 올라
>
> 말 없는 군중의 대열에서 빠져나온 조롱거리 하나가 추락한다.
>
> 〈브루클린 브리지로 To Brooklyn Bridge〉, 17~20행

미치광이의 행동을 목격한 사람들은 말문이 막히거나 당혹스러운 농담을 던질 수도 있겠지만, 이 광인의 투신은 우습지도 절박하지도 않다. 이는 '광인 bedlamite'이라는 말에 내재된 '부활에 대한 탐색'과 관련이 있다. '베들라마이트 bedlamite'라는 단어는 과거 치료라는 핑계로 환자들을 학대했던 런던의 악명 높은 베들럼 Bedlam 정신 병원뿐 아니라 "베들레헴, 그리고 말씀이 육신으로 탄생한 사건(베들레헴에서 예수가 탄생한 사건을 가리킴)… '거듭나기 위해 물에 푹 빠지는 행위'"까지도 연상시키기 때문이다.[47] 이 말은 르네상스 연구자이자 저술가 리처드 서그가 심리학자 롤로 메이의 말을 인용하며 썼던 표현이다. 롤로 메이가 논한 부분은 '물에 빠져 죽었다가 다시 태어나는 것'이 연상시키는 회생과 부활, '다양한 종교

와 문화권에서 전승되는 거듭남의 신화… 다시 태어나기 위해 물속에 빠지는 행위를 주제로 하는 신화'에 관한 것이다.[48]

이 장에서 논한 다리는 모두 단절의 다리로서, 존재 영역들 사이의 차이를 드러낸다. 그러나 이 다리들은 카프카의 《선고》에 나오는 아들처럼 이행에 대한 소망, 구원과 속죄에 대한 소망도 상징한다. 투신자살에 이런 함의가 있다는 것은 눈여겨봐야 한다. 1844년 런던에서 자살한 어느 여성을 주제로 토머스 후드가 쓴 시를 인용하자면, 비극의 장소에 자리한 교수대는 '밤이 되어 몸뚱이 하나 누일 집 한 칸 없는' 사람들을 위해 마련된 곳이다. 그러나 현실의 노숙자든 여자든 남자든 밤이 되어 몸을 누일 집 한 칸 없는 사람들은

생의 역사에 지쳐 미쳐버렸고

죽음의 신비에 기뻐하며

빠르게 내쳐졌다

어디 어느 곳이건

이 세상 아닌 곳으로![49]

교수대로서의 다리는 이승에서 저승으로 건너가는 장소다. 교수대라는 다리는 세상의 소외된 자들을 실어 나른다. 이들에게 서쪽 해안 저 너머에 황금을 가져다줄 '캐세이'는 없다. 그저 폭을 가늠할 수조차 없는 물, 바다만 있을 뿐이다.

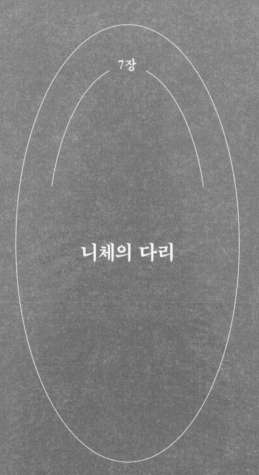

7장

니체의 다리

다리의 개념적 함의를 다룬 어떤 연구도 지난 100년 동안 수백만 명의 귀에 메아리쳤던 말을 논하지 않고는 완성될 수 없다. "인간은 심연 저 위, 동물과 초인 사이에 묶인 밧줄과 같은 존재다… 인간의 위대함은 그가 종착지가 아니라 다리라는 점에 있다"라는 성명이다.[1] 풍성한 함의를 담은 이 선언은 니체의 《차라투스트라는 이렇게 말했다》도입부에 등장하는 것 중 하나로, 지금까지도 의미가 완전히 해독되지 않은 경구다. 인간이라는 밧줄로 이어져 있는 이 오버맨overman ('인간을 넘어서는 존재more-than-man', 7장에 등장하는 니체의 위버멘쉬Übermensch라는 낱말은 문맥에 따라 초인, 오버맨, 위버멘쉬로 번역했다)이란 도대체 무엇인가?[2] 니체가 의미하는 동물Tier이란 무엇인가? 어떤 방식으로 인간은 동물에서 '인간을 넘어서는 존재'로 움직이는가? 그리고 왜 니체는 인류를 허공 속 이음의 이미지를 대표하는 물건, 그것도 하필 꼭 밧줄이라는 희한한 물건과 연관시키는 것인가? 니체는 인간을 밧줄이라고 했다. 밧줄은 뭔가를 이을 때 쓰는 직물이다. 하지만 밧줄은 인간이 이미 창조한 물건이다. 인간을 자신이 창조한 밧줄에 빗대는 것을 놓은 초월자가 되기 위해 길을 나선 인간을 짓밟는 짓이다.

밧줄-다리를 인간 존재의 기초로 명시한 이 성명은 니체의 다른 진술, 그리고 니체 시대 다리 이미지와 관련 속에서 살펴보아야만 비로소 그 의미를 이해할 수 있다. 인간이 밧줄이라는 말의 의미를 더 명확히 이해하는 출발점으로, 인간이 지어놓은 공간, 다시 말해 건축—다리는 건축의 한 유형이다—에 대한 이 철학자의 접근 방식을 주목해보면 도움이 될 것이다.

건축의 영혼

가뭄에 콩 나듯 드물기는 해도, 니체가 언급한 건축은 이 사상가가 인간에게 공간이라는 외면적 위치와 주체/주관이라는 내면적 위치를 부여하는 문제를 끊임없이 고민했다는 점을 드러낸다. 이 고민에서 되풀이되어 나타나는 모티브는 인위적으로 만든 환경(건축)으로 인간의 마음 사이에 다리를 놓는 방식이다. 1873년 니체의 메모에 따르면, 건물 설계에 세심한 주의를 기울이는 건축가라면 누구나 "자신의 작품인 건물로 많은 사람의 마음에 다양한 반향을 수도 없이 일으키는 것"을 목표로 삼는다.[3] '반향'이라는 말은 소리라는 자극이 메아리를 만들어 건물에서 사람의 마음으로 이동하는 음향 효과를 뜻한다.[4] 그로부터 5년 후 니체는 물질 현상과 비물질적 현상 간의 상호작용에 대한 직관을, 건물이 독립적인 생명력으로 땅에서 솟아오르는 듯 보인다는 관념으로 발전시켰다. 파에

스툼(로마에 남아있는 고대 그리스의 자취를 간직한 도시. 신전이 남아 있다)에 있는 그리스 신전들은 "마법을 통해 돌에 영혼을 주입해 돌이 직접 말하고 싶어 하도록 건설되었다"라는 뚜렷한 인상을 준다. 니체의 추정에 따르면 이 사원들을 지은 건축가는 즉각적·압도적인 정신적 효과를 만들어내고 싶어 했다. 다시 말해 "신전을 보는 사람 혹은 듣는 사람의 영혼을 움직여 돌연 완전무결함이 출현했음을 믿도록 만들고 싶었다"라는 것이다.[5]

이렇게 돌과 소통하는 영혼이라는 관념은 외부 현상과 내면 현상, 즉 객관적 현상과 주관적 현상 사이의 경계 허물기를 상상하는 것이다. 니체에 따르면 19세기 후반까지 교회는 그곳을 지나쳐가거나 안으로 들어오는 사람들에게 환상을 불러일으켰다. 이제 니체의 시대인 19세기 말, 이런 일은 거의 일어나지 않기 때문에 니체는 이 손실을 그대로 두어서는 안 된다고 생각한다. 니체는 이제 현대의 도시는 교회, 그리고 과거의 종교 공간이 더는 제공하지 않는 '고요하고 넓고 광활한 반영의 공간'이 되도록 계획하거나 다시 설계해야 한다고 생각한다. '반영'이라는 말은 인간 주체와 공간의 상호작용을 강화하는 문제에 대한 니체의 관심을 나타낸다. 반영에 대한 언급은 다음과 같이 마무리된다. "우리는 스스로가 돌과 풀과 나무로 바뀌는 모습이 보고 싶다. 우리가 산책하는 건물과 정원은 다름 아닌 우리 자신이어야 한다."[6] 니체의 이 특별한 경구의 제목인 '지각 있는 자들을 위한 건축'은 건축 공간에서 발생할 수 있고, 발생해야 하는 정신의 활성화를 강조한다.

따라서 건축은 인간의 주관적 활동을 위한 미장센으로 간주된다. 특히 철학적·영적 성향이 있는 사람들, 지식이나 통찰의 주변을 거니는 사람들에게는 더너욱 그러하다. 자아와 환경의 교류에 대한 부단한 관심은 니체가 불과 열세 살이었을 때 쓴 시에서 이미 시작되었다.

인생은 거울이다.

내가 최초로 하는 말일지 모르나,

거울 속에서 자신을 인식하는 것

이 또한 우리가 노력을 기울이는 목표이니![7]

Ein Spiegel ist das Leben.

In ihm sich zu erkennen,

Möcht ich das erste nennen,

Wonach wir nur auch streben!!

이 시의 제목인 '뤼블리크^{Rückblick}'는 '되돌아보다'라는 뜻을 지닌 단어로, 니체가 훗날 건축물이 길러주기를 희망하는 '나흐덴켄^{Nachdenken}', 즉 '반추, 반성$^{thinking\ back}$'을 예고한다(앞에서는 reflection, 즉 '반영'으로 옮겼다). 위 시에 쓰인 '에어케넨^{erkennen}'이라는 낱말 또한 '인식'을 뜻하는 말로 건축이 불러일으키는 '앎'이나 '지각'을 예고한다. 자아와 공간의 앙상블에 대한 니체의 통찰을 관찰하다 보면, 그가 이탈리아 북부 리구리아 해안의 딱딱하고 침울한 도시 제노바에 왜 그토록 애착을 갖게 되었는지 이해할 수 있게 된다. 니체는 친구 페터 가스트에게 보낸 1888년 4월 7일 편지에 "제노바를 두고 떠나니 자신을 두고 떠나는 것 같네"라고 썼다.[8] 건축이 이미 그 자체로 정신을 물질로 구현한 것(돌에 영혼을 불어넣는 것)이라면, 지각력이 있는 이들의 기분과 영감이 감응을 일으키는 환경에 의해 불이 붙는다는 것도 완벽히 타당하다. 세계 내 자아의 경험은 친밀한 공감, 상호 성찰의 관계를 목표로 한다. 생산적인 건축은 통로를 창조하며 정신이라는 형식의 '내용'에 공간과 실존의 성격을 부여함으로써 사람들이 책의 페이지에 나오는 등장인물들처럼 주위 환경에 적응할 수 있게 해준다. 자신이 있는 공간에 통합된다는 것은 다리가 되는 것과 같다.

베네치아

니체의 또 다른 시는 음악과 건축을 통해 만들어진 공간에 관해 결속의 관점에서 이야기한다.

최근 나는 다리에 서 있었다.
거무스름한 밤.
멀리서 노랫소리가 들려왔다.
황금빛 물방울 같은 노래는 부풀어 올라
전율하듯 일렁이는 수면을 건너갔다.
곤돌라, 등불의 빛, 음악—
취한 듯 황혼 속으로 헤엄쳐나갔다…

나의 영혼은 현악기가 되어
홀로 노래했다.
보이지 않게 현을 뜯으며,
은밀한 곤돌라의 노래가

무지갯빛 행복에 전율한다.

— 누군가 행여 노래를 들었을까?…[9]

An der Brücke stand

Jüngst ich in brauner Nacht.

Fernher kam Gesang:

Goldener Tropfen quoll's

Über die zitternde Fläche weg.

Gondeln, Lichter, Musik—

Trunken schwamm's in die Dämmrung hinaus…

Meine Seele, ein Saitenspiel

Sang sich, unsichtbar berührt,

Heimlich ein Gondellied dazu,

Zitternd vor bunter Seligkeit.

—Hörte jemand ihr zu?…

지금 화자의 영혼에 이런 방식으로 영향을 끼치는 것은 그가 서 있는 다리나 건물의 포르티코(대형 건물 입구에 기둥을 받쳐 만든 현관 지붕)가 아니라 한 곡의 음악이다. 리알토 다리에서 니체의 귀에 들린 베네치아의 뱃노래였다. 니체는 1885년 봄에 들은 이 노래에 관한 내용을 페터 가스트에게 보낸 7월 2일 자 편지에 적었다.[10] 파에스툼 신전처럼 스스로 나아가고 움직이는 이 노래는 물방울로 변해 베네치아 바다의 떨리며 일렁이는 수면 위로 취한 듯 헤엄친다. 시각과 음향의 공감각은 화자의 영혼에 같은 방식으로 영향을 끼친다. 이제 화자는 '보이지 않는 손으로 현을 뜯으며' 홀로 노래하는 현악기로 변한다. 부지불식간에 감동한 화자는 자신만의 노래로 음악에 공명한다.

베네치아 다리는 거무스름한 저녁과의 접촉을 가능하게 하고 또 다른 다리를 만들며 역동적인 콜 앤드 리스폰스를 유발한다. 시의 화자는 궁금해한다. 자신에게 불러준 노래를 듣고, 응답하는 사람이 있었을까? 새로운 노래는 인연을 만드는 노래를 확장시키고 증식시킬까? 시가 암시하는 대답은 부정이지만 실제 대답은 긍정이다. 1885년 니체가 들었던 노래는 오늘날 우리가 읽는 시를 만들어냄으로써 다리의 부름과 화답 과정을 되풀이한다. 노래와 시는 읽는 행위로 거의 무한한 릴레이를 통해 부활한다. 이것이 바로 상호작용이 목적일 때 생겨나는 예술의 효과다.

베네치아를 두고 니체가 별도로 한 언급은 더 복잡한 릴레이를 만들어 낸다. 니체는 "백 개의 깊은 고독이 베네치아라는 도시를 만들고 있다. 이것이 이 도시의 마법이다"라는 진술에 '미래의 인간을 위한 이미지'라는 말을 덧붙인다.[11] 이 말의 함의는 베네치아에서 고독한 니체가 참여했던 상호작용이 수많은 고독한 존재들의 연결망으로 갈라져 나갈 수 있다는 것이다. 이름 없는 노래 한 곡이 다른 노래라는 반응을 촉발할 수 있다면 고독한 한 인간은 다른 고독한 영혼들과의 결속으로 관계의 사슬을 만들 수 있다. 베네치아라는 다리-도시는 고독한 영혼들을 모아 도시를 이루고 미래 사회가 지니게 될 특성의 본보기를 제시한다. 20세기와 21세기의 도시들은 모나드적 주체들을 수용하는 법, 이들이 공유하는 공간에서 서로를 이어주는 정치적 난제와 씨름하는 법을 배워야 할 것인가? 그것이 니체의 '미래 인간의 이미지'가 제시하는 것인가?

이탈리아 철학자 마시모 카치아리는 지난 30년 동안 등장한 여러 공동체 이론(특히 프랑스 작가이자 사상가 모리스 블랑쇼, 프랑스 철학자 장 뤽 낭시, 이탈리아 비평가이자 철학자 조르조 아감벤, 이탈리아 정치철학자이자 비판이론가인 로베르토 에스포지토의 이론)을 선취하면서 니체가 국가를 논하는 관련 구절에 주의를 환기한다. 카치아리의 추정에 따르면 미래의 모든 정치는 국민을 대표할 진정한 국가가 없는 상태에서 개인들 간의 통합을 산출하라는 압력을 받게 될 것이다. 정치는 각자 상이한 방식으로 공간을 차지하는 것 외에 공유하는 것이 거의 없는 '주체들의 자율적 증식'에 직면할 것이다.[12] 니체가 중시했던 은유를 사용하자면, 각 개인은 타인들 사이의 여행자, 심지어 가까이 공존하는 자들 사이의 이방인이 될 것이다. 카치아리는 니체의 《인간적인, 너무나 인간적인》(§638) 1권 끝부분에 있는 이 구절을 설명하면서 《차라투스트라는 이렇게 말했다》의 다른 구절을 끌어들인다.

국가가 끝나는 곳, 그곳에서 비로소 잉여가 아닌 인간의 삶이 시작된다. 그곳에서 꼭 필요한 자의 노래, 고유하며 대체 불가능한 가락이 시작된다. 국가가 끝나는 곳. 그곳을 보라, 형제들이여! 무지개가, 초인에게 가는 다리가 보이지 않는가?

《차라투스트라는 이렇게 말했다》, '새로운 우상'

필연적·예외적이고 잉여가 아닌 사람들은 전형적·보편적인 주제를 더는 구현하지 못한다. 사람들이 국가나 민족 같은 제도로 동질화되지 않고 독자적이고 '반드시' 필요한 존재로 남을 때 차이들의 진정한 교류 가능성이 열린다. 교류가 이루어지는 곳에서 인간은 자기 밖에서 공명을 찾을 수 있는 진술이나 노래를 내보인다. 더는 국가가 존재하지 않는 그곳에서 비로소 무지개와 '인간 이상의 인간/초인'으로 가는 다리, 자신을 명료히 표명하는 단일 민족을 넘어서는 현실로 가는 다리가 등장한다.

니체 자신의 추정에 따라 차라투스트라의 예술은 여전히 고독하고 독백의 성격을 지니고 있으면서도 독자들의 강한 반응을 불러일으킨다. 특히 베네치아를 주제로 한 니체의 시와 문구는 그것들이 말하는 소통, 차이들의 진정한 교류를 실행한다. 니체의 문구는 카를 야스퍼스와 마르틴 하이데거 사이에 오고 간 편지에 등장하면서 교류를 확산한다. 니체의 글귀는 제2차 세계 대전 이후 불화로 점철된 시절, 소원해졌던 두 철학자를 한 데 불러 모은다.

1949년 8월 6일자 편지에서 야스퍼스는 하이데거의 논문 세 편을 우편으로 받았다며 감사를 표한다. 야스퍼스는 편지를 쓰는 김에 친나치 행보를 통해 오점을 남긴 후배 철학자를 비판한다(물론 편지에서 직접 이 문제를 언급하지는 않지만, 야스퍼스가 하이데거의 행보에 얼마나 큰 환멸을 느꼈는지는 잘 알려져 있다). 야스퍼스가 하이데거 논문을 특히 비판하는 지점은 '언어는 존재의 집'이라는 선언이다. 야스퍼스에게 이 언술은 지나치게 독단적이고 절대적이다. 무엇보다 큰 문제는, 신조에 가까운 이 언명 탓에 지적 소통과 연계의 매개체인 언어가 섬처럼 단절된 존재로 작아지고 편협해져, 만물을 모아 자신 안에 포섭해 버린다는 점이다. 야스퍼스의 생각에 따르면 존재는 언어에 포함되는 것이 아니라, 언어 외부에서 개방적 접촉을 통해 여러 갈래로 갈라지는 가운데, 언어가 복무하는 지향과 행동을 통해, 특히 인간의 상호 애착에서 발생한다. 야스퍼스는 다음과 같이 외친다. "언어가 '존재의 집'이라니, 나는 반대일세. 내게는 모든 언어가 다리로만 보이기 때문이야… 나의 주장은 거의 정반대라고 할 수 있겠군. '언어가 있는 곳에는 존재 자체는 아직 없거나 더는 존재하지 않는다'라는 것이니까."[13]

선배 철학자가 보기에 하이데거의 언어 개념은 충격으로 느껴질 만큼 독백 성격이 지나치다. 하이데거의 언어관은 언어가 말과 사물, 사람들, 공동체들, 문화 사이에 확립하는 관계를 경시하는 듯 보이기 때문이다. 언어를 집이 아니라 다리라고 말한 야스퍼스의 비유는 하이데거에게 깊은 파장을 일으킨다. 다리 비유 때문에 하이데거는 베네치아에 대한 니체의 경구를 떠올린다(앞에서 소개한 니체의 시를 경유해 생긴 연상인 듯하다). 야스퍼스에게 보낸 답장에서 하이데거는 자신이 말한 자족적인 언어, 독백의 성격을 지닌 언어 개념 덕에 야스퍼스가 염두에 두고 있는 주체들 간의 상호 관계가 비로소 가능해진 게 아니냐고 노골적으로 말했을 수도 있었을 것이다. 그러나 그는 자신의 생각을 직접 피력하는 대신 니체의 경구를 인용해 야스퍼스가 말한 주체 간의 관계를 확립하는 언어의 예시로 삼는다. "백 개의 깊은 고독이 베네치아라는 도시를 만들고 있다. 이것이 이 도시의 마법이다"라는 경구다. 이 경구를 통해 하이데거가 넌지시 던지는 말은 다리로 이어놓은 베네치아라는 도시야말로 독백과 대화가 상호배타적이지 않다는 증거라는 것이다. 백 개의 깊은 독백이라 해도 분열을 가로질러 다리를 놓을 수 있고 실로 그래야 한다. 특히 문화의 분열과 고립이 팽배한 이 시대에는 더더욱 그렇다. 갈등이 팽배하던 전후 독일의 열악한 상황은 인간관계의 골이 깊어지고 거대 도시에서 소외가 극심해진 미래 사회의 일반적 상황을 예고하는 것일 수 있다. 고립의 시대, 야스퍼스의 다리-언어는 바로 두 철학자 간에 이루어진 서신 교환이라는 콜 앤드 리스폰스 과정을 통해 재연되었던 것일 수 있다.

이렇게 활용된 니체의 고독한 독백의 문구는 주장을 입증한 셈이다. 니체의 문구는 비슷한 그의 시를 통해 환기되고, 언어를 다리로 보는 야스퍼스의 개념에 의해 재호출되어 하이데거를 압박해 그가 원래 제시했던 언어-집 은유를 넘어 언어와 존재 간의 관계를 재정립하도록 한다. 3년 후 하이데거는 논문 〈건물, 거주, 사유〉에서 상술한 비판적 고찰을 통해 드디어 언어를 다리의 영역으로 끌어들이게 된다.

공간-시간 사이

니체는 자신이 역사에서 다리라는 사건이 되어야 한다고 믿었다. 자신의 역사적 소명을 다리로 규정한 것이다. 니체 이후의 사상가들과 예술가들은 니체의 이 성격 규정을 놓치지 않았다. 1906년 노르웨이의 화가 에드바르 뭉크는 그림 〈프리드리히 니체〉에서 다리 위에서 깊은 생각에 잠겨 있는 니체의 모습을 형상화한다. 그의 어깨에서 나온 듯한 파란색 굵은 띠는 마치 날개처럼 펼쳐지고 머리에서는 더 넓은 노란색 띠가 나오는 듯한 모습이다. 이 사상가가 서서 아래를 내려다보고 있는 다리는 배경을 사선으로 갈라놓는 바람에 구도의 불균형을 만들어낸다. 소용돌이치는 사유라는 추상적 활동은 화면의 왼쪽에 생동감을 부여하는 반면, 다리 쪽은 단색의 차분한 느낌이 유지된다.

다리 위에 서 있는 니체는 자신이 또한 다리이기도 하다. 니체는 자신을 서양사의 중대한 사건으로 본다. 뭉크는 이런 니체의 시각을 효과적으로 재현한다. 니체는 서양사에서 다리라는 사건으로 자리매김했던 또 한 명의 인물인 예수를 기점으로 시작된 지난 2천 년간의 세월과는 근본적으로 다른 미래로의 출발점에 서 있다. 니체는 자부심으로 똘똘 뭉쳐 누구든 이 과도기 이후에 태어난 사람은 '지금까지의 모든 역사보다 더 고차원적인 역사에 속하게 될 것'이라고 단언한다.[14] 철학과 종교에 대한 니체의 강력한 비판은 '비교할 바 없는 사건'을 제시하며, 그로 인해 이 사상가는 이제 '불가항력, 즉 운명'이 된다. "니체는 인류의 역사를 양분한다. 니체 이전과 이후다."[15]

뭉크의 니체는 떠나온 해안과 앞에 두고 생각 중인 다른 해안의 교차점에 서 있다. 니체가 서 있는 다리는 모든 것을 바꾸는 루비콘강을 건너는 다리다. 물론 가파른 다리의 각도는 새로운 여정의 유익함에 그림자를 드리운다. 그런데도 이후 두 세대에 걸쳐 지식인들은 20세기에는 목전에 놓인 세계에 새 접근법이 펼쳐지리라는 니체의 전망을 중심으로 새로운 예술 작업에 박차를 가했다. 미래파, 표현주의, 소용돌이파, 가브리엘레 다눈치오, 조지 버나드 쇼, 로베르트 무질과 수십 명의 지식인은 새로운 삶의 원리가 마침내 표면으로 떠올랐다는 확신을 공유하고 있었다.

콘크리트와 강철로 지은 거대한 교량이 건설되면서 유럽과 북미의 철도는 이미 힘을 받고 있었고, 상상 속에만 존재하던 도약이라는 이미지는 생생한 비유를 얻었다. 허공에 다리를 띄우는 현수 기술은 '공간을 가로지르는 형태'를 통해 숭고라는 함의를 보탬으로써 예술사가 빌헬름 보링거가 역사상 이 시기를 가리켜 명명했던 '공간에 대한 어마어마한 영적 공포'를 거부했다.[16] 크레인이 시집 《다리》를 출판했던 1930년 이전에도, 산업 현장의 교량뿐 아니라 정신의 다리도 문화가 지닌 변혁의 힘에 대한 가공할 만한 은유를 보여주고 있었다. 크레인이 화가 조셉 스텔라에게 자신의 위대한 서사시의 삽화를 그려주기를 바란 것은 스텔라가 10년 전 브루클린 브리지에 극적이고 참신한 그림을 그려 바쳤기 때문만은 아니었다. 스텔라는 브루클린 브리지 앞에 서 있는 경험을 가리켜 '새로운 종교의 문턱, 새로운 신성神性을 만난 느낌'이라고 썼고 이 표현은 크레인의 시에 영감을 준 힘이었다. 어느 모로 보나 브루클린 브리지라는 기적 같은 건축물은 "새로운 시대의 찬란한 새벽을 선포했다."[17] 크레인은 결국 워커 에번스가 찍은 사진 세 장의 신성과는 전혀 다른 효과를 위주로 시를 썼지만, 앞서 본 대로 크레인 역시 브루클린 브리지를 '항해에 대한 드높은 비전', 인간의 영혼과 세계 사이의 신성한 중재자로 여겼다.[18]

이 교차점에 선 신성이나 새로운 시대가 정확히 무엇으로 이루어져 있는지 늘 명료하지는 않았다. 그러나 횡단 채비를 마친 대담한 후기 니체주의자들에게 그런 건 하찮은 디테일에 불과했다. "혁명적이고 강렬하게 생기 넘치는 모든 요소를 모으는 것, 이것이 우리에게는 다리라는 말이 의미하는 바다." 화가 카를 슈미트 로틀루프가 1905년 다른 세 예술가와 함께 '다리'라는 뜻의 '브뤼케Brücke'(브뤼케파, 다리파라고도 한다. 드레스덴에서 창설된 독일 표현주의 단체. 독일 각지의 젊은 세대가 널리 결집하기 위하여 다리를 건넌다는 뜻으로 붙였다)라는 전위 프로젝트에서 적은 문구다.[19] 브뤼케파가 만든 선언문 표지를 보면 예술가들이 흐르는 물 위의 절벽 사이 연결부에 위태롭게 앉아 있다(그림 7.1). 슈미트 루틀로프, 그리고 동료 화가이자 목판 화가인 에른스트 루트비히 키르히너, 에리히 헤켈, 프리츠 블라일은 '다리'라는 이름으로 프로젝트의 과도기적 야심을 강조했다. 다음은 헤켈의 회상이다. "어느 날 저녁 집으로 걸어가는 길에 프로젝트의 이름을 두고 다시 이야기를 나누었다. 슈미트 로틀루프는 '브뤼케'라는 이름을 쓰자고 했다. 의미가 다층적이며 프로그램을 직접 함축하는 이름은 아니더라도 어떤 의미로는 한쪽 강둑에서 다른 둑으로 간다는 뜻을 내포하기 때문이다. 어떤 강둑을 떠나고 싶은지는 분명했지만 어느 강둑에 도달하고 싶은지는 그다지 분명하지 않았다."[20] 브뤼케 프로젝트를 진행하는 동안 이들은 아프리카와 오세아니아 원시주의, 불길한 전조 가득한 고딕 심령주의, 당대의 도시 전망의 요소들을 마구 뒤섞어 역동적이고 표현주의적 왜곡으로 터질 듯한 에너지를 불어넣었다.

브뤼케 프로젝트는 다름 아닌 니체의 《차라투스트라는 이렇게 말했다》의 서문에서 영감을 얻었다. 서문은 "인간은 동물과 초인 사이에 묶인 밧줄―심연 저 위의 밧줄이다"라는 말로 시작한다. 목적지도 없이 모험을 위한 모험을 선택하면서 이 예술가들은 자신들의 세계사적 스승의 사상에서 핵심이 되는 또 다른 이미지의 함의를 수확했다. 바로 방향 없는 방랑자의 이미지다. 니체는 《인간적인, 너무나 인간적인》 끝부분에서 국가에 대해 고찰한 후 이 방랑자가 '최종 목적지로 향하는 여행자'가 아니며, 그 이유는 '최종 목적지라는 게 애초에 존재하지 않기 때문'이라고 역설했다. 윤리적이고 예술적인 이탈/출발 행위는 종착지가 정해져 있지 않다. 이 행위를 훨씬 더 잘 표현한 사람은 브뤼케 그룹과 동시대를 살았던 오스트리아의 작가 로베르트 무질이다. 무질에 따르면 예술은 '결정되지 않은 의존적 조건'이며, "견고한 땅을 떠나 그곳에서 이어지는 다른 둑을 상상의 땅에 소유하고 있는 듯 아치형을 이루며 멀어지는 다리다."[21] 상상의 참신함은 역사적·인식론적으로 확실한 해변을 떠난다. 상상의 영역은 유일한 단 하나의 기반에 의존하지만, 그곳에 마치 다른 둑을 소유한 것

그림 7.1 에른스트 루트비히 키르히너, 예술가 그룹 브뤼케의 프로그램, 1906. 세르지 사바르스키 컬렉션, 미국 뉴욕.

처럼 견고한 땅을 떠나 아치형으로 멀어진다. 상상계의 다른 둑은 존재하지 않는다. 떠난 자리와 균형을 이루는 목적지는 가설상으로만 존재하는 것으로 생산적 행위를 통해 자리를 부여받거나 열망의 대상이 된다.

따라서 이 상상계로 가는 여정은 출발지가 지닌 모든 안정을 잃을 불안과 위험으로 가득 차 있다. 이 여정의 의미를 유창하게 표현한 또 하나의 오스트리아-헝가리인은 무질보다 나이가 조금 적으며 나중에 이슬람의 주요 해석가가 된 레오폴트 바이스다. 오랜 랍비 가문 혈통으로 갈리시아에서 태어난 바이스는 1926년 이름을 무함마드 아사드로 바꾸고 이슬람으로 개종했다. 개종하는 과정에서 그는 환영을 보았다.

사막은 고요했다. 낙타의 툭탁거리는 발소리, 이따금 들려오는 베두인 낙타 몰이꾼의 고함과 순례자의 나지막한 노랫가락은 사막의 고요를 깨기보다 더욱 부각했다. 고요 속에서 으스스한 감각이 돌연 나를 휘감았다. 너무도 압도적이라 거의 환영이라고까지 부를 수 있는 감각이었다. 나는 보이지 않는 심연을 가로지르는 다리 위에 서 있었다. 다리는 너무나도 길어 내가 온 방향 쪽은 이미 안개에 가려 까마득히 멀어 보였고 다른 끝은 아예 내 눈에 드러나지도 않은 채였다.

북아프리카의 어느 다리, 출발 지점을 안개가 가린 상황에 다리 한가운데서 그를 덮친 두려움은 아래 매우 효과적으로 표현되어 있다.

나는 다리 한가운데에 서 있었다. 다리의 양쪽 끝 사이 중간 지점(한쪽 끝에서는 너무 멀어져 있었고 다른 쪽 끝은 아직 근처도 못 간 채)에서 내 심장은 공포로 오그라들었다. 다리 양 끝 사이에 이렇게 늘 서 있어야 할 것 같다는 느낌, 포효하는 심연 위에 영원히 서 있어야 할 것 같다는 느낌이 한참 동안 사라지지 않았다.[22]

개종은 다리의 시작점으로 돌아가는 것을 허용하지 않는다. 개종을 약속한다는 것은 출발점을 지우고 미지의 미래로 갈 수밖에 없는 운명에 처한다는 뜻이다. 도착 지점이 모습을 드러내기 시작한다 해도 그곳은 여전히 범접할 수 없을 만큼 멀리 떨어져 있는 듯 보이므로, 아사드는 영원히 다리 중간 지점에 좌초될 위험이 있다. 이와 유사한 불안을 일으키는 이행의 경험은 니체의 다리-조건의 특징이기도 하다. 니체의 다리는 다가올 미래에 대한 예언의 종말론적 성격을 더욱 강하게 띠고 있다.

인간이라는 밧줄

인간을 다리에 비유한 차라투스트라의 우화는 20세기 초의 여러 야심만만한 예술가와 사상가들에게 영감을 주었지만, 이 다리에는 종착지가 없다. 차라투스트라 우화가 다리-이미지를 구성하는 방식은 곧 떨어질 듯 위험한 밧줄 위를 위태롭게 걸어가는 모습을 묘사함으로써 상상의 아치에 대한 무질의 관념과 아사드의 근본적인 개종 관념을 엮어놓았다. 전체 구절은 다음과 같다.

> 인간은 동물과 초인 사이에 묶인 밧줄, 심연 위에 걸쳐 놓은 밧줄이다. 건너가는 것도 위험하고 줄 가운데 서 있는 것도 위험하며, 뒤돌아보는 것도 벌벌 떠는 것도 멈춰 서는 것도 위험하다. 인간의 위대함은 그가 목적지가 아니라 다리라는 점에 있다. 인간의 사랑스러움은 그가 건너가는$^{going-over}$ 존재이자 추락하는$^{going-under}$ 존재라는 점에 있다.
>
> 《차라투스트라는 이렇게 말했다》 서문 §4

다리를 건너는 것은 위험하다. 건너는 자는 밧줄 아래 까마득한 협곡으로 추락할 수 있다. 다리를 건너는 행위는 비틀거림, 뒤돌아봄, 몸의 떨림과 정지를 수반한다(그림 7.2). 앞 단락은 또한 파멸이나 소멸^{Untergang}과 초월이나 극복^{Übergang} 사이에 기이한 유사성이 있음을 보여준다. 게다가 밧줄 횡단의 종착지인 초인^{Übermensch}이라는 존재 또한 명료하지 않다. 초인은 인간을 넘어서는 것, 인간이 향하는 종착지이지만 도달하는 방식을 문화적으로 변할 수 있는 구성물의 형태를 띠고 있을 수 있다. 자기 초월의 정신을 옹호하는 듯한 이 현수교 우화가 명확히 보여주는 것은 인간의 출발 지점이자 밧줄이 묶여 있는 한쪽 끝인 '동물'뿐이므로, 인간은 불확실한 저곳으로 가는 길, 여전히 이곳에서 균형을 잡고 있을 수밖에 없다.

인간 조건의 사이성betweenness은 사상사에서 새로운 관념이 아니다. 비슷한 관념이 그 옛날 플라톤의 육체와 영혼의 이원성에서 이미 등장한 적이 있다. 심신 이원성 개념은 인간을 물질과 정신, 유한과 무한이 불편하게 결합된 존재, 일관된 행위를 불가능하게 만드는 혼종성 속에 갇힌 존재로 변모시켰다. 셰익스피어가 햄릿의 감탄문에 심어 놓은 비유는 햄릿의 우유부단함이 정확히 인간 조건의 이원성 때문이라고 진단한다. "나 같은 놈들은 하늘과 땅 사이를 기어 다니며 무엇을 해야 할까?" 철학자나 다름없는 햄릿의 형이상학적 방향은 하늘과 땅을 가리키므로 수직적이며, 이 방향은 필시 니체의 다리가 제시하는 수평 방향보다는 불안과 걱정을 덜어준다. 햄릿의 머리는 허공에서 허우적거릴지언정 최소한 다리만큼은 벌레처럼 기어 다니더라도 단단히 땅에 고정되어 있기 때문이다. 햄릿은 존재론적 분할과 이원성이라는 공간에 살고 있다. 인간의 매개적 사이성에 대한 또 하나 핵심 표현은 르네상스 시대의 철학자 피코 델라 미란돌라의 《인간의 존엄성에 대한 연설De hominis dignitate oratio, 1486》 도입부에 등장한다. 여기서 피코는 인간을 절반은 짐승 절반은 천사인 신의 피조물로, 신에게 자유를 받아 자신의 책임을 스스로 결정할 수 있게 된 존재로 묘사한다. 인간이라는 잡종은 최선의 행동과 최악의 행동을 모두 할 수 있는 잠재력이 있으므로 스스로 선택해야 한다. 광범위한 경전에 해박했던 피코에게 신이 특별히 총애하는 인간은 선천적으로 고정된 본질이 아니라 순수한 경향성만 가진 존재, 따라서 짐승과 천사라는 양극단과 이어

그림 7.2 〈히다와 에추 지방 사이의 현수교〉, 가츠시카 호쿠사이, 1830. 목판화 258×380mm. 만 컬렉션. 미국 일리노이주 하이랜드 파크.

진 존재라고 확신했다. 여기서도 호모 사피엔스는 상황에 따라 앞뒤로 움직일 수 있는 다리 위에 서 있는 셈이다. 그러나 니체의 다리는 피코의 다리보다 튼튼하지 않으며 목적의 명확성도 떨어진다.

니체는 선배들이 말한 인간의 양극성 중 한쪽 끝의 성질(동물)은 견지하되 다른 쪽 끝(인간 열망의 목표)에는 훨씬 더 큰 개방성을 부여한다. 초인(위버멘쉬^{Übermensch})이라는 말은 인간을 뜻하는 멘쉬^{Mensch}라는 말에 접두사를 붙여 만들었지만, 이 접두사는 오히려 접미사 기능이 더 강하다('man'+X, overman이 인간을 넘어서는 인간^{overman}이라는 뜻보다 무엇 위에 있는 인간$^{man \ over \ something}$이라는 뜻으로 쓰인다는 뜻). 밧줄-다리의 저 먼 끝 기슭은 안개에 싸여 아직 보이지 않는다. 다리를 건너 이동하는 인간 멘쉬의 불확실한 종착지는 인간이라는 불확실한 존재에 일종의 '잉여 가치'를 부여한다. 이 잉여 가치는 개별 인간들이 이미 성취한 모든 것을 초월한 가치일 뿐 아니라, 개별 인간의 정체성과 관련해 아직 규명되지 않은 채 남아 있는 가치이기도 하다. 니체는 인간 본성의 근본을 말할 때 일종의 의지나 권력욕을 넘어서는 이야기는 대체로 하지 않으려 했다. 이 점을 고려하면 성격 규정의 명확성이 불충분한 이 위버멘쉬에 명료한 관념을 부여하기는 거의 불가능하다. 독일 철학자 페터 슬로터다이크의 말대로, 위버멘쉬는 '밧줄이라는 가장 얇은 토대 위에서 균형을 유지하는 능력을 시험하기 위해' 설계된 '반대편 끝에 고정시킬 수 없는 초월 장치'다.[23]

따라서 니체가 인간에게 부여한 밧줄-다리 이미지는 일부는 동물이고 일부는 초인인 존재를 뜻하지 않는다. 니체의 인간은 오히려 확실한 조건과 불확실한 조건 사이의 연결자, 현실에 존재하지 않는 중요한 연결에 헌신하는 자로 묘사된다. 인간을 다리라고 규정하기 전에도 차라투스트라는 인간이 합성물이라는 통념을 단호히 거부하며, 자신의 동시대인 중 '가장 지혜롭다는 자들'조차 인간을 그저 '이원적 존재이자 혼종'으로 보았다며 비난한다. 육신과 영혼 분리는 치명적 오류로, 차라투스트라는 자신의 독자적 사유를 통해 이 오류를 없애는 데 열중한다. 이런 이유로 그는 분열적인 인간 개념 비판에 뒤이어 다음과 같은 명령을 내린다. "땅에 충실할 것이며, 땅을 넘어서는 희망을 말하는 자들을 믿지 말라"는 명령이다(《차라투스트라는 이렇게 말했다》 서문 §3). 땅은 밧줄의 한쪽 끝에 있는 '동물', 복잡한 물질 상태, 생명체라는 사실과 관련이 있다. 따라서 인간은 태어날 때 물려받는 자연적 물질, 그리고 그 물질이 가야 하는 이상적이고 초월적인 종착지 사이에 매달려 있다. 밧줄-다리의 연결자라는 인간 개념은 플라톤 이후 부적절하게 양쪽으로 갈라진 것들을 다시 통합하려는 포스트 플라톤적 극복 전략이다.

카프카는 이러한 인간의 조건을 초현실적인 우화로 기막히게 표현했다. 인간이 다리라면 땅 양쪽 끝에 매달린 다리-인간의 느낌은 어떤 것일까? 그리고 인간-다리를 건너는 자는 누구일까? 유머 넘치는 이 작가가 우리에게 전하는 짤막한 이야기는 아래와 같다.

몸이 뻣뻣해져 결리고 추웠다. 나는 다리였다. 깊은 산골짜기 위에 놓인 다리였다. 발가락은 한편에 걸치고, 손가락으로는 반대편 쪽을 움켜잡은 채 나는 부서지는 흙 속에 나 자신을 단단히 박아 넣었다. 코트 끝자락이 양쪽 옆구리에서 나부꼈다. 저 아래쪽 송어가 헤엄치는 얼음 같은 시냇물이 요란하게 흐르고 있었다. 어떤 여행자도 길을 잃지 않고서는 이렇게 높은 곳까지 오지는 않았기 때문에 다리는 아직 지도상에도 없었다. 그래서 나는 누워서 기다렸다. 기다리는 것밖에 할 수 있는 게 없었다. 다리란 일단 한 번 놓이면, 추락하지 않는 한 다리로 남을 수밖에 없다.

오랜 시간을 협곡 사이에 놓여 기다린 끝에 간절한 남자-다리는 마침내 자신을 건널 사람을 처음으로 맞이하는 기쁨을 누리게 된다. 결국 그 만남은 기쁨이라고 할 수는 없었지만 말이다! 그 사람은 다리에 도착해서, 쇠로 된 지팡이 끝을 다리의 수북한 머리칼 쪽으로 찔러 넣은 후 그는,

두 발로 내 몸뚱이 한가운데로 뛰어들었다. 나는 영문도 모른 채 격렬한 고통에 몸을 떨었다. 도대체 내 몸으로 뛰어는 건 무엇이었을까? 아이? 꿈? 노상강도? 자살자? 유혹하는 자? 파괴자? 나는 그것을 보기 위해 몸을 돌

렸다. 몸을 돌린 다리라니! 몸을 다 돌리기도 전에 나는 이미 추락하기 시작했다. 나는 아래로 떨어져 순식간에 격렬히 흐르는 강물로부터 그토록 평화롭게 나를 늘 응시하던 날카로운 바윗돌에 찔려 찢어졌다.[24]

카프카의 우화는 먼저 니체의 텍스트의 초점을 바꾸어놓고 있다. 높은 곳에서 다리를 통과하는 행위가 니체의 관심이었다면 카프카는 누군가 건너다니도록 사람-다리가 되어 몸을 뻗고 있는 것이 어떤 느낌일지가 관심사다. 그런 다음 우화는 도대체 누가 이 다리를 밟고 건너는지에 관한 질문을 던진다. 답은 없다. 정의상 다리를 밟고 건너는 자가 '오버맨 overman'이다. 오버맨에 관해서는 더는 아무 말도 없다. 카프카는 여기서 그치지 않는다. 그는 다리 위 사람에게 밟히는 자에게 가해지는 폭력을 강조함으로써, 니체가 건너가는 행위 going-over 와 추락하는 행위 going-under 를 연관시킴으로써 《차라투스트라는 이렇게 말했다》에 심어 놓은 함의를 발전시킨다.

내가 사랑하는 자들은 추락하는 것 going under 외에는 살아가는 법을 모르는 이들이다. 그들은 건너가는 자 als Untergehende ⋯ Hinübergehenden 이기 때문이다⋯

내가 사랑하는 자는 자신의 덕을 사랑하는 자다. 덕이란 몰락하려는 의지 Wille zum Untergang 이자 갈망의 화살이기 때문이다⋯

내가 사랑하는 자는 앞으로 올 자들을 옹호하고 가 버린 자들을 구원하는 자다. 그는 현재를 사는 자들에 의한 파멸 zu Grunde gehen 을 원하기 때문이다⋯

내가 사랑하는 자는 상처를 입어도 영혼의 깊이를 잃지 않으며 작은 체험만으로도 멸망할 수 있다^{zu Grunde gehen kann}; 그런 자는 기꺼이 다리를 건넌다.

《차라투스트라는 이렇게 말했다》, 서문 §4

카프카의 우화는 차라투스트라가 논했던 다리 횡단 과정 중 첫 단계를 상술한다. 자아 형성이 이루어지기 위한 파멸 단계다. 이 파멸은 우선 자기 초월의 정신을 따른 결과다. 실로 차라투스트라는 프롤로그에서 '목표가 아니라 다리'로 살아가는 사람이라면 누구나 감내해야 하는 희생을 강조한다. 예언자는 경고한다. 이 횡단으로 수많은 (차라투스트라가 우화를 떠올린 직후 그의 눈앞에서 줄을 타다가 추락해 사망한 광대를 포함해) 사상자가 발생할 것이라고 말이다. 자기 극복은 극복되는 것과 구별되지 않는다. 둘은 다리의 양면이다.

카프카의 희비극적 인간-다리는 자신의 존재 조건이 횡단 장소라는 점을 받아들인다. 자신이 어떤 오버맨을 받쳐줄지도 모르고, 고정된 구조물인 자신의 존재 좌표에 대한 단서도 없다. 이 자기 초월(횡단)의 종착지 역시 모른다. 인간-다리가 가진 것이라고는 교각 하나 없이 매달려 초월에 복무할 구조뿐이다. 카프카의 우화는 니체의 텍스트에서 유일하게 분명한 점은 불안정성이라는 현재의 조건과 출발 지점뿐이라는 사실을 다시 일깨워준다. 다시 말해 유일하게 확실한 것은 자신을 이루는 물질과 물려받아 밧줄에 엮인(문화를 통한 상상의 산물인) 구조물(문화를 통해 상상하는)일 뿐이다. 따라서 횡단의 전반적인 조건이 포함하는 것은 (a)다리가 시작되는 첫 번째 지점의 지상 기반(신체, 동물, 우리가 받은 생명), (b)역사적으로 주어진 것에 엮인 밧줄 같은 인간 조건, (c)필요한 횡단에 수반되는 위태로운 균형, (d)발생하는 횡단 아래 심연이다. 이 전체 상황에서 가장 크게 다가오는 심연(독일어로는 아브그룬트^{Abgrund})이라는 마지막 요소다. 올바른 토대를 가진 다리는 심연에 가장 가까이 다가가 있다. 다리는 심연이라는 현실 위에 지어져 있으며 설계가 현수식인 것도 바로 심연 위에 놓여 있기 때문이다.

철학적으로 말하면 아브그룬트는 인간이 하는 일에 견고한 이론적 지지대가 없다는 것을 일컫는 말이다. 우리의 신념과 도덕은 지금 존재하는 대로 꼭 형성되어야 할 이유가 없다. 지식이 정치적·현실적 힘을 (반드시) 보장해주는 것은 아니다. 철학조차도 문화적인 토대가 없다. 니체는 "모든 철학은 전경前景의 철학에 불과하다"라고 말한다. 철학은 자신이 인정조차 하지 않는 이익에 복무한다. "모든 전경 뒤에는 늘 심연처럼 깊은 배경(아브그룬트)이 존재한다. 전경의 배경 격인 '토대'를 제공하려는 온갖 시도 아래에는 더 깊은 심연이 도사리고 있다."[25]

심연 때문에 모든 윤리는 요동친다. 니체의 1세대 후계자 중 가장 뛰어난 로베르트 무질은 카프카를 방불케 하는 방식으로 이 비유적 논리를 상술한다. 그는 "우리에게 전해진 윤리란 심연 위 높은 곳에 매달려 흔들리는 줄 위로 가야 하는데 '있는 힘껏 버텨!'라는 조언 외에는 다른 어떤 말도 듣지 못하는 상황에 처하는 것과 같다"라고 말했다.[26] 이것은 허공을 걷는 느낌, 지적 현기증, 시공간적 불안이다. 우리가 물려받은 윤리는 '뒤를 돌아보는 위험천만한 행위, 위험한 전율'로 이러다 윤리적으로 꼼짝도 못 하는 지경에 처할 수 있다. 시간과 공간의 단단한 토대는 아예 없다.

이렇듯 제자리를 맴도는 상황에서 현재의 행위는 철저하게 '반시대적^{untimely}'으로 보인다. 반시대성은 니체가 되풀이 해 사용하며 자신의 전기와 사상의 특징을 규정하는 형용어구다(1873년부터 1876년까지 쓴 글을 모아놓은 책의 제목이《반시대적 고찰Unzeitgemässe Betrachtungen》이다). 철학자 니체 같은 다리-사람은 늘 '한 발을 생애 저편에 놓은 채' 살아가며 '내일모레'의 미래에 속해 있는 자다. 다리-사람은 "옆으로 비켜서는 것, 바깥에 서는 데서 이점을 발견한 자이며… 앞으로 닥칠 일을 말할 때 뒤를 돌아보는 자다." 어린 시절부터 그는 '항상… 자신의 길 위에, 그리고 이질적인 곳에' 있었다. 그의 중년의 사유 역시 '서서 정찰하고 기다리는 것'이었다. 새로운 미래를 보는 사람은 "방랑자이며… 항상 자신의 길을 가지만 어떤 목적지도 없다." 그는 행방에 대한 불안으로 고뇌하며 베네치아 다리에서 경험했던 유아론적 공포와 계속 싸우고 있다.[27]

이 모든 것은 아브그룬트, 그리고 불확실한 다리 여정과 관련 있다. 불안을 극복하기 위해 (그리고 더 적절히 표현하면 불안을 생산적으로 만들기 위해) 점유한 장소가 없는atopic 철학자는 다리의 목적론, 즉 다리가 이끄는 곳에 위축되어서는 안 된다. 스티븐 코너의 말을 빌자면 철학자는 '그저 공간을 관통하는 것이 아니라 점유하는' 법을 배워 '허공에 매어놓은 얇디얇은 줄의 여정을 거주지로 두텁게 만들어야' 한다.[28] 니체가 직접 언급하지는 않지만, 그렇게 하려면 줄타기를 하는 자는 무겁고 긴 장대를 사용해 밧줄이 매인 방향과 장대가 직각을 이루도록 만들어 밧줄과 장대의 균형을 맞추어야 한다. 장대를 조종하는 일은 의지와 자기 관리다. 코너가 니체의 텍스트와 병치시키는 두 텍스트는 밧줄 위를 걷는 것의 위상과 실존적-윤리적 난제를 조명해 준다. 첫 번째 텍스트는 블라바츠키 부인(헬레나 블라바츠키는 러시아의 신비주의자이자 철학자로 신지학협회를 창설했다고 알려져 있다)의《베일을 벗은 이시스Isis Unveiled, 1877》에서 저자는 19세기 후반 사회가 "우리의 가시적 세계에서 보이지 않는 우주로 팽팽하게 이어

놓은 보이지 않는 밧줄 위에서 균형을 이루고 있으며… 보이지 않는 우주에 대한 믿음에 걸쳐 놓은 끝부분이 갑자기 끊어져 줄을 완전히 소멸시킬지 말지 알 수 없다'라고 주장했다. 두 번째 텍스트인《장미십자회의 비밀 교리The Secret Doctrine of the Rosicrucians, 1918》는 욕망과 의지의 균형에 관해 논한다. "한쪽(욕망)과 다른 쪽(의지) 간의 팽팽한 긴장을 유지하면서 (법으로 법의 균형을 맞추는 가운데) 줄의 달인은 욕망의 세계와 의지의 세계를 가르는 실처럼 가느다란 줄을 건넌다."[29] 욕망과 의지의 의미를 니체의 맥락에서 다시 정의해볼 수 있다. 욕망은 우리가 한 발을 내디딜 때 열망하는 위버멘쉬의 세계다. 반면 의지는 발걸음과 장대의 균형에 초점을 맞춘다. 욕망과 의지, 밧줄과 장대를 합치면 거대한 십자가가 만들어지고 이 십자가는 추락하지 않도록 지켜준다.

공중에 떠 있는 자기 초월은 균형을 이루기 위해 좌우뿐 아니라 앞뒤로도 움직여야 한다. 차라투스트라는 '거대한 다리'에서 내려온 즉시 이 점을 이해하지만, 꼽추는 차라투스트라의 미래를 향한 횡단을 가리켜 현재와 과거를 포용하지 못하는 태도, 다시 말해 지금껏 존재해 온 땅의 모습을 감내하지 못하는 무능에 해당한다며 비난한다. 초월을 예언하는 차라투스트라의 '동경의 화살'을 추진하는 것은 오직 저 너머 다른 해안을 향한 욕망과 요구뿐이다. 차라투스트라는 꼽추와 무엇이건 공유하는 순간 좌절과 생을 향한 분노에 에너지를 소진한다. 차라투스트라가 다리를 건너는 이유는 단지 자기 시대의 땅을 견딜 수 없기 때문인가? 자기 극복에 대한 그의 가르침은 진정 부정성否定性에 근거를 두고 있는가? 일부는 그렇다는 것을 차라투스트라도 인정해야 한다. 하지만 그 부정성은 다리가 하는 역할이 그를 다른 곳으로 데려가는 일에 불과하다면 영원히 이행 중인 현재에 머물지 못한다는 것을 확인하는 부정성이다.

따라서 차라투스트라는 점유한 장소도 없고 반시대적이며 방향성도 없는 현재에서 목적을 발견해야 한다. 차라투스트라가 깨달은 바에 따르면 현재에서 목적을 찾는 일은 분노의 대상이 되는 과거는 앞으로 밀고 원하는 미래는 뒤로 당겨서 둘 다 우리가 다리 위에 영영 딛고 서 있는 현재로 데려와야만 가능하다. 미래를 정당화하고 과거의 손실을 만회하는 방법은 미래와 과거를 불가피한 현재, 지속되는 현재로 모으는 것뿐이다. 따라서 다리의 생을 점유하는 방법은 양쪽 방향을 향한 의지다. 이런 방식으로만 우리에게 주어진 숙명fate(인간의 의지나 선택과는 무관한 물질로서의 조건)이 무엇이건 간에 ('땅'과 '동물성'을 이용하여) 이를 다른 운명destiny(인간의 선택과 의지가 개입된 운명)으로 빚어낼 수 있다. 우리의 한계에 대한 비애와 분노가 보장하는 것은 폭력으로 점철된 미래뿐이다.

춤추는 무지개 바퀴

이렇듯 복잡한 의지는 의지가 아니고서는 서로 분리된 존재들, 서로 적대적이고 불연속적인 존재들 간의 결속을 활성화한다. 자기주장("내 마음대로 이것을 하겠다")이 아닌 이 의지 행위는 자기 극복의 수단, 다시 말해 초월의 관점을 현재로 끌어들이는 거리의 정신과 정념의 수단이다.

개별 선택과 밀접히 연관된 과정을 통해 자신이 현재 하고 있고 과거에 했던 모든 것을 인정함으로써 우리는 과거와 미래 둘 다를 어디에나 존재하게 만들 수 있다. 다리에 대한 새로운 이해는 차라투스트라의 설교가 시작되는 지점에 이미 담보되어 있다. 그 다리는 충족되지 않은 욕망에 갇힌 의지, 우리가 바꿀 수 없는 것들을 '극복하고' 부정하며 복수하려는 강박에 갇힌 의지를 해방한다. 복수로부터의 자유, "그것이 나에게는 가장 높은 희망으로 향하는 다리이며 긴 폭풍우 끝의 무지개다"(《차라투스트라는 이렇게 말했다》, '타란툴라에 대하여'). 의지의 해방으로 다리는 무지개가 된다.

폭풍을 진정시키는 무지개는 땅에서 하늘로 솟아올랐다가, 단일한 호를 그리며 대지에 발붙인 초월로 멈추지 않고 다시 떨어진다. 앞뒤로 동요하는 의지의 작용을 통해 모든 다리는 원이 되고 원은 바퀴가 되어 자전하는 '현재'에 갇힌다.

니체는 무지개다리를 원뿐 아니라 어린아이의 순진무구함, 노래, 무아지경의 춤에도 비유한다. 어린아이는 '새로운 시작, 놀이… 스스로 움직이는 수레바퀴, 최초의 운동, 신성한 '긍정'이다(《차라투스트라는 이렇게 말했다》, '세 가지 변화에 대하여'). 이 어린아이 같은 춤은 목적 없는 생성에서 목적이 있는 동작을, 무의미한 진행에서 예술적 움직임을 창조한다. 다리, 원, 무지개, 아이, 무용수는 이 자리와 현재의 통합을 축하하는 관념의 친족 관계를 형성한다.

따라서 인간은 '원의 기쁨 자체가 아닌 다른 목적이라고는 전혀 없이 원이 자신을 향해 느끼는 선한 의지가 아닌 다른 의지는 전혀 없이' 존재할 수 있다.[30] 인간은 세계와 극적으로 엮인 '필연적이고' 다채로운 영혼을 실현한다. 영혼은

순전한 기쁨에 넘쳐 우연 속으로 돌진하는 영혼, 존재하기에 생성 속으로 가라앉는 영혼, 욕망과 의지를 갖고 있으나 욕망하고 의지하려는 영혼, 자

신에게서 달아나 가장 넓게 원을 그리며 자신을 따라잡는 영혼… 만물이
이곳저곳으로 휘몰아치고 밀물과 썰물이 교차하는 영혼이다.

《차라투스트라는 이렇게 말했다》,

'낡은 서판과 새로운 서판에 대하여', §19

이런 방식을 통해서만 삶의 '반시대적' 철학자들과 예술가들은 자신의
불행을 재구성하고 밧줄 위에서 균형을 잡을 수 있다. 주어진 운명을 새
로운 운명으로 만드는 운명애amor fati에서 보내는 삶은 현실을 가능성의 얼
굴로 인식한다.[31]

이제야 뭉크가 그린 다리 위 수심에 잠긴 고독한 자와 리알토 다리의
가수가 지닌 무언의 의미가 가시화되고, 두각을 드러내며 그를 둘러싼 환
경 안팎에 존재한다. 소외된 듯 보였던 그의 '자아'는 모든 것을 통합할 새
로운 시공간 경험을 위해 해방된다. 프랑스 철학자 모리스 메를로퐁티의
말을 빌자면 이런 자아, 이런 '나'의 바탕도 토대도 없는 경험은 이제 근원
적 성질의 경험이다. "어떤 뿌리에도 기대지 않기 때문이며… 자신을 떠받
칠 어떤 토대도 없기 때문이다… (이 경험의) 근원성은 서 있는 자에게 주
어지는 토대로서의 근원성이 아니다."[32] 새로운 자아는 주변에서 발생하
는 것들과 비극적인 기쁨 속에서 다양하게 엮인 관계 속의 자아다. 알베
르토 조르조 카사니에 따르면 여기 "'고정된 불변의 다리들'은 존재할 수
없다. 각각의 다리는 다른 모든 다리, 모든 점과 선을 향해 있다. 다리는
다른 형태, 다른 형상으로 향해 있는 다리… 즉시 중단되었다가도 끊임없
이 생성되는 순간적인 다리다."[33]

다리 위의 자아로부터 미래의 공동체에 대해 앞서 제기했던 질문으로

이제 돌아갈 수 있게 되었다. 니체에 따르면, 역사 이전의 시기에는 집단으로서의 사람들을 볼 수 있었다.

> 그러나 우리는 그렇지 않다. 형제들이여. 여기 국가가 있다… 국가가 멈추는 곳, 그곳에서 비로소 잉여가 아닌 인간의 삶이 시작된다. 그곳에서 비로소 꼭 있어야 할 자들의 노래, 단 한 번뿐이며 대체할 수 없는 노래가 시작된다. 국가가 멈추는 곳, 그곳을 보라. 형제들이여! 무지개가, 인간 이상의 존재로 이르는 다리가 보이지 않는가?
>
> 《차라투스트라는 이렇게 말했다》, '새로운 우상에 대하여'

니체 이후 카치아리와 다른 철학자들이 제기한 질문은 잉여가 아닌 자아들 사이의 국가 없는 관계를 바탕으로 새로운 공동체를 구축할 수 있는지였다. 이탈리아 정치철학자 로베르토 에스포지토는 '순수한 관계', 다시 말해 '땅과 하늘을 연결하는 나무, 두 곳의 둑을 이어주는 다리, 안과 밖을 잇는 문턱'이 예시하는 관계를 사회가 인정할 수 있을 때 비로소 이런 공동체가 가능하리라 생각한다. 이런 유형의 관계를 인정할 때 '거리와 통합의 공존' 가능성을 상상할 수 있다.[34] 사회에 관한 이런 질문은 자기 극복의 정신이 동떨어진 다수의 자아 사이의 깊고 근원적인 연계성 구축을 도울 수 있느냐 없느냐의 문제다. '독백적' 자아는, '국가'와 국가의 정체성 정치가 길러낸 자아와는 다른 사회성의 연결 지점, "선하건 악하건 누구나 자신을 잃는 곳, (그리고) 모두가 서서히 행하는 자살이 삶이라 불리는 곳을 내어줄 수 있을까?"(《차라투스트라는 이렇게 말했다》, '새로운 우상에 대하여')

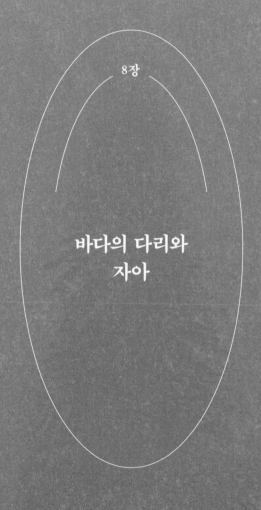

8장

바다의 다리와
자아

관계를 맺을수록 나의 정체성은 더욱 희귀해지고 특별해진다.

— 아민 말루프, 《사람 잡는 정체성In the Name of Identity》

해안 교류

아드리아해는 수백만 년 전 지진 활동으로 갈라진 두 육지를 둑으로 삼아 길쭉한 만 모양을 한 바다로 이탈리아와 발칸반도 사이에 있다. 지중해 여러 분지 해역 중 하나인 이곳은 폭이 좁아(120~150킬로미터) 배로 건너기 쉽다. 아드리아해 서쪽 해안은 이탈리아가 관리하고 있고, 동쪽 해안은 다섯 국가(슬로베니아, 크로아티아, 보스니아 헤르체고비나, 몬테네그로, 알바니아)가 관리한다. 이곳을 둘러싼 최근의 정치 상황이 눈에 그려진다. 지금 아드리아해는 분열이 가장 심한 상태는 아니지만, 분열과 통일을 일삼는 아드리아해 주변이 정치·문화적으로 얼마나 복잡한지는 현재 상황만으로도 짐작할 수 있다.

아드리아해를 건너는 일이 매우 빈번했기에 누군가는 필연적으로 여기에 다리를 놓는 일을 모색할 수밖에 없었다. 21세기 초인 2008년 조르조 데 로마니스가 이끄는 건축팀은 수백만 유로의 자금과 여러 국가의 승인

이 필요한 거대 해상 구조물의 건설 계획을 구체화했다. 해상 도로를 놓자는 공적 근거는 정치적이라기보다 경제적인 성격을 띠고 있었다. 크로아티아에서 이탈리아로 이어지는 아드리아해 다리는 유럽의 범유럽 교통로, 더 구체적으로는 이미 대륙 대부분을 가로지르고 유럽 국가들이 1994년 포르투갈의 리스본과 우크라이나의 키이우를 연결하기로 계획했던 동서 고속도로 코리더 V를 보완하게 될 것이었다. 아드리아해의 이 다리 주변에는 한 번에 배 200척을 수용할 수 있는 거대한 해상 정류장들이 군데군데 지어진다. 유럽 국가들이 점점 붐비고 서로 교류가 많아지는 상황에서 다리는 대규모 횡단 수요를 충족시키는 데 일익을 담당하게 된다.

이처럼 큰 다리는 이탈리아와 지중해의 지정학을 근본적으로 변모시킨다. 삼면이 바다로 막혀 있던 나라가 광대한 해상 국경을 넘어 쉽게 닿을 수 있는 부두로 바뀌기 때문이다. 천혜의 환경이 북쪽에서 남쪽으로 이어지는 긴 축의 형태를 한 이탈리아 내륙은 아드리아해의 다리를 통해 십자 형태가 된다. 백 년 전 살바토레 발르질라이라는 정치가는 이미 이탈리아 반도를 '폰테 란치아토', 다시 말해 유럽에서 아프리카 해안과 다른 남쪽 영토로 이어지는 다리로 간주함으로써, 이탈리아가 지중해 패권을 장악할 수 있다는 환상을 불러일으켰다.[1] 흔히 물체를 띄워 발사한다는 뜻으로 사용하는 '란치아토lanciato'라는 동사는 통일을 이룬 역사가 짧은 이탈리아가 하늘을 날아가는 창을 방불케 하는 공격력을 보유하고 있음을 암시하기도 했다(사실 이탈리아는 1895~1896년의 불운한 1차 이탈리아-에티오피아 전쟁 때 이 창의 공격을 받아 패전했고, 이후 1935~1939년 2차 전쟁에서 1차 전쟁의 패배를 설욕하려 했다). 20세기 초 이탈리아는 유럽에서 아프리카와 중동 두 지역을 향하는 공격의 최전방으로 여겨졌다.

21세기 들어 미래주의적·제국주의적인 역학 관계는 상당히 약해졌다. 이탈리아는 이제 공격의 최전선이라기보다 매년 수천 명에 달하는 외국 이민자들이 상륙하는 일종의 교두보 역할을 하는 것으로 보인다. 2008년에 발표된 데 로마니스의 아드리아해 다리 프로젝트는 유럽연합이 이민 패턴에 경각심을 갖기 시작하기 전에 공식화되었던 계획이다. 그는 다리를 통해 만들어질 동서 연결 지점이 이탈리아 반도가 바랐던 대로 원심력의 중심으로 기능해서 이탈리아 세력이 확장되어 남쪽 지역을 끌어들이는 인력도 보완해 주리라 생각했다. 아드리아해 다리를 통해 이탈리아는 유럽 내 국가들이 서로 교류하는 중심지이자 '동쪽으로 가는 새 관문'이 되는 것이다.[2]

건축공학자의 포부는 해안과 해안을 이어주는 문화적 상호작용을 뒷받침하는 수십 가지 비전 중 하나일 뿐이다. 과거 아드리아해를 이용한 연결점들은 아드리아해에 놓인 다리의 목적보다 더 복잡하고 가변적이었다. 19세기와 20세기 민족주의와 분리주의 운동으로 발칸반도가 분열과 불화의 상징이 되기 전, 아드리아해는 민족과 종교의 경계를 넘나드는 데 능한 '다리 문화'의 현장이었다.[3] 아드리아해 최북단에 있는 베네치아 공화국은 아드리아 해역의 항해와 교육의 유서 깊은 역사를 지니고 있었다. 반대편에서 아드리아해를 따라 올라가면서 발전한 또 다른 나라는 오스만 제국으로 '다양성 가운데 통합의 토대를 가진' 다국적·다종교 국가였다.[4] 무력 충돌과 저항에 대한 잔인무도한 보복에도 불구하고 오스만 제국과 발칸반도 다른 민족들의 상호작용은 상당히 안정적이었고 지속적인 교류로 이어졌다. 오스만 튀르크인은 슬라브인, 이탈리아인, 유대인, 아랍인, 정교회 및 가톨릭교 신자들과의 접촉으로 자신들을 발견한

동화정책주의자였다. 이들의 종교, 언어, 기술, 음악은 점령한 육지와 바다
에서 찾은 것들을 전용한 결과물이었다. 이들은 점령지에서 현지의 믿음
과 관습을 자신들의 목적에 맞게 조정하고, 자신들의 믿음과 관습도 전
했다. 전시나 평시를 막론하고 오스만 제국이 발칸 지역의 완전한 주권을
고집한 적은 없다. 이들은 몬테네그로, 라구사 공화국(두브로브니크), 코토
르, 펠비데크(헝가리 북부) 같은 단위를 이루어 베네치아인, 세르비아인, 보
스니아인, 알바니아인, 불가리아인, 오스트리아인이 관리하는 왕국, 공국,
속국들과 힘의 균형을 조정해가며 공존했다.[5] 오스만 제국은 본보기로
삼았던 로마인과 마찬가지로 아드리아해 동쪽 해안에서 발견한 다양성
을 수용하고 승인했다.

발칸반도 남쪽에 공존하던 이들의 인종적 다양성이 어찌나 복잡했던
지 그 지역 중 하나인 '마케도니아'가 이탈리아어와 프랑스어로 잘게 썬
채소와 과일 샐러드 이름이 되었을 정도다. 아드리아해 연안 사람들은 최
소한 기원전 700년 코린트 시대부터 종교적 교류와 교역을 해 왔다. 곡물,
소금, 설탕, 포도주, 나무, 기름, 직물, 철, 기술, 신화 및 문화적 관습은 에게
해를 제외한 다른 지중해 분지 해역보다 아드리아해에서 훨씬 더 오랫동
안 훨씬 더 활발한 교류 대상이었다.[6] 아드리아 해안에서 70킬로미터 떨
어진 모스타르에서 태어난 유고슬라비아의 문학가 프레드라그 마트베예
비치에 따르면 아드리아 해안의 중간 지대들은 중세 시대부터 지속적으
로 만남의 장이 되었다.

아드리아 해안 지대는 라틴 문화와 비잔틴 문화가 만나는 장소이자 그리스
도교 내 주요 분열의 현장, 신성 로마 제국과 오스만 제국의 경계, 그리스도

교와 이슬람교의 전쟁터였다. 이 지역은 동/서, 북/남, 육지/바다, 발칸/유럽, 그리고 기타 각 지역에서 생겨난 대립 가운데 '제3요소'로서 지중해 문화들과 공생하며 발전했다.[7]

낯선 외국의 해안이나 때론 미지의 해안으로 향하는 배들이 정박하는 교역 도시들은 다리 문화를 가능하게 하는 역동적 역할을 했다. 라구사와 트리에스테는 자유항으로 지정되었고 특권적인 관세 규정을 적용받았다. 그뿐 아니라 이탈리아 반도 서쪽 아말피, 제노바, 리보르노, 피사, 그리고 지중해 남부와 동부에 있는 다른 일부 도시도 비슷한 기능을 수행했다. '민족주의와 권역화로 인한 엄격한 배타주의'가 부상했던 19세기 후반이 지나고부터는 '합류와 만남의 지중해'를 상징하는 도시가 나타났다. 튀르키예의 이스탄불, 스미르나, 레바논의 베이루트, 이집트 북부의 알렉산드리아, 알제리, 이탈리아의 트리에스테, 프랑스의 마르세유 등의 세계적인 도시들이었다.[8] 스미르나는 이미 1600년부터 1900년까지 자유 무역이 성행했기 때문에 영국인, 네덜란드인, 프랑스인, 그리스인, 아르메니아인, 유대인 상인들이 뒤섞여 사는 유럽 전역에서 비할 데 없이 거대한 도시였다.[9] 학자, 여행자, 외교관, 종교 사절, 예술가, 드래고만(근동 지방에서 아랍어와 튀르키예어와 페르시아를 주로 통역하는 사람을 일컫는 말)이라는 문화 중재자 등 가교 역할을 하는 사람들 또한 복잡하게 얽힌, 교역에 없어서는 안 될 긴요한 존재들이었다. 이 역할을 했던 한 인물("레그혼에서 스페인계 유대인으로 태어나 살로니카에서 자랐고 이탈리아어, 프랑스어, 튀르키예어, 그리스어를 구사하며 프랑스와 벨기에 영사관에서 드래고만으로 일한 인물")의 이야기는 그의 손자이며 철학자, 사회학자인 에드가 모랭에게서 들을 수 있다.[10]

다리-도시들이 촉진한 유연한 교류로 19세기 민족주의를 자유주의와 파시즘으로 물들인 이탈리아가 제국주의적 야망으로 변질시킨 육지와 바다의 소유권 주장이 약해졌다. 무솔리니가 부상하기 전 카시오의 《아드리아해[Il Mare Adriatico, 1915]》와 실라니의 《우리의 바다[Mare Nostrum, 1918]》는 이미 아드리아해와 지중해 전체가 우리 것이라는 고대 로마의 관념을 부활시키는 데 일조했다. 이는 이탈리아를 삼면으로 둘러싼 바다가 앞서 언급했던 '폰테 란치아토'로서 이탈리아의 정치적 특권임을 암시했다. 1920년대 무솔리니가 정권을 잡은 뒤 이 견해가 부상하면서 이탈리아는 아드리아해 동부를 따라 길게 이어진 해안선 지대를 합병했다. 달마티아에 이르기까지 해안 지역 주민들을 모조리 이탈리아인으로 만드는 정책이 시행되었다. 학교 교육은 이탈리아어로만 한정했고, 슬라브계 주민들에게 이탈리아어와 비슷하게 들리는 이름을 새로 쓰도록 강제해 해안 지역 10만여 명의 주민 대탈출을 초래했다.[11]

보세티가 '문화말살[ethnocide]'이라 불렀던 이 동화정책은 불가피한 반발을 낳았고 결국 이탈리아인들마저 피해자가 되었다. 아드리아해 동쪽 해안에 살던 많은 주민은 20년 후 2차 세계 대전 이후 이 해안 지역이 유고슬라비아로 넘어가자 탈출했다.[12] '우리의 바다'라는 관념은 아드리아해가 근본적으로 혼종의 다문화 지대가 아니라 제국만의 생득권이라는 완고하고 용납할 수 없는 주장에 힘을 더했다.[13]

그렇다고 자치권이나 인종, 지리문화의 선례에 호소해도 문제의 복잡다단함이 사라지는 건 아니다. 파시스트 지도자였던 갈레아초 치아노는 1939년 이탈리아의 알바니아 침공을 '2200년 전까지 거슬러 올라가는 알바니아와 이탈리아 관계의 필연적인 결과'로 정당화했다. 기독교 이전 알바니아인과 이탈리아인 사이에 존재했던 분쟁 해결을 시사하는 말이었다. 사려 깊었던 프랑스의 철학자 시몬 베유는 치아노의 말을 들은 청중들에게 다음과 같은 사건을 상기시켜 주었다. 기원전 170~169년, 로마제국 민병대가 알바니아인들이 로마의 정치적 지배권을 모욕했다는 이유만으로 해안가 70개 마을을 약탈하고 알바니아인 15만 명을 노예로 팔아버린 사실을 말이다.[14]

좌절한 다리

치아노가 알바니아 침공을 정당화하는 선언을 했던 1939년 에우제니오 몬탈레는 시를 써서 지중해 이 지역의 개인과 주권의 딜레마를 다루었다. 〈도라 마르쿠스Dora Markus〉라는 시는 역사적인 메시지 대부분 함구한 채 다음과 같이 시작된다.

그곳은 나무로 만든 부두가 돌출해 있는 곳
포르토 코르시니의 드넓은 바다에서
움직임도 거의 없이 가라앉거나
그물을 당기는 자들도 거의 없다.
너는 손을 들어 가리킨다.
바다 건너 보이지 않는 땅—너의 진정한 고향을.[15]

모호하고 함축적인 이 시는 아드리아 해안에서 반대편 해안을 바라보며 고향을 그리워하는 가상의 여성 도라를 묘사한다. 시인은 도라에게 포르토 코르시니의 '나무로 만든 부두가 돌출된 곳'에서, 바다 건너편의 진정한 고향, 그러나 보이지 않는 파트리아 베라(진정한 고향)를 가리킨다. 1904부터 1915년까지 이 해안 북쪽으로 321킬로미터도 채 되지 않은 트리에스테에 살았던 제임스 조이스에게 부두란 좌절한 다리 이상의 무엇도 아니다.[16] 부두는 육지에서 돌출되어 있지만, 반대편에 도달하지 못한다(사진 8.1). 사회학자 프랑코 카사노에 따르면 부두는 '항해하고 싶은 유혹, 떠나고픈 유혹, (붙잡을 가망 없이) 지평선이 그리는 유토피아를 뒤쫓고 싶은 유혹을 느끼게 한다.'[17] 몬탈레의 시에서는 이 부두도, 도라의 손짓으로도 그토록 그리운 해안에 닿을 수 없다. 부두와 손짓 모두 좌절한 다리를 연상시키는 또 다른 상징과 연관이 있다. 땅에서 하늘로 이어지는 야곱의 사다리 같은 탑이다.[18] 부두가 드넓은 바다에 '돌출해 있다'라고 묘사하면서 시인 몬탈레는 다리, 갑판, 배의 관념도 환기한다. 부두를 가리키는 이탈리아어 '폰테[ponte]'는 다리, 갑판, 배를 지칭한다.

시의 배경인 포르토 코르시니 때문에 독자들은 이곳이 위치한 이탈리아 라벤나 지역 외부까지 보게 된다. 그곳에서 도라의 손짓과 부두는 이스트리아반도를 가리킨다. 이스트리아반도는 오늘날 슬로베니아와 크로아티아로 분할되었다. 몬탈레가 시의 첫 부분을 썼을 시기인 1918년부터 1926년까지 이스트리아는 이탈리아에 속해 있었다. 1918년 이전에는 오스트리아-헝가리 제국의 영토였다. 이스트리아 바로 북쪽에는 도라의 진정한 고향이 있다. 이 시의 두 번째 부분에서는 이곳을 카린티아라고 부른다. 시 전문이 발표된 해인 1939년 (시에서 언급한 '이제'다) 도라는 고향으로 돌아왔다.

사진 8.1 브라이튼의 버려진 서쪽 부두, 매슈 호저, 2017, 작가 제공.

이제 너의 고향 카린티아

연못과 도금양 꽃 만발한 카린티아에서

너는 연못가에 기대어 바라본다.

수줍은 잉어가 뻐끔거리는 모습을…

(29~32행)

오늘날 카린티아라는 이름은 포르토 코르시니보다 덜 알려져 있다. 카린티아는 오스트리아, 이탈리아, 슬로베니아 국경(그림 8.2)에 걸친 길이 150킬로미터의 땅으로, 여러 영토가 만나는 곳, 아니 오히려 하나의 땅이 정치적인 이유로 셋으로 갈라져 있는 곳이다. 이곳이 몬탈레가 창조한 가상의 인물 도라 마르쿠스가 바다를 건너 그토록 가고 싶어 했던 땅이라

그림 8.2 북부 아드리아해. 구글 지도.

는 건 완벽한 아이러니다. 1926년과 1939년 사이에 여러 민족이 혼합된 카린티아의 정치적 정체성은 확실하지 않아 논란의 여지가 아주 많기 때문이다. 1차 세계 대전 이후 이 지역의 일부는 이탈리아 남서부 카날레 계곡에 합병되었고 다른 일부는 세르비아, 크로아티아, 슬로베니아 왕국에 합병되었으며 나머지는 영토가 줄어든 오스트리아 지역에 할당되었다.

따라서 몬탈레의 시가 그리는 '카린티아'는 명확히 고향을 뜻한 것은 아니었다. 최소한 '고향'이라는 말이 거주민들에게 정치적 주권을 가진 확실한 국가를 뜻한다면 그렇다는 말이다. 이 같은 문제가 1차 세계 대전을 분수령 삼아 아드리아해 북동부 지역에 영향을 미쳤다. 1919년, 군사 영웅이자 시인이었던 가브리엘레 다눈치오가 이끄는 이탈리아 민병대는 이스트리아 동부 피우메(리예카)를 점령했다. 우드로 윌슨 대통령과 3국 동맹이 피우메(리예카) 지역의 지배권을 세르비아 왕국, 크로아티아, 슬로베니아로 이양할 준비를 하고 있다는 사실이 확실해진 직후 이에 반발한 의용군의 군사 행동이었다. 1년 후 이탈리아 정부는 분쟁 중인 해안에서 다눈치오의 무장 세력을 철수시킨 뒤 이 지역의 독립을 허용하고, 이 새로운 왕국이 '피우메의 완전한 자유와 독립을 인정하고… 영구적으로 존중한다는 데' 공식적으로 동의했다. '영구적인' 기간은 겨우 4년에 불과했다. 1924년 무솔리니는 유고슬라비아를 설득해 피우메가 선포한 독립을 무효화했다. 그는 피우메를 이탈리아에 합병해 아드리아해 북동쪽 해안을 장악했고 1930년대 내내 통제를 유지했다.

　카린티아는 피우메처럼 대규모 경합이 벌어진 지역은 아니지만, 유고슬라비아는 1919년 생제르맹 조약으로 할당받은 영토 규모에 불만을 품고 오스트리아에 할당된 지역을 점령했다. 3국 협상을 통해 분쟁 지역은 슬로베니아가 지배하는 A지대와 오스트리아가 지배하는 B지대로 쪼개졌다. 슬로베니아의 A지대는 국민 투표를 시행해 카린티아 주민들에게 슬로베니아와 오스트리아 중 어디에 속하고 싶은지 스스로 결정하도록 했다. 놀랄 만큼 많은 주민이 오스트리아와의 합병에 찬성했고, 결국 A지대와 B지대 모두 오스트리아로 넘어갔다. 그로부터 한 달 후 (피우메의 주권을 확립한 라팔로 조약에서) 유고슬라비아 왕국은 이탈리아와 새로운 국경 조약을 비준하고 서쪽 인접국 이탈리아에 카린티아 땅 445제곱킬로미터를 양도했다. 몬탈레가 카린티아라 부른 고향 땅의 이름에는 모든 역사의 사실들이 새겨져 있다.

　정치 격변이 다가오며 문제는 더 심각해졌다. 1939년 몬탈레가 시의 두 번째 부분을 썼던 해는 히틀러가 오스트리아(그리고 오스트리아에 속한 카린티아)를 독일 제3제국에 병합한 지 1년도 채 지나지 않았을 때였다. 〈도라 마르쿠스〉라는 시의 마지막에서 우리는 라벤나 해안에서 카린티아로 돌아온 여성의 존재를 나치 통치가 위협하고 있음을 알게 된다. 이름에서 유추할 수 있듯이 도라 마르쿠스는 유대인이다.

라벤나에서 멀리 떠나온 길

잔혹한 믿음은 독을 증류한다.

그것은 너에게서 무엇을 원하는가?

목소리, 전설, 운명은 포기할 수 없다…

하지만 늦었다. 언제나 그렇듯이.

(57-61행)

Ravenna è lontana, distilla

veleno una fede feroce.

Che vuole da te? Non si cede

voce, leggenda o destino.

Ma è tardi, sempre più tardi.

나치의 인종차별주의라는 독, 즉 '페데 페로체^{fede feroce}'(잔혹한 믿음이나 흉포한 이데올로기)는 마르쿠스 같은 유대인에게 카린티아에 머물 여지를 주지 않았다.

따라서 고향을 가리키는 몬탈레 다리의 기운은 처음부터 끝까지 불길하다. 이탈리아에 있는 동안 도라는 아직 라벤나보다 카린티아를 자신이 속한 곳으로 상상할 수 있었다. (라벤나는 비잔티움 제국의 옛 수도로, 1926년에 나온 W. B. 예이츠^{W. B. Yeats}의 시 〈비잔티움으로의 항해〉에서 향수에 찬 어조로 소환되었을 뿐, 역사의 흥망성쇠를 강화할 뿐이다.) 그러나 고향땅을 밟은 도라는 결국 비극적인 포위망에 갇혀버린다. 이제 시 후반부의 시대적 배경인 1939년, 몬탈레는 검게 그을린 거울과 미끼를 물지 않으려 경계하는 잉

324

어의 모습을 보여주면서 이 이미지들을 카린티아의 피상적인 목가적 풍경의 '오류' 혹은 (필시 유대인의) 방황에 대한 언급으로 감싼다(29~45행). 거울과 잉어 이미지는 억압받는 삶이라는 인상을 준다. 카린티아는 이전의 라벤나처럼 개념적으로나 정치적으로 빼앗긴 땅이 되어 황혼 무렵 망가진 하모니카의 코드 소리로 울린다(51~53행). 도라가 꿈꾸는 시간은 점점 늦어진다. 역사의 파괴력을 감안하면, 이 시의 결론은 더는 존재하지 않는 삶의 흔적들을 '목소리와 전설과 운명'(60행) 속에 보존하는 것 외에 다른 희망은 없다는 것이다. 이 시 같은 곳에 삶의 흔적을 보존한다는 것은 역사 기록의 함의를 성찰하는 것이리라.

포르토 코르시니에 있는 이 부두에는 주목해야 할 마지막 역사의 아이러니가 있다. 이탈리아 기준에서 볼 때 코르시니 항구는 최근에 건설된 것이다(그리고 1960년대까지 유럽에서 가장 큰 정유 공장이 이곳에 있었다). 포르토 코르시니에 대해 오늘날 알려진 사소하지만 흥미로운 사실 중 하나는, 크로아티아의 소도시 로비노로 가는 여객선이 주 2회 운항한다는 것이다.[19] 아드리아해를 두고 갈라져 있는 해안 지역을 이어주는 여객선 운항은 몬탈레의 시가 전하는 추방과 유랑이라는 압박감에 약간의 위안을 주는 면도 있다. 2013년 크로아티아가 유럽연합에 가입한 뒤로 휴가를 즐기는 이탈리아인들이 여객선으로 크로아티아 이스트리아 해변에 모여들고 있기 때문이다. 하지만 이 위안은 잠깐일 뿐이다. 곧 로비노^{Rovino} 라는 이름은 과거 로비뇨^{Rovigno} (이스트리아 방언으로는 루베이니뇨^{Ruveigno}, 크로아티아어로는 로비니^{Rovinj}다)라 불렸던 장소였다는 사실이 떠오른다. 로비뇨는 수백 년 동안 이탈리아의 중심 거주지였다. 로비뇨 주변 해안은 2차 세계 대전 중 독일군의 침공을 받았다. 전쟁이 끝날 무렵 이 지역은 티토 장군이 이끄는 유고슬라비아군에 넘어갔다. 같은 시기 이스트리아와 피우메도 이탈리아에서 유고슬라비아 공화국의 손으로 넘어가면서, 아드리아해 연안에 살던 15~35만 명의 이탈리아인들은 국경 반대편 그들의 또 다른 (옛) '고향' 이탈리아로 피난길에 올랐다.[20]

따라서 로비노행 배를 타는 곳인 포르토 코르시니는 카린티아의 역사뿐 아니라 이탈리아 역사의 상처까지 부지불식간에 드러내고 있는 셈이다. 관광객용 여객선 갑판은 (부두와 도라의 손처럼), 몬탈레의 시가 쓰일 당시 정치적으로나 인구학적으로 이탈리아에 속했던 이스트리아반도 공동체의 '운명'과 '전설'을 가리키고 있다(그러니 분명히 말하자면 대탈출은 양방향에서 이루어진 사건이었다. 2차 세계 대전 이후 벌어졌던 이탈리아인의 탈출은 파시스트 이탈리아 치하에서 더 작은 규모로 벌어졌던 슬라브족의 탈출을 재연한 셈이다). 1911년 합스부르크 제국의 마지막 인구 조사에 따르면, 로비뇨 인구의 97.8퍼센트가 이탈리아어를 사용했다고 한다. 백 년 후 상황은 역전되어 현재 이 지역 주민 약 76퍼센트는 자신이 크로아티아인이라고 여긴다.[21] 이제 여객선은 휴가 중인 이탈리아인들을 더는 자신의 나라가 아닌 해안으로 실어나른다. 심지어 포르토 코르시니 쪽 부두의 새로운 목적지(카린티아)도 몬탈레 시의 중심이 되는 진정한 고향에 대한 신화를 무너뜨린다. 2차 세계 대전은 아드리아해 양쪽 해안에서 온 망명자들이 저 너머 반대편 해안의 보이지 않는 조국(파트리아)을 바라보도록 만들었다.

몬탈레의 시는 불에 탄 다리의 여러 이야기를 잇는다. 여전히 특정 민족이 다른 민족보다 우월하다는 주장이 사라지지 않은 발칸반도에서 도라 같은 주체들은 몬탈레의 시가 쓰이기 훨씬 이전과 훨씬 이후에도 계속 등장했다. 유대인 여성을 정치적 추방자의 상징으로 삼는 이 시는, 자기 정체성의 본질이 지정학적으로 다른 곳에 있다고 믿을 만한 이유가 있는 모든 이들을 향하고 있다. 역사의 부침은 '진정한 고향 땅'의 상처 주변을 맴돌고 있다. 진정한 고향 땅은 부유하는 텅 빈 기표이며, 부두가 가리키는 카린티아라는 이름의 보이지 않는 대상은 이렇게 텅 빈 기표를 가리키는 적절한 은유다. 카린티아라는 이름의 고향 땅, 텅 빈 기표는 경합 대상인 땅, 다민족으로 구성된 초국적 지역, 경합하는 공동체마다 자기들의 고향이라 주장하는 지구상의 많은 땅 중 한 곳, 도라 같은 여성은 서발턴 subaltern (제국 식민지의 권력 계층과 제국의 대도시에서 사회적·정치적·지리적으로 배제된 식민지 인구를 가리키는 안토니오 그람시의 개념) 집단의 일원으로서가 아니면 속할 수도 없는 땅 중의 한 곳이다.

부두에서 바다로

바다 위를 지나가는 길의 출발점으로 부두가 갖는 이미지는 다리 pons 의 기원이 고정된 구조물이 아니라 바다 pontos 였음을 상기시켜 준다.[22] 지중해는 그리스인과 페니키아인에게 바로 그런 통로였다. 지중해 지형은 입구, 후미, 만을 넘어 에게해, 이오니아해, 알보란해처럼 배를 타고 이동할 수 있는 분지 해역까지 뻗어 있으며, 각 바다는 각 해안의 다른 기슭에 사는 사람들을 이어주는 통로 역할을 한다. 바다를 칭송하는 어떤 이에 따르면 지중해의 이런 현상학이야말로 이곳에 사는 사람들에게 '운명과 숙명, 스펙터클과 비전의 건축물, 다시 말해 수평선을 보면서 그 너머를 추구하는 방법, 즉 수평선을 보고 그 너머를 찾는 방법'에 대한 예리한 감수성을 새겨 놓는다.[23] 이 시각은 '지중-해 Medi-terranean '라는 말의 어원에 이미 새겨져 있다(지중해란 여러 땅 한 가운데 구역이라는 뜻으로, 실제로 지중해는 세 대륙 사이에 있다). 해안에서 보이는 수평선은 대체로 하늘과 바다 사이 명확한 경계선으로 끝나지만, 하늘과 바다 사이에 놓인 땅덩어리에 의해 경계선이 허물어지는 때도 종종 있어 그 경우에는 이 멀고도 가까운 땅의 진기한 물건들에 대한 정보나 소문이 따라오기 마련이다. 학자들이 지중해 연안에 사는 사람들을 떠올리며 연상하는 매개, 다원성, 타자성에 대한 감수성과 지식을 만들어내는 바탕은 바로 이 지리적 특성 때문이다.[24] 애초에 범접조차 용인하지 않는 산맥이나 끝도 없이 뻗어나가며 사람을 기진맥진하게 만드는 대지와 달리, 물로 분리된 땅들은 다리를 놓는 다양하고 새로운 실천을 유도한다.

소포클레스의 《안티고네》에 등장하는 유명한 〈인간에게 바치는 송가〉는 땅을 갈고 새를 잡을 덫을 놓고 집 짓는 법을 배우는 인간 종족을 찬양한다. 그 전에 시는 인간의 삶을, 움직이는 다리 위에서 바다에 맞서는 것에 비유한다.

경이로운 만물 중에서
인간만큼 경이로운 존재가 또 있으랴.
인간은 겨울의 남풍 속에서
산 같은 파도와 격렬한 물거품을 뚫고
항해를 나선다.[25]

모든 생물종 중에서도 제일 기묘한 인간 종이 지닌 여러 특징 중에서도 가장 놀라운 점은, 험난한 조건을 뚫고 기꺼이 바다를 가르는 여정에

나서겠다는 의지다. 위험이 클수록 동기는 부자연스러워 보인다. 진정한 도전은 물이라는 원소가 지닌 이례적인 경계를 통과해 그 너머로 가는 일, 바다를 항해할 수 있는 곳, 숙달하거나 익숙한 곳, 육지와 연속성을 지닌 곳으로 만드는 일이다. 소포클레스로부터 2천 년이 지난 후, 정치이론가들이 새로운 유럽연합의 구속력 있는 원칙을 숙고하면서 지중해의 다른 함축적 의미가 가시화되었다. 철학자이자 베네치아 시장 마시모 카치아리는 유럽의 국가들을 군도群島로 연결되었다고 보자는 관념을 제시했다. 이 경우 바다는 자율적인 독립 영토들 사이에서 통로 역할을 한다.[26] 오랜 세월 동안 세계 최고의 항해사로 명성을 떨친 베네치아의 선원들은 유럽, 아프리카, 아시아 사이의 바다를 누구보다 쉽게 항해했다. 그러나 1993년 당시의 독립 민족 국가들로 이루어진 군도는 통과가 어려워졌다. 특히 유럽 대륙은 경계가 지나치게 허술한 국경들로 연결된 땅처럼 보이지만, 지중해는 견고하고 완강한 바다라고 보는 모순된 은유 때문에도 군도 개념이 희미해졌기 때문이다.[27] 베네치아인들이 누렸던 항해의 용이성도, 외국 해안에서 환영받으리라는 기대도 없는 지중해 사람들에 대해서는 뭐라고 해야 할까? 유럽연합이 결성되기 훨씬 전부터 위험한 항해를 시작한 비유럽 이민자들에 대해서는 무슨 말을 할 수 있을까?

이스트리아인과 달마티아인들이 유고슬라비아를 떠난 지 반세기 후 수만 명의 알바니아인이 아드리아해를 건너 이탈리아 해안에 이르렀다. 사하라 사막 이남의 아프리카인, 시리아인, 리비아인, 루마니아인, 이라크인, 튀니지인들은 훨씬 더 많은 숫자로 이들의 뒤를 따라 들어왔고, 람페두사 섬과 그리스의 섬들은 이주민들이 다른 곳으로 가기 전에 잠깐 머물 부두로 이들에게 손짓했다. 대륙을 가로지르는 이민 행렬은 여러 면에서 현실보다는 신기루로 향하는 이동이었고, 이는 항해의 경계를 설정하는 복잡한 경제적·기술적·문화적 관행들에 의해 추진된 것이다. 정치 조약으로 확립되고 집행되는 견고한 제도적 다리가 없는 상황에서 유일하게 작동하는 다리는 국경을 넘는 사람들이 얼기설기 직접 만든 조악한 다리와 몰래 타고 들어오는 배, 그리고 임시변통으로 사용되는 차도뿐으로 이 다리는 이들이 상륙하는 해안에 통합되거나 '인정받지' 못한다.[28] 설사 상륙한 지역에 통합되거나 인정을 받아 들어온다고 해도 이들은 두 언어를 쓰며 두 문화를 지닌 주체가 되어 이미 세계 대부분 대도시에 거주하는 수백만 명의 다른 비슷한 무리에 속하게 된다. 이들이 형성하는 혼합 거주지와 경계 공간으로 인해 동일 민족이 속한 동질의 땅은 결국 쓸모없는 구식 관념이 될 것이다.

이주와 망명

지난 30년간 이민자들의 경험을 이론적으로 논의하며 문화적 다리라는 문제를 상세히 다루어 왔다. 다리 놓기 은유의 위상은 독일의 튀르키예 이민자들의 정체성 논의에서 특히 두드러졌는데 이 토대는 1960년대 양국 간 합의로 마련된 것이다. 다리 이미지는 1세대와 2세대 이민자들이 자신들의 삶을 내러티브로 전환하는 순간 생겨났다. 다리 이미지가 호소력을 발휘한 이유 중 하나는 유럽과 아시아 두 대륙 분기점에서 살아온 튀르키예인들에게는 지정학적 분기점이라는 관념이 전형적으로 느껴졌기 때문이다. 수 세기 동안 아나톨리아(튀르키예의 옛 지명)인들은 자신들이 아시아와 유럽, 동양과 서양을 가로지르는 정체성을 지니고 있다

고 생각해왔다. 에미네 세브기 외즈다마의《금각만의 다리》같은 작품들
은 튀르키예 이민자들에게 친숙한 떠남-문화를 확고하고 품위 있게 그
려 놓아, 도착-문화에 동화되는 일에 한계가 있음을 잘 보여주었다. 따라
서 튀르키예의 문화를 다리로 보는 뿌리 깊은 이미지가 여러 자전적인 글
에서 반복되는 것도 놀라운 일이 아니다. 특히 1세대 튀르키예계 독일인
은 자신을 두 곳 사이에 자리 잡고 있지만 어디에도 온전히 속한다고 느
끼지 못하는 모습으로 묘사한다. 사이성 이미지는 전 세계 디아스포라적
diasporic (원래 팔레스타인을 떠나 세계 각지에 흩어져 사는 유대인을 지칭하지만, 후
에 의미가 확장되며 타지에서 고유한 관습을 유지하며 살아가는 민족 집단을 가리키
는 용어가 되었다) 주체들과 송환당한 주체들에게서 되풀이된다. 이들은 마
치 하나의 바다에 다른 이민자들과 함께 떠 있는 문화의 섬 같다. 이 사이
에 놓인 다리는 일시적일 수도 있고 되풀이될 수도 있다.[29] 문화적 차이
는 고정되고 표준화된 인간관계에 저항하기 때문이다.

삶의 사이성은 이차적 다리 놓기 과정인 글쓰기에서 특히 두드러진다.
글쓰기는 존재론적 다리 놓기 과정을 언어로 옮기는 작업이다. 두 문화
경험은 살아 있는 두 영역의 어휘를 통합할 뿐 아니라 말을 넘어서는 표
현이 필요하다. 단일 언어를 쓰는 독자들과 다문화 독자들이 모두 이해할
수 있도록 해야 하기 때문이다. 따라서 이민자 출신 작가의 이중 언어 경
험은 문학 표현으로 번역되면서 그 자체로 다중 언어 혹은 중간 언어적
속성을 띤다.[30]

튀르키예계 독일인이 쓴 글의 해석은 다리 은유를 자유롭게 환기하지
만 2세대와 3세대 작가들을 연구하는 여러 이론가는 초국적 주체들의 복
잡성을 규명하는 개념틀로 초국적 다리 놓기라는 은유는 지나치게 편협

하다고 비판한다. 다리라는 은유는 자신에게 질문을 던지는 이주민들이 다양한 형태로 점유하는 공간을 제약하는 것처럼 보이기 때문이다.[31] 따라서 독일어로 글을 쓰는 일본계 독일 작가 다와다 요코는 다음과 같이 외친다.

'다리를 친다 eine Brücke schlagen'라는 표현이 나는 두렵다. 내가 서 있는 해안은 갑자기 곤봉을 쥔 손이 되어 반대편 해안을 치려 한다. 이런 식으로 결속이 강요된다. 이 결속은 내게 하이픈('-')이 들어간 낱말을 연상시킨다. 독일계-프랑스인. '독일'이라는 첫 번째 세계와 '프랑스'라는 두 번째 세계는 마법의 지팡이를 휘두른다고 해서 제3의 세계로 바뀌지 않는다.[32]

초국적 주체를 '혼종'이라고 지칭하는 것조차 문화 발달을 지나치게 이원론으로 접근하는 것처럼 보일 수 있다. 이주민이건 토착민이건 다문화 출신이건 표면상 단일 문화에 속하건, 인간의 자기 이해에는 늘 두 가지 이상의 요인이 작용하기 때문이다. 하지만 다리 은유는 미리 구성된 두 주체의 결합(다와다가 말한 마법 지팡이를 통한 제3의 세계로의 변형)이 아니라 틈새, 만남, 접촉과 대면을 암시한다. 따라서 다리 은유는 정체성 논의와 크게 동떨어져 있지 않으며, 오히려 다와다의 '문턱'과 '이행 공간'이라는 어휘, 구스타보 페레즈 피르마트(쿠바계 미국 시인이자 소설가)의 '하이픈 정체성', 문학자 아자데 세이한의 '융합 없는 대화', 철학자 호미 바바와 지리학자 에드워드 소자가 말한 '발화의 제3지대'의 범위를 한정해 준다고도 말할 수 있다.[33] 이 상황과 과정은 다리에 의해 활발히 생성되는 문화 공간의 변형적·이행적 역학을 동반한다(다와다가 2007년 다리에 대한 두려움을 담은 글과《다리 마주하기》라는 단편집의 영어 번역본을 동시에 출간한 것도 이런 이유에서일 것이다). 다리는 이주 경험에서 서로 만나는 독립적이고 자율적인 공간이나 문화, 담론 지대들 사이를 중립적으로 이어주는 사슬이 아니다. 오히려 다리는 이것들의 상호작용을 허용하는 매개체다. 다리는 이질적 현상들을 제3의 반장소semi-place와 비장소non-place로 끌어들인다. 하이데거에 의하면 다리는 일종의 공간 안에서 작용하면서 동시에 공간으로 작용하고 이 공간은 '교차하는 통로'에서 모인다.[34] 다리는 가까운 곳에서 나와 먼 곳으로 간다. 진입로인 동시에 출구다. 바바가 문화적 경계에 대해 말한 내용은 다리에 훨씬 더 잘 적용된다(심지어 그는 다리와 경계 범주를 구분조차 하지 않는다). 다리는 '무엇인가 존재하기 시작한' 장소다.[35] 다리는 건너편 해안에 대한 접근을 통해 새로운 영토를 이해할 수 있도록 가능성을 열어 놓는다.

그렇다면 이민자 대부분의 삶은 두 문화 기반의 융합이라기보다 하나의 문화 기반이 다른 문화 기반에 민감해짐으로써 두 문화 기반을 다시 만드는 과정이다. 어느 주체의 문화 이주가 특히 쉽지 않을 때 그 길은 길고 추상적인 것으로 판명된다. 작가 살만 루슈디의 말을 빌리면, 지적인 이주의 가장 심오한 과정은 탈지역적 인간을 배출하는 경향이 있다.

지적인 이주를 거친 탈지역적 인간들은 장소보다는 관념에, 물질 못지않게 기억에 뿌리내리는 사람들이다. 이들은 (타인들이 자신을 타자로 정의하는 일을 너무도 많이 겪은 탓에) 스스로를 타자성을 통해 정의해야만 했고 그래야만 하는 자들이다. 이들의 가장 깊은 자아에서는 기이한 융합이 발생한다. 이들의 과거 모습과 이들이 자신을 발견한 곳 사이에서 유례없는 융합이 발생하는 것이다. 이주자는 현실을 의심한다. 여러 존재 방식을 겪은 탓에 자신의 본성이 망상에 불과하다는 걸 잘 알고 있다. 사물을 명확히 보려면 경계를 건너가야 한다.[36]

이것이 바로 피르마트가 말한 '하이픈 위의 삶'의 의미다. 거리를 두고 사물을 분명히 본다는 것은, 자신이 사는 공간에서뿐 아니라 자신의 내면에서도 자신의 이질성을 인식한다는 뜻이다.

자서전(삶에 대한 자기 기록)이 건너는 다리는 영토를 이어주는 다리가 아니라 형성 작용을 하는 다리다. 정치권력이 계속 뒤바뀌는 땅에 사는 사람들에게 민족 정체성만큼 쉽게 설득력을 잃는 것은 없다. 문학 평론가 프레드라그 마트베예비치는 《이전의 세계Mondo Ex》에서 전 유고슬라비아인이자 전 사회주의자가 되는 것이 어떤 것인지, 주체의 발아래서 벌어지는 수많은 문화적 변화와 타협하는 일이 어떤 것인지 다룬다. 이탈리아의 언론인 로사나 로산다는 책의 서문에서 자신을 저자와 동일시하며 다음과 같이 말한다.

나는 지중해 사람이자 아드리아해 사람이다. 하지만 그것이 민족인가? 그것은 색깔, 바위와 바다 사이의 통로다. 그것은 지역으로 바뀐 통로다. 내가 갈망을 느낄 수 있는 대상은 그것뿐일 것이다. 설사 다시는 보지 못하게 된다 해도.[37]

로산다가 의미하는 '갈망'이라는 말은 손에 잡힐 듯 생생한 부재감이다. 갈망은 선명하면서도 궁극적으로 확실한 이해를 향한 탐색에 박차를 가

한다. 정치 개편과 재구성은 선명한 이해에 영감을 주는 한편, 방해도 하는 요소다. '지역으로 바뀐 통로' 같은 것을 갈망한다는 것은 고국이나 민족 같은 가짜 대상보다, 통과나 이행의 정신을 선호한다는 뜻이다. 로산다에 따르면 전前-나라와 전前-민족에 속하는 문제에 관해 마트베예비치가 의미하는 바를 고찰하는 것은 주권이 미치는 영토라는 통념을 버려야 한다는 뜻이다. 로산다는 단언한다. "나는 무국가apolide라는 조건을 찬양할 것이다. 나는 율리시스가 이타카에 돌아온 뒤 같은 섬, 같은 하늘, 같은 바다에 살 수 없어 다시 떠나 소식을 남기지 않았다는 사실에 감동한다."[38] 동요와 이동이 소속감을 매개할 때 영토와 다리는 동요와 이동의 역할을 전도한다. 다리는 오히려 기본적 거주지가 된다. 그레고르 폰 레조리, 조르조 프레스부르거, 카르미네 치엘리노, 요코 다와다, 그리고 수백 명의 이주 작가들의 이중 언어 사용과 문화적 타협에서 다리는 제2의 천성이다.

로산다가 찬양한 무국가라는 조건을 통해 이제 우리는 다리가 다루어야 하는 수역인 바다로 돌아가게 된다. 지중해의 역사 소설가 아민 말루프는 반半자전적 배경을 탈민족·탈국가 정체성의 핵심으로 규정한다.

나의 정체성은 다수의 소속으로 구성되어 있으며, 이 점이 내 특수성의 근원이다… 내게 바다는 길이다. 다른 사람에게는 장벽이고 경계지만, 나에게는 그렇지 않다… 나는 이것이 나를 길러낸 문화에 내재된 태도라 생각한다. 나를 기른 문화는 이미 3~4천 년 전 배를 타고 바다 건너 세상을 발견했던 조상들의 여정을 포함한다. 그들에게 바다는 거대한 존재였고, 전쟁 때문에 떠날 수밖에 없었을 때 나는 배를 타고 조상들을 그대로 재현했다. 바다가 나에게 장벽이 되는 일은 결코 없을 것이다. 이런 점에서 나는 뼛속 깊이 지중해인이며 심지어 페니키아인이다. 내게 바다는 세계의 모든 나라를 연결하는 거대한 통로다.[39]

따라서 말루프는 지중해 주변에서 민족 갈등이 있을 때조차도 민족들의 상호 형성을 강조한다. 지중해 연안 사람들의 상호성은 '분열된 현세계에 속한 다양한 문화들의 화해적 유대이자 이들이 이루는 전체'다. 아드리아해에 위치한 자신의 조국 알바니아에 들이닥친 인종 및 사회적 불화에 대한 불안으로 특히 동요하는 소설가 이스마일 카다레까지도 '이 바다를 유럽에 진정으로 통합시킬 수만 있다면 많은 문제가 해결되리라' 믿는다.[40]

다리와 뇌량

이주, 배, 바다와 연관된 통로 비유는 다른 작용 체제의 중요한 관계를 이해하는 데 도움을 준다. 인간의 인지 분야도 마찬가지다. 신경 세포는 세포 간 소통이 발생하는 접점인 시냅스를 통해 전기 및 화학 신호를 전달한다. 19세기 신경생리학자 찰스 셰링턴은 분리된 요소들 사이의 결합이라는 개념을 강조하기 위해 '시냅스'('접합, 결합, 묶음'이라는 뜻의 그리스어 시냅테인synaptein에서 유래한 단어)라는 낱말을 선택했다. 전기 성질을 띤 신경 전달 물질은 간극 연접, 즉 시냅스 틈새를 통해 수용체와 연결된다. 이 연결은 틈새 양쪽에 있는 신경 세포들이 동시에 활성화될 때 크게 강화된다. 여러 문화가 만날 때처럼, 신경 경로의 양쪽에서 활동이 이미 활발할 경우 더 많은 정보가 입력되고 유지된다. 과학자들은 시냅스를 통해 이루어지는 신경 세포의 양방향 소통과 시냅스 틈새에 의해 분리되지 않는 단방향 결합을 구별한다. 이 단방향 결합을 '연접'('접촉'에서 나온 개념이다)이라 한다. 연접 개념은 지배적인 형태의 문화 접촉과 유사한 느낌을 주기에 일방, 주종, 단방향 동화라고도 불린다.[41]

시냅스 신경 전달과 '뇌교'는 전혀 다르다. 뇌교는 뇌의 상부와 하부 사이에서 국소적 충동, 신호, 그리고 원초적 소망을 전달한다. 연수 바로 위에 있는 뇌교는 잠자는 동안 꿈의 활동이 가장 광범위하게 일어나는 곳이다. 꿈의 활동이란 경험 지각과 상상 사이의 연합이라고 할 수 있다. 실비우스 수도관(수로를 참고해 이름을 지은 또 다른 기관) 앞에 있는 뇌교는 수면과 각성 주기, 호흡, 균형, 청각, 미각도 조절한다.

뇌 위쪽에는 또 다른 다리 기능을 담당하는 두꺼운 신경 섬유 다발이 있다. '뇌량'이라 불리는 이 띠는 좌우 대뇌 반구를 연결한다. 우뇌는 신체 공간과 비언어적 과제 대부분을 제어하고, 좌뇌는 말하기와 쓰기 대부분을 담당한다. 좌뇌는 주로 분석적이고 논리적이며, 우뇌는 종합적이고 상상력이 풍부하며 직관적이다. 십자 논리, 혹은 교차 논리를 통해 좌뇌는 신체의 오른쪽을 제어하고 우뇌는 왼쪽을 제어한다. 좌뇌와 우뇌는 신경 세포처럼 틈으로 분리되어 있지 않고 뇌량의 신경 띠로 서로 연접되어 있어 정보를 공유하고 서로 영향을 끼친다.

효과적인 정신 활동은 뇌량을 가로지르며 이루어지는 끊임없는 의사소통에 달려있다. 수백만 개의 섬유 각각을 통해 뇌의 한쪽에 있는 지점은 갈라진 곳을 지나 다른 쪽 지점으로 연결된다. 뇌를 분리하는 동시에 합치는 뇌량은 감각·인지·운동 정보가 처음 등록된 '고향'에서 다른 영역으로 정보를 전달한다. 뇌량에서 정보는 다른 정보 시스템으로 공급되어 다른 언어나 코드에 의해 가공된다. 뇌량을 가로지르는 지속적인 전달이 없으면 뇌는 일관성 없고 통합되지 않은 명령만 내리게 되어 신발끈을 묶는 일이나 눈으로 인식한 대상의 이름을 기억하는 것처럼 단순한 과제조차 상당히 어려워진다.

여러 연구에 따르면 뇌량은 남성보다 여성이 더 두껍고 신경 활동도 더욱 많은데, 이는 인지 이형성(뇌 구조의 차이)과 성적 분화에 대한 오랜 믿음을 뒷받침한다.[42] 남성은 여성보다 뇌 활동 구획화나 편중화가 더 많이 나타나는 편이다. 뇌량이 더 두꺼운 덕에 여성은 양원적bicameral 이며 쌍방적이다. 다시 말해 여성은 무엇을 따로 분리해서 생각하기보다 전체 중 일부로 인식하는 경향이 강하며, 문제 해결 대응 방안을 만들어 낼 때도 더 많은 유형과 다양한 데이터 사이에서 균형을 맞추려는 경향이 강하다는 뜻이다. 이 차이에 대한 최종 결론이 무엇이건 간에 빠르게 이루어지는 연구들에 따르면, 뇌량은 남녀를 막론하고 상호의존적인 대뇌 활동을 한 사람의 일관된 행동으로 조율한다. 얼핏 보기에 자동적, 반사적이고 고립된 듯 보이는 신체의 움직임도 실제로는 협상을 거친 복잡한 사건이며, 뇌량을 가로질러 보이지 않는 교류를 통해 결정된다.

인간의 인지 작용에서 뇌량의 역할은 성별화된 행동에 함의를 지닐 수도 있고 아닐 수도 있다. 그러므로 타인과 공감적 동일시를 하며, 차이를 대화로 논의하려는 태도가 권위주의와 불협화음을 일으키는 인간 사회에서, 정치적 태도가 뇌량의 역할과 관련이 있는지 없는지도 확실히 알수 없다. 배타주의자와 다원주의자, '문화적으로 순수한 국가를 원하는 사람들과 다문화 국가를 원하는 사람들' 사이의 불협화음도 마찬가지다.[43] 양원제는 이 두 가지 사유 방식 중 하나를 반영하며 다양한 지적 관점들의 사회적 통합을 요구하는 정치 체제다. 양원제는 가장 효율적이고 정교하게 작동하는 입법부는 (미국의 상원과 하원처럼) 독립된 두 의회의 조율을 바탕으로 한다는 것, 의회의 조율은 양원에서 다수의 동의가 필요하다는 것을 규정한다.

자아와 반反자아

양원제 의회에 앉아 있는 한 사람에 관해, 윌리엄 버틀러 예이츠는 양원제와 유사한 한 쌍의 뒤얽힌 관계라는 비유를 들어 설명한다. 그는 이렇게 얽힌 두 항을 자아와 반자아라 부르며 인간을 두 자아 사이 거리의 산물이라고 간주한다. '나'(게오르크 그로텍 같은 사상가는 '나' 대신 '그것'이라고 부를 것이다)는 자신이 생각이나 행동으로 표상되는 것보다 더 많은 공간에 걸쳐 있는 존재다[44] '나'는 (공격성, 소심함, 게으름처럼) 바람직하지 않은 내적 성향과 상호작용하면서 대개 적대하는 한편 (이타성과 용기 등) 타고난 성향에 반드시 내재하지는 않는 성향을 추구한다. 그로 인한 심리적 결과는 갈등이다. 성향, 소망, 이상, 욕구들이 패권을 놓고 자기들끼리 경합하는 것이다. 갈등을 관리하는 행정관은 전혀 없다. 예이츠가 세심하게 읽은 니체에 따르면 '나라는 존재'는 (본능, 사유 등) 복수의 존재들과 관계하는 단일 존재'가 아니다. 오히려 자아는 '한 인간 유형에서 나타나는 힘의 복수성 plurality 이다.[45]

예이츠는 자기실현이라는 일상 과정보다는 윤리와 창의적 상상의 공간에 관심이 더 크다. 윤리와 창의적 상상의 발달은 잠재력 인식에 얼마나 능동적으로 반응하느냐 따라 달라진다. 능동적인 반응이란 한편으로는 개인의 한계와 역사적 한계를 인정하고 다른 한편으로는 정서적·지적·존재론적 프로젝트의 매력을 인정하는 것이다. 예이츠는 자아-반자아의 팽팽한 긴장을 잠재력의 공간에 위치시킨 다음 '다이몬'이라 부른다. 그리스어 어원을 지닌 다이몬은 '나누다 혹은 찢다'라는 뜻을 내포한 '다이오마이daiomai'에서 유래한 것으로 보인다. 정신적 맥락에서는 다이몬은 일상의 '나'와, 그 안이나 너머에 있는 반자아가 갖는 무형의 힘 사이의 차이를 암시한다. 고대 철학자들은 이 힘을 프네우마pneuma(정신) 혹은 누스nous(영혼)라는 관점으로 공식화했다. 프네우마와 누스는 신비로운 정신적 의지의 방식으로 인간이라는 동물에 작용하는 힘이다. 헤라클레이토스는 누스를 인간 정신과 로고스라는 우주 질서 사이의 중재자로 생각했다. 소크라테스는 다이몬이 신적 정의의 영역에서 자신의 이성에게 말하는 소리를 정기적으로 들었다. 소크라테스에게 다이몬은 신적 정의와 인간 이성 간의 조화를 원하는 듯 보였다. 다이몬과의 내밀한 대화는 소크라테스의 가장 깊은 내면에 있는 '나'를, 한나 아렌트가 말하는 사유의 영원한 '하나 속 둘'로 변모시켰다. 사유의 '하나 속 둘'이란 단순한 의견 표명이나 그런 의견 표명의 부정확한 명칭인 '독단적인 언설pontification'과는 상반되는 작용이다('pontification'이란 앞서도 말했듯이 원래 '다리 놓기'의 의미이므로, '독단적인 언설'과는 어울리지 않는 말이라는 의미). '하나 속 둘'의 대화나 상호작용은 사변과 지적 성찰의 근원일 뿐 아니라 사변과 지적 성찰이 완성하려는 것이기도 하다. "끝없는 과정을 통해 사유가 실현하는 바는 소크라테스의 '하나 속 둘'이며, 이 사유가 대면해야 할 도전은 '대지의 법칙인 무한한 복수성'과 씨름하는 일이다."[46] 복수성의 공간은 정신뿐 아니라 명확한 형태를 갖추지 못한 정념이 위치한 장소이기도 하다. 그리스의 다른 다이몬들도 정기적으로 이 공간으로 들어왔다. 그중 하나는 에로스^{Eros}였다. 어떤 면에서 에로스는 신과 인간 사이의 주요 중간자로, (결핍의 장소인) 인간의 욕망과 절대로 성취될 수 없는 욕망의 충족 사이 어쩔 수 없는 거리에 다리를 놓는다.[47]

예이츠가 보기에 '인간의 영혼$^{anima\ hominis}$'은 자아의 통합을 추구하며, 성숙한 개인화 혹은 '나'라고 말할 수 있는 진정한 권리는 이 통합에 달려 있다. 예이츠는 자신의 철학과 미학을 담은 《달의 친절한 침묵을 통하여 $^{Per\ Amica\ Silentia\ Lunae}$》에 "이미지의 도움으로/나는 나의 반대쪽을 부른다"라고 적었다.

… 모든 것을 소환한다.

내가 거의 다룬 바 없고, 내가 본 적도 거의 없는 모든 것을…

나는 신비로운 자를 부른다.

그는 시냇가를 따라 젖은 모래사장을 걸을 것이다.

그는 나와 가장 닮은 자, 실로 나의 화신이므로

상상할 수 있는 모든 것 중

나와 가장 다른 자, 나의 반자아로 증명될 것이다.

그리고 그는 이들 옆에 서서 드러낼 것이다.

내가 추구하는 모든 것을…[48]

자아가 스스로 속한다고 깊이 직감하는 세계에서 당도한 이 다이몬은 문학, 음악, 철학 예술의 창의성을 설명한다. 다이몬은 '유령 자아^{Ghostly}

^{Self}로, 의식을 합류 지점이자 불화의 장소로 만들고 분열된 자아를 이어주려 하고, 인간은 생산적이나 완성되지 못한 불완전한 존재라고 속삭이며 훨씬 더 멀고 넓은 성취로 자아를 밀어붙인다.[49]

예이츠의 말에 따르면 불화를 무시하는 사람들은 막연한 감정을 소유하고 나태한 성취밖에 이루지 못하는 동물이고, 이런 동물은

> 욕망의 성취라는 공허한 이미지를 고집한다. 내가 보기에 행복한 예술은 모조리 공허한 이미지에 불과하지만, 그 이미지의 윤곽이 만든 이를 작품으로 이끈 빈곤이나 분노를 표현할 때 우리는 그것을 비극적 예술이라 부른다… 다른 자아, 반자아, 안티테제 자아, 뭐라 부르건 그것은 더는 기만당하지 않는 사람들, 정열이 곧 현실인 사람들에게만 다가온다. 감상주의자는 돈, 지위, 결혼식 종소리를 믿는 지극히 현실적인 사람들이다…[50]

예이츠에 따르면 우리는 다른 사람들과의 싸움을 통해서 수사법을 산출하며 "자신과의 싸움을 통해서는 시를 창조한다." 다이몬의 극적이고 창조적이며 힘을 부여하는 매력은 사람들을 윤리적이고 심미적 자아 형성이라는 매개 공간에 위치시킨다. "다이몬은 자신의 매개적 음영을 사용해 인간을 계속 선택의 장소로 데려온다."[51] 선택의 장소는 환원이 불가능할 정도로 이원화되어 있다. 그 장소 내에서 우리가 도달하는 선택이 비극적이거나 환원 불가능할 만큼 어려울 때 선택의 원인과 결과는 한데 묶여 있다. 선택 못지않게 이는 운명이다. 선택은 연결의 사슬과 사슬로 이어진 고리처럼 보이기 때문에 있을 것 같은 자유를 잃고 과거와 미래의 모든 행위를 바꾸는 듯 보인다.

이렇듯 정신의 생산적 상태는 자신의 불완전성이라는 생기를 받아 움직이며 자신이 아직 붙잡지 못한 것에 의해 붙잡혀 있다. 예술과 사회적 행동의 비범한 성취는 이 결속 및 갈등의 공존으로부터 비롯된다. "민족, 문화, 사상의 유파에는 고유한 다이몬이 있을 수 있다."[52] 플라톤도 여기에 동의한다. 플라톤의 다이몬들 또한 집단의 성격을 띠고 있다.[53] 그들은 다른 영토에서 손짓한다. 이들이 손짓하는 영토는 도라 마르쿠스가 도달할 수 없는 고향과 같다.

다리의 다른 쪽 끝

정치 경계의 공간에서 다이몬은 이웃 사이의 관계를 만드는 자극제다. 이 관계는 뭔가 알게 되는 순간 순식간에 변화할 수 있고 유쾌한 신뢰 상황에서 적대감을 끌어내기도 한다. 카치아리가 주목하는 바에 의하면, 표면으로 떠오르는 적대감조차 '하나로 만드는 갈등… 공동의 시련'이다.[54] 접촉 지대에 공존하는 공동체는 서로의 차이를 잊는 법이 거의 없다. 이들은 자신들의 차이를 불안정한 상태 그대로 둘 뿐이다. 국경 도시인 트리에스테가 '동쪽으로 가는 다리'라는 별명 못지않게 '아드리아해의 베를린'이라는 별명을 얻는 것도 이런 이유에서다.[55] 트리에스테는 둘 다일 수 있고 또 그래왔다. 이 동요는 관문이 만나는 곳에서는 자연스레 발생하는 특징이다. 사회적·정치적 불안정이 어느 정도냐에 따라 동요의 현장에서는 "공존이나 폭력적 갈등, 경직이나 유동성, 순수성이나 혼종성이 드러날 수 있다."[56]

안정을 이룬다 해도 긴장은 여전하고 긴장을 풀어주는 역할은 의식이

맡는다. 오늘날에도 1년에 한 번 6월 마지막 토요일, 이탈리아 피사에서는 아르노강을 건너는 유서 깊은 장소가 지역사회 갈등의 현장으로 변한다. 지오코 델 폰테 $^{\text{Gioco del Ponte}}$라는 행사 때 메초 다리 위에서 강을 사이에 둔 양편 지역 사회 구성원들이 상징적인 결투를 벌인다. 전투는 호전적 외유의 공간이자 두려운 급습의 공간인 다리의 양면성, 강 건너편에서 압박해 들어오는 적들을 밀어내는 공동체의 집단력을 결집하는 이 구조물의 특징을 재연한다. 메초 다리라는 이름은 아주 적절하다. '메초^{mezzo}'는 '(두 적수)사이의 중간'뿐 아니라 '목적을 이루는 수단'에서 쓰이는 '수단'의 의미도 내포하기 때문이다. 다리는 사용자들이 스스로 결정해야 하는 목적을 이루는 수단인 셈이다.

피사의 다리 의식은 피사만의 전유물이 아니다. 과거 로마의 티베르강 왼편 둑에 살던 테스타치오 사람들과 오른편 둑에 살던 트라스테베레 사람들 역시 매년 다리에서 전투를 벌여 꽤 많은 사상자를 냈다. 베네치아에서도 이와 유사한 전투 의식이 있었는데, 이 의식에 바타글리올레(다리 난간이라는 뜻)라는 이름을 붙인 뒤 주먹의 다리, 디에도 다리, 그리고 두 곳의 전투 다리에서 의식을 거행했다.[57] 17세기와 18세기 회화로 판단해 보건대, 이런 조직적 충돌은 바타글리올레라는 말이 암시하는 것처럼 소규모 싸움에 그치지 않았다(그림 8.3). 이탈리아 도시로 말하자면 피렌체의 수호신은 전쟁의 신 마르스^{Mars}였다. 1333년까지 베키오 다리 입구에 세운 받침대 위에는 마르스 상이 높이 서 있었고, 단테와 보카치오는 이 신상이 일으키는 분열과 갈등 효과에 개탄하며 아르노강 양쪽의 피렌체 가문들을 지배하는 폭력과 증오를 비난했다.[58] 같은 맥락에서 경쟁 관계에 있던 씨족들의 방어탑은 피렌체 주요 다리 네 모퉁이를 지켰다(네 탑 중 하나인 마넬리탑은 여전히 서 있다).

많은 문학 작품은 다리가 더 깊이, 혹은 근원적으로 묶은 결합으로 인한 차이를 다리로 해결하는 일이 얼마나 어려운지 예증한다. 소설가 우나 트로이의 아일랜드 분쟁을 다룬 소설《다리의 다른 쪽 끝The Other End of the Bridge, 1960》은 강을 사이에 두고 적대하는 두 지역 사회의 결속이라는 확실한 목적 때문에 코크 카운티에 세워진 다리 이야기다. 중재자들이 최선의 노력을 하지만 다리는 두 지역 사회의 적대감을 줄이는 데 도움이 되기는커녕 오히려 공격성을 자극해 스스로 화약고가 되고 급기야 사회적 결속 계획 자체가 폐기되는 지경에 이른다. 다리가 상징하는 인도주의 이념의 주창자는 사도라 불린다. 서로 다른 신앙을 지닌 집단 간의 갈등을 중재하려는 노력은 처절한 실패로 돌아가고, 결국 그는 절망에 빠져 다리와 함께 자폭한다. 이 소설의 안타까운 교훈은 이질 공동체 간의 긴밀한 접촉은 오히려 적대감만 두드러지게 만든다는 것이다. 더 정확히 말하면, 자신들의 차이점을 강화한다. 이 차이는 유사성 중 작은 요소에 불과한데도 그렇다. 이들은 외부 입장에서 자신들을 재해석하고 싶어 하지 않는다. 다리가 요구하는 것이 바로 이 재해석인데 말이다. 자신의 바깥에 서는 것, 다른 준거 체계를 품는 것, 이중적 관점을 채택하는 것, 차이를 가로질러 정체성을 재맥락화하는 것, 차이를 부각하는 공동체 구성원들에게 이 모든 작업은 참을 수 없는 짓으로 판명된다.

헝가리 작가 페렌츠 헤르체그는 연결의 상징인 다리가 분열을 일으킨다는 역설을 동기 삼아《다리A híd, 1925》라는 희곡을 썼다. 1848년 헝가리 독립 열망이 좌절된 지 1년 뒤 부다 지구와 페스트 지구 사이 다뉴브강 위에 개통되어 지금도 장엄하게 서 있는 세체니 다리Széchenyi Chain Bridge를

345

그림 8.3 〈베네치아 주먹 다리의 전투〉, 요제프 하인츠 2세, 1673. 독일 국립박물관, 독일 뉘른베르크.

소재로 한 작품이다. 《다리》는 헝가리 국민의 통합에 촉매제 역할을 했고, 자신의 이름을 한 다리를 만든 이스트반 세체니 백작의 실화를 다루었다. 부다페스트를 더 포용성 있는 공간으로 만들려던 백작의 노력은 호전적인 마자르 민족주의를 전파하는 급진 운동가 코슈트 러요시의 방해를 받는다. 코슈트는 결국 세체니에게 승리를 거둔다. 헝가리 정치에 깊은 상처를 받은 세체니는 정신 이상으로 병원에 수용된다. 마지막 부분에서 백작은 자신의 행동 때문에 오스트리아군에 대항하는 폭력적인 마자르 반란이 일어났다며 다뉴브강 양쪽 둑을 이으려 했던 일을 후회한다. 다리를 폭파해 달라는 세체니 백작의 간청을 들은 합스부르크 제국의 귀족 부섭정은 앞에서 살펴보았던 은유를 언급한다. 그는 세체니 다리가 부다

346

와 페스트를 연결하는 역할만 하는 것은 아니라고 비꼬듯 말한다. 세체니 다리는 스틱스강을 건너는 다리가 되어 지하세계의 문까지 열었다는 것이다.

접근성을 높여주는 다리는 경계선 건너 저편에 대한 불안 가득한 전망을 낳는다. 구획화는 더 쉽고, 복잡한 상황이 아니라 단순한 상황의 안전을 보장한다. 트로이의 사도는 아일랜드 공화국군 대원들이 북아일랜드 국경 세관 한두 곳을 공격하러 출동한다는 걸 알게 되자 작별 인사를 건넨다. "국경에 있을 때는 기억하시오… 국경 양쪽에 펼쳐진 들판이 똑같이 푸르다는 사실 말입니다. 북쪽과 남쪽을 구별하는 일은 쉽지 않을 거요."[59] 국경은 경계가 없는 자연 풍광을 가르는 장벽이다. 반면 다리는 자연이 나눠 놓은 공간을 잇는 구조물이다. 다리는 분할된 공간 사이 틈새를 줄임으로써 오히려 분할이 있었다는 증거가 된다. 다리는 보호받는 거주지 외부의 장소들을 부각한다. 몬탈레가 시에서 노래했던 포르토 코르시니 부두라는 불완전한 다리는 비가시적인 결정과 공존의 땅을 향해 뻗어 있다. 몬탈레는 이동하는 자들이 조종하는 배가 떠나는 부두의 이미지를 통해 이런 가능성을 암시할 줄 아는 지혜를 지니고 있었다. 반면 제대로 건조한 다리는 접근을 보장하고 쌍방 교류까지 활성화한다. 초국적 사회의 이동이 증가하면서 데 로마니스가 계획했던 대로 아드리아해의 해상 구조물 같은 교량이 선박 대신 영구적으로 세워질 가능성이 크다. 국제적인 규모의 거대한 교량들은 자족적 지정학 공간들을 이미 잠식해 배와 부두는 도무지 할 수 없는 방식으로 분할에 저항하고 있다. 다리 저편, 타인들과 공유하는 공간, 우리와 태어난 고향을 공유하지는 않지만, 우리 해안에 더 많이 접근해 오는 타인들과 함께 살아가는 저 먼 공간에서 고향 땅의 깊은 손짓이 다시 우리를 부른다는 깨달음, 그 깨달음이 거대한 교량 때문에 사라지지 않았으면 좋겠다는 희망을 품는 것은 자유지만, 희망은 어디까지나 희망일 뿐이다.

9장

다리-단절

내 친구는 내 적수다. 우리는 개울이 갈라놓은 양쪽 둑에 산다.

- 헨리 데이비드 소로, 《내가 나 자신에게I To Myself》

다리를 허물어라!

다리는 눈 깜빡할 사이에 벽이 되고 벽은 다리가 된다. 우리가 감정을 쏟는 일이 적어진 덕에 먼 거리는 가깝게 느껴지고 가까운 거리는 오히려 확 열려 멀게 느껴지는 인터넷 시대에 제작된 한 단편 애니메이션은 다리가 벽이 되고 벽이 다리가 되는 일이 얼마나 쉽게 일어나는지 잘 보여준다. 레이 잭슨 감독의 애니메이션 〈링크타의 다리Rinkta's Bridge,2018〉의 플롯은 모두 컴퓨터가 만들어낸 환상을 바탕으로 하며 희한하고 별난 이야기를 보여준다. 그러나 이 영화는 다리가 어떻게 분리를 나타내는지, 이어주려는 듯했던 무언가를 어떻게 갈라놓는지 극화하고 있다.

영화는 유럽인들이 여전히 바하칼리포르니아반도를 섬으로 생각했던 시기, 유토아즈텍족의 가브리엘리노 원주민이 주인공이다. 1534년 스페인 정복자들은 바하칼리포르니아반도(미국의 캘리포니아주와 다르다는 것을 나

타내기 위해 바하칼리포르니아로 부름. 멕시코 서부의 남동쪽으로 길게 뻗은 반도)

최남단에 상륙하고 이곳을 기사도 로맨스 작가 가르시 로드리게스 데 몬

탈보가 그려 놓은 장소라고 생각했다. 작가는《아주 용감한 기사 에스클

라나디안의 업적The Labors of the Very Brave Knight Esplanadián, 1510》157장에서 "동인

도 제도 오른쪽에 지상 낙원이나 다름없는 칼리포르니아라는 섬이 있다"

라고 전한다. 처녀 여왕 칼라피아가 다스리던 이 섬에 금속이라고는 금뿐

이었다. 1768년 말까지도 브리태니커 백과사전 초판에는 아주 먼 땅인

'칼리포르니아'가 반도인지 섬인지 확실하지 않다고 언급했다.[1]

코르테스의 스페인인들이 이곳에서 지상 낙원을 발견했다고 믿었듯이

가브리엘리노 원주민 역시 수천 마일 바다 건너편 다른 섬에서 자신에게

나타난 여인에게서 갈구하던 진정한 사랑의 대상을 보았다고 확신했다.

링크타라는 이름의 이 여인은 가장 아름다운 피조물인 듯 보였다. 하늘

의 별들은 원주민의 마음이 향하는 대상이 마음에 들어 그의 집과 여인

의 집 사이 광활한 공간을 건널 수 있도록 하늘다리를 짓는 일을 도와주

었다. 두 사람을 이어주는 다리는 가장 우아하고 섬세한 다리로, 호쿠사

이의 상상과 비슷한 모습이었다. 물론 호쿠사이가 그린 다리보다는 훨씬

더 길고 가늘며 부서지기 쉽고 보석이 박힌 다리였지만 두 사람의 무게

정도는 견딜 수 있었다(그림 9.1).

처음에 링크타는 그가 다리를 짓는 모습을 수줍게 지켜보았다. 그다음

그의 마음에 보답하는 뜻으로 몇 달에 한 번씩 4일에서 5일 정도 다리 중

간 지점에서 그를 만났다. 그녀는 만남으로 외로움을 달래면서도 자신들

의 사랑을 까마득한 심연 위에서 엮어 가야 한다는 사실을 한탄했다. 2년

이 지난 어느 날 여인은 늘 나타나던 다리에 나타나지 않았다. 그녀는 남

그림 9.1 〈아시카가 근처 교도산에 걸린 구름다리, 가츠시카 호쿠사이, 1834. 목판화 262×385mm. 게르하르트 풀베러 컬렉션.

자가 다리로 다가오자 나무 뒤로 숨어버렸고 남자는 그 후 2년 동안 매주 다리로 여인을 만나러 왔다. 그는 멀리서 무엇이 잘못되었는지 설명해 달라고 했지만 아무 대답도 듣지 못했다. 다리 위 만남의 장소가 너무나 벅차고 어쩌면 너무나 기이하고 아름다웠던 탓에, 다리가 메운 틈이 결국 관계를 망친 게 아닌가 짐작만 할 뿐이었다. 링크타는 저 멀리 브리타니아의 다른 섬에 있는 하드리아누스 장벽 뒤에서 세상과 격리된 채 안전하게 있는 편이 더 좋았다. 때때로 그녀는 다리 위로 소식을 보내 원주민 용사에게 자신이 그를 잊지 않았다는 사실을 알게 해주었다. 그녀는 산 정상에서 남자를 흥미롭다는 듯 바라보았다. 슬픔을 가눌 수 없었던 원주민 용사는 링크타를 잠시도 보지 못한 채 다리만 하릴없이 계속 오가다가 결국 고향으로 돌아가는 긴 여정에 나섰다. 마침내 그는 실패한 만남을 이어가는 것과 사랑하는 여인과 연을 맺으려는 노력을 아예 포기하는 것 중 어느 것이 더 고통스러운지 알 수 없는 지경에 이르렀다. 다리는 이별의 슬픔만 더 키우는 듯했다. 다리는 여인이 있는 곳과 자신이 있는 곳을 이어주긴 했으나 하나로 만들어주지는 못했다. 텅 빈 채 오가는 사람 하나 없는 다리는 그저 상실을 추모할 뿐이었다. 용사의 내면에서 외침이 터져 나왔다. "다리를 허물어라! 다리의 흔적일랑 모조리 없애버려라!" 결국 그는 링크타가 지켜보는 가운데 다리를 부숴버렸다. 자신이 지었던 다리처럼 무너져 내린 원주민은 그로부터 2년 후 세상을 떠났다.

온전한 모습이라고 생각했던 다리가 실제로는 온전하지 않을 수 있다. 건너편에 닿지 못하는 다리는 벽이나 다름없다. 존 레논은 오노 요코와 사이가 소원했던 당시 자신의 음반 제목을 〈벽과 다리^{Walls and Bridges, 1974}〉라고 지을 수밖에 없었다.

벽이 된 다리, 다리가 된 벽

"다리를 허물어라!"라는 말은 1987년 로널드 레이건 대통령이 베를린을 방문했을 때 했던 "고르바초프 씨, 이 장벽 좀 허무시오!"라는 유명한 경고의 인용처럼 보인다. 그로부터 2년 후 베를린 시민들의 분단 체제에 대한 인내가 바닥나며 결국 장벽은 무너졌다. 베를린 장벽을 다리로 바꾸자는 요구도 울려 퍼졌다. 2002년에 이 소망 역시 이루어졌다. 베를린의 슈프레강, 장벽이 한편에서 강물까지 내려왔다 반대편에서 다시 솟아났던 바로 그 자리에 다리가 세워졌다. 분단의 공간에 통로가 만들어졌다.

이 통로 공간의 역사는 존 레논이 네 살도 채 되지 않았던 1944년 8월,

제2차 세계 대전 당시 전황이 독일에 불리했던 시기로 거슬러 올라간다. 당시 독일군은 피렌체에서 퇴각하면서 아르노강을 가로지르는 모든 다리를 파괴했는데, 단 하나의 예외가 바로 14세기 타데오 가디가 만든 그림 같은 베키오 다리였다. 원래 독일군은 이 다리도 부숴버릴 예정이었다. 다리가 파괴를 피한 것은 아돌프 히틀러의 감수성 덕분이었다. 1938년 이탈리아를 방문했던 당시 히틀러 총통은 지붕이 덮인 이 다리와 피렌체의 경치에 크게 감동했다. 일설에 따르면 베니토 무솔리니가 히틀러가 피렌체를 더 잘 볼 수 있도록 다리 중앙에 있는 아치형 통로 위에 넓은 창 세 개를 뚫었다고 한다(사진 9.2).[2] 사실 여부를 파악할 수는 없으나, 어쨌든 1944년 무렵 히틀러는 베키오 다리를 바라보기 좋은 자리에서 경치를 감상했던 것으로 보인다. 결국 히틀러의 애정 덕에 독일군이 빠르게 진격 중인 연합군에 맞서 아르노강의 다리를 모조리 파괴할 계획을 세웠을 때 베키오 다리만 파멸의 운명을 피하게 된다.

　다리 폭파 계획 당시 현장에 히틀러와 함께 있던 피렌체 주둔군 사령관은 르네상스 건축의 열렬한 숭배자였던 게르하르트 볼프라는 인물이었다. 훗날 '피렌체의 구원자'로 명명된 볼프는 히틀러에게 피렌체 다리 하나만은 파괴하지 말아 달라고 간청했다. 당시 그가 말한 다리는 베키오 다리가 아니라 바르톨로메오 암마나티 최고의 작품으로 평가되는 산타 트리니타 다리(1569년 완공)였다. 그러나 이 다리의 비할 데 없는 가치에 대한 볼프의 주장은 묵살되었다. 히틀러는 예외를 두는 데는 동의했지만, 부하들의 예술사적 견해에는 전혀 관심이 없었다. '총통이 가장 좋아하는 다리'는 베키오 다리였고, 그가 특별히 윤허한 다리도 바로 베키오 다리였다.[3]

사진 9.2 베키오 다리, 이탈리아 피렌체, 1345년 완공. 꼭대기 층에 창문 세 개가 달린 바사리 통로가 보인다. 사일코.

히틀러가 '좋아하는 다리' 하나를 살리겠다고 독일군은 이 다리를 없앴을 경우 파괴했을 다리보다 더 많은 다리를 무너뜨렸다. 베키오 다리를 남겨놓기 위해 독일군은 아르노강 건너편에서 접근이 가능한 다른 다리를 모두 무너뜨려야 했기 때문이다. 수십 채에 달하는 중세 건축물도 사라져 버렸다. 피렌체의 다른 다리는 모두 원래 있던 돌 대부분을 사용해 재건했지만, 불행히도 멀쩡히 남아 있던 베키오 다리 기슭에 있는 복잡한 건물들은 재건축할 수 없었다. 역사의 아이러니가 아닐 수 없다. 또 다른 아이러니는 다리를 남겨두기로 한 히틀러의 감상적인 결정 때문에 연합군이 피렌체로 잠입할 통로가 생겼다는 점이다. 히틀러가 하나 또는 세 개의 창문으로 피렌체 풍광을 바라보았던 바로 그 바사리 통로가 연합군이 도시로 들어오는 입구 구실을 해주었다. 베키오 다리 2층에 있는 이 복

356

도는 아르노강 반대편에 있는 피티 궁전에서 도심의 미술관(우피치 미술관)으로 이어진다. 로베르토 로셀리니 감독이 제작한 전쟁 영화 〈전화의 저편Paisan, 1946〉의 한 에피소드는 피렌체의 다른 다리들이 무너진 뒤 베키오 다리를 통해 도시로 잠입한 당시 작전을 재구성한 내용이다. 베키오 다리를 남겨두기로 한 것은 이래저래 잘못된 결정이었음이 드러난 셈이다.

독일군의 피렌체 다리 철거는 이 지역에서만 벌어진 예외적 사건이 아니다. 1940년대 점령지에서 퇴각해야 했던 나치는 적을 처형하고 떠나려는 듯 집요하게 여러 다리를 폭파했다. 심지어 전쟁이 막바지로 치닫고 있던 1945년 3월 29일, 하이델베르크에서 독일을 대표하는 시인 프리드리히 횔덜린이 소중히 여겼던 다리마저 다이너마이트로 폭파했다. 게릴라 저항군에 대한 보복에서도 그러했듯 나치의 결정이 군사적 목적 달성에 늘 유용하지는 않았다. 대부분은 순전한 앙심에서 비롯된 행위였고 전투 요원의 양심을 저버린 전쟁 범죄에 가까운 행동이었다.

2차 세계 대전 당시의 이러한 민간인 적대 행위는 결국 1961년 베를린 장벽의 건설로 이어졌다. 장벽은 각기 다른 나라가 관리하는 동서로 쪼개져 버린 도시에서 난공불락의 벽으로 솟아올랐다. 동독 서기장 발터 울브리히트는 서독의 진격을 막기 위해서가 아니라 자국민이 서독으로 건너갈 수 없도록 베를린 시민들을 장벽으로 격리했다. 울브리히트는 장벽 없이는 자신의 국가를 온전하게 지킬 수 없으리라 생각했다. 베를린의 서쪽과 동독을 잇는 다리 중 하나는 특별한 교류를 위해 남겨두었다. 바로 글리니케 다리, 즉 '스파이 다리'다. 스필버그의 2015년 영화 〈스파이 브리지Bridge of Spies〉 제목은 바로 이 다리의 이름을 딴 것이다.

독일군의 전시 다리 파괴 행위와 16년 후 베를린 장벽 건설은 한 정치극의 1막과 2막이다. 3막(장벽을 다리로 바꾸는 일)이 설계되며 이 비극적 갈등의 해소를 알렸다. 1989년 동독과 서독 사이 경계가 무너지며, 독일 공동체는 통합이라는 사명 아래 하나가 되었다. 정부는 베를린강을 가로지르는 상징적인 건축 단지를 의뢰하여 냉전 시대 장벽의 비극을 상쇄하려 했다. 철거된 장벽 방향과 나란히 지은 의회 건물 두 동이 솟아올라, 무엇이 해결되었는지를 시각적으로 확인해주고 있다. 한 동은 바이마르 공화국 의회의 마지막 민주당 의장(파울 뢰베)의 이름을 땄고, 다른 한 동은 뢰베와 같은 시기 바이마르 공화국 의원이자 페미니스트이며 뢰베와 마찬가지로 히틀러 정권하에 투옥되었던 마리 엘리자베트 뤼더스의 이름을 붙였다. 이 의회 건물 두 동은 슈프레강 위 보행자 다리로 연결되어 있으며, 날개처럼 생긴 부분이 물 위로 돌출되어 날갯짓하는 모양새다(사진 9.3). 유리 프레임으로 만든 홀과 엘리베이터, 투명한 계단 통, 유리로 된 정면은 개방성을 통해 책임과 협력 관계라는 주제를 강화한다. '슈프레강 위를 향한 도약'이라 불리는 이곳에는 정부 청사가 줄지어 있고 200미터에 달하는 보도가 있다. 900개 이상의 독일 의회 사무실이 이곳에 입주해 있다. 과거 독일 두 체제가 보여주었던 다리를 부수는 외국인 혐오를 이보다 더 효과적으로 거부하는 조치는 상상하기 힘들다. 작은 아이러니가 있다면 장벽을 없애 버린 정부 청사의 보행자 다리는 허가받은 직원만 건널 수 있다는 사실 정도랄까.

　이 의회 단지가 독일 정치극의 3막이자 마지막 막이었을 수도 있다. 의회 단지를 지었던 해인 2002년에 나온 유로화 화폐 7종에 새겨진 가상의 다리는 3막을 보완한다. 그러나 그로부터 약 15년 후 정치극의 4막이 쓰이기 시작한다. 가난하고 전쟁에 고통받는 나라 사람들이 경제적 안정을

사진 9.3 베를린 정부 청사에 있는 스카이 브리지와 마리 엘리자베트 뤼더 하우스. 조 체임버스.

일군 유럽 국가로 이주하는 것을 막기 위해 철조망 울타리와 해상 차단 장치 등으로 유럽 안팎에 단단한 국경 장벽을 설치한 사건이다. 이탈리아의 정치철학자 도나텔라 디 체사레는 말한다. "베를린 장벽 이후 새천년은 장벽의 새 시대를 열었다."[4] 이 4막은 현재 진행 중이며, 어떤 모습이 될지 알기에는 아직 지나치게 불안정한 모습을 띠고 있다.

다리 건설이라는 오만한 행위

다리 파괴자에서 다리 건설자로 변모한 이들은 독일인만이 아니다. 독일인들은 미군처럼 "메아 쿨파$^{mea\ culpa}$"('내 탓이오'라는 뜻의 라틴어로, 로마 가톨릭 교회에서 고해 성사 때 속죄의 뜻으로 말한다)를 외치며 속죄하는 우르^{Ur}(메소포타미아 문명의 중심지, 미국이 중동 문명을 파괴한 것을 가리킨다) 파괴자는 아니었다. 미군은 많은 도시와 전쟁을 통해 더 일상적으로, 더 집요하게 다리를 파괴했다. 미군이 개입된 새 정치극의 첫 세 막(다리 파괴에서 시작해 시민들을 갈라놓는 벽을 높이 세운 이후 협력의 다리를 건설한 것)은 1944년부터 20세기 말까지의 국제사를 형성한다. 세계화 시대 대륙 전체를 포괄하는 유연하고 새로운 연합은 집단의 실질적·보편적이라고 할 수 있는 윤리적 변화를 기념했다. 냉전이 끝난 뒤 국제사회는 세계를 잇는 작업에 어느 때보다 골몰하게 된다. '자유 시장 기업'이 위압적으로 굴리는 초국적 자본, 자본이 은밀하고 강력하게 발휘하는 힘으로 지탱되는 통신 기술로 인해 베를린의 다리-건설 제스처는 더 광범위한 세계화 추세라는 암호를 풀 열쇠처럼 보였다. 새로 만들어진 장벽에 둘러싸인 국가들은 세계화 추세와 힘든 싸움을 벌이고 있다. 이들이 가진 무기는 후진적이고 퇴행적이며 그나마도 충분하지 않다.[5] 우리가 정말 새로운 장벽의 시대로 진입하고 있는지는 두고 봐야 할 것이다. 그러는 사이, 과거에는 지정학적으로 도저히 통합될 수 없어 보였던 영토와 섬들이 지금은 아주 밀접하게 얽혀들고 있다. 이러한 교류의 건축학적 상징은 바로 거대다리^{megabridge}다. 베를린이라는 도시에 맞는 비율로 소박하게 지은 '슈프레강 위를 향한 도약' 단지는 거대다리가 상징하는 육중하고 복잡하게 얽힌 사슬의 아주 작은 고리에 불과하다.

거대다리는 행성 차원의 결속을 이용한다. 세계 각국은 경제적 영향력을 놓고 서로 경합하기 위해서 뿐만 아니라, 각자 세계를 하나로 통합하기 위해 자신들이 얼마나 많은 일을 하는지 강조하려고 거대다리를 활용한다. 거대다리의 스펙터클은 다리의 원래 기능까지 잊게 할 만큼 대단하다. 세계에서 가장 높은 다리에는 300미터 이상 솟아오른 교각이 있다(사진 9.4). 반면 다리 상판의 길이는 2킬로미터 정도밖에 되지 않아 현대적 기준으로 볼 때 비교적 짧은 편이다. 100킬로미터 이상 뻗은 다리들도 있다. 세계에서 가장 긴 다리 다섯 개 (모두 중국이나 대만에 있다)는 고속철도 운송이나 순수한 교통 목적으로 설계되었다. 도로를 지탱하는 콘크리트 교각이 5천 개에 달하는 또 다른 다리도 164킬로미터 길이의 단쿤터 대교의 6분의 1에 불과하다(사진 9.5). 중국은 세계에서 가장 긴 다리들뿐 아니라 가장 높은 다리 다섯 개도 자랑한다. 그중 하나는 지상에서 500미터 높이에 있는 다리다(사진 9.6). 세계에서 가장 긴 현수식 다경간 사장교는 그리스 코린토스만을 가로질러 뻗어 있다(사진 9.7). 이 만 끝 지협은 19세기에 이미 운하를 만들어 놓았기 때문에 선박이 펠로폰네소스 반도를 우회할 필요가 없었다. 만 입구를 가로질러 새로 세운 다리도 유사한 역할을 하므로 차량이 우회하지 않아도 된다. 몇 분이면 파트라스항 인근까지 갈 수 있기에 항구에서 다른 곳으로 가는 배를 탈 수 있다(그림 9.8). 가장 상징적이며 전형적인 거대다리들은 여전히 단일 경간 위에 매달려 있고, 바닥판을 지탱하는 유일한 지지대는 다리 양편 끝 교각 두 개에 걸어 놓은 케이블뿐이다. 1981년 이후 금문교보다 경간이 먼 현수교만 12개가 건설되었다. 경간이 더 먼 다리도 현재 건설 중이다.

빈번한 생산 활동을 고려하면, 다리를 놓는 위대한 행위는 도덕적이고 양심적인 시민들 못지않게 진보적이고 자존심 강한 정부에게도 중요한 과제가 되었다. 각국 정부는 기술 관련 신기록을 경신하기 위해 서로 경쟁을 벌이며 뛰어난 성과를 거두고 있다. 경합을 벌이는 국가와 기업들은 과감한 건축물을 지어 찬탄을 이윤으로 연결하고 둘을 이용해 도시와 문화를 브랜드화한다.[6] 유럽에서 가장 긴 도로-철도 공용 다리는 덴마크에서 스웨덴까지 수중 터널을 통해 여행객을 수송한 다음 외레순드 다리를 건너 스페인의 건축가 산티아고 칼라트라바가 설계한 눈부신 마천루 터닝 토로소 구역으로 인도한다(사진 9.9). 지난 20년 동안 지어진 다리는 과거 5천 년 동안 만들어진 것보다 훨씬 더 복잡해져서 하늘 높은 곳에서 봐야만 전체 규모를 확인할 수 있을 정도다.

불과 200년 전만 해도 다리라는 구조물은 자연을 거스르는 인간의 오만을 기념하는 상징물로 구경꾼들에게 큰 충격을 주었을 것이다. 브루클린 브리지부터 시작된 이 스펙터클은 거대한 규모에 정당성을 부여하면서 과학과 자본과 공학의 결합이 얼마나 큰 힘을 낳는지 생생히 입증했다. 금문교의 마법은 기술 수준을 한층 더 발전시켰다. 사학자 케빈 스타는 공학의 위업 연구를 진심 어린 경탄으로 시작하지만, 결국 우려로 끝맺는다.[7] 지진에 취약한 바위 위에 세워진 구조물이 자연과 시간의 공격을 얼마나 잘 견딜 수 있을까? 자연과 사회 측면에서 다리가 있는 지역이 치러야 할 비용은 무엇이며 얼마나 될까? 수백만 년에 걸쳐 생성된 지질학적 리듬의 관점에서 측정하면 금문교의 수명은 아무리 길어도 1나노초 정도밖에 되지 않는다. 홍콩, 마카오, 주하이시를 연결하는 강주아오 대교(2018)는 120년 동안 견디도록 설계되었고, 그러려면 6년마다 10억 달러씩 총 200억 달러의 비용이 소요된다. 제노바의 모란디 다리(1967)는 세운 지 51년 만에 무너져 내렸다. 카프카의 말이 떠오른다. "한번 놓인 다리는 무너지지 않고는 다리로 남을 수밖에 없다."[8]

제한적인 필요와 목표를 충족시키기 위해 다리를 만들었던 시절이 있었다. 사람들은 식량을 찾을 장소가 필요해 나무를 벤 후 개울 위 건너편으로 넘어뜨려 다리를 놓았다. 순례자들의 여행을 위해 길을 따라 늘어선 장애물에 다리를 놓았다. 물론 소박한 징검다리라 해도 처음 다리를

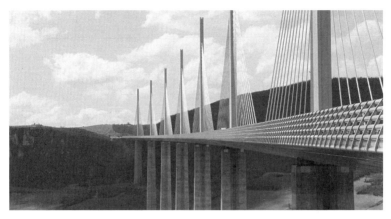

사진 9.4 미요 대교, 프랑스 미요, 2004.

사진 9.5 자오저우만 대교, 중국 칭다오, 2011. 베른트 그로스 박사.

사진 9.6 시두강 대교, 중국 후베이성, 2009, 세계에서 두 번째로 높은 해발고도에 있다. 에릭 사코우스키.

사진 9.7 리오-안티리오 다리, 그리스 코린토스만, 2004. 유시비어스.

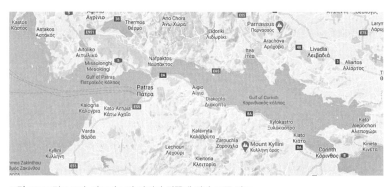

그림 9.8 코린토스만, 파트라스와 다리가 왼쪽에 있다. 구글 지도.

보고 깜짝 놀란 사람들에게는 오늘날 길이 1.6킬로미터가 넘는 현수교만큼 어마어마하게 보였을 것이다. 하지만 자연 질서에 개입하는 커다란 변화는 현대 문명 이전, 거의 모든 문화권에서 불경을 상징했고, 인간의 머리 위로 불운을 비처럼 내리게 하는 위협이었다. 아니타 세필리가 기록한

사진 9.9 스페인 건축가 산티아고 칼라트라바가 설계한 터닝 토르소 구역. 외레순드 다리(2000년)가 배경에 보인다. 스웨덴 말뫼.

다리-건설이라는 신성모독 행위는 수많은 인간의 오만을 자연이 응징하는 이야기로 이어진다.

강의 분노

다리를 향한 강의 분노를 그린 이야기는 고대 문헌에 가득하다. 베르길리우스의 서사시집《아이네이스》8권에는 불과 대장장이의 신 불카누스가 트로이 영웅 아이네이스를 위해 거대한 방패를 만드는 장면이 나온다. 불카누스는 방패 위에 인간의 독창성을 그린 그림을 조각해 넣어, 보는 이들을 압도한다. 방패의 마지막 그림이 가장 의미심장하다. 이집트 나일강에서 시작해 세상에서 가장 강력한 강들을 보여주는 그림이다. 이 그림에는 나일강의 '거대한 몸의 애도'가 나온다. 의인화된 강은 나일강 유역에서 '정복당한 나라의 수많은 사람'(《아이네이스》8권 711행, 722행)이 제국의 목적에 이용당한 비극을 애도한다. 나일강 후에 언급된 강은 유프라테스강이다.

> 이제 더 잔잔해진 물결로 흐르는 유프라테스강,
>
> 인간과 가장 멀리 떨어진 외딴곳의 모리니강,
>
> 두 개의 뿔이 달린 라인강, 길들지 않은 다하에강,
>
> 그리고 자신 위에 놓인 다리에 노하는 아락세스강.
>
> 《아이네이스》8권, 726~728행

아락세스강을 두고 했던 마지막 말은 알렉산드로스 대왕이 아르메니아의 거대한 강 위에 건설하려 했던 다리를 암시한다. 아락세스강은 대왕의 정복 의지에 크게 분노하여 다리의 바닥판과 교각을 산산조각 내버렸다. 몇 세기 후 (베르길리우스와 동시대인이었던) 카이사르 아우구스투스 황제는 알렉산드로스 대왕이 실패한 자리에서 성공을 거둔다. 같은 강에 다리를 건설한 것이다. 아락세스강은 다시 분노한다.

제국의 다리-건설은 최소한 고대 그리스 역사가인 헤로도토스 이후 많은 강의 분노를 불러일으켰다. 그가 드는 사례는 크세르크세스^{Xerxes}의 다리 건설이다. 그리스 본토 침공을 결심한 페르시아의 지배자는 그리스와 소아시아를 갈라놓는 바다를 건너 군대를 옮긴다는 기막힌 생각을 했다. 해협에서 폭이 가장 좁은 곳은 1.2킬로미터인 헬레스폰트 해협, 즉 다르

다넬스 해협이었다. 크세르크세스의 계획은 아마와 파피루스 끈을 단단히 묶어 보병 수천 명의 무게를 지탱할 수 있을 만큼 튼튼한 다리를 헬레스폰트 해협에 만드는 것이었다. 헬레스폰트 해협은 자신에게 아무런 상의가 없었던 계획에 동의하지 않았다. 바다는 걷잡을 수 없이 날뛰며 거대한 파도를 일으켜 다리의 나무를 모조리 부숴버렸다. 격분한 크세르크세스는 다리를 설계한 기술자들을 참수한 뒤, 바다에 태형 300대를 내리라는 명령을 내렸다. 왕은 해협의 반항심을 억누르기 위해 깊은 해협에 족쇄를 떨어뜨리고 뜨거운 쇠로 낙인을 찍었다. 헤로도토스는 다리 설계 기술자들의 참수보다 채찍질과 강철 족쇄가 크세르크세스의 야만성을 더 잘 보여주는 증거라고 지적했다. 왕의 행위는 필멸할 운명인 어떤 왕보다, 아무리 200만 대군을 이끄는 위대한 자연이 왕보다 더 강력하고 신성하다는 사실을 이 인간 지배자가 전혀 눈치채지 못했다는 사실을 드러내기 때문이라는 것이다. 이 역사가에게 크세르크세스의 일화는 지구를 장악하고, 설계하고, 지배하는 자들의 충격적인 오만을 보여주는 사례다.

  하지만 완강한 크세르크세스는 단념하지 않고 또 다른 다리 건설에 나섰다. 이번에는 부교였다. 배의 앞뒤를 묶어 양쪽 해안과 평행을 이루도록 나란히 정렬시키는 방식으로 만든 다리다. 일렬로 묶인 배들이 해협을 가득 메웠다. 실제로 이와 비슷한 설계가 더 북쪽에 있는 보스포루스 해협 최북단(오늘날의 다르다넬스 해협)에서 크세르크세스의 아버지인 다리우스 1세에 의해 실현된 적이 있었다. 다리가 어떤 모습이었는지는 이름이 비슷한 도시(아칸소주 다다넬)에 지어놓은 부교를 통해 짐작할 수 있다. 한때 '흐르는 물을 가로지르는 세계 최장 부교'로 알려진 800미터 길이의 다리는 크세르크세스의 다리보다 상당히 짧다(사진 9.10). 이 부교는 다다넬 철도회사 소유였지만, 이곳을 통해 아칸소강을 가로질렀던 열차 차량은 단한 대도 없었다. 아마 크세르크세스 꼴을 당할까 봐 두려워하는 사람들이 있었던 모양이다.

크세르크세스의 두 번째 다리를 통해 그의 부하들은 아시아와 유럽 사이 간극을 뛰어넘었지만 그리스군에게 거의 전멸 당한다. 〈페르시아인들〉이라는 연극에서 극작가 아이스킬로스는 상상력 넘치는 은유를 통해 크세르크세스의 큰 패배를 예고한다. 크세르크세스가 원정에 나선 동안 그의 어머니 아토사는 두 자매가 다투는 꿈을 꾼다. 한 명은 페르시아인, 다른 한 명은 그리스인 복장을 하고 있다. 황제가 나타나 두 사람을 전차 한 대에 멍에로 묶어 놓는다. 페르시아인의 옷을 입은 자매는 황제의 말을 따르지만, 그리스인의 옷을 입은 자매는 반항하여 전차를 뒤집고 폭군 황제를 바닥에 내동댕이친다. 아이스킬로스는 희곡 전체에서 강제 구속이라는 의미의 '멍에'라는 단어를 되풀이함으로써 강제 합병 정책에 경멸을 표현한다. 명시적으로 정책의 범인은 인종이 다른 위협적인 페르시아인으로 그려지지만, 고국 그리스의 폭정 역시 이와 다르지 않다는 점 또한 넌지시 암시한다. 그리스 역사가들 또한 다른 페르시아 제국의 '멍에들' 역시 정치적으로 실패하리라는 것을 예견했다. 다리우스 1세가 장대한 다뉴브강 위에 건설한 다리 알렉산드로스 대왕이 아락세스강 위에 건설한 다리와 같은 운명을 맞이하리라 말한 것이다. 이중 최초의 다리는 유명한 페르시아인 키루스 2세가 알렉산드로스 대왕 이전에 건설한 다리다.[9] 역사가들의 말대로 역사는 반복된다. 크세르크세스가 다르다넬스 해협을 건넌 지 2500년이 지난 지금, 튀르키예 해안 다르다넬스 해협에는 이제 지구 최대의 현수교가 들어설 예정이다. 9개 나라에서 자금을 지원

사진 9.10 아칸소주 다다넬에 있는 부교, 1900~1918. 미국 국립문서기록관리국, NARA- 516537.

받은 차나칼레 대교는 트라키아 동부의 O-3 고속도로와 아나톨리아의 O-5 고속도로를 연결하여 국제 E-로드 교통망을 통합할 예정이다.

냉정을 잃은 크세르크세스를 따라 하는 듯한 로마의 황제는 부교를 만들어 말을 타고 바다를 질주하는 즐거움을 맛보려 했다. 바로 가이우스 칼리굴라 황제다. 그는 나폴리 인근에서 상선이란 상선은 최대한 끌어모아 바이아만을 가로지르는 3.6킬로미터 이상 되는 거리에 배를 정렬시켜 부교를 만들었다. 그다음 황제는 말을 타고 부교를 건너가 구경꾼들에게 황홀감을 맛보게 해주었다. 이튿날 이번에는 말 두 마리가 끄는 전차를 타고 거꾸로 푸테올리에서 바이아까지 다시 다리를 건너, 전날보다 더한 장관을 연출했다. 이게 다 무엇 때문이었을까? 역사가 수에토니우스에 따르면 칼리굴라는 적들에게는 두려움을 불러일으키고, 자신이 황제의 자리에 어울리지 않는 사람이라고 비방했던 예언자에게 반항하고 싶었다. 가이우스 칼리굴라 황제는 양조부인 티베리우스에게 왕위를 물려받았는 데 임종 직전 티베리우스는 가이우스가 자신의 뒤를 이을 수 있을지 예언 자에게 물었다. 조롱 섞인 대답이 돌아왔다. "가이우스가 황제가 된다는 것은 말을 타고 바이아만을 건너는 짓이나 다름없이 불가능합니다."[10] 예 언이 틀렸음을 증명하기 위해 칼리굴라는 독창적인 방법으로 상식을 뛰 어넘은 셈이다.

또 다른 로마 황제인 막센티우스는 부교에서의 패배로 이루 헤아릴 수 없는 대가를 치렀다. 막센티우스는 밀비우스 다리 전투에서 콘스탄티누 스에게 패한 후 통치권을 빼앗겼을 뿐 아니라 로마 제국 전체를 새로운 종 교(기독교)에 갖다 바치는 결과까지 초래했다. 이교도였던 막센티우스가 신이 이끄는 콘스탄티누스를 로마에서 쫓아내지 못하게 되면서 정치 신 학에서 가장 결정적인 사건 중 하나가 가능해졌다. 오늘날까지도 군사 전 략가들은 막센티우스가 티베르 강가에서 했던 짓을 이해하지 못한다.

312년 장군 콘스탄티누스는 노련한 군대를 이끌고 수도 로마 점령을 목표로 진격해 들어간다. 전투가 벌어지기 전날 밤 티베르강 건너 진을 친 그는 하늘에서 그리스도교 십자가의 환영을 보고 '인 호크 빈체스In hoc vinces'라는 표식을 보게 된다. "이 표지로써 승리하리라"라는 의미였다. 다 음 날 아침 신의 가호를 받은 콘스탄티누스는 플라미니우스길을 따라 로 마 북쪽 입구 밀비우스 다리를 향해 나아갔다. 약탈자의 진격을 막기 위 해 막센티우스 황제는 밀비우스 다리를 통과할 수 없게 만든 뒤 조금 상 류에 부교를 설치했다. 그가 부교를 설치한 것이 콘스탄티누스의 군대를 몰아넣은 다음 무너뜨릴 함정으로 쓰기 위한 것이었는지, 아니면 단순히 자기 병사들의 통행로로 쓰기 위한 것이었는지 지금으로서는 알기 어렵다. 분명한 것은 6만 이상의 군대를 거느린 막센티우스가 부교를 건넌 다음 두 다리를 앞에 둔 채 티베르강 건너편에서 콘스탄티누스가 이끄는 적군과 정면으로 마주치게 됐다는 사실이다. 그곳에서 막센티우스는 다시 집결할 곳도 없는 상태에서 강 쪽으로 맹렬한 공격을 받아 수세에 몰린다. 콘스탄티누스는 강둑에서 막센티우스의 병사 대부분을 몰살시켰다. 황제 자신을 포함해 다른 병사들도 두 다리 중 한 곳으로 내몰려 강물에 빠져 죽었다(그림 9.11).[11] 밀비우스 다리를 막지 않고 그대로 두었다면 막센티우스는 로마를 쉽게 방어했을지도 모른다. 그러나 황제는 다리를 잘라 이교도의 뿌리까지 없애버렸다. 다리 하나를 쓰지 못하게 만들고 다른 다리는 대충 만든 바람에 역사상 가장 잊을 수 없는 다리 사건 중 하나를 일으킨 것이다.

악마의 연합

다리-건설이 초래한 파국에 관한 전설은 아르메니아, 그리스, 로마에서 영국 문학까지 이어진다. 존 밀턴이 보기에 악마가 하는 일은 주가 만든 다양한 산물 하나하나에 들러붙는 것이다. 《실낙원》 2권에서 사탄과 반역 천사들은 천국에서 쫓겨나 사슬에 묶인 채 지옥의 불바다에서 깨어난다. 그들은 사슬을 벗어던진 뒤 창의성을 발휘해 팬더모니엄이라는 의회를 건설한다. 회의를 연 이들은 신이 '지상'이라는 놀라운 신세계에 등장한 새로운 피조물들을 타락시키기로 결의한다. 사탄이 직접 그 일에 착수한다. 칠흑같이 깜깜한 밤, 방향도 전혀 알 수 없는 상태에서 혼돈의 광활

그림 9.11 〈콘스탄티누스와 막센티우스의 전투〉, 피터르 라스트만, 1613. 캔버스에 유화 161.5×170cm. 쿤스트할레, 독일 브레멘.

한 공간을 뚫고 아담과 하와를 만나러 가는 험난한 원정, 사탄은 사악한 프로메테우스의 솜씨를 발휘해 길을 만든다.

사탄의 자녀인 죄와 죽음은 이후 혼돈을 통해 사탄이 걸어간 길을 따른다. 죄와 죽음은

사탄의 뒤를 따라 잘 다져진 넓은 길을 걷는다.
불로 끓어오르는 심연은 지옥에서 시작되어

저 먼 곳에 있는 부서지기 쉬운 연약한 세계에 이르기까지

경이로울 정도로 긴 다리를 얌전히 떠받치고 있어,

사악한 영들은 이 다리를 통해

저 세계를 손쉽게 왕래하며,

인간들을 유혹하거나 벌할 수 있게 될 것이었다…

《실낙원》 2권, 1026~1932행

사탄과 인간의 연결은 모든 악마가 건널 수 있는 견고한 다리의 토대를 마련하고, '손쉬운 왕래'(왕래intercourse 라는 말의 성적인 함의는 의도적인 것으로 보인다. 정신분석학자 페렌치 샨도르가 다리를 음경에 연결하기 한참 전이다)를 통해 인간을 유혹하거나 처벌할 수 있다(그림 9.12).

밀턴은 서사시 10권에서 이 지옥의 다리를 다시 맹렬히 비난한다. 지옥에서는 순수하고 단순한 통로가 문제다. 시인은 죄와 죽음을, 유럽에서 아시아로 가는 '상상의 길'을 가로막는 빙산을 밀어내려 애쓰는 극지방의 눈보라에 비유하고 있다(《실낙원》 10권 291행). 이 상상의 길은 유럽에서 아시아 대륙으로 가는 북동항로로, 북서항로의 대안으로 탐색 중이던 길이었다. 당시 대영제국의 목표는 캐세이(중국)와 그곳의 부에 접근하는 것이었고, 이 목표는 크레인의 《다리》에서 미국을 중국으로 가는 수단으로 상상했던 것과 같다. 캐나다의 황량하고 광활한 지역을 통과하는 길을 찾으면서 마주친 서릿발 같은 추위는 선원들에게 이루 말할 수 없는 고통을 안겨주었다. 헨리 허드슨은 1611년 북서항로 개척에 나섰다가 여덟 명을 제외한 다른 모든 부하와 함께 목숨을 잃었고, 이는 당시 밀턴의 독자들에게는 아직 생생한 기억으로 남아 있었을 것이다.

그림 9.12 〈혼돈의 다리〉, 존 마틴, 1826.

밀턴의 생각으로는 지옥에서 지상으로 가는 길은, 빙산을 통과해 유럽에서 캐세이까지 가는 길처럼 인간과 하느님 사이의 태곳적 연결을 끊는 짓이다. 그는 《실낙원》에서 지상과 천국을 연결하는 금사슬이 펜던트처럼 매달린 모습을 그려 자신의 견해를 제시한다. 사탄과 그의 자식들은 지상과 연결하는 다른 악마의 길을 만들어내고, 악한 영들이 하느님의 피조물이 지닌 더 고귀한 성향을 타락하게 만드는 공간을 통과해 지옥으로 향하도록 만든다. "엄청나게 긴 다리가/이제는 아무런 장애물 없는 세계의/견고한 벽에 닿는다"(10권 301~303행). 밀턴은 사탄의 다리에 대한 이 두 번째 묘사에서 '쉬운'이라는 말을 되풀이한다. (아무런 장애물 없이) 쉽고 순탄하게 지옥까지/오갈 수 있는 길'을 통해 지상은 영원히 변질된다(10권

304~305행). 밀턴은 이 수치스러운 다리의 의미를 독자들에게 이해시키기 위해 숱한 비난의 대상이 되어왔던 크세르크세스를 소환한다.

> 큰일을 작은 일에 비유할 수 있다면,
> 사탄의 다리는 크세르크세스가 그리스를 멍에로 속박하기 위해,
> 수사Susa에서 와서, 헬레스폰트 해협에
> 아시아와 유럽을 연결하기 위해 배로 다리를 놓고
> 성난 파도에 태형을 가한 짓과 같다.
>
> 《실낙원》 10권, 306~311행

이 구절은 유럽을 위협하는 페르시아 통치자를 악마화하는 데서 그치지 않는다. 로마의 교황들도 시인의 비난에서부터 자유롭지 못하다. 왜냐하면 죄와 죽음은

> 놀라운 기술을 사용해
> 혼돈 가득한 심연 위에
> 오만하기 그지없이,
> 암석의 능선을 건설하고
> 사탄의 길을 따라가기 때문이다…
>
> 《실낙원》 10권, 312-315행

밀턴은 '오만하다pontifical (바티칸 교황pontiff을 뜻하는 별칭이다)'라는 단어를 사용해 개신교가 가톨릭 교회의 침략 경로라고 여겼던 길을 사탄의 다리

에 비유한다. 스스로를 가톨릭('보편적', 혹은 신앙의 통일이라는 의미)이라고 부르는, 잉글랜드가 증오해 마지않는 적들은 밀턴의 눈에는 죄인들을 결속시키는 일 이상은 아무것도 하지 않고, 다만 불신앙자의 집단을 만들고 있는 것처럼 보였던 것이다. 다리에 대한 밀턴의 격렬한 비판에서는 섬이—심지어 (영국처럼) 섬나라가 식민지를 건설하는 강대국일 때조차—유럽 대륙을 향해 느끼는 적대감이 감지된다. ('거만한 태도로 말하다'라는 뜻의) 경멸적인 어조를 지닌 동사 '폰티피케이트pontificate'('그대로 번역하면 '교황짓하다' 정도의 의미)라는 단어가 유럽 다른 어느 나라보다 영국 제도에 더 널리 퍼져있는 것도 단순한 우연만은 아닐 것이다.

폐기물로 전락한 인간: 다섯 편의 전쟁 영화

"큰일을 작은 일에 비유한다"라는 말을 다시 한번 끌어들이면《실낙원》에 등장하는 사탄의 다리는 이탈리아 영화감독 세르조 레오네의 영화 〈석양의 무법자The Good, the Bad, and the Ugly, 1967〉의 한 장면에도 나온다. 미국 남북전쟁 당시 어느 다리 양쪽에 남군과 북군이 대치하고 있다. 다리를 지키기 위해 참호를 파고 전투를 벌이던 두 진영은 하루 두 번씩 돌격을 감행하지만, 매번 수백 명의 사상자만 낼 뿐, 아무 성과가 없다. 참상이 벌어지는 동안 총잡이 블론디와 투코는 참상의 규모와 무의미함에 경악한다. 북군의 어린 병사들이 자포자기에 빠져 술에 취한 대위의 명령에 따라 다리로 돌진하다 죽고, 적의 역습에 격퇴당하는 모습을 본 블론디는 이렇게 외친다. "이렇게 많은 사람을 이토록 형편없이 낭비하는 꼴은 내 생전본 적이 없어!" 여기서 '낭비'라는 단어는 죽음을 뜻할 뿐만 아니라 가치를 빼앗긴다는 의미도 내포한다. 최소한 블론디와 투코는 개인적인 목적이 있어 전투에 참여했고, 싸울 때도 자신의 판단력과 기술과 지능을 사용한다. 반면 다리를 둘러싸고 벌어지는 대규모 전투는 막연하고 추상적인 국가의 이익을 위한 것이었다. 블론디와 투코는 부대 전체의 고통을 덜어주기 위해 다리를 폭파해, 죽어가는 대위의 얼굴에 미소가 번지게 한다. 다리 폭파는 영화에서 두 사람이 행한 유일한 정치적 행동이다. 다음 날 아침 텅 빈 강가에 해가 떠오른다. 양쪽 부대는 매장도 못한 병사들을 내버려 두고 철수한다. 투코는 냉소적인 말투로 내뱉는다. "이제 저 멍청이들은 또 다른 곳으로 가서 싸우겠지!"

전쟁은 다리를 지옥으로 바꾸어놓는다. 프랜시스 포드 코폴라 감독의 〈지옥의 묵시록Apocalypse Now, 1979〉은 조셉 콘래드의 《암흑의 심장부》라는 원작 소설을 현대식으로 각색한 영화다. 암흑의 심장부에 사는 말로우를 현대적으로 재해석한 인물인 윌러드 대위는 베트남 전쟁의 현장인 다리 위 전투지에 도착한다. 그러나 막상 지휘관이 누구인지 알 수 없다. "여기 지휘관이 누군지 아나?" 대위는 평범한 병사에게 묻는다. 멍들고 더럽고 눈이 불그레한 흑인 병사 하나가 무시무시한 폭발과 연기를 배경으로 프레임 위쪽으로 우뚝 모습을 드러내면서, 툭 불거진 두 눈으로 한참 힘들게 뒤를 돌아본다. "네에!"라는 대답이 들린다. 그가 말한 건 "네에"라는 대답이 전부지만 관객은 그 말의 의미를 알고 있다. 코폴라 감독이 연출한 이 장면은 레오네 감독의 〈석양의 무법자〉를 기반으로 한다. 레오네 감독은 〈석양의 무법자〉를 만들면서 이미 베트남을 염두에 두고 있었다.

남북전쟁과 베트남 전쟁—전쟁 장면의 참호를 고려하면 심지어 1차 세계 대전—사이에 다리를 놓아주는 역할을 하는 레오네의 영화는 2차 세계 대전 당시 추축국의 일원이었던 나라들이 제작한 다리 관련 영화들이 도달한 지점을 나타내기도 한다. 레오네 감독만의 특징—심리적 긴장을 보여주는 표정과 몸짓, 극단적 클로즈업, 영화 중간중간 아무 행동 없이도 긴장감을 자아내는 장면과 텅 빈 파노라마 속 아무 일도 일어나지 않는 죽은 시간—은 그가 주의 깊게 보았던 영화의 영향을 받은 것이다. 그 영화를 감독한 베른하르트 비키 감독은 로마 영화인들 사이에서 잘 알려져 있었다. 그는 미켈란젤로 안토니오니의 영화 〈밤La notte, 1961〉의 첫 장면에서 토마소로 병원에서 아도르노를 읽는 죽어가는 환자를 연기했다. 〈밤〉이 나오기 2년 전 오스트리아인인 비키 감독은 역사를 바탕으로 영화 한 편을 만들었다. 다리를 소재로 한 이 영화는 제목에도 다리라는 이름을 그대로 썼다. 〈더 브리지Die Brücke, 1959〉라는 작품이다. 영화의 주인공은 전쟁이 끝나갈 무렵 독일 십 대 징집병들로, 진격하는 연합군에 맞서 자신의 마을에 있는 쓸모도 없는 다리를 지킨다. 이들은 한 명을 제외하고 모두 죽는다. 유일한 생존자가 바로 그레고어 도르프마이스터인데, 영화의 바탕이 된 반자전적 동명 소설《다리Die Brücke, 1958》의 저자다. 도르프마이스터는 이 참사에서 혼자 살아남았다는 죄책감을 소설에 풀어놓는다.

영화와 소설 둘 다에서 다리의 상처를 돌아보는 일은 역사적 고통을 치유하려는 시도로 이해할 수 있다. 비키는 자신의 영화를 통해 전쟁의 다리를 예술의 다리로 대체함으로써 재앙의 생존자들이 사회적·윤리적 일관성을 포기하지 않게 한다. 사실 〈더 브리지〉는 비키가 5년 전 주연으로 출연했던 한 영화의 상처를 재평가하는 시리즈 영화 중 한 편이다. 바로 〈마지막 다리Die letzte Brücke, 1954〉라는 영화다. 헬무트 코이트너가 만든 〈마지막 다리〉는 그 자체로 귀환 행위라고 할 수 있는데, 이 독일인 감독은 2차 세계 대전 중에 만들었던 이전 영화에서 제기한 주제로 되돌아갔기 때문이다. 〈다리 밑에서^{Unter den Brücken, 1946}〉라는 영화다. 이 영화는 베를린의 슈프레강을 따라가는 배를 탄 선원이 두 명의 글리니케 다리에서 뛰어내려 죽으려던 한 여성과 교분을 맺게 된다는 내용이다. 8년 뒤 코이트너 감독은 후속 영화 〈마지막 다리〉를 통해, 보스니아-헤르체고비나에서 티토의 게릴라군들이 이탈리아와 독일 파시스트의 점령에 맞서 싸웠던 전쟁을 다시 다루었다. 레오네의 영화 〈석양의 무법자〉에 나온 다리 장면이 비키의 영화 〈더 브리지〉의 스타일을 연상시키듯 비키의 영화는 자신이 연기했던 코이트너의 두 번째 다리 영화인 〈마지막 다리〉를 발전시킨 작품이었다. 이 세 감독은 자신들을 그릇된 편에 서게 만든 전쟁의 비극을 만회하려는 공통의 관심사를 갖고 있었다. 〈마지막 다리〉에서 주연을 맡았던 여배우 마리아 셸은 앞서 언급한 레오네와 코폴라의 작품으로 가는 길을 닦은 네 번째 다리 영화에도 참여하면서 전 추축국 구성원이 만든 일련의 다리 영화를 확장하는 데 도움을 준다. 루키노 비스콘티의 1957년 작품, 〈백야〉라는 영화다(이 책의 앞부분에서 언급했다). 비스콘티의 이 영화도 코이트너의 〈마지막 다리〉처럼 실패한 사랑 이야기를 다리에서의 마지막 장면으로 극화한다. 두 영화에서 마리아 셸은 한 인간에 대한 의리 때문에 다른 남자에게 사랑의 서약을 망설이면서 둘 사이의 거리를 확인하는 여성을 연기한다.

네 편의 다리 영화(마지막 다리, 더 브리지, 다리 밑에서, 백야) 중 다리가 지닌 벽의 효과를 가장 명시적으로 다룬 영화는 코이트너 감독의 〈마지막 다리〉다. 모스타르(보스니아-헤르체고비나의 대표적인 도시)의 상징인 스타리 모스트 다리를 비추며 영화가 시작될 때 현지인들이 이 다리를 '튀르키예 다리'라고 부른다는 사실을 화면에 깔리는 내레이션으로 알려준다. 감독은 이렇게 우리의 주의를 환기한다. 오스만 제국이 이 구조물을 세운지 5세기가 지난 지금 "수많은 외국 정복자들이 네레트바강의 한쪽 둑에서 다른 둑으로 건너왔다"라고 그는 말한다. 다리가 침략과 정복의 수단으로 사용되고 있음을 강조하는 것이다. 스타리 모스트 다리가 어떻게든 다른 역할을 할 수도 있지 않을까 하는 실낱같은 희망은 두 번째 다리 장면에서 산산조각 난다. 마리아 쉘이 연기한 독일 간호사 헬가는 최근 자신이 사랑에 빠진 독일군 하사관에게 사랑의 약속을 하려고 다리를 건넌다. 두 사람이 다리 중간쯤 왔을 때 파시스트들은 한 게릴라 요원을 다리 중간 지점까지 추격하던 중이었다. 궁지에 몰린 게릴라 요원은 다리에서 뛰어내리다가 공중에서 총을 맞는다. 이 모습에 충격을 받은 헬가는 동포인 독일 남자에게 돌아가기로 한 결심을 바꾼다. 다리에서 목격한 고난과 죽음은 사랑에 대한 확신까지 깨버리는 것이다.

놀라운 두 번째 장면은 첫 번째 장면에서 이미 세심하게 준비한 것이다. 첫 번째 장면에서 불안 가득한 모습의 헬가는 독일군 하사관 마르틴과 함께 밤을 보내지 않겠다고 말한다. 이튿날 마르틴이 다시 전선에 합류해 전사하면 자신은 연인을 잃는 불운에 처할 것 같다는 이유에서였다. 두 사람이 대화를 나누며 가까이 다가설 때 카메라는 둘을 향해 다가가지만, 곧바로 둘 사이를 지나치며 배경에 있는 다리를 헤어짐의 상징으로 강조한다(사진 9.13). 두 번째 장면으로의 전환은 분리 효과를 강화한다. 사랑에 대한 두려움을 재고한 듯한 헬가는 이 장면에서 마르틴과 함께 다리를 건너기 위한 결정적인 발걸음을 내디딘다. 첫 장면에서 다음 장면으로의 이동은 시각적으로 삐걱거리는 느낌을 준다. 모스타르 다리 이미지는 첫

사진 9.13 영화 <마지막 다리>의 스틸컷. 헬무트 코이트너 감독.

번째 장면이 끝나고 1~2초 정도 멈춘 후 똑같은 다리를 다른 편에서 찍은 장면으로 전환된다(사진 9.14). 이 장면 전환은 도덕적·심리적 반전을 상징한다. 오른쪽에 있던 큰 탑은 이제 왼쪽에서 다시 나타난다. 잠시 후 두 번째 장면 전환이 이루어지면서 반전의 이유가 명확히 드러난다. 헬가는 마르틴과 함께 다리를 건넌다(사진 9.15). 하지만 게릴라 요원이 총에 맞으면서 헬가의 결정은 무효가 된다. 이 장면과 영화의 나머지 부분을 통틀어 목숨을 잃는 경우가 아니면 다리를 건너는 모습은 전혀 등장하지 않는다.

이 패턴은 영화 후반부 독일군이 하류에서 포함을 타고 강을 건널 때, 그리고 네레트바강에 있는 다리가 파괴되었음을 확인할 때 강조된다. 그러나 병사가 이 사실을 말하는 순간, 독일군은 게릴라 요원이 부상자를 나르고 있는, 곧 무너질 듯한 널빤지 다리에 다다른다. 다리는 순식간에 교전 장소로 변하고 상징적 연결은 산산이 부서진다. 결국 우리는 제목이

그림 9.14 영화 〈마지막 다리〉 스틸컷.

암시하는 '마지막 다리', 어떠한 통행이나 교류도 허용하지 않는 다리에 도달한다. 다리는 이 전쟁이 도대체 존중할 줄 모르는 마지막 화해의 몸짓(간호사 헬가의 몸짓)이 있는 장면과 함께 '마지막' 다리가 된다.

마지막 다리는 독일군과 반파시스트를 분리한다. 헬가는 독일군 편에 있지만 의료용품을 상대편에 보내려 한다. 독일군 사이에서 약혼자 마르틴을 발견한 헬가는 예외의 배달을 마친 후 금방 돌아오겠다고 약속한다. 마르틴은 헬가가 가도록 허락해준다. 헬가가 다리를 반쯤 건너던 중 강을 가로질러 총격전이 벌어지고 헬가는 중간에서 오도 가도 못하는 지경에 처한다. 헬가는 몸을 숨기려 하지만 다친 듯 보인다. 양쪽 군대는 사격을 멈춘다. 헬가는 느릿느릿 몸을 일으켜 아까보다 훨씬 더 느린 걸음걸이로 게릴라군 쪽을 향해 걸어가 의료품을 전달한 후 다시 독일 동포들과 합류하기 위해 다리로 돌아온다. 교전 중인 목격자들의 침묵에 둘러싸인 헬가는 결국 다리 위에 쓰러진다. 몇 초도 채 지나지 않아 쓰러진 헬가의 몸 위로 총격전이 재개된다. 헬가를 구하러 올 친구도 연인도 없다.

〈마지막 다리〉는 통행조차 보장하지 못하는, 믿지 못할 다리를 보여주며 다리가 상징하는 희망과 약속을 부정한다. 처음부터 끝까지 다리는 파경, 분열, 오해, 죽음이 도래한다고 위협한다. 상처를 치유하고 보듬어

그림 9.15 영화 〈마지막 다리〉 스틸컷.

주는 초당적 다리를 상징하는 간호사 헬가는 바로 위협이 희생물로 만든 사상자다. 양쪽 적들이 공통으로 지닌 인간성을 지키려 노력하고 양쪽을 똑같이 소중히 여기는 헬가는 공유될 수 없는 존재다. 싸우는 적들의 눈에, 호혜의 다리는 차라리 없는 편이 낫다.

중요한 것을 잇는 다리

연합은 자체로 아무런 가치가 없다. 연합을 통해 이룬 것이 무엇이냐에 따라 연합의 가치는 달라진다. 연결함으로써 다리는 연결이 무엇을 위한 것이며, 연결의 효과를 어떻게 관리해야 하는지 의문을 제기한다. 튀르키예에서 유럽과 아시아 연결에 수반된 쟁점들은 이 문제를 검토해 볼 수 있는 간략한 사례를 제시한다.

유라시아 최초의 대형 현수교는 1973년에 건설되었다. 이스탄불의 운송량을 감당하기에 카페리로는 불충분하다고 생각되던 시기였다. 그러나 대형 현수교는 운송 수요를 충족시키는 데 그치지 않고 오히려 수요를 증가시켰다. 전보다 열 배나 많은 사람이 보스포루스 해협을 건너게 된 것이다. 그 결과 또 다른 다리가 필요해졌다. 두 번째 다리는 15년 뒤인

1988년에 개통되었다. 5년 만에 인근 지역(카이탄과 위므라니예)의 인구가 두 배 이상 증가했다.[12] 2007년까지 이곳 인구는 다시 두 배 증가했으며, 불도저가 짓밟은 전통 주거지, 황폐해진 도심, 열악한 주거 환경 같은 악영향은 그보다 훨씬 더 컸다. 다리들 덕분에 이스탄불은 인구 1,500만 명을 자랑하는, 세계 5위의 도시가 되었다. 인구 증가에 대처하기 위해 보스포루스 해협을 가로지르는 세 번째 다리가 필요했다. 2016년 야부즈 술탄 셀림 다리가 개통되었고, 2031년까지 자동차 통행량은 네 배 이상 증가할 것으로 예상된다. 교통 혼잡을 완화해 줄 보조 도로 건설 계획은 거의 없다. 또 이 다리는 이스탄불의 수자원과 생명 유지 장치인 자연환경의 중심부에 자리 잡고 있어서 도시의 생존 가능성까지 위협하고 있다.

이 밖에도 1억 2,200만 명의 승객들이 길이 13킬로미터의 교외 열차 노선을 따라 유럽과 아시아 사이의 해협을 통과한다. 현 정의개발당 정부는 흑해와 마르마라해를 연결하는 운하로 다리와 터널을 보완하는 계획을 추진하고 있다. 매일 보스포루스 해협을 가로지르는 유조선이 다닐 공간을 늘려 튀르키예에 요금을 내도록 강제하려는 목적이다. 보스포루스 해협을 가로지르는 세 번째 다리가 다리우스 1세의 다리를 똑같은 자리에서 모방한 것처럼, 이 운하 건설은 아토스산의 지협을 가로지른 크세르크세스의 계획을 정교하게 다듬는 것이다. 역사가 헤로도토스에 따르면, 황제가 염두에 둔 것은 '트리에레스 군함 두 대가 나란히 노를 저을 수 있을 만큼 넓은 수로'였다. 헤로도토스의 결론은 "크세르크세스는 단지 과시를 위해 운하를 파려고 했으며, 자신의 힘을 보여주고 기억에 남을 무언가를 남기고 싶어 했다"라는 것이다.[13] 1453년 오스만 제국은 콘스탄티노폴리스를 점령하면서 자신들을 찬란한 그 도시에 어울리는 존재로 만들고 싶었다. 오스만 제국의 술탄 바예지드 2세는 미켈란젤로와 레오나르도에게 설계를 맡겨 금각만을 연결하려고 했다(레오나르도는 수첩에 다리 모습을 스케치했고 미켈란젤로는 실제 모형을 만들었다). 건축사학자 귤루 네치포글루는 술탄의 진취적인 이 계획이 사실 삐딱한 아이러니였다고 평가한다. "다리 건설을 위해 주요 르네상스 예술가 두 명의 도움을 받으려 했던 바예지드 2세의 시도는 자신이 갖춘 세계적 시야와 국제적 네트워크를 동원하려는 의지를 보여준다."[14]

여러 거창한 프로젝트와 거대다리에는 눈에 띄지 않는 지정학적 의도가 숨어 있다. 중앙 정부의 통제하에 각 지방을 결집해 통제할 수 있는 권한을 갖는 것, 지역을 더 큰 경제 체제의 멍에로 묶어 촉수로 감싸듯 붙들어두는 것, 지역이 자체 생산과 전통에 더는 의지하지 못하게 만드는 것이다. 이 프로젝트는 차이와 만남을 발생시키려는 것이 아니라 차이를 예속시키기 위해 설계된다. 따라서 이런 프로젝트는 다리가 아닌 신경계의 시냅스식 접촉이며 단방향 전송에 불과하다.

만물을 멍에로 한데 묶는 연합 혹은 속박은 이 연합이 배제하는 것에 대한 질문도 제기한다. 점령당한 요르단강 서안 지구의 고가교는 보호가 가능한 높이에서 이스라엘 정착촌들을 서로 연결하는 반면, 팔레스타인 마을과 캠프들은 지나치는 방식으로 지어져 있다. 이 정치적 공간에서 "분리된 보안 통로, 기반 시설, 다리, 지하 터널은 동판화가 에셔를 방불케 하는 당혹스럽고 개연성 없는 영토 체계를 만들어 단일한 영토라는 현실을 증식시키려 고군분투한다"라고 이스라엘 건축가 에얄 와이즈만은 말한다.[15] 이스라엘의 고가교는 벽과 울타리로 이루어진 700킬로미터 길이의 구불구불한 구조물(서안 지구의 분리 장벽)이 지지대 역할을 하고, 차량

방호용 참호와 넓게 만든 출입 금지 구역이 완충 지대를 이루고 있다. 도널드 트럼프 대통령과 베냐민 네타냐후 총리가 2020년 1월 28일 두 독립 국가 평화 계획을 발표했을 때 미국 측 대변인은 BBC 기자에게, 이스라엘 정착촌 바깥에 '여기저기 흩어져있는 곳들'을 적당히 연결하면 팔레스타인 국가를 만드는 데 문제가 없을 것이라 장담했다. "서안 지구에 있는 지역들이 단절된 것은 사실이지만, 터널과 다리로 연결하면 쉽게 해결할 수 있습니다."[16]

고속도로, 다리, 터널 등의 기술로 다시 만든 풍광은 (미국 의회 선거에서 특정인의 유불리에 따라 마음대로 바꾼 게리맨더링의 결과물인 괴상한 선거구 모양처럼) 외부인뿐 아니라 내부인들에게도 억압적일 수 있는 포함과 배제의 변증법을 수반하게 된다. 인간의 뇌조차도 연결이 과도하면 우울증이 악화된다. 통로가 지나치게 많아져 길을 찾기 어려운 복잡성이 생겨나기 때문이다.[17] 베네치아, 암스테르담, 상트페테르부르크처럼 다리로 유명한 도시의 여행자라면 인터넷상에 있는 링크처럼 예상대로 이어지는 일이 거의 없는 골목길과 수로를 통과해 원하는 곳을 찾아가는 일이 얼마나 어려운지 잘 알고 있다. 어느 영성가는 "브루클린 브리지, 맨해튼 브리지, 조지 워싱턴 브리지, 베라자노 브리지는 모든 뉴요커들을 자기들끼리, 그리고 외부 세계와 연결해 준다"라고 말했다.[18] 하지만 이런 평가도 맨해튼 사람들이 타지역민들을 가리켜 '다리와 터널 인간'(뉴욕 중심지인 맨해튼으로 출퇴근하는 사람들을 낮추어 부르는 말)이라고 비하하는 행위까지 막지는 못한다. 전 세계 다리와 터널 인구가 매년 수백만 명씩 증가하는 바람에 쉽게 알아볼 수도 없고 특정 주거지도 없는 '외지인'이 된다는 사실을 인정해도 별다른 위안은 되지 않는다.[19] 그 이상으로 많은 사람들이 인터넷과 소셜미디어를 통해 하루에도 수백 번씩 자신이 사는 장소를 빠져나갔다 다시 돌아온다. 이들은 모르는 사람들과 시스템이 접속하고 추적하고 겨냥하고 끼어드는 세계에서 살아간다.

확산성이 큰 네트워크 내에 머무르는 것은 네트워크 밖에 있는 것보다 더 걱정스러운 현상이다. 이 현상은 피라네시의 판화 연작 〈상상 감옥〉에 나타난 정교한 디스토피아를 위한 구조적 토대다(그림 9.16, 9.17). 우울증은 이런 과잉 접속의 부작용 중 위험성이 적은 편에 속한다. 위험성이 큰 것은 편집증이다. 편집증은 세계에서 벌어지는 모든 현상이 비대해진 이성적 관계에 공모하듯 엮여있다고 느끼게 한다.[20] 편집증과 반대되는 부작용으로는 해리, 심지어 경계선 정신증 장애도 있다. 정신분석학자 월프레드 비온에 따르면 경계선 정신증은 '한 대상을 다른 대상과 연결하는 기능을 가진 것처럼 느껴지는 모든 대상을 파괴해야 한다는 압박을 느끼는' 증후군이다.[21] 철학으로 넘어가면 하이데거 역시 '보편적 상징'에 이와 비슷한 경각심을 느낀다. 보편적 상징을 쓰는 경우 X는 자기 자신으로 불리지 못하고 오직 A와 B나 Y와 Z의 함수로만 나타날 위험이 있기 때문이다.[22]

미로 같은 상호 관계들은 작가 호르헤 루이스 보르헤스^{Jorge Luis Borges} 와 이탈로 칼비노 같은 환상 애호가들의 찬사를 오랫동안 받아왔다. 칼비노는 '사건들, 사람들, 세상의 사물들 사이의 끝없는 연결망'을 명료하게 표현하는 소설들을 칭송한다.[23] 칼비노는 상관관계와 내포를 정의하거나 상징화가 불가능한 가상의 도시 건축물에 대한 스케치를 모아놓은 소설 《보이지 않는 도시들^{Invisible Cities, 1972}》에서 자신의 원리를 탁월하게 실현해냈다. 프랑스의 시인 아르튀르 랭보의 산문시도 비슷한 효과를 산출한다.

그림 9.16 (왼쪽) 〈도개교〉, 조반니 바티스타 피라네시, 1745. 흰색 종이에 에칭 판화 55.7×41.3cm.

그림 9.17 (오른쪽) 〈연기를 피워올리는 불〉, 조반니 바티스타 피라네시, 1745. 흰색 레이드 종이에 에칭 판화 54.2×40cm.

그는 런던의 물질적·음악적 연결고리(그는 이를 다리라고 했다)가 윤리적·철학적 추상의 타래로 탈바꿈되는 모습을 상상한다.

다리

회색빛 수정 하늘. 다리들의 이상한 모습. 어떤 다리는 직선이고 어떤 다리는 아치형이고 또 어떤 다리는 첫 번째 다리와 비스듬한 각을 이루며 아래로 뻗어 있다. 이 형상들은 빛을 받아 밝은 운하의 통로 속에서 되풀이되지만 모두 너무 길고 가벼워 돔으로 가득 찬 둑은 가라앉아 오그라든다. 다리 중 일부는 아직도 낡은 오두막으로 덮여있고 또 다른 다리는 돛대, 푯

말, 가느다란 난간을 받치고 있다. 단조의 화음이 서로 교차하다 사라진다. 악기의 현이 해변에서 솟아오른다. 붉은 웃옷이 보인다. 다른 연주자의 옷과 악기일지도 모른다. 이 가락은 거리의 음악일까? 영주의 음악회에서 흘러나온 선율일까? 공식 행사에서 부르던 찬가의 끝자락일까? 물은 푸른 회색빛을 띠고 있고, 바다의 품처럼 넓다. 하늘 높은 곳에서 하얀 빛줄기가 떨어져 이 희극을 무너뜨린다.[24]

피라네시가 그린 감옥처럼 과도할 정도로 꽉 채워진 이 시는 이 다리들의 회화적·음악적·연극적 몸짓을, 다리를 끌어내리는 자갈이 깔린 해변에 정박시킨다. 다리의 몸짓이 떠오르는 듯 보일 때 시는 아래로 가라앉아 작아진다. 돌연 하늘에서 내려온 번개 같은 햇살이 이 초월적인 천상의 상호작용이라는 '희극'을 없애버린다.

더 구체적으로 터널과 고가교와 거대다리는, 정서적·물적 유대로 이루어진 전통적 시민의 환경에서 주체를 끌어다(문자 그대로 '추상화시켜') 허공에 매달고 끝이 없을지도 모를 정지 상태에 놓을 수 있다. 공학의 수없이 새로운 위업들은 과거의 제국주의적 프로젝트와 같이 침략-회피 의도의 지배를 받는 것처럼 보인다. 다른 영토에 당도해 그 영토를 다른 무언가에 덧붙이는 데만 급급한 그런 의도 말이다. 그런데 그 다른 무언가란 정확히 무엇일까? 이 질문에 대한 답을 통해 미래로 가는 다리 하나쯤 얻을 수 있을지도 모르겠다.

감사의 말

먼저 다리의 형제에게 고마움을 전하고 싶다. 로마에 사는 친한 친구 켈리 지코프스키다. 책 한 권 분량에 정리해 넣을 수 있도록 관련 자료를 켈리보다 더 많이 주기는 도저히 불가능했을 것이다. 그리고 나의 또 하나의 교각(그리고 교우)인 사람은 바로 알베르토 조르지오 카사니다. 그는《다리의 모습^{Figure del ponte: Simbolo e architettura, 2014}》이라는 저서에서 이 책과 유사한 문제들을 여럿 다루었다. 카사니는 너그럽게도 내 연구와 그의 연구가 진행 중이던 당시 직접 발견한 것들을 아낌없이 공유해주었고, 이후로도 중요한 추가 논문에서 자신의 사유를 정교하게 다듬어왔다. 카사니와 만날 수 있도록 다리를 놓아준 쿨리엘모 빌란치오니에게도 감사를 전한다. 우리 세 사람이 로스앤젤레스의 와츠 타워 연구를 하던 당시 셋의 만남을 주선해 준 알레산드로 달 라고에게도 고마움을 전한다.

이 책에 개진한 여러 생각은 먼저 논문 두 편을 통해 예비 형태를 갖추고 있었다. 에마누엘레 세베리노와 빈첸조 비티엘이 편집한 〈불안한 생각: 마시모 카치아리를 기리며^{Inquieto pensare: Scritti in onore di Massimo Cacciari, 2015}〉에 수록한 〈건축의 말The Architectural Word〉(271~82), 그리고 〈이탈리아 포럼Forum Italicum 47, 2013〉 2권(324~35)에 수록된 〈이스트리아해 이탈리아와 고향: 시의 교훈Istrian Italy and the Homeland: The Lessons of Poetry〉 두 편이다.

언급하고 싶었지만 미처 못했던 탁월한 다른 연구들도 여기에 소개하고 싶다. 프랭크 브랭권과 월터 쇼 스패로우의 《다리의 책A Book of Bridges, 1915》, 윌버 J. 왓슨과 새러 루스 왓슨의 《역사와 전설 속 다리Bridges in History and Legend, 1937》, F. W. 로빈스의 《다리 이야기The Story of the Bridge, 1947》, 그리고 조지프 기스의 《다리와 인간Bridges and Men, 1963》 등이다.

이 책에 수록한 이미지 자료는 대학 지원금의 도움을 받아 사용했다. UCLA의 인문학 학과장 데이비드 샤버그와 유럽 언어 및 다문화 연구 학과장 도미닉 토머스에게 감사드린다. 사진의 작가와 저작권자, 그리고 자료 사용을 중개해준 분들께도 큰 도움을 받았다. 특히 새러 밸몬드, 노엘 치아파, 엘리사베타 코니, 파블로 델레 모나체, 톰 힐, 매슈 호저, 앨레인 잰슨, 알레산드로 란체타에게 감사한다.

마지막으로 열정적이고 적극적이며 폭발적인 시냅스 연결 능력을 보여준 UCLA의 대학원생과 학부생들, 그리고 스탠퍼드 학생들에게도 고마움을 전한다. 다리라는 주제를 따로 수업한 적은 없지만 여러 면에서 이 주제는 복수의 과목에서 암묵적으로 다룬 주제였다. 이 학생들이야말로 자신들이 물려받은 것과 새로 만들 것 가운데 어떤 문화적 연결을 강화할지 결정할 주체임을 생각하면 이들은 앞으로의 결정을 좌우할 작업에 더 많은 인문학적 지원을 받아야 마땅하다. 이 학생들이야말로 미래로 가는 우리의 다리니까.

다리와 뗄 수 없는 인류의 역사적 사건들, 미지의 세계를 연결하는 섬세한 다리 탐구서

이택광

경희대학교 비교문화연구소/글로벌 커뮤니케이션학부 교수

이 책을 읽으며 흡사 이탈리아의 시인 자코모 레오파르디의 《지발도네 ^{Zibaldone}》(레오파르디의 유명한 저작이자 '잡다한 것'을 이르는 이탈리아어)를 읽는 기분이었다. UCLA에서 비교문학을 가르치는 토머스 해리슨의 책은 레오파르디의 깊이 있는 글쓰기 스타일을 만든 이탈리아 문예공화국의 전통을 고스란히 보여준다. "다리"라는 소재의 모든 지식을 끌어모은 듯한 이 잡학의 결과물은 독자를 가만히 두지 않는다. 깊고 풍부한 사유의 기록을 따라가기 위해 독자는 마치 롤러코스트에 오른 것처럼 주도권을 고스란히 저자에게 내줘야 한다. 글의 궤도를 따라 달려가는 놀이기구에 매달려 독자는 눈앞에 펼쳐지는 파노라마에 전율하는 것 외에 달리 대응할 방법이 없을 것이다.

레오파르디가 스며들었던 유럽의 문예공화국을 이해한다면, 이 책의 의미를 더 깊게 음미해볼 수 있다. 유럽의 역사는 문예공화국 이전과 이후로 나뉜다. 문예공화국은 문예, 다시 말해서 자연과학이 열었던 계몽주의의 토대 위에서 문자의 시대가 시작되었음을 의미한다. 미시간대학교 역사학 교수 데나 굿맨에 따르면, 유럽은 중세까지 군주의 영토에 따라 분할되어 있었지만, 문예공화국의 출현은 과학적 세계관에 근거해 유럽인의 사유가 하나의 통합적인 세계로 이행하게 되었음을 뜻한다. 세계는 하나로 이어져 있고, 하나의 기원을 가지고 있다는 계몽주의적 사고방식이 퍼져나갔고 그 증거로 언어가 제시되었다.

인간과 다른 동물을 구분하는 결정적인 요소로 언어를 지목한 것은 이미 아리스토텔레스부터 내려오는 전통이지만, 문예공화국 시기에 이르면 언어가 바로 인류의 공통성을 말해주는 증거가 된다. 이런 의미에서 다리를 문예공화국의 상상력과 결합하려는 저자의 시도는 상당히 흥미롭고 적절하다고 볼 수 있다. 이 맥락에서 저자는 단순히 다리를 건축공학의 산물이라고 생각하지 않고, 문화적인 상상력의 매개로서 고찰한다.

지리적 한계를 극복하기 위해 만들어진 물적인 다리는 여기에서 무한한 상상력의 확장을 가져온다. 문체는 학술 논문처럼 일관성과 논리성을 갖추는 것을 애써 거부하는 것처럼 보인다. 학계에 몸담고 있는 학자이자, 숱한 논문들을 참조한 저술임에도 글의 전개 방식은 오히려 시詩에 가깝다. 동서양을 가로지르는 다리의 문화에 저자는 사통팔달 지식을 과시한다.

다리의 모든 정보를 망라한 것처럼 해리슨은 우리에게도 익숙한 견우와 직녀의 민담부터 샌프란시스코의 금문교까지 파노라마를 펼쳐 보인다. 그러나 비교문학 교수답게 다리에 대한 논의가 백과사전적 분류로 흐르지 않는다. 다리의 의미를 철학적으로 고찰한다고 말하는 편이 더 나을 것이다. 저자는 서두에 "다리를 다룬 책들은 많다"라고 하면서 자신의 책은 다리를 "경험하는 것"에 대해 쓰려 한다고 밝힌다. 확실히 문학적이고 철학적이다. 그렇다면 왜 저자는 이런 방식으로 다리 문제를 거론할까.

저자가 말하려는 것은 "연결"의 문제다. "어디를 둘러봐도 우리는 연결되어 있다"라는 진술은 인간관계의 집합체인 사회를 이해할 수 있는 키워드다. 또한 다리는 인간과 자연의 관계를 의미하기도 한다. 자연이 만들어놓은 여러 제한을 인간은 다리를 건설하여 극복한다. 신화의 세계에서 인간의 다리 건설 능력은 신의 선물로 그려진다. 저자가 소개하는 이보 안드리치는 "처음에 신의 손으로 만들어진 대지는 부드럽고 축축했지만 악마가 손톱으로 할퀴어서 깊은 협곡과 강이 만들어졌다"라고 말한다. 신화의 관점에서 본다면 인간이 다리를 건설하는 것은 신이 창조했던 원래의 세계를 복원하는 일이다.

그러나 저자는 곧 바로 다리를 긍정적인 의미로 보는 것 못지않게 부정적으로 보는 견해도 소개한다. 이를테면 존 밀턴의 《실낙원》에 그려지는 사탄의 다리가 대표적이다. 밀턴의 작품에서 다리는 자연의 섭리를 거스르는 인간의 오만을 상징한다. 오만의 결과가 바로 낙원의 상실이다. 근대성에 대한 밀턴의 통찰은 영국 특유의 자연주의와 맞닿아 있다. 자연의 섭리가 곧 신의 섭리라는 인식은 확실히 인간 문명에 대한 비관과 회의를 드러낸다. 사탄은 다리를 건설함으로써 "혼돈의 어둠을 뚫고 지옥에서 지상으로 오는 길"을 찾아낸다. 다리를 건너 죄와 죽음이 세상이 도착한다는 발상은 다분히 다리라는 문명의 결과물에 대한 절대적인 부정을 전제한다.

저자의 박학다식은 그칠 줄 모르는 강물처럼 흐르는데, 마치 호메로스의 서사시를 듣는 느낌이다. 다리의 은유는 시이기도 하고 음악이기도 하다. 문학과 음악은 인종과 대륙을 이어주는 역할을 한다. 그렇다고 저자가 다리의 밝은 면만을 부각하는 것은 아니다. 다리는 제국의 확장을 의미하기도 한다. 다리가 분리를 극복하긴 하지만, 그렇게 만들어진 평평한 공간은 누구든 마음을 먹는다고 왕래할 수 있는 것이 아니다. 물론 통제의 문제는 다리의 연결성과 다른 문제다. 이 사실에서 알 수 있듯이 다리는 무엇보다도 추상적인 차원에서 연결을 만들어낸다.

게오르크 지멜을 인용하면서 저자는 "다리, 길, 문, 창, 벽"은 "모든 공간을 연결하는 동시에 분리한다"라는 공통점이 있음을 지적한다. 다리는 지형적 분리를 극복하는 "창이나 문, 길보다 훨씬 상상력이 풍부하고 독창적이며 인위적인 동시에 추상적인 건축물"이다. 심지어 초현실적인 것처럼 보이는 이 구조물은 "합일이라는 개념에 가시적 형식을 부여하며, 인간이 자연을 보완하고 있음을 강조"한다. 여기에서 저자는 문화적으로 또는 개념적으로 다리를 읽는 자신의 근거를 확보한다. 다리라는 연결고리는 이 지점에서 단순한 건축물의 차원을 넘어서서 상징 또는 형상으로 거듭난다.

2014년 크림반도를 병합한 푸틴이 맨 처음 한 일이 거대한 다리를 건설해서 반도와 러시아를 연결하는 것이었다는 사실에서 단순한 연결고리에 머물지 않고 지배의 상징으로 작동하는 다리의 의미를 되짚어볼 수 있다. 저자는 샌프란시스코의 금문교 역시 자연과 인간의 관계를 새롭게 정립하는 거대한 상징물로 받아들인다. 과연 다리는 물리적인 사물을 넘어서서 분명 "도덕적 헌신, 정서적 유대, 상상력"과 인식의 문제를 연결시키는 역할도 한다. 죽음을 일컬어 "무지개다리를 건넌다"라고 표현하는 것도 다리의 상징성에 해당하는 수사일 것이다.

다리에서 발견할 수 있는 연결성은 실제로 분리되어 있는 현실을 전제한다. 다리의 건설은 "물이든 공기든 간에 경계를 나누려는 요소의 역학에 대응하거나 저항"한다. 저자는 이 대응과 저항을 '극복'이라고 지칭하는데, 만약 다리의 연결이 극복의 문제라고 한다면, 이 양상은 정치적인 문제도 포함할 수밖에 없다. 저자는 남한과 북한의 다리를 예로 들면서 비록 다리가 분리를 극복하고 있음에도 실제 분단은 극복하지 못하는 경우를 지목한다. 다리는 확실히 정치적이다. 앞서 언급했듯이, 제국은 다리를 놓고 지역을 연결하지만, 거기에 거주하는 인구는 마음대로 이동하기 어렵다. 자칫 순진한 이상주의로 흐를 수 있는 인상을 저자는 구체적인 실례로 제한한다.

다리에 대해 이렇게 풍부한 사유가 가능하다는 사실을 저자는 전 지구적인 공간을 가로지르며 보여준다. 한국은 물론, 일본, 중국, 아프리카, 유럽, 북아메리카, 남아메리카를 아우르는 상상의 폭은 인류 문명과 다리의 상관성을 입체적으로 보여준다. 무엇보다도 인상 깊게 읽은 대목은 아무래도 저자의 전공 분야인 문학 텍스트를 분석하면서 다리의 내력을 파헤치는 지점이다. 단테의 《신곡》에서 저자는 다리의 의미를 찾아내는데, 바로 그 다리는 예수라는 "십자가"다. 지옥을 횡단하기 위해 필요한 다리는 바로 십자가에 못 박힌 예수라는 사건이다. 단테는 구원에 이르는 길이 완전히 파괴된 폐허에서 무너진 다리를 본다. 이 무너진 다리를 재건하는 존재가 바로 예수 그리스도다. 십자가는 기존의 다리를 파괴하고 만들어진 새로운 다리를 상징한다.

저자가 펼쳐 보이는 다리의 의미를 따라가다 보면, 다리는 두 공간의 경계 자체를 의미한다는 사실을 알 수 있다. 단일 공간에 속하지 않는 "사이"의 공간이 바로 다리다. 이 공간은 어떤 정체성을 갖기보다, 그 경계에 있음으로서 각자의 단일 공간을 완성한다. 다리를 단순한 연결로 파악하는 것은 어딘가 단면적이다. 14세기에 지어진 피렌체의 베키오 다리는 바사리 통로를 설치해 놓고 있다. 통로는 연결의 직접성을 넘어선 독자적인 다리의 공간을 보여준다. 베키오 다리야말로 경계를 재정립하는 다리의 의미를 잘 보여주는 사례인 셈이다. 이런 식으로 저자는 다리의 층위를 구성하는 복잡한 시적인 의미를 추적한다.

저자의 결론은 다리를 이어서 두 공간 사이에 경계의 공간을 만들려는 노력 못지않게 그 사이의 공간을 파괴하려고 했던 역사의 경험에 이른다. 2차 세계 대전 기간 동안 수많은 전투에서 전술적인 이유로 다리를 파괴했다. 1938년 피렌체에 주둔한 독일군은 피렌체의 모든 다리를 폭파해버릴 계획이었으나 바사리 통로에 오른 히틀러가 경치를 보고 감탄했다는 베키오 다리만은 남겨 두었다. "피렌체의 구원자"로 불리는 게르하르트 볼프가 히틀러에게 아르노강에 있는 다리 하나만은 그대로 두자고 간청했는데, 그때 볼프가 염두에 뒀던 다리는 바르톨로메오 암마나티가 건설한 "산타 트리니타 다리"였다. 그러나 이 요청은 묵살되었고 총통이 좋아한다는 이유만으로 베키오 다리가 남게 되었던 것이다.

저자가 이런 일화의 소개를 통해 강변하고 있는 것은 다리와 떼려야 뗄 수 없는 역사적 사건들이다. 다리는 곧 인류 문명의 상징이자 동시에 정체성이기도 하다. 인류가 만들어내려던 세계를 상징하는 건축물 중에 다리만한 것이 없다는 것이 저자의 생각이다. 그렇기에 이 다리에 대한 시적이고 철학적인 사유는 곧 우리가 안주하고 있는 이 문명의 의미를 되묻는 일일 것이다.

미주

들어가는 말

1. Andrić, Bridge over the Drina, 208-9.
2. Ruskin, "The Nature of Gothic," in The Stones of Venice, 2:174.
3. 이 인용문과 이어지는 문단은 Simmel, "Bridge and Door," 67, 68에서 가져왔다. 앞으로 지멜의 글을 인용할 때 페이지 쪽수는 "Rethinking Architecture"에 수록된 Ritter의 번역을 계속 참고할 것이다. 물론 내 번역이 그의 번역과 약간씩 다를 때도 있다(나의 번역은 Michael Kaern의 번역, 그리고 Lotus International에 수록된 지멜의 논문을 번역한 익명 역자의 번역과도 조금씩 다르다). Kaern과 Lotus의 번역은 참고문헌에 있다.
4. Cassani, Figure del ponte.
5. 대니얼 C. 스트랙은 다리의 20여 가지 함의에 대해 은유적 언어로 논평했고, 분명 다른 의미도 찾아낼 수 있을 것이다. 그의 "The Bridge Project" 참조. 스트랙은 자신의 웹사이트 https://www.dcstrack.com/에 다리의 이해를 돕는 다른 연구들도 올려 놓았다.
6. Heidegger, "Building Dwelling Thinking"; Gordon, Bridges, 6-7.
7. 폴 발레리. Bauman, Liquid Modernity(지그문트 바우만,《액체 현대》), 1에서 인용.
8. Thoreau, I to Myself, 174 (journal entry of January 16, 1853).
9. Nietzsche, Gay Science, 90; "Over the Footbridge," bk. 1 §16.
10. Lukács, "On Poverty of Spirit," 44, 번역은 약간 수정했다. 이 에세이는 루카치의 Soul & Form(루카치 죄르지,《영혼과 형식》), 201-14에도 다른 번역으로 수록되어 있다.

1장 신의 위대한 다리 짓기

1. Hearn, Romance of the Milky Way, 40.
2. 위의 책 5-6.
3. 위의 책 48-49.

4. Sturluson, Edda, 15

5. Lindow, Norse Mythology, 81; Simek, Dictionary of Northern Mythology, 36. 무지 개에 대한 다른 문화권의 민속 문화상의 믿음은 Savi-Lopez, Leggende del mare, 127-28 참조.

6. See Palmer, "The Liminality of Hermes," and Carravetta, The Elusive Hermes.

7. Sproul, "A Bridge Between Cultures."

8. "Natural Bridges," National Park Service.

9. Luckert, Navajo Mountain, 60–72, 134.

10. Beckwith, Hawaiian Mythology, 38, 528.

11. Brown, "Little Wing," 160.

12. Luckert, Navajo Mountain, 108.

13. Al-Bukhâri, Sahîh Al-Bukhâri, bk. 97, no. 7439, p. 324.

14. Patch, Other World; Dinzelbacher, Die Jenseitsbrücke im Mittelalter.

15. Bagliani, "Il ponte fra simbolismo e rappresentazione," 48.

16. Van Haeperen, Le collège pontifical; Seguin, "Remarques sur les origines des pontifices romains."

17. 'pontifex'라는 칭호의 기독교화는 Pascal, "Medieval Uses of Christ," 193-97 참조. 384년부터 604년까지 세 명의 교황(시리치오, 레오, 그레고리오)이 'pontifex maximus' 라는 칭호를 사용했지만, 이 칭호가 로마 교회 수장을 명예롭게 부르는 표준 칭호가 된 것 은 15세기나 되어서였다. 그라티아누스가 교황 예복을 입기 거부한 일과 조시모의 증언에 대해서는 Knight, "Bridges" 참조.

18. 이 사람이 바로 기원전 89년에 폰티펙스 막시무스였던 퀸투스 스카에볼라다. 특이한 그의 견해에도 불구하고 에트루리아 성수와 물에 잠긴 땅에 있는 다리의 중요한 기능을 염두에 둔 역사가들은 그것이 콜레기움 토대의 뿌리에 있다는 것을 의심하지 않는다. 문헌학적 예 리함을 갖춘 바로 자신은 스카에볼라의 의견에 동의하지 않으며, 오늘날 학자 대부분은 영 적 칭호의 근원으로서 posse보다는 pons를 인정한다. pontifes의 어원으로 pons 대신 제시된 안은, '5'를 뜻하는 이탈리아 단어 pompe다. 1931년 이탈리아의 문헌학자 프란체 스코 리베초가 처음으로 주장한 이 이론은 콜레기움의 또 다른 기원을 제시한다. 바로와 스카에볼라보다 몇 세기 전 사비네 왕의 통치 기간, 그리고 심지어는 초대 pontiff인 누마 폼필리우스의 통치 기간에 로마에서 신성한 의식을 수행하던 다섯 사람으로 이루어진 위

원회가 있었다는 것이다. 이 견해는 Kavanagh, "Pontifices, Bridge-Making and Ribezzo Revisited"에 체계적으로 다시 제기되었다. pontifex와 다리 건설의 연관성을 다루는 추가 연구로는 Crifò, "A proposito di pontifices", Champeux, "Ponts, passage, religion à Rome", Hallett, "'Over Troubled Waters': The Meaning of the Title Pontifex" 참조.

19. Holland, Janus and the Bridge, 69.

20. Coomaraswamy, "Perilous Bridge of Welfare," 196; Benveniste, Problèmes de linguistique générale 297-98. van Haeperen의 Le collège pontifical에 언급된 학자 여섯 명(Herbig, Latte, Fugier, Dumézil 등)은 pontifex 기능의 가장 오래된 출처를 pánthah에서 찾아야 한다는 데 동의한다.

21. Van Haeperen, 40.

22. Boniface VIII, "Unam Sanctam."

23. Alighieri, Divine Comedy: Inferno(《신곡: 지옥》), 18.25-33. 《신곡》에 대한 이후의 모든 인용, 그리고 괄호로 표시된 연과 행의 번호는 이 번역을 바탕으로 했다.

24. Frothingham, Roman Cities; Frazer, Fear of the Dead, 1:181-82, 2:46-50; Cumont, After Life in Roman Paganism.

25. Eliot, The Waste Land, "The Burial of the Dead," lines 60-63.

26. Doré, Researches into Chinese Superstitions, 7:301-2.

27. Ellis, "Canto XXI: Controversial Comedy," 292; Baglivi and McCutchan, "Dante, Christ, and the Fallen Bridges"; Singleton, "The Vistas in Retrospect."

28. St. Catherine of Siena, A Treatise of Discretion, 21-22.

29. Blake, Jerusalem: The Emanation of the Giant Albion, 232, plate 77.

30. Roe, Blake's Illustrations, 100.

31. See De Santis, Blake and Dante.

32. Lanchester, "Flashes of Flora."

33. Arendt, "No Longer," 122.

34. 위의 책 124-125. 첫 번째 인용문에서 아렌트는 브로흐의 말을 인용한다.

35. Broch, Death of Virgil(헤르만 브로흐, 《베르길리우스의 죽음》), 388. 동일한 내용의 주요 구절은 321, 373-78, 384에 나온다.

2장 다리 위에서 살아가기

1. Natirbov, "The World Is A Bridge, by Christine Weston," 364.

2. Arendt, Life of the Mind(한나 아렌트,《정신의 삶》), 1:200. 이슬람 세계 내 예수의 위상에 대해서는 The Muslim Jesus, ed. Khalidi 참조.

3. Wilder, Conversations with Thornton Wilder, 88.

4. Wilder, The Bridge of San Luis Rey(손턴 와일더,《손턴 와일더의 산 루이스 레이의 다리》), 97. 이어지는 이 소설의 인용문은 괄호 안에 표시되어 있다.

5. Larkin, "Bridge for the Living," 203-4.

6. Makaš, "Representing Competing Identities," 203.

7. Tacitus, Annals 13.47.

8. Höfferer, A Literary Journey to Rome, 16-17.

9. 이 번역은 Richard Wilbur, New and Collected Poems (New York: Harcourt, Brace and Jovanovich, 1988), 28의 번역을 조금 바꾼 것이다.

10. 채플린은 1971년 영화 〈더 키드〉의 재편집 판에서 다리 위 자살에 가까운 장면을 삭제했다. 실제로 아로요 세코 다리 자살에 영화가 영향을 주었기 때문일 것이다. 영화 속 다리의 다양한 기능을 다루는 뛰어난 연구로는 Nafus, "Celluloid Connections: The Bridge in Cinema" 참조. 그리고 Dupré, Bridges, 93도 참조.

11. See Nicoletti, "Downward Mobility."

12. Rizzo, Ponti di Venezia, 284-86; Smith, Cultural Encyclopedia of the Breast.

13. Jadhav, "Under Dadar Bridge," 11:147.

14. Juvenal, Satires 14, line 134: inuitatus ad haec aliquis de ponte negaret.

15. Oudin, Curiositéz françoises, pour supplément aux dictionnaires, 438; James-Raoul, "Le pont dans les locutions," 304.

16. France, Red Lily, chap. 7.

17. Roth, The Legend of the Holy Drinker(요제프 로트,《거룩한 술꾼의 전설》), 43. 이어지는 이 판의 인용문은 괄호 안에 표시되어 있다.

18. Zurawsky, User Review, "Nirvana, Nevermind."

19. Delli, Ponti di Roma, 66. Dethier and Eaton이 편집한 Rassegna의 특집호 "(Ponti abitati)"는 여러 시대에 걸친 거주용 다리의 방대한 자료집이다. 다른 유용한 연구는 Living Bridges, ed. Murray and Stevens, 그리고 Biau, The Bridge and the City가 있다.

20. Alberti, On the Art of Building, 262.

21. Andrić, Bridge over the Drina, 14, 15.

22. Di Siena, Due ponti pedonali sul Tevere, 44-72.

23. Biau, The Bridge and the City, 41-42. See also Keil, Pedestrian Bridges.

24. 이 밖에 다른 모더니즘 프로젝트의 개요는 Dethier and Eaton, "(Ponti abitati)," 54-55, 82-88를 보라.

25. Bishop, Bridge, 203. 지난 20년 동안 지어진 독창적이고 화려한 다리에 대한 훌륭한 자료 집 두 권은 Dupré, Bridges와 Binney, Bridges Spanning the World다.

26. 세실 발몽은 다음과 같이 썼다. "나는 그 지역의 전설을 알지 못했다. 시장이 기공식에서 내 게 말했다." Balmond, Crossover(세실 발몽,《건축, 경계를 넘나들다》), 244.

3장 음악의 다리

1. 이 세 인용문은 Nancy, Listening, 6, 14에서 가져왔다. 유사한 지점들을 짚는 소리의 현상 학에 관한 연구로는 Bowman, Philosophical Perspectives on Music(웨인 D. 보면,《음 악철학》)과 Clifton, Music as Heard가 있다.

2. Burrows, Sound, Speech and Music, 91; Weil, "Human Personality," 71.

3. 이 두 인용문은 Burrows, Sound, 21과 Nancy, Listening, 8에서 가져왔다.

4. Arendt, Life of the Mind, 1:47.

5. Clifton, Music as Heard, 290.

6. Nancy, Listening, 52-53.

7. Burrows, Sound, 38.

8. Giacomo Leopardi, "Ricordi d'infanzia," 1102. 이 구절에 나오는 목소리의 다른 기능 에 대해서는 D'Intino, La caduta e il ritorno, 39-40 참조. 레오파르디의 소리의 시학에 대해서는 일반적으로 Brose, "Leopardi and the Power of Sound" 참조.

9. Leopardi, Zibaldone, 57.

10. Leopardi, "Ricordi d'infanzia," 1101.

11. Leopardi, "L'infinito," 106-7, 번역 수정.

12. Harrison, "Offscreen Space"; Peretz, The Off-Screen.

13. Hölderlin, "Heidelberg," lines 5-8, in Selected Poems, 20-21.

14. 이 두 층위는 에밀 슈타이거와 빌헬름 슈나이더가 명확히 언급했고 둘 다 Sitz, "Hölder-lin's 'Ode to Heidelberg'"에 논의되었다.

15. Ungaretti, "Nostalgia," in Vita d'un uomo, 54. 이 시의 다른 번역으로는 토니 클라인의 번역이 https://www.poetsofmodernity.xyz/POMBR/Italian/FiveItalianPoets.php#anchor_Toc326225696에 있다.

16. Camus, The Fall, chap. 6.

17. Crane, "To Brooklyn Bridge," 17-20행, in The Bridge, 3-4. 시와 행의 번호가 적혀 있지 않는 경우 인용문은 이 판의 페이지로 표기할 것이다.

18. Fontana, Oscillating Steel Grids along the Brooklyn Bridge, 1983. 이 실황 '음향 조각' 중 46분짜리 발췌분은 http://resoundings.org/Pages/Oscillating.html에서 들을 수 있다.

19. Fontana, "Environment." 25년 뒤 폰타나는 이 다리의 75주년 기념행사에 맞추어 Acoustical Visions of the Golden Gate Bridge(2012)을 발표했다.

20. Fontana, "Environment."

21. Fontana, Cologne.

22. Cage, "Future of Music: Credo," 25.

23. Fontana, Cologne.

24. Rose, "Project Outline."

25. Serres, Angels and L'Art des ponts.

26. John Cage, quoted in Revill, Roaring Silence, 52.

27. Gambacurta, Autophones.

28. 위와 같음.

29. Schopenhauer, World as Will, vol. 2, chap. 13.

30. Akin, Crossing the Bridge, chap. 3, 7:35-8:10.

31. Randel, New Harvard Dictionary of Music, 113-14.

32. Golson, Playboy Interviews with John Lennon & Yoko Ono, 183. 존 레논이 코러스를 참고한 유일한 곡은 "Can't Buy Me Love"로, 같은 쪽에 역시 언급되어 있다.

33. Alberti, On the Art of Building, 107, 262.

34. 이들 첫 구절의 출처는 다음과 같다. Robert Johnson, "Terraplane Blues," 1936; Jules Bihari and B. B. King, "It's My Own Fault," 1961; Preston Foster, "Got My Mojo Workin'," 1956; Muddy Waters, "Blow Wind Blow," 1953; Tracy Chapman, "Give

Me One Reason," 1989. 블루스의 공연 맥락에 관해서는 뒤에서 더 자세히 설명하겠다. Ferris, Blues from the Delta, 101-3; Keil, Urban Blues, chapters 6 and 7 참조.

35. McClary, "Thinking Blues," in Conventional Wisdom, 32-62. 여성 블루스의 에로틱하고 자기주장이 강한 스타일에 대해서는 다음을 참조하라. Jackson, A Bad Woman Feeling Good; Davis, Blues Legacies and Black Feminism; and Carby, "It Jus Be's Dat Way Sometime."

36. Barretta, "Southern Expressions of the Blues Revival."

37. Schwartz, How Britain Got the Blues. 미국에서 영국으로 넘어간 음악을 다루는 또 다른 훌륭한 비판적 연구에는 다음 책과 논문이 있다. Milward, Crossroads; Adelt, Blues Music; Kellett, "Fathers and Sons"; McStravick and Roos, Blues-Rock Explosion; and Bane, White Boy Singin' the Blues.

38. Alvin Lee, quoted in Yardley, "Alvin Lee."

39. Eric Clapton, quoted in Adelt, Blues Music, 61.

40. Doyle, Commitments, 9.

41. Danny Kirwan, quoted in Celmins, "A Rare Encounter."

4장 다리의 형제와 적들

1. Grégoire, Recherches historiques, 62.

2. Paulus, Indulgences, 86.

3. Georg Ratzinger, quoted in Paulus, Indulgences, 77-78.

4. Bruguier-Roure, "Les constructeurs de ponts," 232.

5. Brodman, Charity and Religion, 123.

6. Paulus, Indulgences, 79. 1196년-1208년 사이의 순서 설명은 Boyer, "Bridgebuilding Brotherhoods", 640에서 가져왔다.

7. 이들 세 인용문은 모두 J. Becker, "Die religiöse Bedeutung des Brückenbaues im Mittelalter," Archive für Frankfurter Geschichte, Neue Folge, 4:10 (Frankfurt, 1869), Paulus, Indulgence, 68의 인용에서 가져왔다.

8. 초창기 여러 호스피스들은 Pellegrini, Gli xenodochi di Parma에 기록되어 있다.

9. Kadare, Three-Arched Bridge, 29-30.

10. 위의 책 5-26.

11. Sigler, "Crossing Folkloric Bridges." 악마와의 계약에 대한 전설로는 Galanti, "La leggenda"와 Cocchiara, Il diavolo nella tradizione popolare italiana 참조.

12. Eliade, "Master Manole," 184. See also Pinza, "Conservazione delle teste umane," and Sainéan, "Les Rites de la construction."

13. Gould, "Allegory," 211.

14. Andrić, Bridge over the Drina, 16.

15. 이 발라드의 아내를 감금한 것에 대한 잠정적 페미니즘 해석은 Mandel, "Sacrifice at the Bridge of Arta" 참조. 다리 건설과 관련한 여성의 희생 의식에 대한 넓은 분석은 Schott, "Sexual Violence Sacrifice"에서 찾아볼 수 있다. 12세기 이후 발칸반도의 아내-다리 발라드의 계보와 변형은 Villalba, "Arches of Discord"; Leontis, "Bridge Between the Classical and the Balkan"; Dunes, Walled-up Wife; Cocchiara, Il Paese di Cuccagna; Vargyas, "Origin of the 'Walled-Up Wife'"에 설명이 나온다. Stanesco, "Du pont de l'épée au pont eschatologique"도 참조.

16. 카다레의 질문에 대해서는 Claude Thomasset, "La Construction du pont medieval,", Cassani, "Distruggere i ponti?" 참조.

17. Kadare, Three-Arched Bridge, 110, 145, 170 참조. 이제부터 이 소설의 인용문은 괄호 안에 쪽수를 표시한다.

18. Reynolds, "Bridge to Nowhere" 참조. 국경 분쟁에 대한 동정의 시선을 보여준 영화는 Kezele의 〈My Beautiful Country〉가 제작되었고, 유익한 다큐멘터리는 Bialis과 Ealer 의 〈View from the Bridge〉가 있다.

19. Garrod, foreword to Yarwood, Rebuilding Mostar, ix.

20. Yarwood, Rebuilding Mostar, 4.

21. Hedges, War Is a Force, 73. See also Pašić, The Old Bridge, and Bishop, Bridge, 157-61.

22. Andrić, Bridge over the Drina(이보 안드리치, 《드리나강의 다리》), 25. 이 소설의 후속 인용문은 괄호 안에 표시한다.

23. Comprone, "Alterity, Violence, and History."

24. Andrić, Bridge over the Drina(이보 안드리치, 《드리나강의 다리》), 208-9.

25. 위의 책 210-11. 실질적이고 기능적-구조적 연관성에 대한 인용은 Milutinović, "Andrić's Strategy of Redemption"에서 가져온 것이다.

26. Comprone, "Alterity," 265.

27. Hedges, War Is a Force, 64. 안드리치 작품에 대한 보스니아인들의 반대에 대해서는 Rakić, "The Proof Is in the Pudding" 참조.

5장 언어의 다리

1. Roth, "Avignon," in The White Cities, 100–101.

2. 이 인용문과 다음 세 인용문은 The Portable Nietzsche에 있는 《차라투스트라는 이렇게 말했다》의 'The Convalescent', §2에서 발췌한 것이다. 앞으로 나올 《차라투스트라는 이렇게 말했다》의 인용문은 본문에서 괄호 안에 언급할 것이다. 외국 독자들을 위해 니체의 작품 속 인용문은 가능하다면 쪽 번호보다는 단락 부분(§)으로 표시할 것이다. 따로 명시되지 않는 한 차라투스트라의 모든 인용문은 카우프만 번역, The Portable Nietzsche를 사용한다.

3. 실제로 슬로터다이크는 "You Must Change your Life"(페터 슬로터다이크, 《너는 너의 삶을 바꿔야 한다》), 9에서 그렇게 했다. 하이데거의 격언은 그의 "Letter on Humanism", 217에서 가져왔다.

4. Nietzsche, "On Truth and Lie," 46–47.

5. Friedrich Nietzsche, "Nur Narr! Nur Dichter!" in Dionysos-Dithyramben(니체, 《디오니소스 찬가》), 온라인에서는 the Nietzsche Channel(http://www.thenietzschechannel.com/works-pub/dd/dd-dual.htm)에서 볼 수 있다. 이 시적 구성에 대한 변형은 Nietzsche Source: Digital Critical Edition(eKGWB), http://www.nietzschesource.org/#eKGWB 참조.

6. Nietzsche, Human, All Too Human, vol. 1, §189.

7. Nietzsche, Nachgelassene Fragmente/Posthumous Fragments(프리드리히 니체, 《유고》), eKGWB/NF1884,28[20]. http://www.nietzschesource.org/#eKGWB/NF-1884,28[20]에서 온라인으로 볼 수 있다.

8. Valéry, "Poésie et pensée abstraite," a lecture delivered at Oxford University in 1939, in Oeuvres I, 1317–1318. English translation in Valéry, Art of Poetry, 55–56.

9. Calvino, Six Memos, 77.

10. Gadamer, Truth and Method, 469.

11. Ricoeur, "Metaphor and the Main Problem of Hermeneutics."

12. Dictionary.com.

13. Lakoff and Johnson, Metaphors We Live By, 28–31.

14. Kövecses, Where Metaphors Come From, ix–x.

15. Gadamer, Truth and Method, 406.

16. 위의 책 431.

17. Derrida, Heidegger, 190.

18. Gadamer, Truth and Method, 429.

19. Fenollosa, "An Essay on the Chinese Written Character," 377.

20. 새뮤얼 존슨, Richards, Philosophy of Rhetoric(I. A. 리처즈, 《수사학의 철학》), 93에서 인용. 리처즈의 다음 인용문은 괄호 안에 있다.

21. Breton, Communicating Vessels, 109.

22. Lodge, Modes of Modern Writing, 109.

23. Ricoeur, "Listening to the Parables of Jesus," 239.

24. Sloterdijk, Change Your Life, 205.

25. Buber, "Teaching of the Tao," 35.

26. Ricoeur, "Parables," 242.

27. 위의 책 242.

28. 위의 책 244.

29. 피카소. Gilot and Lake, Life with Picasso, 51에서 인용. 은유의 맥락에서 이 진술에 대한 유익한 논의는 Rogers, Painting and Poetry, 125–27에 나온다.

30. Stevens, The Palm at the End of the Mind, 240.

31. Parker, "The Motive for Metaphor," 87.

32. Dickinson, Poems, 70. Poem 721, lines 1–3.

33. Howe, My Emily Dickinson, 97.

34. Nietzsche, Beyond Good and Evil, §126.

35. Mengaldo, "Strategie di reticenza e demistificazione," 37.

36. Nietzsche, Letter to Elisabeth Nietzsche, May 20, 1885, Briefe/Letters, http://www.nietzschesource.org/#eKGWB/BVN-1885,601a.

37. Gedanken und Gedankenstriche eines guten Europäers; Fragen und Gedankenstriche; Vorläufige Gedanken und Gedankenstriche von Friedrich Nietzsche;

Gedankenstriche eines Psychologen; Nietzsche, Nachgelassene Fragmente, NF-1885,1 [232]; NF-1885,2[43]; NF-1885,35[8]; NF-1885,36[55], http://www.nietzschesource.org/ #eKGWB/NF-1885,1[1]와 http://www.nietzschesource.org/#eKGWB/NF-1885, 35

38. Richards, Philosophy of Rhetoric, 131.

39. 모든 인용문은 Crane, The Bridge, "The Harbor Dawn," 21-23행에서 가져왔다. 시와 행으로 구별되지 않는 경우, The Bridge 다른 인용은 이 판의 페이지 쪽수로 표시한다.

40. Crane, "General Aims and Theories," 163.

41. See Beckett, "The (Il)logic of Metaphor in Crane's The Bridge."

42. Crane, quoted in The Bridge, 9; letter to Otto Kahn.

43. Hammer, "Hart Crane's View from the Bridge." 크레인의 시 수용에서 'fusion'과 'con-fusion'이라는 용어에 대한 유희는 초기 독자들에게까지 거슬러 올라간다. 테이트는 'consusion'이라는 말에 '특정 시기 목적들이 내적으로 교차하는 한 단계'라는 주석을 달았다. Tate, "On the 'Intensity of Sensation,'" 103 참조.

6장 교수대로서의 다리

1. See Davies, Death and the Emperor, 10-11, 82-83, 159-63.

2. D'Onofrio, Gian Lorenzo Bernini, 80; Weil, History and Decoration, 89-103.

3. Delli, Ponti di Roma, 79. 〈런던 브리지 이즈 폴링 다운〉이라는 노래를 통해서, 어린아이를 희생 제물로 바치는 장소로 알려진 런던 브리지에도 신체 일부가 종종 흩어져 있었다. "근대 시기까지도 형이 집행된 후 사형수들의 머리를 다리에 놓았다"라고 Gomme, Traditional Games, 347에 쓰여 있다.

4. 그녀의 이름은 베아트리체 첸치이고 비극은 Falconi, I fantasmi di Roma, 54-63에 나온다.

5. D'Onofrio, Il Tevere, 232.

6. Burroughs, "Below the Angel," 97.

7. 보카치오는 '거위 다리Ponte dell'Oca' 이야기에서 이 주제를 이용한다. 이 이야기에서는 슬프게도 아내가 매를 맞고 있으며, 다리 이름은 아내를 멍청이에 대한 은유인 거위와 연관시킨 것이다. Boccaccio, "Ponte dell'Oca," Decameron(보카치오《데카메론》) 9:9 참조. 다리에서 당나귀를 때린다는 표현에 대해서는 James-Raoul, "Le pont dans les locutions," 300 참조.

8. Delli, Ponti di Roma, 82.

9. Little, "Life and Afterlife," 31-32.

10. Gardet, Islam, 87.

11. Dionysius of Halicarnassus, Roman Antiquities 1.38.

12. 프레이저의 인용문은 "Commentary on Book V," 82에서 가져온 것이다. 할리카르나소스의 디오니시우스는 Roman Antiquities에서 인형(Argei) 의식에 대해 논한다. 플루타르코스의 데폰타니와 5월 즈음의 결혼에 대한 견해는 Seppilli, Sacralità dell'acqua e sacrilegio dei ponti, 67에 언급되었다. '다리 위의 늙은이들'이라는 말의 의미는 적어도 2세기의 문법학자 섹스투스 폼페이우스 페스투스 이래 논쟁의 대상이었다. (Knight, "Bridges," 849; Frazer, "Commentary," 74-110; and Klotz, "Sexagenarii"). 인형 의식의 정화 목적에 대해서는 Ziólkowski, "Ritual Cleaning-Up of the City"; Wallace-Hadrill, Rome's Cultural Revolution, 260-64; Mancini, "Pietas e superstitio" 참조. 라틴어 표현인 de ponte dejici(다리에서 던져짐)가 투표권을 잃은 시민을 지칭했다는 점을 고려하면, 데폰타니는 다리에서 내던져져 죽은 사람을 가리키는 말이 아니라, 다리 건너 로마의 투표소로 가지 못하게 차단당한 노인들일 수도 있다. 이 점에 대해서는 James-Raoul, "Le pont dans les locutions," 317 참조.

13. Amadei, I ponti di Roma, 9.

14. 키케로의 일화는 세필리, Sacralità, 73에서 언급되어 있다. 세필리는 74-78에서 다양한 문화권의 노인 살해 의식도 논한다.

15. Delli, Ponti di Roma, 102-3.

16. See Sells, The Bridge Betrayed, 165.

17. Bierce, "An Occurrence at Owl Creek Bridge," 9. 이후의 페이지는 괄호 안에 표기한다.

18. Strack, "When the Path of Life Crosses the River of Time," 6.

19. Biedermann, Dictionary of Symbolism, 249-50.

20. Connochie-Bourgne, "Le pont de Virgile," 50. 통과 의례를 의미하는 다리는 Coomaraswamy, "Perilous Bridge"; Chevalier and Gheerbrandt, "Ponts," 47-49; Boyer, Medieval French Bridges; Pastré, "Se battre sur le pont" 참조.

21. 페렌치의 두 논문 "Symbolism of the Bridge"와 "Bridge Symbolism and the Don Juan Legend" 참조. 또한 Gordon, Bridges, 69-84도 참조. 여기서 고든은, 음경이 "다리 기능을 하려면 해당 사람은 자신의 본질적 분리에 대한 불안과 우울을 느끼고 자각했어야

만 한다. 하나를 갈라서 자르는 것에 대한 지각과 경험을 했어야 한다는 뜻이다"라고 적고
있다. (71). Róheim, Animism, Magic, and the Divine King, 44-57도 참조.

22. Sloterdijk, Spheres. Vol. 1: Bubbles, Microspherology, 295, 320.

23. Von Beit, Symbolik des Märchens. 라임볼트는 "Die Brücke als Symbol"에서 다리에
대한 융의 접근과 프로이트의 접근을 구별한다.

24. 이 추정치는 허드슨의 "Suicide Season"에서 인용한 폴 그로모시악에서 나온 것이다.

25. 상이한 자살 방식의 빈도에 대해서는 http://webappa.cdc.gov/cgi-bin/broker.exe 그
리고 http://www.suicide.org/suicide-statistics.html 참조. 삶을 마감하기 위해 마린 카
운티로 가는 사람들에 대해서는 http://www.miller-mccune.com/culture-society/
golden-gate-bridge-suicides-then-an-now-25290/ 참조.

26. Steel, "Interview, Part I."

27. Theroux, "Letter to the Editor."

28. Koenig, "Favored by Suicides."

29. Pater, "Conclusion" to The Renaissance, 114.

30. Leopardi, "Dialogue of a Physicist and a Metaphysician," 87.

31. Pliny the Elder, Naturalis Historia 4:89.

32. Leopardi, "Dialogue of Christopher Columbus and Pedro Gutierrez," 161.

33. Seppilli, Sacralità, 130 – 219.

34. 위의 책, 171–74.

35. 금문교의 해당 주제 차원을 보려면 Cassani, Figure, 148 참조.

36. Beaulieu, The Sea in the Greek Imagination, 10.

37. Sugg, Hart Crane's "The Bridge," 25 –26.

38. May, Psychology and the Human Dilemma, 103.

39. Thomas Hood, "The Bridge of Sighs."

7장 니체의 다리

1. The Portable Nietzsche에 나오는 프리드리히 니체, 《차라투스트라는 이렇게 말했다》 중
'차라투스트라의 서문' §4. 7장에서도 니체의 저작에서 인용한 대부분은 페이지 번호가 아
니라 장과 단락 섹션(§)으로 표시한다.

2. '초인More-than-man'은 '위버멘쉬Übermensch'의 적절한 번역이다. Stanley Appel-baum이 Nietzsche, This Spoke Zarathustra(Selections) 판에서 했던 번역이다. 카우프만의 번역에서 쓰인 '초인overman'이라는 말 대신 'more-than-man'이라는 의미로 '초인'이라는 단어를 쓰는 일이 많아질 것이다.

3. Nietzsche, Writings from the Early Notebooks, 184. 원본은 Nietzsche, Sämtliche Werke, 2:141.

4. 이 관찰은 Buddensieg, "Architecture as Empty Form" 연구의 핵심이다. 이 논문이 포함된 모음집 전체는 니체와 건축을 다루었다. Kostka and Wohlfarth, Nietzsche and "An Architecture of Our Minds."

5. Nietzsche, Human, All Too Human, vol. 1, §145.

6. Nietzsche, Gay Science, §280.

7. Nietzsche, "Rückblick," in Werke, 3:747.

8. Nietzsche, Sämtliche Briefe, 8:285.

9. Nietzsche, "Why I Am So Clever," §7, Ecce Homo(《이 사람을 보라》 "나는 왜 이렇게 현명한가"); 번역을 약간 수정했다.

10. 이 시의 전기적 배경은 Grundlehner, Poetry of Friedrich Nietzsche; Hollinrake, "A Note on Nietzsche's Gondellied"; Lösel, "Nietzsche's 'Venice': An Interpretation"에서 재구성할 수 있다. 괴테와 루소는 베네치아 곤돌라 뱃사공이 부르는 8분의 6박자 중간 템포의 동일한 노래에 감동했다. 괴테의 말에 따르면 이 노래는 '서로 꽤 떨어진 곳에 있었던 곤돌라 뱃사공 두 명이 시와 음악을 독특하게 교대로 부르는 형언할 수 없을 정도로 애절한 경우'도 있었다고 한다. (홀린레이크의 서술, 141). 리하르트 바그너는 1870년 베토벤 평론에서 베네치아의 뱃노래에 주목하면서, 곤돌라 뱃사공들이 서로 노래에 화답하는 '이상하고 우울한 대화'를 언급했다. 바로 이것이 니체의 시에 등장하는 것과 동일한 '대화'라고 홀린레이크는 결론짓는다(145). 바그너가 베네치아에서 했던 경험은 Plant, Venice: Fragile City, 1797-1997, 195에도 언급된다. 여기서 플랜트는 니체에게 베네치아가 지니는 중요성을 탐구하고 있으며(195-98), 이 주제는 Cacciari in "Viaggio estivo," 127-40에서 철학적으로 검토된 것이다.

11. Nietzsche, Nachgelassene Fragmente, eKGWB/NF-1880, 2[29]. 온라인에서는 Nietzsche Source, http://www.nietzschesource.org/#eKGWB/NF-1880, 2[29]에서 볼 수 있다.

12. Cacciari, "Nietzsche and the Unpolitical," 98.

13. Heidegger and Jaspers, Heidegger-Jaspers Correspondence, 169.

14. Nietzsche, Gay Science, §125.

15. Nietzsche, Ecce Homo, "Why I Am a Destiny," §8.

16. 첫 번째 구절은 Sweetman's in his The Artist and the Bridge 1700 –1920, 131에서, 두 번째 구절은 Worringer's Abstraction and Empathy, 15에서 가져왔다.

17. Joseph Stella, quoted in Crane, The Bridge, xvii.

18. Crane, The Bridge, "Atlantis," line 42. "sacred mediator"라는 구절은 Cassani, Figure, 135에서 가져왔다.

19. Karl Schmidt-Rottluff, quoted in Selz, German Expressionist Painting, 95.

20. Lorenz, Brücke, 8.

21. Nietzsche, Human, All Too Human, §638; Musil, "Towards a New Aesthetic," 208.

22. Asad, Road to Mecca(무함마드 아사드,《메카로 가는 길》), 362. 아사드는 이 책(308, 375)과 Unromantic Orient의 132쪽에서 이 에피소드를 몇 번 더 이야기한다. 아사드의 다리-경험을 주목하게 해준 대니얼 스타인 코킨에게 감사한다.

23. Sloterdijk, You Must Change Your Life(페터 슬로터다이크,《너는 너의 삶을 바꿔야 한다》), 63. 위버멘쉬를 본질주의적 개념으로 보는 입장에 대한 니체의 저항은 잔니 바티모가 되풀이해 강조하는 내용이다. 최근 논문인 "Cristianesimo senza verità," 203-10에서도 같은 내용이 강조된다. 인간의 행동이 확정적이지 않고 자기실현이 노력에 더 가깝다는 면에서 로베르토 에스포지토 또한 유사한 관점을 취한다. 그는 "L'Europa di Cacciari," 173에서 "진리를 포착할 수 없는 자신의 무능을 정면으로 맞대면하는 추측만이 진리에 접근할 수 있는 위치에 있다"라고 주장한다.

24. Kafka, "The Bridge," 411-12. Cassani, Figure와 "Il ponte e il suo angelo," 213-30에 이 우화에 대한 흥미로운 해석이 제시된다.

25. Nietzsche, Beyond Good and Evil, §289.

26. Musil, The Man Without Qualities II, 836.

27. 이 단락에 있는 인용문 여섯 개를 순서대로 나열하면 다음과 같다. Nietzsche, "Why I am So Wise," §3, Ecce Homo (《이 사람을 보라》); foreword to The Anti-Christ(《안티크리스트》), 114; preface (Nov. 1887– March 1888), §3, Will To Power(《권력에의 의지》); Beyond Good and Evil(《선악의 저편》), §295; "Aus Hohen Bergen/From High Mountains," line 2, Beyond Good and Evil(《선악의 저편》); "The Shadow," Zarathus-

tra. 고독한 이 철학자의 '장소 관련 불안'에 대한 상세한 분석은 Harrison, "Have I Been Understood?" 참조.

28. Steven Connor, "Man Is a Rope." http://stevenconnor.com/rope.html에서 볼 수 있다. 다리를 연구하는 학자이자 건축가인 엔초 시비에로의 책 Il ponte umano 뒷표지의 로베르토 모레스의 말 참조. "'인간 다리'는 비장소의 생성 장소다." 모레스는 시비에로의 흥미로운 고찰이 담긴 책도 소개한다.

29. Blavatsky, Isis Unveiled, 1:3; Atkinson [Magus Incognito], Secret Doctrine, 246.

30. Nietzsche, Will to Power, §1067.

31. See Nietzsche, Gay Science, §277.

32. Merleau-Ponty, Signs, 21.

33. Cassani, Figure, 305. 카사니는 니체의 다리 관련 사유의 함의를 선불교뿐 아니라 니체 이후 빈 문화에 대한 다른 고찰들과 적절히 연관시킨다. 마시모 카치아리가 이 주제를 "The Art of Archery"에 설명했다.

34. Esposito, "Community and Nihilism," 48.

8장 바다의 다리와 자아

1. Barlizai, Vita internazionale, 74.

2. De Romanis, Il ponte sull'Adriatico/The Bridge over the Adriatic, 22.

3. Tucci and Chiarini, A chi appartiene l'Adriatico? 37.

4. 위의 글 41.

5. See Abulafia, The Great Sea, and Bosetti, De Trieste à Dubrovnik.

6. 이 주제에 관한 연구는 많다. 눈에 띄는 연구를 일부 소개하면 다음과 같다. Fusaro, Heywood, and Omri, Trade and Cultural Exchange; Abulafia, The Great Sea(데이비드 아불라피아, 《위대한 바다》); Goody, Islam in Europe; Cabane, Histoire de l'Adriatique; Motta, I Turchi, il Mediterraneo e l'Europa; Braudel, The Mediterranean and the Mediterranean World(페르낭 브로델, 《지중해: 펠리페 2세 시대의 지중해 세계》).

7. Matvejević, Mediterranean: A Cultural Landscape, 85-86.

8. Bromberger, "Bridge, Wall, Mirror," 292. 이들 도시에 관해서는 Driessen, "Mediterranean Port Cities"와 Haller, "The Cosmopolitan Mediterranean"도 참조하라.

9. Bromberger, "Bridge, Wall, Mirror," 293. 참고한 책은 Morin, Vidal and His Family 다. 오스만 제국의 드래고만에 대해서는 Lewis, From Babel to Dragomans, 21-29 참조.

10. Mansel, Levant, 20-36.

11. Bromberger, "Bridge, Wall, Mirror," 293. The book referenced is Morin, Vidal and His Family. On dragomans in the Ottoman Empire, see Lewis, From Babel to Dragomans, 21-29.

12. Hametz, "Naming Italians"; Sluga, Problem of Trieste and the Italo-Yugoslav Border; Bosetti, De Trieste à Dubrovnik, 301.

13. Bosetti, De Trieste à Dubrovnik, 298-303.

14. 현대 이탈리아가 '우리의 바다'를 프로젝트로 받아들인 일에 관해서는 Fogu, "From Mare Nostrum to Mare Aliorum"; Trinchese, Mare nostrum; Maranelli and Salvemini, La questione dell'Adriatico 참조.

15. Weil, "The Great Beast," 140-41.

16. 이 번역은 내가 했지만 훌륭한 번역본은 Montale, The Occasions, 31-34와 Montale, Collected Poems 1920-1954, 180-83에 있다. 이후의 행 번호는 본문 괄호 안에 표기한다.

17. James Joyce, Ulysses, 25-26.

18. Cassano, Southern Thought, 11.

19. 탑을 태초의 다리, 혹은 지상과 천상을 연결하는 다리나 사다리로 보는 시각을 주제로 한 연구는 Gordon, Bridges, 7; Harrison, "Without Precedent: The Watts Towers"; Cassani, Figure, 122~23 참조. 이 연관성은 크레인의 시집 The Bridge, 2에도 나타나 있다.

20. http://portocorsini.info/ 참조

21. 이스트리아 반도의 정치적 부침에 대한 상세한 설명은 Harrison, "Istrian Italy"를 바탕으로 한 것이다. 망명자의 추정 총인원은 Bosetti, De Trieste à Dubrovnik, 363; Cattaruzza, L'Italia e il confine orientale, 311; Petacco, A Tragedy Revealed, 133; Pupo, Il lungo esodo, 13; Valussi, Il confine nordorientale d'Italia, 172-73에서 가져온 것이다.

22. http://en.wikipedia.org/wiki/Rovinj 참조

23. Benveniste, Linguistique générale, 296-97; Nagy, Best of the Achaeans, 337-47; Pralon, "La Méditerranée des grecs anciens," 17.

24. Matvejević, "Per una talassopoetica," 259.

25. Cassano, "Repubbliche mediterranee"; Bouchard, "Italy's Geophilosophies of the

Mediterranean," 347-49 참조. 호든과 퍼셀은 "상호 가시성은 지중해 항해 개념의 핵심이며 따라서... 시야에 들어오는 다양한 소통의 주요 특징이다"라고 쓴다. Horden and Purcell, Corrupting Sea, 126. 이어서 두 사람은 바다가 '소통의 장벽이 아니라 지역 간 모든 교류의 매개체'(133)라고 쓴다.

26. Sophocles, Antigone, as translated in Heidegger, An Introduction to Metaphysics, 123.

27. Cacciari, L'arcipelago.

28. See Cocco, "Territori liquidi," and Ballinger, "Liquid Borderland."

29. 새로운 땅에 이주민을 '확보'해야 할 필요성은 Duffield, "Global Civil War"에서 논의된다.

30. 사이성(betweenness)에 대해서는 Dal Lago, Non-Persons, 그리고 Sayad, The Suffering of the Immigrant 참조.

31. 다중 언어와 중간 언어에 관해서는 Bond, Bonsaver, and Faloppa, eds., Destination Italy; Burns, Migrant Imaginaries; Yıldız, Beyond the Mother Tongue 참조.

32. Adelson, "Against Between: A Manifesto"; McGowan, "Brücken und Brücken-Köpfe"; Jordan, "More Than a Metaphor."

33. Tawada, "I Did Not Want to Build Bridges," 416. 외국어로 글을 쓰는 작가로서 다와다 요코가 지닌 정체성에 대해서는 Perloff, Unoriginal Genius, 136-45와 Wright, "Writing in the 'Grey Zone'" 참조.

34. See Adelson, The Turkish Turn; Seyhan, Writing Outside the Nation; Firmat, Life on the Hyphen; Bhabha, The Location of Culture; Soja, Thirdspace.

35. Heidegger, "Building Dwelling Thinking," 153.

36. 이 말은 Heidegger, "Building Dwelling Thinking" 154에 나온 말이고 Bhabha, The Location of Culture, 7에 인용되어 있다.

37. Rushdie, Imaginary Homelands, 125.

38. Rossanda, preface to Matvejević, Mondo Ex, 6.

39. Rossanda, preface to Matvejević, 7.

40. Maalouf, "Il viaggiatore delle due rive," 210-14.

41. Maalouf, 217. Kadare, "L'Adriatico visto dalla cittadella," 161. 다른 글에서 말루프가 주목한 점에 따르면, 복잡하고 다지역적 정체성을 가진 사람들, "일종의 경계 지대에 사는 사람들은⋯ 연결고리를 만들어 오해를 없애는 특별한 역할을 수행한다⋯ 이들의 역할은

다양한 지역 사회와 문화 사이의 다리, 중개자, 중재자 기능을 하는 것이다." Maalouf, In the Name of Identity, 4-5.

42. 연접성 연결에 대한 많은 내용은 https://en.wikipedia.org/wiki/Ephaptic_coupling 참조.

43. De Lacoste-Utamsing and Holloway, "Sexual Dimorphism." 초기 연구의 내용에 따르면, 남성은 문제에 대한 분석을 문제에 대해 느끼는 방식과 분리(좌뇌 활동과 우뇌 활동의 분리)하는 경향이 있고, 여성은 직면한 상황에 대한 분석적, 감정적 반응을 통합하여 좌뇌와 우뇌 사이를 상호 작용시키는 경향이 있다. 후속 연구는 인지 이형성에 대한 평가를 일관되게 입증하지 못했다. 뇌량이 남성과 여성에게서 성장하는 속도와 방식이 달라 성별 차이가 있다는 결론에 도달하기 어렵다는 점을 밝힌 연구도 일부 존재하고, 뇌의 성장이 환경의 영향으로 성별에 따른 교육 차이를 만들어내어 성별에 따른 특정 기술 차이가 나는 것이라고 추론한 연구도 있다. 관련 연구의 주요 쟁점에 대해서는 Westerhausen, Kreuder, Dos Santos Sequeira, et al., "Effects of Handedness and Gender"; Gorman and Nash, "Sizing up the Sexes" 참조. 뇌량과 젠더를 모두 초월할 만큼 광범위하면서도 정신 내적 인지 관계를 강화하고 인간 문화에서 우뇌 활동을 통합할 필요성을 설득력 있게 호소하는 연구는 McGilchrist, The Master and His Emissary(이언 맥길크리스트, 《주인과 심부름꾼》) 참조.

44. Makaš, "Representing Competing Identities," 210.

45. Groddeck, The Book of the It.

46. Nietzsche, Nachgelassene Fragmente, eKGWB/NF-1880,6[70], http://www. nietzschesource.org/#eKGWB/NF-1880,6 [70]. 정신 건강을 유지하기 위해 세워야 하는 방대한 정신 내적 다리를 다룬 흥미로운 연구는 Gordon, Bridges 참조.

47. Arendt, Life of the Mind, 1:187.

48. Plato, Symposium, 202e-203b.

49. Yeats, Per Amica Silentia Lunae, 324.

50. Yeats, A Vision, 193, 214.

51. Yeats, Per Amica Silentia Lunae, 329-31.

52. 위의 책 331, 361.

53. Yeats, A Vision, 209.

54. Plato, Statesman 271d sq.; Phaedo 107e.

55. Cacciari, The Withholding Power, 175.

56. '아드리아해의 베를린'이라는 표현은 Petacco, A Tragedy Revealed, 135에서 가져왔으며, '동쪽으로 가는 다리'라는 표현은 Ballinger, History in Exile, 164에서 논의된다.

57. Ballinger, History in Exile, 423.

58. 로마 다리의 전투에 대해서는 Delli, Ponti di Roma, 110 참조. 그리고 베네치아의 바타글리올레에 대해서는 Rizzo, Ponti di Venezia 참조.

59. Alighieri, Paradiso 16. 145~47; Boccaccio Esp. litt., Inf. 13. 143-45; https://dante.dartmouth.edu/search_view.php?doc=137351131430&cmd=gotoresult&arg1=9. 피렌체 연대기 작가 조반니 빌라니(1274~1348)도 1333년 대홍수로 유실된 마르스 신상을 언급했으며, 단테의 동시대인에게 알려지지 않은 사실이지만 이 신상은 원래 게르만 왕이었을 수도 있다. Paolini, Ponte Vecchio, 56-61에 선별 수록된 로버트 데이비드슨의 글 참조.

60. Troy, Other End of the Bridge, 240.

9장 다리-단절

1. Teel, Sunday Morning, "Encyclopedia Britannica."

2. 이탈리아의 독재자 무솔리니가 히틀러에게 깊은 인상을 주기 위해 베키오 다리를 개조했다는 이야기는 인터넷으로 널리 퍼졌다. 인터넷에는 1939년에 개조되었다는 내용도 나온다(그렇게 보기에는 1년 정도 늦다). 시기의 오류는 심지어 Denison and Stewart's How to Read Bridges(에드워드 데니슨, 이언 스튜어트, 《위대한 도시에는 아름다운 다리가 있다》)에도 나온다. 사실 베키오 다리는 1938년 이전 수백 년 동안 창문이 세 개였으며, (히틀러 방문 때가 아니라) 1860년 비토리오 에마누엘레 2세가 피렌체를 국빈 자격으로 방문했을 때 창문이 하나로 줄었다. 제2차 세계 대전 이후 창문은 다시 세 개로 복구되었고, 아마도 1957년 또는 1958년에 차량 통행이 금지되었을 것이다. 기록보관소를 파헤치면서 수수께끼 해결에 도움을 준 피렌체 역사학자 마리오 벤치벤니에게 감사드린다.

3. Tutaev, The Man Who Saved Florence, 206. 2016년이 되자 베키오 다리를 구한 사람이 전혀 다른 인물이라는 이야기가 수면으로 떠올랐다. 피렌체에 '못생기고 절름발이지만 매우 똑똑한' 부르가소라는 주민이 있었는데, 그가 자기 이야기를 전한 루치아 바로치라는 사람에 따르면 부르가소는 다리 위에 있는 폭발물 전선을 분리했다고 한다. Ferri, Storie e leggende del Ponte Vecchio, 61-62 참조. 지금까지 풍문으로만 남아 있다.

4. Di Cesare, Foreign Residents, 168.

5. '4막'의 많은 사건이 일어나기 전에 나온 Wendy Brown의 Walled States 연구 참조.

6. Bishop, Bridge 참조.

7. Starr, Golden Gate.

8. Kafka, "The Bridge," 411.

9. Herodotus, Histories 1.201–14, 4.83–143, 7.33–37.

10. C. Suetonius Tranquillius, "Caius Caesar Caligula," Lives of the Twelve Caesars.

11. 이야기의 전말은 Carboniero and Falconi, In hoc vinces 참조.

12. Azem, dir., Ecumenopolis. 이스탄불에 다리들이 끼친 영향은 Yeşiltepe and Kubat, "The Effect of Bridges" 참조.

13. Herodotus, Histories 7.24–25.

14. Necipoğlu, Age of Sinan, 88. 이스탄불의 운하, 터널 및 다리 프로젝트를 개괄하여 평가 할 때 일부는 유스티니아누스 시대(482~565)까지 거슬러 올라간다. Çekmiş Görgülü and Hacıhasanoğlu, "Water Crossing Utopias" 참조.

15. Weizman, Hollow Land, 182.; "Politics of Verticality"; Benvenisti, "An Engineering Wonder"; and Bishop, Bridge, 173–74.

16. Franks, "President Trump Releases 'Deal of the Century.'"

17. Wheeler, "Hyperactivity in Brain."

18. Erickson, "On the Town with Georg Simmel."

19. Di Cesare, Foreign Residents.

20. Freud, Totem and Taboo, 123.

21. Bion, "Attacks on Linking," 308. 맥길크리스트는 The Master and His Emissary(이언 맥길크리스트, 《주인과 심부름꾼》), 406-7에서 경계성 애착 장애를 뇌의 좌반구와 우반구 의 불충분한 통합의 결과물이라는 관점에서 논한다. Gordon, Bridges 또한 정신 분리 와 통합의 쟁점들에 대한 풍성한 논의를 통해 비온과 D. W. 위니콧의 연구에 생산성을 더 해준다.

22. Heidegger, Phenomenology of Intuition and Expression, 11.

23. Calvino, Six Memos, 105.

24. Rimbaud, Illuminations, 55.

참고문헌

Abulafia, David. The Great Sea: A Human History of the Mediterranean. Oxford: Oxford University Press, 2011.

Adelson, Leslie A. "Against Between: A Manifesto." In Unpacking Europe: Towards a Critical Reading, edited by Salah Hassan and Iftikhar Dadi, 244–55. Rotterdam: Nai, 2001.

———. The Turkish Turn in Contemporary German Literature. New York: Palgrave Macmillan, 2005.

Adelt, Ulrich. Blues Music in the Sixties: A Story in Black and White. Rutgers, NJ: Rutgers University Press, 2010.

Agamben, Giorgio. The Coming Community. Translated by Michael Hardt. Minneapolis: University of Minnesota Press, 1993.

Akin, Fatih. Crossing the Bridge: The Sound of Istanbul. Film. 2005.

Al-Bukhâri, Muhammad Ibn Ismaiel. Sahih Al-Bukhâri: The Translation of the Meanings of Sahîh Al-Bukhâri, Arabic-English. Vol. 9. Translated by Muhammad Muhsin Khan. Riyadh: Darussalam, 1997.

Alberti, Leon Battista. On the Art of Building in Ten Books. Translated by Joseph Rykwert, Neil Leach, and Robert Tavernor. Cambridge, MA: MIT Press, 1988.

Alighieri, Dante. The Divine Comedy: Inferno. Translated by Allen Mandelbaum. New York: Bantam Books, 1982.

———. The Divine Comedy: Paradiso. Translated by Allen Mandelbaum. New York: Bantam Books, 1986.

Amadei, Emma. I ponti di Roma. Rome: Fratelli Palombi, 1948.

American Heritage Dictionary of Indo-European Roots. 2nd ed. Revised and edited by Calvert Watkins. Boston: Houghton Mifflin, 2000.

Andrić, Ivo. The Bridge on the Žepa. Sarajevo: Oslobođenje, 1971.

———. The Bridge over the Drina. Translated by Lovett F. Edwards. London: Harvill Press, 2007.

Antonioni, Michelangelo. L'avventura. Film. 1960.

Arendt, Hannah. The Life of the Mind. Vol. 1: Thinking. Vol 2: Willing. New York: Harcourt Brace Jovanovich, 1978.

———. "No Longer and Not Yet." In Reflections on Literature and Culture. Edited and with an introduction by Susannah Young-Ah Gottlieb, 121–25. Stanford, CA: Stanford University Press, 2007.

Asad, Muhammad. The Road to Mecca. Louisville, KY: Fons Vitae, 1980.

———. The Unromantic Orient. Ann Arbor: University of Michigan Islamic Book Trust, 2004.

Ashbrook, John. "Politicization of Identity in a European Borderland: Istria, Croatia, and Authenticity, 1990–2003." Nationalities Papers. Journal of Nationalism and Ethnicity 39, no. 6 (2011): 871–97.

Atkinson, William Walker [Magus Incognito, pseud.]. The Secret Doctrine of the Rosicrucians. Chicago: Advanced Thought; London: L. N. Fowler, 1918. Online at https://www.sacred-texts.com/sro/sdr/index.htm.

Azem, Imre, dir. Ecumenopolis: City without Limits. 2011; Hamburg, Germany; Filmförderung Hamburg Schleswig-Holstein/York Street Productions, 2012. DVD.

Bachmann, Ingeborg. "Die Brücken." In Darkness Spoken: The Collected Poems, translated by Peter Filkins, 46–47. Brookline, MA: Zephyr Press, 2006.

Bagliani, Domenico. "Il ponte fra simbolismo e rappresentazione." In Il ponte e l'architettura. Edited by Enzo Siviero, with Stefania Casucci and Antonella Cecchi, 35–58. Milan: CittàStudi Edizioni, 1995.

Baglivi, Giuseppe, and Garrett McCutchan. "Dante, Christ, and the Fallen Bridges." Italica 54, no. 2 (Summer 1977): 250–62.

Ballinger, Pamela. History in Exile: Memory and Identity at the Borders of the Balkans. Princeton, NJ: Princeton University Press, 2003.

———. "Liquid Borderland, Inelastic Sea? Mapping the Eastern Adriatic." In Shatterzone of Empires: Coexistence and Violence in the German, Habsburg, Russian, and Ottoman Borderlands, edited by Omer Bartov, 423–37. Bloomington: Indiana University Press, 2013.

Balmond, Cecil. Crossover. Munich: Prestel, 2013.

Bane, Michael. White Boy Singin' the Blues. New York: Penguin Books, 1982.

Baraka, Amiri (LeRoi Jones). Blues People: Negro Music in White America. New York: Perennial, 2002.

Barretta, Scott. "Southern Expressions of the Blues Revival." The Bohemian South: Creating Countercultures, from Poe to Punk. Edited by Shawn Chandler Bingham and Lindsey A. Freeman, 165–80. Chapel Hill: University of North Carolina Press, 2017.

Barzilai, Salvatore. Vita internazionale. Florence: A. Quattrini, 1911.

Bauman, Zygmunt. Liquid Modernity. Cambridge: Polity Press, 2012.

Beaulieu, Marie-Claire. The Sea in the Greek Imagination. Philadelphia: University of Pennsylvania Press, 2016.

Beckett, Angela. "The (Il)logic of Metaphor in Crane's The Bridge." Textual Practice 25, no.1 (2011): 157–80.

Beckwith, Martha. Hawaiian Mythology. Honolulu: University Press of Hawaii, 1970.

Benveniste, Émile. Problèmes de linguistique générale. Paris: Gallimard, 1966.

Benvenisti, Meron. "An Engineering Wonder." Ha'aretz, June 5, 1996.

Bertolozzi, Joseph. Bridge Music. Delos, 2009. CD.

Bhabha, Homi K. The Location of Culture. London: Routledge, 2004.

Bialis, Laura, and John Ealer. View from the Bridge: Stories from Kosovo. Film. 2007.

Biau, Daniel. The Bridge and the City: A Universal Love Story. Plantation, FL: Llumina Press, 2015.

Biedermann, Hans. Dictionary of Symbolism: Cultural Icons and the Meanings Behind Them. Translated by James Hulbert. New York: Meridian, 1994.

Bierce, Ambrose. "An Occurrence at Owl Creek Bridge." In Tales of Soldiers and Civilians, edited by Donald T. Blume, 9–16. Kent, OH: Kent State University Press, 2004.

Binney, Marcus. Bridges Spanning the World. London: Pimpernel Press, 2017.

Bion, W. R. "Attacks on Linking." International Journal of Psychoanalysis 40, nos. 5–6 (1959): 308–15.

Bishop, Peter. Bridge. London: Reaktion Books, 2008.

Blake, William. Blake's Dante: The Complete Illustrations to the "Divine Comedy." Edited by Milton Klonsky. New York: Harmony Books, 1980.

———. Jerusalem: The Emanation of the Giant Albion. In The Complete Poetry and Prose of William Blake. New rev. ed. Edited by David V. Erdman, 144–258. Berkeley: University of California Press, 2008.

Blanchot, Maurice. La Communauté inavouable. Paris: Éditions de Minuit, 1983.

Bland, J. "About Gender: Sex Differences." Last modified August 19, 2003. http://www.gender.org. uk/about/07neur/77_diffs.htm.

Blavatsky, H. P. Isis Unveiled: A Master-Key to the Mysteries of Ancient and Modern Science and Theology, 2 vols. New York: J. W. Bouton, 1877.

Bloom, Harold. Hart Crane: Comprehensive Research and Study Guide. Philadelphia: Chelsea House, 2003.

Boccaccio, Giovanni. Esp. litt., Inf. (Esposizioni sopra la Comedia di Dante: Inferno). Accessible at https://dante.dartmouth.edu/search_view.php?query=&cmd=Search&commentary%5B%5D=13735&language=any&cantica=0&canto=13&line=.

Bond, Emma, Guido Bonsaver, and Federico Faloppa, eds. Destination Italy: Representing Migration in Contemporary Media and Narrative. Oxford: Peter Lang, 2015.

Boniface VIII. "Unam Sanctam." Catholic Library. 130 2. http://www.newadvent.org/library/docs_ bo08us.htm.

Bono, Salvatore. Il Mediterraneo. Da Lepanto a Barcellona. Perugia: Morlacchi, 2000.

Borges, Jorge Luis. "The Garden of Forking Paths." In Labyrinths: Selected Stories and Other Writings. Edited by Donald A. Yates and James E. Irby, 19–29. New York: New Directions, 1964.

Bosetti, Gilbert. De Trieste à Dubrovnik: Une ligne de fracture de l'Europe. Grenoble: ELLUG, Université Stendhal, 2006.

Bouchard, Norma. "Italy's Geophilosophies of the Mediterranean." Annali d'italianistica 29 (2011): 343–62.

Bowman, Wayne D. Philosophical Perspectives on Music. New York: Oxford University Press, 1998.

Boyer, Marjorie Nice. "The Bridgebuilding Brotherhoods." Speculum 39, no. 4 (October 1964): 635–50.

———. Medieval French Bridges: A History. Cambridge, MA: Mediaeval Academy of America, 1976.

Brangwyn, Frank, and Walter Shaw Sparrow. A Book of Bridges. London: John Lane, 1915.

Braudel, Fernand. The Mediterranean and the Mediterranean World in the Age of Philip II. 2 vols. Translated by Siân Reynolds. New York: Harper & Row, 1972.

Breton, André. Communicating Vessels. Translated by Mary Ann Caws and Geoffrey T. Harris. Lincoln: University of Nebraska Press, 1990.

Broch, Hermann. The Death of Virgil. Translated by Jean Starr Untermeyer. New York: Grosset & Dunlap, 1965.

Brodman, James William. Charity and Religion in Medieval Europe. Washington, DC: Catholic University of America Press, 2009.

Bromell, Nick. Tomorrow Never Knows: Rock and Psychedelics in the 1960s. Chicago: University of Chicago Press, 2000.

Brose, Margaret. "Leopardi and the Power of Sound." California Italian Studies 4, no.1 (2013): 1–35.

Brown, Matthew. "Little Wing." In Understanding Rock: Essays in Musical Analysis. Edited by John Covach and Graeme M. Boone, 155–70. New York: Oxford University Press, 1997.

Brown, Wendy. Walled States, Waning Sovereignty. Brooklyn, NY: Zone Books, 2010.

Bromberger, Christian. "Bridge, Wall, Mirror: Coexistence and Confrontations in the Mediterranean World." History and Anthropology 18, no. 3 (2007): 291–307.

Bruguier-Roure, M. "Les constructeurs de ponts au moyen âge," Bulletin monumental 41 (Paris, 1875): 225–49.

Buber, Martin. "The Teaching of the Tao." In Pointing the Way: Collected Essays. Translated by Maurice Friedman, 31–58. Atlantic Highlands, NJ: Humanities Press International, 1990.

Buddensieg, Tilmann. "Architecture as Empty Form: Nietzsche and the Art of Building." In Nietzsche and "An Architecture of Our Minds." Edited by Alexandre Kostka and Irving Wohlfarth, 259–84. Los Angeles: Getty Research Institute Publications and Exhibitions Program: Issue and Debates, 1999.

Bugatti, Giovanni Battista. Mastro Titta, il Boia di Roma: Memorie di un carnefice scritte da lui stesso. Sassuolo, Italy: Libreria Incontri, 2010.

Burns, Jennifer. Migrant Imaginaries: Figures in Italian Migration Literature. Oxford: Peter Lang, 2013.

Burroughs, Charles. "Below the Angel: An Urbanistic Project in the Rome of Pope Nicholas V." Journal of the Warburg and Courtauld Institutes 45 (1982): 94–124.

Burrows, David. Sound, Speech and Music. Amherst: University of Massachusetts Press, 1990.

Cabane, Pierre. Histoire de l'Adriatique. Paris: Seuil, 2001.

Cacciari, Massimo. "The Art of Archery." In Posthumous People: Vienna at the Turning Point. Translated by Rodger Friedman, 157–69. Stanford, CA: Stanford University Press, 1996.

———. ed. Crucialità del tempo. Saggio sulla concezione nietzschiana del tempo. Naples: Liguori, 1980.

———. L'arcipelago. Milan: Adelphi, 1997.

———. La città. Villa Verucchio: Pazzini, 2004.

———. "Nietzsche and the Unpolitical." In The Unpolitical: On the Radical Critique of Political Reason. Edited by Alessandro Carrera and translated by Massimo Verdicchio, 92–103. New York: Fordham University Press, 2009.

———. "Viaggio estivo." In Venezia Vienna. Il mito della cultura Veneziana nell'Europa asburgica. Edited by Giandomenico Romanelli, 127–40. Milan: Electa, 1983.

———. The Withholding Power: An Essay on Political Theology. Translated by Edi Pucci. London: Bloomsbury Academic, 2018.Cage, John. "The Future of Music: Credo." In Audio Culture: Readings in Modern Music. Edited by Christopher Cox and Daniel Warner, 25–28. New York: Continuum, 2004.

Calvino, Italo. Six Memos for the Next Millennium. Translated by Patrick Creagh. Cambridge, MA: Harvard University Press, 1988.

Camus, Albert. The Fall. Translated by Justin O'Brien. New York: Vintage, 2012.

Carboniero, Bruno, and Fabrizio Falconi. In hoc vinces. La notte che cambiò la storia dell'Occidente. Rome: Edizioni Mediterranee, 2011.

Carby, Hazel. "It Just Be's Dat Way Sometime: The Sexual Politics of Women's Blues." Radical America 20 (1987): 9–22.

Carravetta, Peter. The Elusive Hermes: Method, Discourse, Interpreting. Aurora, CO: Davies Group, 2012.

Cassani, Alberto Giorgio. "Distruggere i ponti?" Note su due romanzi di Ismail Kadaré e Carlo Repetti." *Italianistische Zeitschrift für Kulturwissenschaft und Gegenwartsliteratur / Rivista d'italianistica e di letteratura contemporanea* 3 (2018): 26–59.

———. *Figure del ponte. Simbolo e architettura.* Bologna: Edizioni Pendragon, 2014.

———. "Il ponte e il suo angelo. Mito e simbolo di una figura archetipica." *Memoria e ricerca* 55, no. 2 (2017): 213–30.

———. "Ponti che crollano." Gizmoweb, July 24, 2015. https://www.academia.edu/15425037/Ponti_che_crollano_in_www.gizmoweb.org_24_luglio_2015.

Cassano, Franco. "Repubbliche mediterranee." In *Ethos repubblicano e pensiero meridiano.* Edited by Federica Frediani and Fernanda Gallo, 29–47. Reggio Emilia: Diabasis, 2011.

———. *Southern Thought and Other Essays on the Mediterranean.* Edited and translated by Norma Bouchard and Valerio Ferme. New York: Fordham University Press, 2012.

Cassio, Gellio. *Il Mare Adriatico.* Milan: Hoepli, 1915.

Cattaruzza, Marina. *L'Italia e il confine orientale.* Bologna: Il Mulino, 2007.

Cavarero, Adriana. *For More Than One Voice: Toward a Philosophy of Vocal Expression.* Stanford, CA: Stanford University Press, 2005.

Çekmiş Görgülü, Asli, and Isıl Hacıhasanoğlu. "Water Crossing Utopias of Istanbul: Past and Future." *Istanbul Technical University, Faculty of Architecture* 9, no. 2 (2012): 67–88.

Celmins, Martin. "A Rare Encounter with Danny Kirwan." *Guitar Magazine* 7, no. 9 (July 1997). http://bla.fleetwoodmac.net/index.php?page=index_v2&id=38&c=16.

Champeux, Jacqueline. "Ponts, passage, religion à Rome." In *Les Ponts au Moyen Âge,* edited by Danièle James-Raoul and Claude Thomasset, 216–76. Paris: PUPS, 2006.

Chaplin, Charlie. *The Kid.* Film. 1921.

Cheesman, Tom. *Novels of Turkish German Settlement: Cosmopolite Fictions.* Rochester, NY: Camden House, 2007.

Chevalier, Jean, and Alain Gheerbrandt. "Ponts." *Dictionnaire des symboles: mythes, rêves, coutumes, gestes, formes, figures, couleurs, nombres,* 4:47–49. Paris: Ed. Seghers and Ed. Jupiter, 1974.

Chion, Michel. *Audio-Vision: Sound on Screen.* New York: Columbia University Press, 1994.

Clayson, Adam. *Beat Merchants: The Origins, History, Impact, and Rock Legacy of the 1960's British Pop Groups.* London: Blandford, 1985.

Clifton, Thomas. *Music as Heard: A Study in Applied Phenomenology.* New Haven, CT: Yale University Press, 1983.

Cocchiara, Giuseppe. *Il diavolo nella tradizione popolare italiana.* Palermo: Palumbo, 1945.

———. *Il Paese di Cuccagna e altri studi di folklore.* Turin: Boringhieri, 1980.

Cocco, Emilio. "I territori liquidi. Forme e confini di un immaginario adriatico." In *Immaginare l'Adriatico. Contributi alla riscoperta sociale di uno spazio di frontiera,* edited by Emilio Cocco and Everardo Minardi, 11–26. Milan: Franco Angeli, 2007.

Cohen, Robin. *Global Diasporas: An Introduction.* Seattle: University of Washington Press, 1997.

Comberiati, Daniele. *Scrivere nella lingua dell'altro. La letteratura degli immigrati in Italia (1989–2007).* Brussels: Peter Lang, 2010.

Comencini, Luigi. *Till Marriage Do Us Part (Mio Dio, come sono caduta in basso).* Film. 1974.

Comprone, Raphael. "Alterity, Violence, and History in Ivo Andrić's *Na Drini Cuprija.*" *Serbian Studies: Journal for the North American Society for Serbian Studies* 20, no. 2 (2006): 259–77.

Connochie-Bourgne, Chantal. "Le pont de Virgile: une merveille technique." In Les Ponts au Moyen Âge, edited by Danièle James-Raoul and Claude Thomasset, 49–63. Paris: PUPS, 2006.

Cook, Franklin. "The Case against Saying 'Suicide Is a Permanent Solution to a Temporary Problem.'" The Mighty, September 19, 2016. https://themighty.com/2016/09/suicide-is-a-permanent-solution-to-a-temporary-problem/.

Coomaraswamy, Doña Luisa. "The Perilous Bridge of Welfare." Harvard Journal of Asiatic Studies 8, no. 2 (August 1944): 196–213.

Crane, Hart. The Bridge: An Annotated Edition. Edited by Lawrence Kramer. New York: Fordham University Press, 2011.

———. "General Aims and Theories." In Complete Poems and Selected Letters. Edited by Langdon Hammer, 160–64. New York: Literary Classics of America, 2006.

Crifò, Giuliano. "A proposito di pontifices." I riti del costruire nelle acque violate. Atti del Convegno Internazionale Roma, Palazzo Massimo 12–14 giugno 2008. Edited by Helga Di Giuseppe and Mirella Serlorenzi, 115–27. Rome: Scienza e Lettere, 2010.

Crotti, Sergio. "Il ponte tra retorica e logica." Casabella 469 (May 1981): 10–16.

Cumont, Franz. After Life in Roman Paganism. New York: Dover, 1959.

Dal Lago, Alessandro. Non-Persons: The Exclusion of Migrants in a Global Society. Translated by Marie Orton. Vimodrone, MI: IPOC, 2009.

Davies, Penelope J. E. Death and the Emperor. Cambridge: Cambridge University Press, 2000.

Davis, Angela. Blues Legacies and Black Feminism. New York: Vintage, 1998.

de Certeau, Michel. The Practice of Everyday Life. Translated by Steven Rendall. Los Angeles: University of California Press, 1984.

DeJean, Joan. How Paris Became Paris: The Invention of the Modern City. New York: Bloomsbury, 2014.

de Lacoste-Utamsing, C., and R. L. Holloway. "Sexual Dimorphism in the Human Corpus Callosum." Science 216 (June 25, 1982): 1431–32.

De Montalvo, Garci Rodríguez. The Labors of the Very Brave Knight Esplanadián. Translated by William Thomas Little. Binghamton, NY: Center for Medieval and Early Renaissance Studies, 1992.

Denison, Edward, and Ian Stewart. How to Read Bridges: A Crash Course Spanning the Centuries. London: Herbert Press, 2012.

De Santis, Silvia. Blake and Dante: A Study of William Blake's Illustrations of the "Divine Comedy" Including His Critical Notes. Rome: Cangemi Editore International, 2018.

De Romanis, Giorgio. Il ponte sull'Adriatico/The Bridge over the Adriatic. Milan: Edizioni l'Archivolto, 2008.

Del Boca, Angelo. L'Africa nella coscienza degli italiani. Milan: Mondadori, 2002.

Delli, Sergio. I ponti di Roma. Rome: Newton Compton Editori, 1977.

Derrida, Jacques. Heidegger: The Question of Being and History. Edited by Thomas Dutoit, with Marguerite Derrida, and translated by Geoffrey Bennington. Chicago: University of Chicago Press, 2016.

Dethier, Jean, and Ruth Eaton, eds. "(Ponti abitati)," special issue of Rassegna. Problemi di architettura dell'ambiente 48, no. 4 (December 1991).

Di Cesare, Donatella. Foreign Residents: A Philosophy of Migration. Translated by David Broder. Cambridge: Polity Press, 2020.

Di Siena, Vincenzo, ed. Due ponti pedonali sul Tevere. Concorso internazionale di progettazione. Florence: Alinea, 2001.

Dickinson, Emily. Poems. Selected by Helen McNeil. New York: Barnes & Noble, 2002.

D'Intino, Franco. La caduta e il ritorno. Cinque movimenti dell'immaginario romantico leopardiano. Macerata: Quodlibet Studio, 2019.

Dinzelbacher, Peter. Die Jenseitsbrücke im Mittelalter. Vienna: Verband der wissenschaftlichen Gesellschaft Österreichs, 1973.

Dionysius of Halicarnassus. Roman Antiquities. http://penelope.uchicago.edu/Thayer/E/Roman/Texts/Dionysius_of_Halicarnassus/1B*.html#38.2.

D'Onofrio, Cesare. Gian Lorenzo Bernini e gli angeli di ponte Sant'Angelo. Storia di un ponte. Rome: Romana Società Editrice, 1981.

———. Il Tevere. Rome: Romana Società Editrice, 1980.

Doré, Gustave, and Blanchard Jerrold. London: A Pilgrimage. London: Grant, 1872.

Doré, Henri. Researches into Chinese Superstitions. Vol. 7. Translated by M. Kinnelly. Shanghai: T'usewei Printing Press, 1914–26.

Doyle, Roddy. The Commitments. New York: Vintage, 1989.

Driessen, Henk. "Mediterranean Port Cities: Cosmopolitanism Reconsidered." History and Anthropology 16, no.1 (March 2005): 129–41.

Duffield, Mark. "Global Civil War: The Non-Insured, International Containment and Post-Interventionary Society." Journal of Refugee Studies 21, no. 2 (2008): 145–65.

Dunes, Alan, ed. The Walled-up Wife: A Casebook. Madison: University of Wisconsin Press, 1996.

Dupré, Judith. Bridges: A History of the World's Most Spectacular Spans. New York: Black Dog & Leventhal, 2017.

Eliade, Mircea. "Master Manole and the Monastery of Arges." In Zalmoxis, The Vanishing God. Translated by Willard R. Trask, 164–90. Chicago: University of Chicago Press, 1986.

Eliot, T. S. The Waste Land and Other Poems. New York: Harcourt, Brace & World, 1962.

Ellis, Steve. "Canto XXI: Controversial Comedy." In Lectura Dantis: Inferno. Edited by Allen Mandelbaum, Anthony Oldcorn, and Charles Ross, 287–96. Berkeley: University of California Press, 1998.

Emerton, Ephraim. "Altopascio—A Forgotten Order." American Historical Review 29, no. 1 (October 1923): 1–23.

Enrico, Robert. La Rivère de hibou (Occurrence at Owl Creek Bridge). Film. 1961.

Erickson, Victoria Lee. "On the Town with Georg Simmel: A Socio-Religious Understanding of Urban Interaction." Cross Currents 51, no. 1 (Spring 2001). http://www.crosscurrents.org/erickson0151.htm.

Esposito, Roberto. "Community and Nihilism." In The Italian Difference: Between Nihilism and Biopolitics, edited by Lorenzo Chiesa and Alberto Toscano, 37–54. Melbourne: re.press, 2009.

———. "L'Europa di Cacciari." In Inquieto pensare: Scritti in onore di Massimo Cacciari, edited by Emanuele Severino and Vincenzo Vitiello, 165–74. Brescia: Morcelliana, 2015.

Evans, David. Big Road Blues: Tradition and Creativity in Folk Blues. Berkeley: University of California Press, 1982.

Falconi, Fabrizio. I fantasmi di Roma. Rome: Newton Compton, 2010.

Farooq, Umar. "Will Istanbul's Massive New Canal Be an Environmental Disaster?" National Geographic. March 28, 2018. https://www.nationalgeographic.com/news/2018/03/istanbul-canal-project-bosporus-environmental-impacts/#close.

Fenollosa, Ernest. "An Essay on the Chinese Written Character." In Instigations of Ezra Pound, Together with an Essay on the Chinese Written Character by Ernest Fenollosa, 357–88. New York: Boni and Liverwright, 1920.

Ferenczi, Sándor. "Bridge Symbolism and the Don Juan Legend." In Further Contributions to the Theory and Technique of Psychoanalysis, 356–58. New York: Basic Books, 1952.

———. "The Symbolism of the Bridge." International Journal of Psychoanalysis 3 (1922): 163–68.

Ferri, Marco. Storie e leggende del Ponte Vecchio. Florence: Angelo Pontecorboli Editore, 2017.

Ferris, William. Blues from the Delta. New York: Doubleday Anchor, 1978.

Finkel, Caroline. Osman's Dream: The Story of the Ottoman Empire, 1300–1923. London: John Murray, 2005.

Firmat, Gustavo Perez. Life on the Hyphen: The Cuban-American Way. Austin: University of Texas Press, 1994.

Fleetwood Mac. Mr. Wonderful. Blue Horizon, 1968.

Fogu, Claudio. "From Mare Nostrum to Mare Aliorum: Mediterranean Theory and Mediterraneism in Contemporary Italian Thought." California Italian Studies Journal 1, no. 1 (2010): 1–23. http://escholarship.org/uc/item/7vp210p4.

Fontana, Bill. Cologne San Francisco Sound Bridge, 1987. http://echosounddesign.com/media/Cologne_San_Francisco_Soundbridge.mp3.

———. "The Environment as a Musical Resource," n.d. http://www.resoundings.org/Pages/musical%20resource.html.

———. Oscillating Steel Grids along the Brooklyn Bridge, 1983. http://resoundings.org/Pages/Oscillating.html.

———. "The Relocation of Ambient Sound: Urban Sound Sculpture," n.d. http://www.resoundings.org/Pages/Urban%20Sound%20Sculpture.

———. Sound Sculptures through the Golden Gate Bridge, 1987. http://resoundings.org/Pages/Architectural_Sound_Sculptures.html.

Foucault, Michel. "Of Other Spaces: Utopias and Heterotopias." Rethinking Architecture: A Reader in Cultural Theory. Edited by Neil Leach, 330–36. New York: Routledge,1997.

France, Anatole. The Red Lily. 1894. http://www.gutenberg.org/files/3922/3922-h/3922-h.htm.

Frank, Ellen Eve. Literary Architecture: Essays Toward a Tradition: Walter Pater, Gerard Manley Hopkins, Marcel Proust, Henry James. Berkeley: University of California Press, 1979.

Franks, Tim. "President Trump Releases 'Deal of the Century.'" BBC Newshour, January 28, 2020.

Frazer, Sir James George, ed. "Commentary on Book V." In Ovid, Publii Ovidii Nasonis Fastorum Libri Sex [The Fasti of Ovid]. Vol. 4. London: Macmillan, 1929.

———. The Fear of the Dead in Primitive Religion. Vols. 1–3. New York: Arno Press, 1977.

Freud, Sigmund. Totem and Taboo: Resemblances Between the Psychic Life of Savages and Neurotics. Translated by A. A. Brill. London: Routledge, 1919.

Frothingham, A. L. Roman Cities in Northern Italy and Dalmatia. London: J. Murray, 1910.

Fusaro, Maria, Colin Heywood, and Mohamed-Salah Omri, eds. Trade and Cultural Exchange in the Early Modern Mediterranean: Braudel's Maritime Legacy. London: I. B. Tauris, 2019.

Gadamer, Hans Georg. Truth and Method. 2nd rev. ed. Translated by Joel Weinsheimer and Donald G. Marshall. London: Continuum, 2004.

Galanti, Bianca Maria. "La leggenda del 'ponte del diavolo' in Italia." Lares 18, nos. 1–2 (1952): 61–73.

Gambacurta, Michael. Autophones: Hearing with the Ears of the Bridge [Hören mit Ohren der Brücke]. 2008.

—————."Autophones," n.d. http://www.gambacurta.ca/michael/projects/autophones.htm.

Gardet, Louis. Islam. Paris: Desclée de Brouwer, 1967.

Garrod, Sir Martin. Foreword to John Yarwood, Rebuilding Mostar: Urban Reconstruction in a War Zone. Liverpool: Liverpool University Press, 1999.

Germi, Pietro. Seduced and Abandoned. Film. 1964.

Gies, Joseph. Bridges and Men. New York: Grosset & Dunlap, 1963.

Gilot, Françoise, and Carlton Lake. Life with Picasso. New York: McGraw Hill, 1964.

Gnisci, Armando. La letteratura italiana della migrazione. Rome: Lilith, 1998.

Göktürk, Deniz. "Projecting Polyphony: Moving Images, Travelling Sounds." In Orienting Istanbul: Cultural Capital of Europe?, edited by Deniz Göktürk, Levent Soysal, and Ipek Türeli, 178–98. New York: Routledge, 2010.

—————. "Sound Bridges: Transnational Mobility as Ironic Melodrama." In European Cinema in Motion: Migrant and Diasporic Film in Contemporary Europe, edited by Daniela Berghahn and Claudio Sternberg, 215–34. New York: Macmillan Palgrave, 2010.

Golson, G. Barry, ed. The Playboy Interviews with John Lennon & Yoko Ono, conducted by David Sheff. New York: Berkley Books, 1982.

Gölz, Sabine. "'Ponte Mirabeau... Waterloo Bridge': A Contrastive Reading of Apollinaire's 'Le Pont Mirabeau' and Ingeborg Bachmann's 'Die Brücken.'" In "If We Had the Word": Ingeborg Bachmann, Views and Reviews, edited by Gisela Brinker-Gabler and Markus Zisselsberger, 47–92. Riverside, CA: Ariadne Press, 2004.

Gomme, Alice Bertha. The Traditional Games of England, Scotland, and Ireland. London: Thames and Hudson, 1984.

Goody, Jack. Islam in Europe. Cambridge: Polity Press, 2004.

Gordon, Rosemary. Bridges: Psychic Structures, Functions, and Processes. London: Karnac Books, 1993.

Gorman, Christine and J. Madeleine Nash. "Sizing up the Sexes." Time (January 20, 1992): 36–43.

Gould, Rebecca. "Allegory and the Critique of Sovereignty: Ismail Kadare's Political Theologies." Studies in the Novel 44, no. 2 (Summer 2012): 208–30.

Graf, Bernhard. Bridges That Changed the World. Munich: Prestel, 2002.

Grégoire, M. Henri. Recherches historiques sur les congrégations hospitalières des frères pontifes, ou constructeurs de ponts. Paris: Baudoin Frères, Libraires, 1818.

Gregotti, Vittorio. Il progetto per l'Università delle Calabrie e altre architetture/The Project for Calabria University and Other Architectural Works. Edited by Italo Rota and Gabriella Borsano. Milan: Electa International, 1979.

Groddeck, Georg. The Book of the It. Mansfield Centre, CT: Martino, 2015.

"Groundbreaking Ceremony for Bridge over Dardanelles to Take Place on March 18." Hürriyet Daily News, March 77, 2017. http://www.hurriyetdailynews.com/groundbreaking-ceremony-for-bridge-over-dardanelles-to-take-place-on-march-18-110948.

Grundlehner, Philip. The Poetry of Friedrich Nietzsche. New York: Oxford University Press, 1986.

Haddon, Alfred C. The Study of Man. London: John Murray, 1908.

Haller, Dieter. "The Cosmopolitan Mediterranean: Myth and Reality." Zeitschrift für Ethnologie 129, no. 1 (2004): 29–47.

Hallett, Judith P. "'Over Troubled Waters': The Meaning of the Title Pontifex." Transactions of the American Philological Association 101 (1970): 219–22.

Hametz, Maura Elise. "Naming Italians in the Borderland, 1926–1943." Journal of Modern Italian Studies 15 (2010): 410–30.

Hammer, Langdon. "Hart Crane's View from the Bridge." NYRDaily, November 24, 2017. http://www.nybooks.com/daily/2017/11/24/hart-cranes-view-from-the-bridge/.

Hamon, Philippe. Expositions: Literature and Architecture in Nineteenth-Century France. Translated by Katia Sainson-Frank and Lisa Maguire. Berkeley: University of California Press, 1992.

Harrison, Daphne Duval. Black Pearls: Blues Queens of the 1920s. New Brunswick, NJ: Rutgers University Press, 1988.

Harrison, Thomas. "The Architectural Word." In Inquieto pensare: Scritti in onore di Massimo Cacciari, edited by Emanuele Severino and Vincenzo Vitiello, 271–82. Brescia: Morcelliana, 2015.

——. "Have I Been Understood? The Eternal Nowhere of Nietzschean Existence." In Nietzsche in Italy, edited by Thomas Harrison, 181–98. Saratoga, CA: Anma Libri, 1988.

——. "Istrian Italy and the Homeland: The Lessons of Poetry." Forum Italicum: Italy from Without 47, no. 2 (2013): 324–35.

——. "Offscreen Space, From Cinema and Sculpture to Photography, Poetry and Narrative." California Italian Studies 7, no. 1 (2017): 1–20. https://escholarship.org/uc/item/2w40187f.

——. "Without Precedent: The Watts Towers." California Italian Studies 1, no. 2 (2010): 1–16. https://escholarship.org/uc/item/3v06b8jt.

Harvey, David. The Condition of Postmodernity. Oxford: Basil Blackwell, 1990.

Hearn, Lafcadio. The Romance of the Milky Way and Other Stories. New York: Houghton Mifflin, 1905. https://archive.org/details/romanceofmilkywa00hear.

Hedges, Christopher. War Is a Force that Gives Us Meaning. New York: PublicAffairs, 2014.

Heidegger, Martin. "Building Dwelling Thinking." In Poetry, Language, Thought, translated by Albert Hofstadter, 143–61. New York: Harper & Row, 1971.

——. An Introduction to Metaphysics. Translated by Ralph Manheim. New York: Doubleday, 1961.

——. "Letter on Humanism." In Basic Writings, edited by D. F. Krell, 213–65. London: Routledge, 1978.

——. Phenomenology of Intuition and Expression. Translated by Tracy Colony. London: Continuum International, 2010.

——. "...Poetically Man Dwells...." In Poetry, Language, Thought, translated by Albert Hofstadter, 211–29. New York: Harper & Row, 1971.

——. "Who Is Nietzsche's Zarathustra?" In The New Nietzsche: Contemporary Styles of Interpretation, edited by David B. Allison, 64–79. London: MIT Press, 1985.

Heidegger, Martin, and Karl Jaspers. The Heidegger-Jaspers Correspondence, 1920–1963. Translated by Gary E. Aylesworth. Amherst, NY: Humanity Books, 2003.

Herczeg, Ferenc. A híd (The Bridge). Budapest: Singer és Wolfner, 1925.

Höfferer, Christina. A Literary Journey to Rome: From the Sweet Life to the Great Beauty. Newcastle upon Tyne: Cambridge Scholars, 2017.

Hölderlin, Friedrich. Selected Poems. Translated by Christopher Middleton. Chicago: University of Chicago Press, 1972.

Holland, L. A. Janus and the Bridge. Rome: American Academy in Rome, 1961.

Hollinrake, Roger. "A Note on Nietzsche's Gondellied." Nietzsche-Studien 4 (1975): 139-45.

Hood, Thomas. "The Bridge of Sighs." https://www.poeticous.com/thomas-hood/the-bridge-of-sighs.

Horden, Peregrine, and Nicholas Purcell. The Corrupting Sea: A Study of Mediterranean History. Malden, MA: Blackwell, 2000.

Howe, Susan. My Emily Dickinson. Berkeley, CA: North Atlantic Books, 1985.

Hudson, Mike. "Suicide Season." http://www.niagarafallsreporter.com/column366.html.

Irwin, John T. Hart Crane's Poetry: "Appollinaire [sic] Lived in Paris, I Live in Cleveland, Ohio." Baltimore: Johns Hopkins University, 2011.

Jackson, Buzzy. A Bad Woman Feeling Good: Blues and the Women Who Sing Them. New York: W. W. Norton, 2005.

Jadhav, Prakash. "Under Dadar Bridge." Encyclopedia of Dalits in India. Vol. 11, Literature. Edited by Sanjay Paswan and Pramanshi Jaideva, 147-49. Delhi: Kalpaz Publications, 2002.

Jakobson, Roman. "Two Aspects of Language and Two Types of Aphasic Disturbances." In Fundamentals of Language, by Roman Jakobson and Morris Halle, 69-96. The Hague: Mouton, 1971.

James-Raoul, Danièle. "Le pont dans les locutions: aperçu sur les langues européennes." In Les Ponts au Moyen Âge, edited by Danièle James-Raoul and Claude Thomasset, 291-318. Paris: PUPS, 2006.

James-Raoul, Danièle, and Claude Thomasset, eds. Les Ponts au Moyen Âge. Paris: PUPS, 2006.

Jay, Paul. Global Matters: The Transnational Turn in Literary Studies. Ithaca, NY: Cornell University Press, 2010.

Jordan, Jim. "More Than a Metaphor: The Passing of the Two Worlds Paradigm in German-Language Diasporic Literature." German Life and Letters 59, no. 4 (October 2006): 488-99.

Jorio, Piercarlo. Acque, ponti, diavoli nel leggendario alpino. Turin: Priuli & Verlucca, 1999.

Joyce, James. Ulysses. New York: Random House, 1934.

Juvenal [Decimus Iunius Iuvenalis]. The Satires: A New English Translation. Translated by A. S. Kline, 2011. https://www.poetryintranslation.com/PITBR/Latin/JuvenalSatires6.php.

Kadare, Ismail. "L'Adriatico visto dalla cittadella." Venature Mediterranee. Dialogo con scrittori di oggi. Edited by Costanza Ferrini, 159-64. Messina: Mesogea, 1999.

———. The Three-Arched Bridge. Translated by John Hodgson. New York: Arcade, 1997.

Kafka, Franz. "The Bridge." In The Complete Stories, edited by Nahum N. Glatzer, 411-12. New York: Schocken Books, 1983.

———. "The Judgment." In The Sons, edited by Arthur S. Wensinger, 1-16. New York: Schocken Books, 1989.

———. The Trial. Translated by Willa and Edwin Muir. New York: Vintage Books, 1969.

Kane, Brian. Sound Unseen: Acousmatic Sound in Theory and Practice. Oxford: Oxford University Press, 2014.

Kavanagh, Bernard J. "Pontifices, Bridge-Making and Ribezzo Revisited." Glotta 76, nos. 1-2 (2000): 59-65.

Keil, Andreas. Pedestrian Bridges: Ramps, Walkways, Structures. Translated by Christina McKenna. Munich: Edition Detail, 2013.

Keil, Charles. Urban Blues. Chicago: University of Chicago Press, 1991.

Kellett, James Andrew. "Fathers and Sons: American Blues and British Rock Music, 1960-1970." PhD diss., University of Maryland, College Park, 2008.

Kellman, Steven G. The Translingual Imagination. Lincoln: University of Nebraska Press, 2000.

Kezele, Michaela. My Beautiful Country (Die Brücke am Ibar). Film. 2012.

Klotz, Alfred. "Sexagenarii." In RE (Realencyclopädie der classischen Altertumswissenschaft). Vol. 2 A, 2 (1923): 2025–26.

Knight, G. A. Frank. "Bridges." Encyclopaedia of Religion and Ethics. Edited by James Hastings, 2:848–57. New York: Charles Scribner's Sons, 1910.

Koenig, Joseph. "Favored by Suicides." New York Times, June 30, 1991. http://fionnchu.blogspot. com/2009/05/jumping-off-golden-gate-bridge-two.html.

Kostka, Alexandre, and Irving Wohlfarth, eds. Nietzsche and "An Architecture of Our Minds." Los Angeles: Getty Research Institute Publications and Exhibitions Program: Issue and Debates, 1999.

Kövecses, Zoltán. Where Metaphors Come From: Considering Context in Metaphor. Oxford: Oxford University Press, 2015.

Kunze, Donald, and Wesley Wei. "The Vanity of Architecture: Topical Thinking and the Practice of Discontinuity." In Via 8: Architecture and Literature, edited by Muscoe Martin et al., 54–69. New York: Rizzoli, 1986.

Lakoff, George, and Mark Johnson. Metaphors We Live By. Chicago: University of Chicago Press, 2003.

Lanchester, John. "Flashes of Flora." New York Review of Books, December 17, 2009. https:// www.nybooks.com/articles/2009/12/17/flashes-of-flora/.

Larkin, Philip. "Bridge for the Living." In Collected Poems, edited by Anthon Thwaite, 203–4. London: Faber & Faber, 1988.

Le Blévec, Daniel. "Une institution d'assistance en pays rhodanien: Les Frères pontifes." In Assistance et charité, Cahiers de Fanjeux 13, edited by Marie-Humbert Vicaire, 87–110. Toulouse: É. Privat, 1978.

Leavitt, David. Florence: A Delicate Case. New York: Bloomsbury, 2002.

Lenoir, J. B. Alabama Blues. CBS, 1965.

Lennon, John. Walls and Bridges. Apple, 1974.

Leontis, Artemis. "The Bridge Between the Classical and the Balkan." South Atlantic Quarterly 98, no. 4 (Fall 1999): 633–54.

Leopardi, Giacomo. "The Dialogue of Christopher Columbus and Pedro Gutierrez." In Moral Essays/Operette Morali, translated by Patrick Creagh, 158–62. New York: Columbia University Press, 1983.

———. "The Dialogue of a Physicist and a Metaphysician." In Moral Essays/Operette Morali, translated by Patrick Creagh, 85–90. New York: Columbia University Press, 1983.

———. "L'infinito," in Canti: Poems/A Bilingual Edition, translated by Jonathan Galassi (New York: Farrar, Straus and Giroux, 2010), 106–7.

———. "Ricordi d'infanzia e d'adolescenza." In Tutte le poesie e tutte le prose. Edited by Lucio Felici and Emanuele Trevi, 1100–1106. Rome: Newton Compton, 1997.

———. Zibaldone: The Notebooks of Leopardi. Edited by Michael Caesar and Franco D'Intino. London: Penguin Books, 2013.

Lewis, Bernard. From Babel to Dragomans: Interpreting the Middle East. Oxford: Oxford University Press, 2004.

Lewis, R. W. B. The Poetry of Hart Crane: A Critical Study. Princeton, NJ: Princeton University Press, 1967.

Lindow, John. Norse Mythology: A Guide to the Gods, Heroes, Rituals, and Beliefs. Oxford: Oxford University Press, 2002.

Little, Lester K. "Life and Afterlife of the First Plague Pandemic." In Plague and The End of Antiquity: The Pandemic of 541–750, edited by Lester K. Little, 3–32. Cambridge: Cambridge University Press, 2008.

Lodge, David. The Modes of Modern Writing. London: E. Arnold, 1977.

Lombardi-Diop, Cristina, and Caterina Romeo, eds. Postcolonial Italy: Challenging National Homogeneity. Basingstoke, UK: Palgrave Macmillan, 2012.

Lorenz, Ulrike. Brücke. Los Angeles: Taschen, 2008.

Lösel, F. G. "Nietzsche's 'Venice': An Interpretation." Hermathena 105 (1967): 60–73.

Luckert, Karl W. Navajo Mountain and Rainbow Bridge Religion. Flagstaff, AZ: Museum of Northern Arizona, 1977.

György [Georg] Lukács. "On Poverty of Spirit: A Conversation and a Letter." In The Lukács Reader, edited by Arpad Kadarkay, 42–56. Oxford: Blackwell, 1995.

———. Soul & Form. Translated by Anna Bostock, edited by John T. Sanders and Katie Terezakis, and with an introduction by Judith Butler. New York: Columbia University Press, 2010.

Maalouf, Amin. "Il viaggiatore delle due rive." In Venature Mediterranee. Dialogo con scrittori di oggi, edited by Costanza Ferrini, 207–17. Messina: Mesogea, 1999.

———. In the Name of Identity: Violence and the Need to Belong. Translated by Barbara Bray. New York: Arcade, 2000.

Maeder, Beverly. Wallace Stevens's Experimental Language: The Lion in the Lute. New York: St. Martin's Press, 1999.

Magherini, Graziella. La sindrome di Stendhal. Florence: Ponte Alle Grazie, 1989.

Makaš, Emily Gunzberger. "Representing Competing Identities: Building and Rebuilding in Postwar Mostar, Bosnia-Hercegovina." PhD diss., Cornell University, 2007.

Mancini, Loredana. "Pietas e superstitio nella decorazione dei ponti romani." In I riti del costruire nelle acque violate. Atti del Convegno Internazionale Roma, Palazzo Massimo 12–14 giugno 2008. Edited by Helga Di Giuseppe and Mirella Serlorenzi, 139–59. Rome: Scienze e Lettere, 2010.

Mandel, Ruth. "Sacrifice at the Bridge of Arta: Sex Roles and the Manipulation of Power." Journal of Modern Greek Studies 1, no. 1 (May 1983): 173–83.

Mansel, Philip. Levant: Splendour and Catastrophe on the Mediterranean. New Haven, CT: Yale University Press, 2010.

Maranelli, Carlo, and Gaetano Salvemini. La questione dell'Adriatico. Rome: Libreria della Voce, 1919.

Matvejević, Predrag. Mediterranean: A Cultural Landscape. Translated by Michael Heim. Berkeley: University of California Press, 1999.

———. Mondo ex e tempo del dopo: Identità, ideologie, nazioni nell'una e nell'altra Europa. Milan: Garzanti, 2006.

———. "Per una talassopoetica." In Venature Mediterranee. Dialogo con scrittori di oggi, edited by Costanza Ferrini, 255–56. Messina: Mesogea, 1999.

May, Rollo. Psychology and the Human Dilemma. New York: Norton, 1996.

McClary, Susan. Conventional Wisdom: The Content of Musical Form. Berkeley: University of California Press, 2000.

McCullough, David. The Great Bridge. New York: Simon and Schuster, 1972.

McGilchrist, Iain. The Master and His Emissary: The Divided Brain and the Making of the Western World. New Haven, CT: Yale University Press, 2012.

McGowan, Moray. "Brücken und Brücken-Köpfe: Wandlungen einer Metapher in der türkisch-deutschen Literatur." In Die "andere" deutsche Literatur: Istanbuler Vorträge, edited by Manfred Durzak and Niler Kuruyazici, 31–40. Würzburg: Königshausen & Neumann, 2004.

McStravick, Summer, and John Roos, with Martin Celmins and Bob Brunning. BluesRock Explosion. Mission Viejo, CA: Old Goat, 2002.

Mengaldo, Elisabetta. "Strategie di reticenza e demistificazione: Il trattino di sospensione negli aforismi di Friedrich Nietzsche." Studi germanici 43, nos.1–2 (2005): 25–48.

Merleau-Ponty, Maurice. Signs. Translated by Richard McCleary. Evanston, IL: Northwestern University Press, 1964.

Mesqui, Jean. Le Pont en France avant le temps des ingénieurs. Paris: Picard, 1986.

"Metaphor." Dictionary.com Unabridged (v. 1.1). Random House, Inc. http://dictionary.reference. com/browse/metaphor.

Michael Kaern, "Bridge and Door," in Qualitative Sociology 17, no. 4 (1994): 397–413. Lotus International 47 (1985): 52–56.

Milward, John. Crossroads: How the Blues Shaped Rock 'n Roll (And Rock Saved the Blues). Boston: Northeastern University Press, 2013.

Montale, Eugenio. Collected Poems, 1920–1954. Translated by Jonathan Galassi. New York: Farrar, Straus and Giroux, 1998.

———. The Occasions. Translated by William Arrowsmith. New York: Norton, 1987.

Morin, Edgar. Vidal and His Family. Sussex: Sussex Academic Press, 2009.

Motta, Giovanni, ed. I Turchi, il Mediterraneo e l'Europa. Milan: Franco Angeli, 1998.

Milutinović, Zoran. "Andrić's Strategy of Redemption." Journal for the North American Society for Serbian Studies 14, no. 1 (2000): 93–98.

Murray, Charles Shaar. Crosstown Traffic. New York: St. Martin's Press, 1989.

Murray, Peter, and Mary Anne Stevens, eds. Living Bridges: The Inhabited Bridge, Past, Present and Future. Munich: Prestel-Verlag, 1996.

Musil, Robert. The Man Without Qualities II: "Into the Millennium" and "From the Posthumous Papers." Translated by Sophie Wilkins, with editorial consultant Burton Pike. New York: Alfred A. Knopf, 1995.

———. "Towards a New Aesthetic. Observations on a Dramaturgy of Film." In Precision and Soul, edited and translated by Burton Pike and David S. Luft, 193–207. Chicago: University of Chicago Press, 1990.

The Muslim Jesus: Sayings and Stories in Islamic Literature. Edited and translated by Tarif Khalidi. Cambridge, MA: Harvard University Press, 2001.

Nafus, Chale. "Celluloid Connections: The Bridge in Cinema." http://historicbridgefoundation. com/?page_id=10.

Nagy, Gregory. The Best of the Achaeans: Concepts of the Hero in Archaic Greek Poetry. Baltimore: Johns Hopkins University Press, 1979.

Nancy, Jean-Luc. Listening. Translated by Charlotte Mandell. New York: Fordham University Press, 2007.

Natirbov, Patricia B. "The World Is A Bridge, by Christine Weston." Middle East Journal 4, no. 3 (July 1950): 364–65.

National Park Service. "Natural Bridges." http://www.nps.gov/nabr/index.htm.

Necipoğlu, Gülru. The Age of Sinan: Architectural Culture in the Ottoman Empire. London: Reaktion, 2011.

Nicoletti, L. J. "Downward Mobility: Victorian Women, Suicide, and London's 'Bridge of Sighs,'" http://www.literarylondon.org/london-journal/march2004/nicoletti.html.

Nietzsche, Friedrich. The Anti-Christ. In "Twilight of the Idols" and "The Anti-Christ," translated by R. J. Hollingdale, 113–87. Harmondsworth, England: Penguin, 1968.

———. Beyond Good and Evil: Prelude to a Philosophy of the Future. Translated by Walter Kaufmann. New York: Vintage Books, 1966.

———. Briefe/Letters. Nietzsche Source, http://www.nietzschesource.org/#eKGWB.

———. Ecce Homo: How One Becomes What One Is. In Basic Writings, translated and edited by Walter Kaufmann, 657–791. New York: Modern Library, 1968.

———. The Gay Science. Translated and edited by Walter Kaufmann. New York: Vintage Books, 1974.

———. Human, All Too Human: A Book for Free Spirits. Translated by R. J. Hollingdale. Cambridge: Cambridge University Press, 1986.

———. Nachgelassene Fragmente/Posthumous Fragments. Nietzsche Source, http://www.nietzsche source.org/#eKGWB.

———. "On Truth and Lie in an Extra-Moral Sense." In The Portable Nietzsche, translated by Walter Kaufmann, 42–47. New York: Viking Press, 1968.

———. Sämtliche Briefe: Kritische Studienausgabe. 8 vols. Edited by Giorgio Colli and Mazzino Montinari. Munich: Deutscher Taschenbuchverlag and de Gruyter, 1988.

———. Sämtliche Werke: Kritische Studienausgabe. 15 vols. Edited by Giorgio Colli and Mazzino Montinari. Munich: Deutscher Taschenbuchverlag and de Gruyter, 1988.

———. Thus Spoke Zarathustra. In The Portable Nietzsche, translated by Walter Kaufmann, 103–439. New York: Viking Press, 1968.

———. Thus Spoke Zarathustra (Selections): Also sprach Zarathustra (Auswahl). A DualLanguage Book. Edited and translated by Stanley Appelbaum. Mineola, NY: Dover Publications, 2004.

———. Werke. 3 vols. Edited by Karl Schlechta. Munich: Carl Hanser Verlag, 1954.

———. The Will to Power. Translated and edited by Walter Kaufmann. New York: Vintage Books, 1967.

———. Writings from the Early Notebooks. Edited by Raymond Geuss and Alexander Nehamas. Cambridge: Cambridge University Press, 2009.

Oudin, Antoine. Curiositéz françoises, pour supplément aux dictionnaires. Paris: Antoine de Sommaville, 1640.

Özdamar, Emine Sevgi. The Bridge of the Golden Horn. Translated by Martin Chalmers. London: Serpent's Tail, 2009.

Palazzo Ducale Fondazione per la Cultura. Quella volta sul ponte. Genoa: Erredi Grafiche Editoriali, 2018.

Palmer, Richard E. "The Liminality of Hermes and the Meaning of Hermeneutics." Proceedings of the Heraclitean Society: A Quarterly Report on Philosophy and Criticism of the Arts and Sciences 5 (1980): 4–11. https://edoc.site/the-liminality-of-hermes-and-the-meaning-of-hermeneutics-richard-palmer-pdf-free.html.

Paolini, Claudio. Ponte Vecchio di pietra e di calcina. Florence: Edizioni Polistampa, 2012.

Parati, Graziella. Migration Italy: The Art of Talking Back in a Destination Culture. Toronto: University of Toronto Press, 2005.

Parker, Patricia. "The Motive for Metaphor: Stevens and Derrida." Wallace Stevens Journal 7, nos. 3/4 (Fall 1983): 76–88.

Pascal, Paul. "Mediaeval Uses of Christianity." Classical Journal 61, no. 5 (February 1966): 193–97.

Pašić, Amir. The Old Bridge (Stari Most) in Mostar. Istanbul: Research Centre For Islamic History, Art, and Culture, 1995.

Pasqualotto, Giangiorio. Il Tao della filosofia. Corrispondenze tra pensieri d'Oriente e d'Occidente. Milan: Luni Editrice, 2017.

Pastré, Jean-Marc. "Se battre sur le pont, passer le pont ou s'en passer: de quelques ponts mythiques de la littérature européenne au Moyen Âge." In Les Ponts au Moyen Âge, edited by Danièle James-Raoul and Claude Thomasset, 119–36. Paris: PUPS, 2006.

Patch, Howard Rollin. The Other World According to Descriptions in Medieval Literature. Cambridge, MA: Harvard University Press, 1950.

Pater, Walter. "Conclusion" to The Renaissance (1873). In Modernism: An Anthology of Sources and Documents, edited by Vassiliki Kolocotroni, Jane Goldman, and Olga Taxidou, 111–14. Chicago: University of Chicago Press, 1998.

Paul, Sherman. "Lyricism and Modernism: The Example of Hart Crane." In Hart Crane: A Collection of Critical Essays, edited by Alan Trachtenberg, 163–79. Englewood Cliffs, NJ: Prentice-Hall, 1982.

Paulus, Nikolaus. Indulgences as a Social Factor in the Middle Ages. Translated by J. Elliot Ross. New York: Devin-Adair, 1922.

Pellegrini, Marco. Gli xenodochi di Parma e provincia dagli inizi al 1471. Parma: Parma nell'Arte, 1973.

Peretz, Eyal. The Off-Screen: An Investigation of the Cinematic Frame. Stanford, CA: Stanford University Press, 2017.

Perloff, Marjorie. Unoriginal Genius: Poetry by Other Means in the New Century. Chicago: University of Chicago Press, 2010.

Petacco, Arrigo. A Tragedy Revealed: The Story of the Italian Population of Istria, Dalmatia, and Venezia Giulia, 1943–1956. Translated by Konrad Eisenbichler. Toronto: University of Toronto Press, 2005.

Piazza, Francesco. L'altra sponda adriatica. Verona: Cfierre, 2001.

Pinza, Giovanni. "Conservazione delle teste umane e le idee ed i costumi coi quali si connette." Memorie della società geografica italiana 7:305–492. Rome: La Società Geografica Italiana, 1897–98.

Plant, Margaret. Venice: Fragile City, 1797–1997. New Haven, CT: Yale University Press, 2002.

Plato, The Collected Dialogues, including the Letters. Edited by Edith Hamilton and Huntington Cairns. Princeton, NJ: Bollingen Foundation, 1973.

Pliny the Elder, Naturalis Historia. http://penelope.uchicago.edu/Thayer/E/Roman/Texts/Pliny_the_Elder/home.html.

Pralon, Didier. "La Méditerranée des grecs anciens." In La Méditerranée au temps du monde: #14 encontres d'Averroès, edited by Thierry Fabre, 13–24. Marseilles: Parentheses, 2008.

Pupo, Raoul. Il lungo esodo: Istria: Le persecuzioni, le foibe, l'esilio. Milan: Rizzoli, 2005.

Radiohead. Amnesiac. XL, 2001.

———. In Rainbows. XL, 2007.

———. The King of Limbs. XL, 2011.

Rakić, Bogdan. "The Proof Is in the Pudding: Ivo Andrić and His Bosniak Critics." Journal for the North American Society for Serbian Studies 14, no. 1 (2000): 81–91.

Randel, Don Michael, ed. The New Harvard Dictionary of Music. Cambridge, MA: Belknap Press, 1996.

Ratzinger, Georg. Geschichte der kirchlichen Armenpflege. Freiburg im Breisgau: Herder, 1884.

Reed, Brian. Hart Crane: After His Lights. Tuscaloosa: University of Alabama Press, 2006.

Reill, Dominique Kirchner. Nationalists Who Feared the Nation: Adriatic Multi-Nationalism in Habsburg Dalmatia, Trieste, and Venice. Stanford, CA: Stanford University Press, 2012.

Reimbold, Ernst T. "Die Brücke als Symbol." Symbolon 1 (1972): 55−78.

Revill, David. The Roaring Silence. New York: Arcade, 1992.

Reynolds, Freddie. "Bridge to Nowhere: Exploring the Two Sides of the River Ibar in Mitrovica." Compass Cultura 10 (May 11, 2015). http://compasscultura.com/mitrovica-kosovo-bridge -nowhere/.

Richards, I. A. The Philosophy of Rhetoric. New York: Oxford University Press, 1936.

Ricoeur, Paul. "Listening to the Parables of Jesus." In The Philosophy of Paul Ricoeur. An Anthology of His Work, edited by Charles E. Reagan and David Stuart, 239−45. Boston: Beacon Press, 1978.

————. "Metaphor and the Main Problem of Hermeneutics." In The Philosophy of Paul Ricoeur. An Anthology of His Work, edited by Charles E. Reagon and David Stuart, 143−48. Boston: Beacon Press, 1978.

————. The Rule of Metaphor: Multi-Disciplinary Studies of the Creation of Meaning in Language. Toronto: University of Toronto Press, 1981.

Rimbaud, Arthur. Illuminations. Translated by Louise Varèse. New York: New Directions, 1957.

Rizzo, Tiziano. Ponti di Venezia. Rome: Newton Compton, 1986.

Robinson, Richard. Narratives of the European Border: A History of Nowhere. Basingstoke, UK: Palgrave Macmillan, 2007.

Roe, Albert S. Blake's Illustrations to the Divine Comedy. Princeton, NJ: Princeton University Press, 1953.

Rogers, Franklin R., with the assistance of Mary Ann Rogers. Painting and Poetry: Form, Metaphor, and the Language of Literature. Lewisburg, PA: Bucknell University Press, 1985.

Róheim, Géza. Animism, Magic, and the Divine King. London: Kegan Paul, 1930.

Rose, Jodi. "Project Outline." http://www.singingbridges.net/about/index.html.

————. Singing Bridges. https://singingbridgesmusic.bandcamp.com/.

Rossanda, Rossana. Preface to Matvejević, Mondo ex e tempo del dopo: Identità, ideologie, nazioni nell'una e nell'altra Europa. Milan: Garzanti, 2006.

Rossellini, Roberto. Paisan. Film. 1946.

Roth, Joseph. The Legend of the Holy Drinker. Translated by Michael Hofmann. London: Chatto & Windus, 1989.

————. The White Cities: Reports from France 1925−39. Translated by Michael Hofmann. London: Granta Books, 2005.

Rushdie, Salman. Imaginary Homelands: Essays and Criticism, 1981−1991. London: Granta Books, 1991.

Ruskin, John. The Stones of Venice. Vol. 2: The Sea-Stories. London: Smith, Elder, 1873.

Sail, Lawrence. "Bridge Passages." Poetry Nation Review 28, no. 4 (2002): 4−6.

Sainéan, Lazare. "Les Rites de la construction d'après la poésie populaire de l'Europe orientale." Revue de l'histoire des religions 45, no.1 (1902): 359−96.

Savi-Lopez, Maria. Leggende del mare. Florence: Ermanno Loescher, 1894.

Sayad, Abdelmalek. The Suffering of the Immigrant. Translated by David Macey. Cambridge, UK:

Polity Press, 2004.

Schaeffer, Pierre. Traité des objets musicaux. Paris: Le Seuil, 1966.

Schafer, R. Murray. "The Soundscape." In The Sound Studies Reader, edited by Jonathan Sterne, 95–103. London: Routledge, 2012.

Schopenhauer, Arthur. The World as Will and Representation. Vol. 2. Translated by E. F. J. Payne. New York: Dover, 2000.

Schott, Robin May. "Sexual Violence, Sacrifice, and Narratives of Political Origins." In Birth, Death, and Femininity: Philosophies of Embodiment, edited by Robin May Schott and Sara Heinämaa, 25–48. Bloomington: Indiana University Press, 2010.

Schwandner-Sievers, Stephanie, and Bernd J. Fischer, eds. Albanian Identities: Myth and History. London: Hurst, 2002.

Schwartz, Roberta Freund. How Britain Got the Blues: The Transmission and Reception of American Blues Style in the United Kingdom. Aldershot, UK: Ashgate, 2007.

Seguin, Roger. "Remarques sur les origines des pontifices romains." In Hommages à Henri Le Bonniec: Res Sacrae, edited by Danielle Porte and Jean-Pierre Néraudau, 405–18. Brussels: Latomus, 1988.

Sells, Michael. The Bridge Betrayed: Religion and Genocide in Bosnia. Berkeley: University of California Press, 1998.

Selz, Peter. German Expressionist Painting. Berkeley: University of California Press, 1957.

Seppilli, Anita. Sacralità dell'acqua e sacrilegio dei ponti. Persistenza di simboli e dinamica culturale. Palermo: Sellerio, 1977.

Serres, Michel. Angels: A Modern Myth. Translated by Francis Cowper and edited by Philippa Hurd. Paris: Flammarion, 1995.

———. L'Art des ponts: Homo pontifex. Paris: Éditions Le Pommier, 2006.

Seyhan, Azade. Writing Outside the Nation. Princeton, NJ: Princeton University Press, 2001.

Sigler, Amanda. "Crossing Folkloric Bridges: The Cat, the Devil, and Joyce." James Joyce Quarterly 45, nos. 3–4 (Spring–Summer 2008): 537–55.

Sillani, Tommaso. Mare nostrum. Milan: Editori Alfieri e Lacroix, 1918.

Simek, Rudolf. Dictionary of Northern Mythology. Cambridge: D. S. Brewer, 1993.

Simmel, Georg. "Bridge and Door," translated by Mark Ritter. In Rethinking Architecture: A Reader in Cultural Theory, edited by Neil Leach, 66–69. London: Routledge, 1996.

Singleton, Charles S. "The Vistas in Retrospect." MLN 81, no. 1 (January 1966): 55–80.

Sitz, Walter. "Hölderlin's 'Ode to Heidelberg.'" Germanic Review 37 (January 1962): 153–60.

Siviero, Enzo. Il ponte umano. Pensieri e ricordi in libertà. Edited by Roberto Morese. Venice: Libreria Cluva Editrice, 2014.

Sloterdijk, Peter. Spheres. Vol. 1: Bubbles, Microspherology. Cambridge, MA: MIT Press, 2011.

———. You Must Change Your Life: On Anthropotechnics. Translated by Wieland Hoban. Cambridge: Polity Press, 2013.

Sluga, Glenda. The Problem of Trieste and the Italo-Yugoslav Border. Albany: State University of New York Press, 2001.

Smith, Merril D., ed. Cultural Encyclopedia of the Breast. London: Rowman and Littlefield, 2014.

Soja, Edward. Thirdspace: Journeys to Los Angeles and Other Real-and-Imagined Places. Oxford: Basil Blackwell, 1996.

Sproul, David Kent. "A Bridge Between Cultures: An Administrative History of Rainbow Bridge National Monument." http://www.nps.gov/archive/rabr/adhi/adhi5b.htm.

St. Catherine of Siena. *A Treatise of Discretion.* Translated by Algar Thorold. Potosi, WI: St. Athanius Press, 2014.

St. Ephrem the Syrian. "Homily on Our Lord." In *Selected Prose Works,* translated by Edward G. Mathew and Joseph P. Amar and edited by Kathleen McVey, 277–80. Washington, DC: Catholic University of America Press, 1994.

Stanesco, Michel. "Du pont de l'épée au pont eschatologique: Le 'passage périlleux' dans l'imaginaire folklorique roumain." In *Les Ponts au Moyen Âge,* edited by Danièle James-Raoul and Claude Thomasset, 163–78. Paris: PUPS, 2006.

Starr, Kevin. *Golden Gate: The Life and Times of America's Greatest Bridge.* New York: Bloomsbury Press, 2012.

Steel, Eric. *Bridge.* Film. 2006.

———. "Interview, Part I." YouTube, 2007. https://www.youtube.com/watch?v=ADxUFAD6eBU& playnext=1&list=PL9E1479F536BDF580.

Steinman, David B., and Sara Ruth Watson. *Bridges and Their Builders.* New York: G. P. Putnam's Sons, 1941.

Stevens, Wallace. *The Palm at the End of the Mind: Selected Poems and a Play.* Edited by Holly Stevens. New York: Random House, 1990.

Strack, Daniel C. "The Bridge Project: Research on Metaphor, Culture and Cognition," *University of Kitakyushu Faculty of Humanities Journal* 68 (2004), 19–45. https://www.dcstrack.com /pdf/strack%20-%20the%20bridge%20project.pdf.

———. "When the Path of Life Crosses the River of Time: Multivalent Bridge Metaphor in Literary Contexts," *University of Kitakyushu Faculty of Humanities Journal* 72 (2006): 1–18. https://www.dcstrack.com/pdf/strack%20-%20when%20the%20path%20of%20life%20 crosses%20the%20river%20of%20time.pdf.

Sturluson, Snorri. *Edda.* Translated and edited by Anthony Faulkes. London: Dent, 1995.

Sugg, Richard P. *Hart Crane's "The Bridge": A Description of Its Life.* Tuscaloosa: University of Alabama Press, 1976.

Sweetman, John. *The Artist and the Bridge, 1700–1920.* Brookfield, VT: Ashgate, 1999.

Tang, Huan Cheng. "Philosophical Basis for Chinese Bridge Aesthetics." In *Bridge Aesthetics Around the World,* edited by Committee on General Structures, Subcommittee on Bridge Aesthetics, 167–76. Washington, DC: Transportation Board Research Board, 1991.

Tate, Allen. "On the 'Intensity of Sensation.'" In *Hart Crane: Comprehensive Research and Study Guide,* edited by Harold Bloom, 102–4. Philadelphia: Chelsea House, 2003.

Tawada, Yoko. *Facing the Bridge.* Translated by Margaret Mitsutani. New York: New Directions, 2007.

———. "I Did Not Want to Build Bridges." In *Germany in Transit: Nation and Migration, 1955–2005,* edited by Deniz Göktürk, David Gramling, and Anton Kaes, 416. Berkeley: University of California Press, 2007.

Teel, Mary Lou, producer. *Sunday Morning,* "Encyclopedia Britannica Is Turning 250—Look It Up!" Aired December 30, 2018, on CBS News. https://www.cbsnews.com/news/encyclopedia-britannica-is-turning-250/.

Theroux, Alexander. "Letter to the Editor." *New York Times,* May 26, 1991. http://www.nytimes. com/1991/05/26/books/l-the-enigma-of-suicide-579991.html.

Thomasset, Claude. Introduction to *Les Ponts au Moyen Âge,* edited by Danièle JamesRaoul and Claude Thomasset, 7–15. Paris: PUPS, 2006.

———. "La Construction du pont médiéval dans deux romans contemporains." In *Les Ponts au Moyen Âge,* edited by Danièle James-Raoul and Claude Thomasset, 19–41. Paris: PUPS,

2006.

Thoreau, Henry David. I to Myself: An Annotated Selection from the Journal of Henry D. Thoreau. Edited by Jeffrey A. Cramer. New Haven, CT: Yale University Press, 2007.

Tomizza, Fulvio. Alle spalle di Trieste. Milan: Bompiani, 2000.

———. Materada. Milan: Bompiani, 2015.

Trachtenberg, Alan. Brooklyn Bridge: Fact and Symbol. Chicago: University of Chicago Press, 1979.

Trinchese, Stefano, ed. Mare nostrum. Percezione ottomana e mito mediterraneo in Italia all'alba del '900. Milan: Guerini, 2005.

Troy, Una. The Other End of the Bridge. London: Heinemann, 1960.

Tucci, Tina, and Anna Chiarini. A chi appartiene l'Adriatico? Italia e Balcani. Gli stereotipi e la realtà nel '900. Imola, Italy: La Mandragora, 1999.

Tutaev, David. The Man Who Saved Florence. New York: Coward-McCann, 1967.

Ungaretti, Giuseppe. Vita d'un uomo. Tutte le poesie. Edited by Leone Piccioni. Milan: Mondadori, 1977.

Valéry, Paul. The Art of Poetry. Translated by Denise Folliot. Princeton, NJ: Princeton University Press, 1989.

———. Oeuvres I. Edited by Jean Hytier. Paris: Gallimard, 1957.

Valussi, Giorgio. Il confine nordorientale d'Italia. Nuova Edizione a cura di Pio Nodari. Gorizia: Istituto di Sociologia Internazionale Gorizia, 2000.

van Haeperen, Françoise. Le collège pontifical (3ème s.a.C.—4ème s.p.C.): Contribution à l'étude de la religion publique romaine. Brussels: Institut historique belge de Rome, 2002.

Vargyas, Lajos. "The Origin of the 'Walled-Up Wife.'" In Researches into the Medieval History of Folk Ballad, 173–233. Budapest: Akadémiai Kiado, 1967.

Vattimo, Gianni. "Cristianesimo senza verità." In Inquieto pensare: Scritti in onore di Massimo Cacciari, edited by Emanuele Severino and Vincenzo Vitiello, 203–10. Brescia: Morcelliana, 2015.

Vernant, Jean-Pierre. Myth and Tragedy in Ancient Greece. Translated by Janet Lloyd. New York: Zone Books, 1990.

Villalba, Maria López. "Arches of Discord, Streams of Confluence: The Building of Bridges in the Balkans." In Greece and the Balkans: Identities, Perceptions and Cultural Encounters since the Enlightenment, edited by Dimitris Tziovas, 141–54. Burlington, VT: Ashgate, 2003.

von Beit, Hedwig. Symbolik des Märchens. Bern: A. Francke, 1957.

Wallace-Hadrill, Andrew. Rome's Cultural Revolution. Cambridge: Cambridge University Press, 2008.

Watson, Wilbur J., and Sara Ruth Watson. Bridges in History and Legend. Cleveland: J. H. Jansen, 1937.

Wheeler, Mark. "Hyperactivity in Brain May Explain Multiple Symptoms of Depression." UCLA Newsroom, February 27, 2012. http://newsroom.ucla.edu/releases/hyperactivity-in-brain-may-explain-228954.

Weil, Mark S. The History and Decoration of the Ponte S. Angelo. University Park: Pennsylvania State Press, 1974.

Weil, Simone. "The Great Beast." In Selected Essays, 1934–1943: Historical, Political, and Moral Writings, translated by Richard Rees, 89–144. Eugene, OR: Wipf and Stock, 2015.

———. "Human Personality." In An Anthology, edited and translated by Siân Miles, 49–78. New York: Grove, 1986.

Weizman, Eyal. Hollow Land: Israel's Architecture of Occupation. London: Verso, 2007.

———. "The Politics of Verticality: 10. Roads—; over and under." Open Democracy Net. April 30, 2002. https://www.opendemocracy.net/en/article_809jsp/.

Westerhausen, René, Frank Kreuder, Sarah Dos Santos Sequeira, et al. "Effects of Handedness and Gender on Macro- and Microstructure of the Corpus Callosum and Its Subregions." Cognitive Brain Research 21, no. 3 (2004): 418–26.

Wilbur, Richard. New and Collected Poems. New York: Harcourt, Brace and Jovanovich, 1988.

Wilder, Thornton. The Bridge of San Luis Rey. New York: Harper Collins, 2003.

———. Conversations with Thornton Wilder. Edited by Jackson R. Bryer. Jackson: University Press of Mississippi, 1992.

Wittgenstein, Ludwig. Philosophical Investigations. Translated by G. E. M. Anscombe. New York: Macmillan, 1968.

Worringer, Wilhelm. Abstraction and Empathy. New York: International Universities Press, 1958.

Wright, Chantal. "Writing in the 'Grey Zone': Exophonic Literature in Contemporary Germany." GFL: German as a Foreign Language 3 (2008): 26–42.

Yardley, William. "Alvin Lee, Guitarist of Ten Years After, Dies." New York Times, March 6, 2013.

Yarwood, John. Rebuilding Mostar: Urban Reconstruction in a War Zone. Liverpool: Liverpool University Press, 1999.

Yates, Frances Amelia. The Art of Memory. Chicago: University of Chicago Press, 1966.

Yeats, W. B. Per Amica Silentia Lunae. In Mythologies, 317–69. New York: Macmillan, 1959.

———. A Vision. New York: Collier Books, 1966.

Yeşiltepe, Demet, and Ayşe Sema Kubat. "The Effect of Bridges on the Spatial Dimension of Cities: The Golden Horn, Istanbul Case." Proceedings of the 11th Space Syntax Symposium, 2017. http://www.11ssslisbon.pt/docs/proceedings/papers/120.pdf.

Yıldız, Yasemin. Beyond the Mother Tongue: The Postmonolingual Condition. New York: Fordham University Press, 2012.

Ziólkowski, Adam. "Ritual Cleaning-Up of the City: From the Lupercalia to the Argei." Ancient Society 29 (1998–99): 191–218.

Zurawsky, Stephen. User Review, "Nirvana, Nevermind." AllMusic Review, October 2, 2018. http://www.allmusic.com/album/nevermind-mw0000185616.

다리 위에서 니체를 만나다

초판 1쇄 인쇄 2023년 6월 20일
초판 1쇄 발행 2023년 6월 30일

지은이 토머스 해리슨
옮긴이 임상훈
펴낸이 정용수

편집장 김민정   **편집** 김민혜
디자인 김민지
영업·마케팅 김상연 정경민
제작 김동명   **관리** 윤지연

펴낸곳 ㈜예문아카이브
출판등록 2016년 8월 8일 제2016-000240호
주소 서울시 마포구 동교로18길 10 2층
문의전화 02-2038-3372   **주문전화** 031-955-0550   **팩스** 031-955-0660
이메일 archive.rights@gmail.com   **홈페이지** ymarchive.com
인스타그램 yeamoon.arv

토머스 해리슨 ⓒ 2023
ISBN 979-11-6386-205-5 (03100)